KB161695

다문화 시대,
찾아가는
시민학교

다문화 시대,
찾아가는
시민학교

이재묵, 송샘, 차보경 외
한국외국어대학교 정치외교학과
다문화 시대, 찾아가는 시민학교 팀 지음

북 한 이 탈 주 민
귀 환 중 국 동 포
다 문 화 그 룹

이담
Books

추천사

한국정치학회는 2018년 1학기에 전국적으로 16개 대학 정치학 혹은 정치학 관련 전공에 걸쳐 지역 참여형 시민정치 과목을 개설하여 교수와 학생 그리고 지역민들이 함께 정치학 교육, 연구, 실천을 도모하는 프로젝트를 추진해왔습니다. 이 중 한국외국어대학 이재묵 교수의 <정치학과 현장학습: 다문화 시대 찾아가는 시민학교>는 매우 특별한 케이스입니다. 국제학, 지역학, 언어교육 등을 강조하는 한국외국어대학만의 특성과 분위기를 십분 살려 "다문화 시대 찾아가는 시민학교"라는 외대 정외과 만의 브랜드 과목을 창출해낸 것입니다.

이 책에서 이재묵 교수와 대학원생 멘토 2명 그리고 38명의 학부생들은 북한이탈주민, 귀환중국동포, 그리고 여러 다문화 시민을 대상으로 어떻게 정치학 현장학습이 추구하는 교육, 연구, 실천 차원의 목표를 성공적으로 실현할 수 있는지 생생하게 보여주고 있습니다. 특히 눈에 띠는 것은 토크 컨서트 개최, YouTube 영상 제작, 모의선거 실시, 각종 오프라인-온라인 상의 선거참여 캠페인 주도, 다문화 지도 제작 등 실로 다양하고 매우 실질적인 시민교육 방안을 고안하여 실천했다는 점입니다. 다문화 시대의 시민교육은 정부의 법제도와 기구 및 정책 만으로 해결하기 어려운 문제입니다. 이 책은 오늘날 다문화 사회의 풀뿌리 수준에서 대학과 대학생들이 주축이 되어 함께 배우고 연구하며 실천하는 새로운 문제해결 방식을 보여줍니다.

　다문화 시대 시민교육을 고민하는 학계, 정부, 시민사회의 모든 관계자들이 이 책을 함께 읽고 이러한 새로운 교육, 연구, 실천 모델을 더욱 발전시킬 수 있게 되기를 바랍니다.

김의영

2018 한국정치학회장

서울대학교 정치외교학부 교수

서문

　이 책은 한국외국어대학교 정치외교학과 전공과목인 <정치학과 현장학습: 다문화 시대 찾아가는 시민학교>를 수강한 38명의 학부생과 2명의 대학원 조교가 2018년 봄 학기에 필자와 함께 수업하고 참여한 연구의 결과물이다. 이 수업(책)의 기획은 2017년 가을에 시작되었는데, 한국정치학회(2018년도 회장: 서울대 정치외교학부 김의영 교수님)는 2018년 1학기에 전국 16개 대학과 함께 시민정치 교육연구실천 프로그램을 추진하고자 기획하였고, 그중에서 한국외대 정외과는 국제학, 지역학, 언어교육 등의 강점을 갖춘 우리 대학 고유 특성을 고려하여 "다문화 시대 찾아가는 시민학교"라는 전공과목을 새 학기에 학과에 개설하기로 결정하였다. 수업은 기존 학과 커리큘럼에 존재하였으나, 오래 개설되지 않아 유명무실했던 <정치학과 현장학습>을 활용하기로 하였다. 그리고 수업의 기본 목표는 우리 사회 각 계각층에 공존하는 다문화 시대의 다양한 사회구성원을 대상으로 2018년 6월 실시된 지방선거에 대한 참여와 관심을 독려하고 궁극적으로 이주민들의 정치에 대한 전반적 관심도를 제고하는 데 두었다.
　국제화와 세계화는 우리 시대를 규정짓는 중요한 키워드라고 할 수 있을 것이며, 그것은 우리가 살아가는 사회의 풍경과 모습에 많은 변화를 불러오고 있다. 특히 다민족, 다문화사회는 세계화, 국제화의 가속화와 함께 어느덧 우리 앞에 등장한 익숙한 장면이 되었으며, 다문화사회로의 진입은 우리 사회를 문화적으로 더욱 풍부하고 다채롭게 만들어줄 수 있다는 긍정적 기대와 함께 사회 내에 새로운 집단 또는 인종적 갈등을 불러일으킬 수 있다는 우려도 동시에 던져주고 있는 것도 사실일 것이다. 법무부와 행정자치부가 제공하는 최근 한국 이주민 비율을 살펴보면, 한국사회의 이주민 비중은 2006년 1.1%에서 2015년 약 3.5%로 꾸준한 증가추세에 있다. 더욱이 이주민 구성도 기존의 결혼이주민, 이주노동자로부터 귀환동포(중국동포, 고려인), 북한이탈주민(새터민), 그리고 최근의 난민까지 다양해지고 있다. 다문화 구성원들이 한국사회 시민으로서 권리와 의무를 이해하는 한편, 다양한 배경을 갖고 한국에 입국한 이웃 시민들과 함께 어우러져 살며 상호 간에 발생할 수 있는 잠재적 갈등을 해소하고 스스로가 민주적 정치과정의 일원이 되도록 하기 위한 재사회화 또는 시민교육이 필요한 이유이다. 한국에 거주하는 이주민은 정치적으로나 사회문화적으로 제각각 다른 사회 배경에서 이주해 왔기 때문에 한국사회에 적응해 살아가는 데 비단 언어뿐만 아니라 다양한 어려움이 존재할 것이다. 하지만 한국 정착 지원 프로그램은 대게 한국어 교육에 집중되어 있어 한계가 있고 이주민을 대상으로 한 시민교육 프로그램은 상당히 제한적인 것이 현실이다.

실제로 다수의 기존 연구들에 따르면 이주민은 한국 시민으로서의 정체성과 함께, 한국사회에 거주하는 '이주민'으로서의 정체성 그리고 출신 집단 고유의 출신국 정체성까지 정치 사회적으로 복잡한 정체성 구조를 가진 것으로 알려져 있다. 더욱이 조사결과에 따르면 한국에 귀화해 시민권을 취득한 이후에도 많은 수의 이주민들은 한국에 대한 정체성과 더불어 출신국에 대한 소속감을 여전히 느끼고 있으며 때로는 출신국에 대한 소속감이 새롭게 취득한 한국에 대한 소속감을 앞서는 경우도 있는 것으로 나타나고 있다. 따라서 한국에 거주하고 있는 이주민의 정치 사회적 특성을 파악하고 그들에게 걸맞은 맞춤형 재사회화 또는 시민참여 교육 프로그램을 제공하는 것이 한국사회가 보다 건강한 다문화사회로 나아가는 데 있어서 주요한 열쇠가 될 수 있을 것이다.

이러한 문제 인식하에서 우리 수업은 기획단계에서 이주민 그룹을 크게 북한이탈주민, 귀환중국동포, 그리고 다문화(이주여성, 이주노동자, 중도입국 청소년, 다문화와 미디어, 동대문구 다문화) 시민의 세 그룹으로 나누어 프로젝트팀을 구성하였다. 총 9개의 수업 프로젝트팀이 구성되었으며 한 팀에 각각 4~5명의 수강생이 배정되었으며, 대학원 조교 송샘이 각각 북한이탈주민 그룹, 중국동포 그룹을 맡았고 또 다른 조교 차보경이 다문화 그룹을 전담하였다. 물론 수강생 중에 평소 이주민이나 다문화 주제에 관심을 두고 있는 학생들도 존재하였으나, 많은 수강생이 주제에 대해 생소한 것도 사실이었으므로 강의 전반부에는 "참여 민주주의와 시민사회", "참여관찰법", 그리고 "다문화사회와 이주민의 정치참여" 등의 교수 강의를 하였으며, 강의 이후에는 학생들의 현장 참여에 앞서 현장에서 활동하는 각계의 다문화 인사를 초청하여 학생들에게 다문화 시대와 민주주의에 대한 이해를 높이고자 하였다.[1]

앞서 잠시 언급했듯이, 수강생들은 그들의 관심 분야에 따라 각기 세 그룹으로 분류되어 북한이탈주민 그룹에 2팀, 중국동포 그룹에 2팀, 그리고 다문화 그룹에 5개 프로젝트팀이 결성되었다.

먼저, 새터민을 담당한 두 개 팀은 각각 "이음-너와 나를 잇다"와 "다붓다붓"이라는 팀이다. 이음은 "너(북한)와 나(남한)를 잇다"라는

---

[1] 다문화 인사 특강으로는 (1) 서재평 탈북자동지회 사무국장의 북한이탈주민 관련 특강, (2) 중국동포지원센터의 박옥선 대표의 중국동포 관련 특강, (3) 안순화 생각나무 BB센터 대표의 이주여성 관련 특강이 있었다.

주제하에 실제 우리 주변에 거주하는 북한이탈주민을 대상으로 한 인터뷰와 설문조사를 하였으며, 북한이탈주민 청년이 학업과 근로생활에서 겪는 어려움을 담은 스토리 영상도 제작하였다. 그리고 이들 활동의 결정체가 2018년 5월 28일 저녁에 한국외대 사이버관 소강당에서 실시된 "남북대학생을 잇다: 토크콘서트 이음"이었다. 청년 북한이탈주민에 집중하여 근로와 학업, 정착 문제를 제기하고 학교에 정책을 제언하였다. 북한이탈주민 2조는 "다붓다붓"이라는 이름만 들어도 다정한 팀명을 사용하였는데, 이들은 "이음"과 마찬가지로 북한이탈주민 인터뷰를 시행하고 인터뷰 결과를 바탕으로 북한 문화, 북한사회, 그리고 문화콘텐츠 속 북한 이미지 등을 담아내는 다양한 YouTube 소통콘텐츠를 제작하여 구독자들과 공유하였다. 특히 다붓다붓팀은 북한 문화 소개의 일환으로 최근 한국사회에서 인기 있는 다양한 북한 음식을 직접 배워 만들어 유튜브를 통해 소개하기도 하였다. 6월 지방선거 홍보 영상을 제작하였고 북한이탈주민의 한국사회 정착을 지원하기 위한 사회 정착용 영상 제작도 계획하고 있다.

다음으로 한국에 거주하는 중국동포를 대상으로 한 두 개 팀은 각각 "포동포동"과 "문이 열리네요, 동포가 들어오조"라는 팀이었다. 먼저 포동포동은 "대림동에 꿈을 더하다 중국동포 거버넌스 사례연구"라는 기획하에 "중국동포지원센터" 등의 귀환중국동포 단체 인터뷰를 여러 차례 실시하였으며, 6.13 지방선거를 맞이하여 국회를 방문하여 정당의 중국동포전진대회에 대한 참여·관찰을 실시하였다. 그리고 포동포동은 중국동포들이 많이 거주하는 대림동을 방문하여 모의투표소를 설치하고 주변에 거주하는 중국동포와 자녀를 대상으로 2018년 선거 참여 캠페인과 정치에 대한 관심을 촉진하고자 많은 노력을 하였다. 한편, 또 다른 중국동포 대상 프로젝트팀인 동포가 들어오조 팀은 "북 돋아라 동포참여"라는 캐치프레이즈를 내걸고 대림동과 서울 서남부 지역에 거주하는 중국동포를 대상으로 시민학교 강연을 통해 모의 선거를 실시하였고 6월 지방선거 당시 현장 캠페인과 참여관찰 등을 실행하였다.

마지막으로 다문화 그룹에서 총 5개의 수강생 팀이 참여하였는데, 이주노동자 그룹을 전담한 "아띠아띠"조는 수도권 곳곳에서 근무하는 이주노동자를 만나 기획 취재하며 그들의 고충을 이해하고 전달하고자 하였다. 그리고 이주여성을 맡은 "예그리나"조는 다양한 출신국 배경을 이주여성 다문화가정을 대상으로 심층 인터뷰를 실시하였고 학기 말미에는 이주여성을 학교로 직접 초청해 "이주여성 비정상회담"을 두 시간에 걸쳐 실시하여 그들의 일상과 정체성, 우리 정부의 다문화정책에 대한 이주여성들의 입장과 태도, 그리고 그들의 지방선거에 대한 생각 등에 대해 다양한 시각을 이해할 수 있는 장을 개최하였다. 중도입국 청소년의 시민교육을 기획한 "어울리多"조는 다양한 출신 배경과 연령대의 중도입국 청소년을 대상으로 그들의 한국 생활 전반에 대한 생각과 이야기를 듣는 시간을 가졌을 뿐만 아니라, 5월 한 달 동안 매 주말에 걸쳐 시민학교를 실시하여 시민교육, 모의 선거 등 다양한 교육 프로그램을 제공하기도 하였다. 다문화 그룹에 속한 또 다른 수강생 팀인 "미담(미디어에 다문화를 담다)"은 소셜미디어 시대에 발맞추어 점차 사용이 보편화하여 가고 있는 인스타그램(Instagram)을 통한 다문화 소통이라는 기획하에 다문화 가족 인터뷰 결과를 그들의 인스타그램 계정을 통해 게시하였다. 그리고 최근 미디어 속에 비친 다문화 구성원들에 대한 콘텐츠를 분석하고 2018년 지방선거에 대한 다문화 구성원들의 관심을 SNS를 통해 홍보하기도 하였다. 끝으로 "열려라, 동대문"조는 "동대문구를 만나면 다문화가 보인다"라는 흥미로운 기획하에 한국외대가 위치한 동대문구 지역의 다문화 지도 그리기를 실시하였다. 이를 위해 열려라,

동대문조는 학교 인근 동대문구에 위치한 다문화 단체에 대한 인터뷰와 설문을 시행하였으며, 방문과 참여관찰을 통해 동대문구의 다문화 현황을 분석하였고, 다문화 지도를 제작하였다.

이처럼 한국외국어대학교 정치외교학과가 기획한 "다문화 시대 찾아가는 시민학교" 수업과 그 구성원들이 함께 만들어낸 결과물이라 할 수 있는 이 책은 결코 어느 한 사람만의 소유물이라 할 수 없다. 필자인 교수 포함 두 명의 대학원생 조교 그리고 40명 남짓의 수강생들이 함께 이룩해낸 한 학기 동안의 소중한 기록의 보고서라 할 수 있을 것이다. 이 책이 출간되기까지 일일이 거론하기 힘들 만큼 실로 많은 분의 도움이 있었다. 우선, 2018년 한국정치학회 회장을 맡으시고 시민참여 정치의 중요성에 대한 믿음으로 한국외대 포함 16개 대학의 관련 수업 개설과 관련해 물심양면으로 많은 지원을 해주신 서울대 김의영 교수님께 감사드린다. 또한 본인의 개인 시간을 기꺼이 희생하면서까지 교수가 미처 챙기기 힘든 수업진행과 관련된 많은 세세한 부분을 면밀히 챙기고 수강생들과의 적극적 소통에 앞장서준 정치학과 대학원생 송샘과 차보경 양의 수고는 이 수업이 성공적으로 마무리되는 데 있어서 결코 없어서는 안 될 소중한 자산이었다. 또한 학기 초반 다양한 이주민 단체 및 그룹과의 연락과 컨택에 어려움이 있을 때 적극적인 도움을 주신 국회 이충현 보좌관님, 중도입국 청소년 시민교육을 위해 연대 새천년관 강의실을 대여해주신 허재영 교수님, 숙명여대 다문화연구소의 윤광일 교수님과 김현숙 선생님, 탈북자동지회 서재평 사무총장님, 중국동포지원센터 박옥선 대표님, 생각나무BB센터의 안순화 대표님, 서울온드림교육센터 김수영 센터장님께 이 자리를 빌려 다시금 감사의 말씀을 전하고 싶다. 그리고 무엇보다도 5~6개의 과목을 한 학기에 수강하며 시간에 쫓기는 가운데서도 기꺼이 본인의 여가 시간과 용돈(사비)을 쓰면서까지 본 수업이 기획한 여러 활동에 적극적으로 임해준 40여 명의 수강생들에게 가장 감사하며, 이 책의 진정한 주인공이 우리 수강생들임을 다시금 강조하고 싶다. 이토록 많은 사람의 도움과 노력 그리고 정성으로 기획, 구성, 제작된 이 책이 앞으로 더욱 가속화될 다문화 시대에 하나의 작은 거름이 될 수 있기를 바란다.

40도에 육박하는 더운 여름이 인상적으로 기록될
2018년 8월의 어느 날,
사직동 서재에서 저자를 대표하여

이재묵

Contents

1장

속도와 방향을 함께
고민해야 하는
다문화 시대

다문화사회 현황과 시민교육 필요성*

(송샘 · 이재묵)

들어가며

1980년대 후반부터 중국동포의 한국 이주가 시작되고 1990년대 외국인근로자와 결혼이주민이 늘어나면서 이들에 대한 차별과 갈등이 문제로 부상하였다. 이에 대한 대응 담론으로 '다문화'라는 개념이 한국사회에 본격적으로 등장하기 시작했다. 그리고 2000년대 초반부터 한국에 입국하는 북한이탈주민의 연간 인원수가 천 명 단위로 늘면서 이들도 이주민의 주요 구성 집단이 되었다. 사회구성원이 다양해지면서 사회통합이 중요한 정치이슈로 다뤄지기 시작하였고 이주민의 증가가 세계적인 현상이 되면서 다인종 · 다민족 국가의 국민을 통합하기 위한 이념으로 다문화주의(multiculturalism)가 등장하였다(조희원, 2014). '다문화주의'가 다양성의 공존을 통한 인권보호에 기여한다고 보는 시각(Kymlicka, 2012)이 있지만 이를 다문화사회 갈등의 유일한 해결책으로 볼 수 없다는 견해도 존재한다(Martiniello 2008).

---

* 본 원고는 『아태연구』 제25권 제1호에 게재된 "다문화사회 이주민의 정치참여 활성화를 위한 민주 시민 교육" 원고를 정리한 것이다.

한국에서 다문화사회 담론과 정책은 세 가지 특징을 가지고 진행되고 있다. 첫째, 서유럽과의 역사적, 문화적, 제도적 차이를 간과한 채 한국적 맥락을 무시하고 '서유럽식 다문화주의'를 한국에 도입하고 적용하려는 흐름이 존재한다. 둘째, 다문화사회 담론과 정책이 결혼이주민과 다문화가정 자녀에 집중되어 있다. 중국동포와 북한이탈주민의 수가 증가하고 있지만 이들은 다문화주의 담론에서 소외되고 있다. 셋째, 다문화사회의 통합과 이주민의 정책에 대한 논의는 '시민'이 아닌 '한국인'에 초점이 맞추어져 있다. 다양한 문화적 배경을 가진 사회구성원을 통합하기 위한 다문화주의가 한국에서는 역설적이게도 민족주의와 연결되어 있다. 그래서 이주민이 한국인으로 살아가도록 적응하는 것은 지원하지만 이들이 적극적이고 참여적인 시민으로 성장하는 것에는 관심이 부족한 상황이다.

한국의 다문화사회 담론과 정책은 한국 다문화사회 특징을 반영하지 못하고 있으며 사회통합과 갈등관리에 대한 대응과 비전이 부족한 상황이다. 다문화사회에서 진정한 사회통합을 이루기 위해서는 이주민이 그 사회의 적극적이고 참여적인 구성원으로 존재해야 한다. 이것이 가능하려면 이주민을 위한 시민교육이 체계적이고 지속적으로 이루어져야 한다.

본 프로젝트는 본격적인 다문화시대로의 진입을 앞두고 이주민의 정치참여 활성화가 우리 사회의 갈등관리와 사회통합의 한 방안이 될 수 있다는 인식에서 출발하였다. 이에 앞서 이번 장에서는 한국의 다문화 현황을 분석하고 관련 정책 및 담론들을 비판적으로 살펴볼 것이다. 그리고 이주민들의 정치 참여 현황과 그 필요성을 논해보고자 한다.

다문화사회에 진입한 한국의 특징과 담론

1. 한국의 다문화사회 진입 현황

1990년대부터 외국인근로자가 증가하고 결혼이민자가 늘면서 한국사회 구성원의 출신 배경이 다양해졌다. 북한이탈주민의 입국이 증가하고 있으며 재외동포의 이주와 이들의 국적·영주권 취득도 늘고 있다. 2017년에 발표한 행정자치부 '2016 지방자치단체 외국인주민 현황조사' 결과를 보면 장기체류 외국인과 귀화자, 외국인주민 자녀를 포함한 외국인주민 수가 양적으로 증가하고 있으며 전체 주민에서 차지하는 비중도 2006년 1.1%에서 2016년 3.4%로 꾸준히 늘고 있는 것으로 조사되었다. 지역별로 보면 경기도 57만 1,384명(32.4%), 서울시 40만 4,037명(22.9%), 경상남도 11만 4,594명(6.5%) 순으로 외국인주민이 많이 거주하고 있으며, 또 수도권(서울·경기·인천)에 60.6%가 집중 거주하고 있다. 이를 17개 시·도 인구와 비교하면 11번째에 해당하며 전라남도(179만 6,017명)와 충청북도(160만 3,404명) 사이에 해당하는 규모다. 시·군·구별로는 경기도 안산시(7만 9,752명)에 가장 많은 외국인주민이 거주하고 있으며, 이어 서울시 영등포구(5만 5,427명), 경기도 수원시(5만 4,284명), 경기도 화성시(4만 8,457명) 순이다. 외국인 주민이 1만 명 이상 또는 인구 대비 5% 이상 거주하는 시·군·구는 65개 지역이며, 경기도 20개, 서울시 16개, 경상남도 6개, 인천광역시 5개 지역 등으로 집계되었다.

<표 1> 한국의 다문화사회 외국인 주민 현황(2016년 11월 1일 기준)

총인구 (A)	총인구 대 비 비 율 (B/A)	외국인 주민 합계 (B)	국적 미취득자						국적 취득자	외국인 주민 자녀
			계	외국인 근로자	결 혼 이민자	유학생	외국 국적 동포	기 타 외국인		
51,269,554	3.4%	1,764,664	1,413,758 (80.1%)	541,673 (30.7%)	159,501 (9.0%)	95,963 (5.4%)	235,926 (13.4%)	380,695 (21.6%)	159,447 (9.0%)	191,459 (10.8%)

출처: 행정자치부 2016 지방자치단체 외국인주민현황 조사결과(최종)[1]

예전에 비해 다문화 혼인 건수는 양적으로 감소하고 있으며 전체 혼인에서 차지하는 비율도 감소 추세이지만 2016년에는 다시 반등하였다. 다문화 혼인뿐 아니라 전체 혼인 건수가 줄어들고 있는 추세이기 때문에 다문화 혼인 건수도 영향을 받은 것으로 보인다. 저출산 기조가 다문화가정에도 영향을 미치고 있지만[2] 일반가정보다 가정당 출생아 수에서 차이를 보이기 때문에 다문화가정의 출생아 수가 전체 출생아 수에서 차지하는 비중이 2015년을 제외하고 다소 증가하는 추세를 유지하고 있다.

출처: 행정자치부 2016 지방자치단체 외국인주민현황 조사결과

<그림 1> 다문화 혼인 추이
(2008~2016년)

<그림 2> 다문화 출생아 수 추이
(2008~2016년)

1) 행정자치부는 '2016년 지방자치단체 외국인주민현황 조사 결과(최종)' 보고서를 2017년 11월 16일 공개하였다.
2) 혼인이주여성의 합계출산율은 2010년 1.74명에서 2012년 1.69명으로 줄었고 2014년에는 1.37명까지 떨어졌다. 2014년 우리나라 전체의 합계출산율은 1.14명이었다(유정균, 2015; 유정균, 2016).

2. 한국의 다문화사회 담론과 정책의 특징

세계화가 진행되고 언어, 종교, 관습, 국적, 인종, 민족 등 다양한 문화적 배경을 지닌 해외 이주자들의 수가 점차 늘어남에 따라 한 국가 내에 공존하는 사회구성원의 문화적 배경도 다양해졌다. 구성 원이 다양화되면서 이들을 통합하고 갈등을 관리하는 것이 사회의 주요 과제로 부상하였고 이를 위해 각 구성원의 배경과 문화를 이 해하고 존중하자는 다문화주의 담론이 형성되었다. 다문화주의란 이주민들이 원래 가지고 있는 문화와 수용국의 국민문화 간 차이를 인정하고 이주자들이 어떤 문화를 선택하든지 그들의 선택을 존중 하자는 생각이나 정책을 의미하며 1970년대에 유럽 사회에서 본격 적으로 논의되기 시작하였다(김남국, 2005; 장승진, 2010; 조지영·서정민, 2013; 조희원, 2014).

한국 역시 이주자가 늘고 사회구성원이 다양해지면서 1990년대 후반부터 다문화사회 담론이 형성되기 시작하였다. 이러한 한국의 다문화사회 담론은 세 가지 특징을 가지고 있다. 첫째, 서유럽식 다 문화주의와 정책을 한국에 도입하려는 시도가 존재하지만 실제 한 국 다문화사회는 서유럽과 달리 민족주의적 성격을 가지고 있다는 점이다. 서유럽식 다문화주의는 과거 식민지 지역 출신의 이주민이 늘어나면서 이들을 통합시키려는 우파의 의도와 과거 제국주의에 대한 반성에서 출발한 좌파의 문화상대주의(cultural relativism)가 함께 영향을 미쳐 형성되었다. 반면, 한국의 다문화사회는 서유럽 과 달리 민족주의적인 특징을 가지고 있다. 한국의 다문화사회 이 주민은 귀환중국동포와 결혼이주민, 북한이탈주민이 대다수를 차지 한다. 분단과 전쟁을 통해 민족적 디아스포라(diaspora)를 경험한 그들의 2, 3세인 중국동포, 북한이탈주민이 한국으로 재이주하는 형태라 할 수 있다. 결혼이주민 역시 가족 결합을 통해 한국사회와 한민족에 결합하는 형식으로 이주했다는 점에서 민족주의적 성격을 갖는다. 다문화사회의 다른 구성원인 외국인근로자는 제도적으로 단기 거주만 허용해왔기 때문에 정주할 목적으로 시민권이나 영주권을 취득하기 쉽지 않으며 이들이 정주 이주민이 되기는 어렵다.[3] 외국인근로자에 대한 수요가 늘자 정부는 2007년부터 구소련과 중국의 동포를 대상으로 '방문취업제'를 실시하여 외국인근로자 정책도 우리와 동일 민족 출신에게 유리하도록 변화시켰다. 한국 다문화사회의 특징에 대한 이해 없이 서유럽의 정책을 비교하고 도입하는 시도는 역사적, 문화적, 제도적 배경 차이를 간과하는 것이므로 민족주의적 성격이 강하게 나타나는 한국 상황에 맞는 새로운 담론이 필요하다.

둘째, 다문화사회 담론과 정책이 결혼이주민과 다문화가정에 집중되어 있다. 결혼이주민과 다문화가정이 증가하고 결혼이주여성과 국제결혼 가정의 자녀에 대한 차별문제가 부상하면서 한국사회 내에서 '다문화사회 담론'이 본격화되기 시작하였다. '다문화사회'와 '다문화주의' 담론이 형성되는 시기에 정부는 미래 노동인구 감소에 대한 대응책으로 적극적으로 '다문화정책'을 추진하기 시작한다 (Kim, 2011; 조지영·서정민, 2013). 정부의 정책적인 다문화 접근은 주로 결혼이민자와 다문화가정의 자녀를 대상으로 이루어졌다. 그래서 다문화정책을 담당하는 공무원 역시 정책 대상자를 결혼이

---

3) 외국인근로자의 경우 1991년부터 2007년까지 '산업연수제도'를 통해 6개월 내 거주만 허용하였고 이후 '고용허가제'를 2004년 도입하여 거주기간을 4년 10개월로 늘리고 연도별로 도입쿼터를 확대하였다.

주민과 다문화가정으로 인식하고 있으며 정책예산도 이들에 집중되어 있다(정기선 외, 2012; 정기선 외, 2014). 2012년 작성된 '이주민의 지역사회 정착과 사회통합 연구 조사' 결과, 해당 시군구에서 '결혼이주민'을 1순위의 주요 정책대상이라고 응답한 시군구가 176개(88.9%)로 가장 많았으며 '다문화가정 자녀'라고 응답한 시군구는 139개(70.2%)로 두 번째로 많았다. '외국인근로자'를 주요 정책대상이라고 답변한 시군구는 66개(33.3%)였다. 외국국적동포(재외동포)가 국내 체류 외국인의 50% 이상을 차지하고 있지만 이들 집단을 시군구 차원에서 주요 정책대상으로 인식하는 지역은 20개(10.1%)에 불과하였다. 사업 예산이 투입된 1순위 집단에 대한 응답 역시 '결혼이주민'이라고 응답한 시군구가 151개(80.7%)로 가장 많았고 그다음이 '다문화가정자녀' 17개(9.1%)였다. 사업요소예산이 많이 들어가는 2순위 집단으로 다문화가정자녀를 뽑은 시군구는 109개(63.7%)로 가장 많으며 외국인근로자와 결혼이민자라고 응답한 시군구는 각각 25개(14.6%)로 두 번째로 많았다. 조사 결과, 현재 시군구에서 사업예산이 가장 많이 배분되는 대상 집단은 '결혼이민자'이며 그다음이 '다문화가정자녀', '외국인근로자' 순으로 '외국인전문인력'이나 '재외동포'를 사업예산소요 1순위 또는 2순위로 고려하는 시군구는 4~5개에 불과하였다. 외국인근로자가 실제 외국 주민에서 차지하는 비중이 30%에 이르지만(<표 1> 참고) 단기 거주자이기 때문에 다문화정책과 담론의 주요 대상으로 다뤄지지 않고 있다.

<표 2> 다문화정책 사업예산이 가장 많이 소요되는 집단

외국인 유형	1순위		2순위		3순위		1, 2, 3순위	
	빈도 (개)	비율 (%)	빈도 (개)	비율 (%)	빈도 (개)	비율 (%)	빈도 (개)	비율 (%)
외국인근로자	6	3.2	25	14.6	63	60.6	94	20.3
외국인전문인력	2	1.1	2	1.2	1	1.0	5	1.1
결혼이주민	151	80.7	25	14.6	4	3.8	180	39.0
다문화가정자녀	17	9.1	109	63.7	19	18.3	145	31.4
재외동포	1	0.5	4	2.3	4	3.8	9	1.9
유학생	0	0.0	2	1.2	7	6.7	9	1.9
기타	10	5.1	4	2.3	6	5.8	20	4.3
합계	187	100.0	171	100.0	104	100.0	462	100.0

출처: 정기선 외, 2012a, 88

그리고 이러한 다문화사회 정책 대상 집단에 북한이탈주민은 포함되어 있지 않다. 다문화사회 주요 구성 집단임에도 불구하고 다문화사회 정책 대상자를 '외국인 유형'으로만 대상화하고 있기 때문에 북한이탈주민 집단이 제외된 것이다. 이는 다문화사회 논의를 '이주민'이 아닌 '외국인'으로 한정하고 있음을 보여준다. 행정부의 '지방자치단체 외국인주민현황 조사결과' 역시 외국인근로자, 결혼이민자, 유학생, 외국국적 동포, 외국인주민 자녀 등 외국인 주민만을 대상으로 분류하고 있다. 다문화정책을 '외국인 주민' 혹은 '외국 출신 주민'으로 한정할 경우 북한이탈주민이 배재될 수 있으므로 북한이탈주민의 특수한 지위를 고려하여 '외국인주민'이 아닌 '이주민' 개념으로 다문화정책 대상에 접근하는 것이 필요해보인다.

셋째, 다문화사회의 통합과 이주민의 정책에 대한 논의는 '시민'이 아닌 '한국인'에 초점이 맞추어져 있다. 이주민에 대한 지원과 교육과정도 '시민'이 아닌 '한국인' 양성을 목적으로 하여 프로그램을 진행하기 때문에 한국어교육과 한국사회에 대한 소개에 그치고 정치적 재사회화와 시민교육에는 관심이 부족한 상황이다. 이는 한국의 다문화사회가 민족주의적 성격을 가지고 있다는 점도 영향을 미친 것으로 보인다. 서유럽이나 북미의 다문화사회와 달리 동족(同族) 출신이 다수를 차지하는 한국 다문화사회는 사회통합과 갈등문제도 다르게 나타날 수 있다. 서유럽 다문화사회의 갈등 원인이 인종과 종교의 차이와 차별에서 비롯된 것이라면 한국은 동족 이주민 출신의 기대 배반이 그 원인이라 할 수 있다. 중국동포나 북한이탈주민은 한국사회와 한국인에 기대하는 것이 서유럽 이주민보다 더 크기 때문에 이것이 배반될 때 더 큰 실망감과 상실감, 심리적 이반으로 이어질 수 있다. 이러한 심리적 이반은 북한이탈주민(양계민·이우영, 2016)과 중국동포 이주민을 통해서도 발견되고 있다(정기선 외, 2012b, 265).[4] 이러한 한국 다문화사회의 특성을 고려한 갈등관리와 통합정책이 필요하다. 그러나 정책공급자 위주의 다문화정책, 통합정책이 추진되면 통합효과를 기대하기 어렵다. 이주민의 시민됨과 정치참여를 통해 이들이 시민으로서 권리와 의무를 다할 수 있도록 해야 이주민의 한국사회 소속감이 증진되고 일반시민의 이주민에 대한 인식변화를 통해 통합과 갈등관리가 가능해질 수 있다.

---

[4] 한국에 대한 소속감을 귀화자의 출신 국적별로 비교하면 중국계보다 캄보디아(95.5%)와 필리핀(94.4%) 출신이 강한 것으로 나타났으며, 한국계 중국인(82.7%) 귀화자들의 소속감은 이들보다 낮은 수준인 것으로 드러났다(정기선 외, 2012b, 265).

3. 다문화사회 정책과 담론이 나아가야 할 방향

그렇다면 우리 사회의 다문화정책과 담론이 궁극적으로 지향해야 할 방향은 어디일까? 본 논문은 이러한 물음과 관련해 김석호와 양정회가 제안한 시민됨(citizenship) 개념에 천착하고자 한다(Kim & Yang, 2013). 여기서 시민됨이란 법적-제도적 권리에 국한되지 않고 태도적-행위적 차원에까지 시민의식이 확장되는 것을 의미하며, 이것을 다문화 및 이주민 담론에 적용시켜 보면 아래와 같은 논의가 가능하다.

<표 3> 다문화사회, 다문화주의, 이주민의 시민됨 개념 비교

다문화사회 (Multicultural society)	다문화주의 (Multiculturalism)	이주민의 시민됨(citizenship)
사회구성원의 인종, 종교, 가치관, 출신지역과 문화가 다양한 사회	다문화사회에서 문화상대주의를 바탕으로 사회구성원이 어느 문화권을 택하든 존중하자는 담론	이주민이 그 사회 시민으로서 법적 차원의 시민권을 획득하는 것에 그치는 것이 아니라 시민으로서 태도와 행위를 가짐

첫째, 서유럽과 다른 다문화사회의 특징을 가지고 있기 때문에 '다문화주의(multiculturalism)'가 아닌 '이주민의 시민됨(citizenship)' 개념으로 접근해야 한다. 다문화주의와 '이주민의 시민됨' 개념을 비교해보면 다문화주의는 정주 의사나 거주 기간이나 시민권 취득 의사를 고려하지 않는다. 문화상대주의를 바탕으로 형성된 담론이기 때문에 현 사회의 가치관과 문화를 이들에게 강요하지 않는다. 하지만 역설적으로 이러한 태도가 분리와 차별의 바탕이 되기도 한다. 문화상대주의의 지나친 강조는 이들을 계속 타자로 살아가게 만든다. 반면, '시민됨' 개념은 법적-제도적 차원(legal-institutional dimension)에 한정된 '시민권' 개념을 넘어 태도적-행위적 차원 (attitudinal-behavioral dimension)을 포괄하여 이주민이 시민으로서의 태도를 가지는 것을 목표로 한다(Kim & Yang, 2013). '이주민의 시민됨' 개념으로 접근할 경우 이들은 한국사회에 정주할 목적을 가지고 있으며 장기 거주가 예상되는 집단이기 때문에 이 사회의 시민으로서 재사회화하는 것이 중요한 사회과제로 인식된다. 이주민은 새로운 사회에서 정주하는 것을 목적으로 가지고 있기 때문에 이미 영주권 혹은 시민권을 취득하였거나 취득 의사를 가지고 그 사회의 시민으로서 권리와 의무를 행하고자 하는 의지를 갖는다. 이주민은 출신 문화에 머물러 있는 이방인이 아닌 적극적인 시민으로서 정치에 참여하기를 원해 보다 적극적인 태도를 보인다. 이주민 출신이 아닌 일반 시민들도 스스로를 타자화하는 이주민보다 적극적이며 참여적인 이주민을 긍정적으로 바라보기 때문에 '이주민의 시민됨'은 이주민에 대한 인식 개선과 사회통합, 갈등관리에 긍정적인 영향을 미친다.

둘째, '외국인 주민'이 아닌 '이주민' 개념으로 접근해야 한다. 정부에서 작성한 연구 보고서나 통계자료를 보면 북한이탈주민은 다문화정책 대상자가 아님을 발견할 수 있다. 분단 상황이라는 특수성을 고려하면 북한이탈주민을 '외국인'으로 규정하기 곤란하기 때문일 것이다. '외국인'이 아닌 '이주민' 개념으로 다문화정책을 추진해야 북한이탈주민도 대상에 포함 할 수 있게 된다. 이는 민족주의적 성격이 강한 한국 다문화사회 특성에도 적합하다. 재이주한 재외동포는 외국국적을 가지고 있었지만 같은 민족이라는 특성도 가지고 있다. 하지만 정책적 대상으로 '외국인'으로 먼저 분류되고 관리된다면 이 단계부터 차별의식과 분리의식을 가질 수 있다. 한국 다문화사회 특징과 분단의 특수성을 고려하여 '외국인 출신 주민'이 아닌 '이주민' 개념으로 접근하고 동족 출신인 재외동포와 북한이탈주민 등 다양한 출신 집단을 포함하여 다문화정책을 추진하고 통합하여 관리해야 한다.

마지막으로 결혼이주민과 다문화가정에 집중된 담론과 정책을 이주민 집단 전체로 범위를 넓혀야 한다. 한국의 다문화사회 담론이 결혼이주민과 다문화가정에서 출발하였기 때문에 이들이 담론과 정책의 주요 대상이 되었으며 다문화정책을 집행하는 담당 공무원들 역시 주요 대상자를 결혼이주민과 다문화가정 자녀로 한정하여 인식하고 예산 역시 이들에 집중되어 있다(<표 3> 참고). 하지만 다른 출신 집단이 정책적으로 계속 배제되고 예산에서도 소외된다면 이는 이주민 안에서의 차별과 갈등문제를 불러올 수 있다. 다문화정책이 육아 지원과 입시 전형 혜택 등 수혜정책에 집중되어 있기 때문에 반발이 더 클 수 있다. 결혼이주민 위주의 다문화정책과 담론이 오히려 이주민그룹 안에서의 차별과 갈등을 공고화할 수 있기 때문에 결혼이주민과 그들의 자녀 외, 재외동포와 북한이탈주민, 외국인근로자까지 확대하는 것이 필요하다.

이주민 정치참여 필요성과 참여 현황

1. 이주민 정치참여 필요성

이주민은 정착 초기 단계에서 안전에 대한 욕구를 중시하지만 이후 상위 욕구인 소속감과 자아정체성 형성 욕구를 중시하는 단계로 이행해간다. 이 단계에서 이주민의 정치참여는 소속감과 자아정체성 형성 욕구에 영향을 미쳐 그것이 다시 사회참여로 이어지는 선순환 구조를 만들기 때문에 다문화사회에서 매우 중요한 의의를 갖는다(Maslow, 1954; 이희영, 2010). 선거 등 정치참여는 참여자로 하여금 자신을 시민으로 느끼게 하고 참여적 시민이 되도록 유인하며, 개인의 정치적 지식 증진과 정부에 대한 주관적 인식을 강화하여 개인의 자아실현을 촉진한다(Olsen, 1982; Thomson, 1971). 이러한 자아실현 촉진은 이주민으로 하여금 한국사회에서 타자 혹은 소수자가 아닌 시민으로 살아가게 하는 데 영향을 미친다. 앤소니 드워킨과 로자린 드워킨(Dworkin & Dworkin, 1999)은 소수자가 형성되는 조건으로 ① 식별 가능성, ② 권력의 열세, ③ 차별 대우 그리고 ④ 소수자 집단성원으로서의 집단의식을 제시하고 있다.5) 이를 한국사회 이주민에 적용해보면 결혼이주민과 다문화가정 2세의 경우 외모를 통해 식별 가능하며 중국동포와 북한이탈주민은 억양이나 어휘 사용을 통해 구별될 수 있어 식별 가능성 조건을 충족한다. 이주민은 전체 인구의 약 5% 정도의 소수 집단이기 때문에 권력의 열세에도 놓여 있다. 취업과 노동조건뿐 아니라 인간관계와 교제, 결혼 등에서도 차별받고 있고 최근에는 정부의 다문화정책 수혜자라는 대중의 인식과 이로 인한 반발을 경험하고 있기 때문에

---

5) 여기서 ① '식별가능성'이란 신체적·문화적 특징에 의해 다른 집단과 구별되는 뚜렷한 차이를 갖는다는 것을 의미하며, ② 경제적, 사회적, 정치적 권력 등에 있어서 실질적인 차이가 있거나 혹은 여러 가지 자원을 동원할 수 있는 능력에서 차이가 날 때 '권력의 열세'에 놓여 있다고 본다. ③ '차별적 대우'가 존재한다는 것은 개인이 단지 그 집단의 구성이라는 이유만으로 사회적 차별을 받음을 의미한다. ④ 처음에는 단지 몇 사람의 공유된 생각에서 시작되지만 차별적 관행의 반복을 통해 전체적인 연대의식으로 확대된 것이 소수자집단의 '집단의식'이라 할 수 있다 (윤인진, 2004, 404).

차별대우 조건도 충족한다. 반면, 소수자로서의 집단의식은 다문화 사회 구성원 집단별로 다르게 나타난다. 거주지 밀집 정도, 출신 집단별 세력화 수준에 따라 집단의식 형성에 차이가 존재한다. 중국 동포의 경우 서울 서남권이라는 특정지역에 집중 거주하며 네트워크를 형성하고 있기 때문에 집단의식이 강한 편이다. 북한이탈주민 역시 입국 이후 바로 '하나원'에 입소하여 교육을 받고 정부가 지원하는 주거지에 거주하며 '동지회' 등 네트워크를 가지고 있기 때문에 집단의식이 강한 편이다. 반면, 결혼이주민의 경우 네트워크 형성이 어렵고 특정 지역에 모여 거주하지 않기 때문에 집단의식이 중국동포에 비해 강하지 않은 편이다. 다문화사회 구성원들은 집단별로 차이가 있지만 4가지 조건 중 3가지 이상은 공통적으로 충족하고 있어 사회에서 소수자로 존재하기 쉬운 상황이다. 이들이 소수자로 머무를 경우, 사회통합은 어렵게 된다. 스스로를 소수자로 인식하게 되면 사회구성원으로서의 권리와 의무행사에 소극적이며 스스로 한국사회의 타자가 될 것이다.

이주민이 한국사회에서 타자가 아닌 시민으로 살아가게 하기 위해서는 이주민의 '시민됨' 과정이 필요하다. '시민됨' 개념과 구성 요소는 두 가지 차원과 네 가지 개념으로 수렴되는데(Kim & Yang, 2013) 법무부 연구용역으로 진행된 '2012년 체류외국인 실태조사: 영주권자와 귀화자를 중심으로' 보고서에서도 영주권자와 귀화자의 사회통합을 위한 개념으로 제안된 바 있다.

출처: 정기선 외, 2012, 6

<그림 3> 시민됨(citizenship)의 차원과 요소

　'시민됨'은 법적-제도적 차원과 태도-행위 차원으로 구분되는데 법적-제도적 차원은 지위(status)와 멤버십이라는 두 가지 요소를 포함한다. 멤버십은 국가나 정부에 의해 규정된 법적 지위와 소속 감이라는 이중적 특성을 가지고 있기 때문에 두 가지 차원 모두와 관련되어 있다. 법적 지위는 표현, 종교, 결사, 투표, 자기보호 등의 시민 권리와 납세, 준법, 군복무 등 시민으로서의 의무를 부여한다. 멤버십은 이러한 법적 지위뿐 아니라 정치적 및 사회적 행위 측면 의 충성심과 소속감 등 주관적 감정을 포함하며 이러한 능동적 시 민됨은 연대(solidarity)의 수단으로 활용된다. 이는 시민사회에 대 한 활발한 참여와 정치참여를 모두 아우른다(Dalton, 2008). 즉, 시 민됨이란 공동체에 대한 소속감과 책임감을 가지고 속해 있는 공동 체를 위해 봉사하고 참여하고자 하는 마음을 가진 사람이 된다는 것을 의미한다. 이러한 참여의 궁극적인 단계는 정치참여이다. 이 주민이 시민으로서의 권리와 의무를 행하며 정치적 이해를 반영시 키고 이것이 정책으로 산출될 수 있도록 이주민의 정치참여가 활성 화되어야 한다. 정치체계(political system) 안에서 자신의 요구와

지지가 반영되지 않고 정치적으로 배제(exclusion)되고 소외될 경우 그 집단은 정치체계 밖으로 이탈(exit)하며 거리의 정치나 다른 방식으로 불만을 표출한다(Hirschman, 1970). 스스로를 소수자 혹은 타자로 인식하는 집단이 정치체계의 투입과 산출과정에 원활히 참여하지 못할 경우, 사회 갈등은 범죄, 테러 등으로 극단화될 수 있다. 서유럽에서 이민 2세대의 테러와 범죄 가담 사례가 늘고 있는 것이 이를 보여준다.

이주민의 한국에 대한 소속감을 연구한 '2012년 체류외국인 실태조사: 영주권자와 귀화자를 중심으로' 보고서에 따르면 영주권자와 귀화자는 연령대별 소속감이 'U-자형' 패턴을 보이고 있다. 청년층의 소속감은 중년층보다 높았고 중년층은 가장 낮은 소속감을 보였으며 반면 노년층의 소속감은 가장 강하게 나타났다. 그리고 귀화자가 영주권자에 비해 한국에 더욱 소속감을 더 강하게 느끼는 것으로 나타났다. 시민으로서의 권리와 의무를 더 많이 가지고 있는 귀화자가 영주권자에 비해 소속감이 강하다는 것은 참여의 권리와 의무가 많을수록 소속감이 커질 수 있다는 점을 보여준다. 이주민의 정치참여가 활성화된다면 한국에 대한 소속감 증진에도 긍정적인 영향을 미칠 것이다.

<표 4> 한국에 대한 소속감: 영주권자와 귀화자 비교[6]

	전혀 없다	조금 없는 편이다	조금 있는 편이다	매우 있다	합계	사례 수	평균	차이검증
영주권자	6.8	14.5	50.9	27.7	100.0	750	3.00	t=-2.66 P<0.01
귀화자	5.1	11.7	49.7	33.6	100.0	572	3.12	
전체	6.1	13.3	50.4	30.3	100.0	1332	3.05	

출처: 정기선 외, 2012b, 264

2. 이주민 정치참여 현황

한국은 2005년 개정 선거법에 따라 조건을 만족하는 외국인 영주권자에 한해 '주민' 지위를 부여하고 부분적 참정권을 인정하였다. 대통령 선거와 국회의원 선거, 국민투표 권한은 인정하지 않았지만 지방선거 선거권, 주민투표권, 주민소환투표권은 허용하고 있다. "공직선거법" 제2장 제15조는 "출입국관리법"에 따라 영주권 자격을 획득한 지 3년 이상 경과하고 해당 지방자치단체의 외국인 등록대장에 등록되어 있는 19세 이상 영주권자에 한해 지방선거 투표권을 인정한다. 이러한 제도적 변화는 제한적이지만 이주민에게 지역주민이라는 시민적 차원의 정치적 권리를 인정한 것으로 긍정적으로 평가되고 있다(김비환, 2007; 남지민, 2012). 2005년 제주도 주민투표에서 외국인의 투표권을 처음으로 인정하였고 2006년 제4회 지방선거부터 적용하였다. 당시 외국인 유권자는 6,726명으로 한국화교 6,511명, 중국인 5명, 일본인 51명, 미국인 8명, 독일인 2명, 영국인 1명, 말레이시아인 1명으로 구성되어 있었다. 2010년 제5회 지방선거에서 투표권을 가진 외국인 유권자는 11,680명이었고 2014년 제6회 지방선거에서는 48,428명이었다. 하지만 영주권자뿐만 아니라 귀화자들 중에서도 자신들이 투표권이 있다는 사실조차 모르는 경우가 많아 선거참여가 적극적으로 이루어지지 못하고 있다. 대선이나 총선에 비해 지방선거 투표율이 낮은 것을 고려해볼 때, 외국인 영주권자가 많은 선거구에서 이들이 선거에 적극적으로 참여한다면 지역 내 정치적 영향력은 강화될 수 있을

---

6) 전혀 없다 1점, 조금 없는 편이다 2점, 조금 있는 편이다 3점, 매우 있다 4점을 주어 측정하였다.

것이다. 실제로 서울 서남권(구로구, 영등포구, 동작구, 관악구, 금천구) 등 외국인 밀집 거주지역의 경우 선거 후보자가 이들을 위한 공약을 제시하거나 이들 단체를 대상으로 적극적인 선거유세를 진행하기도 한다.[7]

이주민의 선거참여에 대한 연구 결과를 살펴보면, 국적취득 이후 기간과 한국 거주기간이 주요한 변수임을 확인할 수 있다. 한국 국적을 취득하고 3년이 경과하지 않은 경우에 비해 3년 이상 경과한 이주민의 선거참여 비중이 매우 높았고 통계적으로도 유의미했다. 한국 거주기간 5년을 기점으로 전, 후의 선거참여의 뚜렷한 차이가 나타났다(오현수, 2012).

이주민 집단은 정치적 자원과 정치적 영향력의 차이가 존재한다. 북한이탈주민과 중국동포가 외국인근로자나 결혼이주민 출신보다 정치 세력화에 적극적이다. 외국인근로자의 경우 정부가 제도적으로 장기 거주를 허용하지 않기 때문에 다른 집단에 비해 정치적 자원이 부족한 편이며 제도권 내 정치참여가 아닌 거리의 정치와 제도 밖 정치참여 행태로 나타난다. 이들은 주로 집회를 통해 고용허가제와 관련하여 직장을 바꿀 권리와 노동기본권 보장 등 제도개선을 요구하고 있다.[8]

---

7) 지역구 국회의원인 박영선은 19대 국회의원 선거 당시, 구로구의 중국동포 집회 현장을 방문하여 중국동포 지원특별법 제정과 처우개선을 공약으로 제시하였다. 20대 국회의원에 당선된 이후에도 문화다양성 이해교육을 지원하고 중국동포 및 다문화 특화 지역아동센터 시법설치를 제언하는 등 지역구 내 거주하는 중국동포 유권자를 고려한 정책을 추진하고 있다.

8) "이주노동자 평등 대우…고용허가제 폐지해야" 이주노조 등 20일 서울 보신각서 집회…임금체납·차별 원인 '고용허가제 지목', 『머니투데이』 2018년 8월 20일.

<표 5> 북한이탈주민 입국 현황

(단위: 명)

연도	인원	연도	인원	연도	인원	연도	인원
1989	607	1996	56	2003	1285	2010	2402
1990	9	1997	86	2004	1898	2011	2706
1991	9	1998	71	2005	1384	2012	1502
1992	8	1999	148	2006	2028	2013	1514
1993	8	2000	310	2007	2554	2014	1397
1994	52	2001	586	2008	2803	2015	1277
1995	41	2002	1142	2009	2914	2016	1417

출처: http://www.index.go.kr/potal/main/EachDtlPageDetail.do?idx_cd=1694(2018년 1월 5일 검색)

분단 상황이라는 특수한 상황으로 인해 이주민 집단 중 비교적 정치적 자원을 많이 가지고 있다. 북한이탈주민의 수는 2016년 말 기준 3만 200명 이상이다. 1990년대 북한의 최악의 경제난 영향으로 1990년대 중반부터 증가하기 시작하였고 2002년부터 천 명 단위로 급증하였다. 규모가 커지면서 정치 세력화에도 관심을 보이고 있다. 북한이탈주민의 적응을 돕기 위해 정부가 임대아파트를 제공하고 대학등록금을 지원하는 등 정책을 집행하고 있지만 북한이탈주민은 여전히 한국에서의 재사회화와 적응·정착에 어려움을 겪으며 사회보장제도에 기대거나 종교단체의 후원으로 영위해나가고 있다. 다른 이주민 집단에 비해 자주 정치적으로 동원[9]되지만 이러한 경험으로 인해 적극적으로 이를 이용하거나 아예 정치적 목소리를 내지 않는 등 양극화된 정치적 태도를 보이기도 한다.

재외동포는 외국인근로자에 비해 영주권 취득이 용이하여 영주

---

9) "통일부, 탈북단체 댓글조작 동원의혹에 '조사결과 보고 조치'", 『연합뉴스』 2017년 8월 18일.

권 취득자가 많으며 국적 취득자도 점차 늘어나고 있다. 국적 미취득 외국인 주민 중 외국국적 동포가 13%를 차지하는데 대부분이 귀환중국동포이다. 수적으로 많을 뿐 아니라 서울 서남권과 안산 등 특정 지역에 모여 살기 때문에 다른 집단에 비해 정치적 자원이 많으며 정치참여에도 적극적이다. 주로 중국동포 집중 거주지를 중심으로 지역구 국회의원에 영향력을 행사하고 있다. 이들의 정치력은 '서울 서남권 민관협의체 구성'에도 영향을 미쳤다. 중국동포가 밀집해 있는 서울 서남권 5개 구(구로구, 금천구, 영등포구, 동작구, 관악구) 지역구 국회의원과 시의원, 중국동포단체 대표와 서울남부출입국관리사무소, 서울시교육청, 경찰, 서울시와 5개 구 지방자치단체로 구성되어 있다. 지역주민 구성 변화에 따른 정책수요와 제도개선 요구에 대응하기 위해 2015년 3월에 발족하였다. 2017년 9월 정기회의에서 문화 다양성 이해교육 지원, 서남권 교통안전 환경조성, 중국동포 및 다문화 특화 지역아동센터 시범 설치, 중국동포 맞춤형 사업 및 자치단체공모사업 지원 등을 주요 안건으로 다루었고 이를 정책에 반영시키고 있다. 구성원에 중국동포단체가 포함되어 있으며 정기회의 주요 안건으로 중국동포 관련 이슈와 현안을 다루는 등 중국동포의 정치적 영향력이 반영되어 있다. 19대 국회에서 이주민 출신 비례대표 국회의원이 등장한 이후 정계 진출도 적극적으로 시도하고 있으며[10] 결국 20대 총선에서 더불어민주당의 비례대표 31번째 순위 후보로 중국동포 출신인 박옥선이 공천되었다.

---

10) "재한중국동포 여성위원회 만드는 박옥선씨", 『연합뉴스』 2014년 3월 10일.
　　"여의도가 주목하는 박옥선씨", 『연합뉴스』 2016년 7월 4일.

<표 6> 외국인주민 집중 거주 지역

(단위: 명, 인구 대비 비율 %)

전 국 (65)[11]	3만 명 이상(7), 2만 명 이상(12), 1만 명 이상(36), 1만 명 미만(10)
서 울 (16)	영등포구 55,427(13.9%), 구로구 48,279(10.9%), 금천구 29,660(12.0%), 중구 11,312(8.8%), 용산구 17,080(7.6%), 종로구 11,325(7.3%), 관악구 29,270(5.7%), 광진구 20,314(5.6%), 동대문구 18,512(5.1%), 동작구 18,033(4.5%), 성북구 14,247(3.2%), 서대문구 13,436(4.2%), 성동구 12,151(4.1%), 마포구 13,360(3.6%), 강서구 11,962(2.1%), 송파구 12,562(2.0%)

출처: 행정자치부 2016 지방자치단체 외국인주민현황 조사결과

결혼이주민을 통해 다문화사회 담론이 시작되었기 때문에 결혼
이주여성은 여전히 다문화사회의 정치적 상징으로 다뤄진다. 이러
한 상징성이 이주민 출신 집단 중 최초로 결혼이주민 출신인 이자
스민이 19대 국회 비례대표 국회의원으로 공천되는 데 영향을 미
쳤다. 결혼이주민 집단 내에서 국회의원을 배출했지만 일반 결혼이
주민의 정치참여는 여전히 부족한 편이다. 동일 민족 출신 이주민
집단인 중국동포, 북한이탈주민에 비해 한국어 능력이 부족하다는
점도 영향을 미치고 있다. 부족한 정보력 또한 결혼이주민 특히 결
혼이주여성 정치참여의 주요 제약 요인으로 작용한다. 결혼이주여
성의 경우, 정치와 관련된 정보를 남편과 시부모 등 가족에게서 주
로 획득하며, 가족의 정치적 태도와 성향이 본인의 정치적 태도에
영향을 미치는 것으로 확인되었다(임혁·남일재, 2014). 대구·경
북지역의 결혼이주여성 510명의 정치참여 실태를 조사한 연구 결
과에 따르면 취업자의 정치참여율이 미취업자보다 10%가량 상대
적으로 높고 소득이 적은 여성의 정치참여도가 상대적으로 높은 것

---

11) 외국인주민이 1만 명 이상 또는 인구 대비 5% 이상 거주하는 전국 65개 시군구.

으로 보고되었다. 소득이 적은 여성의 정치참여가 높다는 점에서 한국의 일반여성의 정치참여와 다른 동향을 보여주고 있다. 이는 배우자나 시부모의 자산이나 소득이 많아 가구 소득이 많은 경우, 결혼이주여성의 정치참여를 선호하지 않으며 이것이 이주여성의 정치참여에 영향을 미치기 때문인 것으로 분석된다(이용승·이용재, 2013).

결혼이주여성에 대한 연구 결과, 출신지역의 원문화(origin culture)가 정치참여에 영향을 미치는 것으로 보고되고 있다(임혁·남일재, 2014). 자유민주주의 정치체제를 가지고 있는 국가에서 온 이주여성이 사회주의 정치체제 국가에서 이주해 온 이주여성에 비해 정치참여도가 높은 것으로 나타나는 등 출신지역에서 형성된 정치참여 문화적 특성이 결혼이주 이후에도 지속되고 있었다. 이러한 특성은 다른 이주민 집단에도 적용될 수 있을 것이다. 이주민의 주요 구성원인 중국동포와 북한이탈주민의 경우 사회주의체제에서 성장하였기 때문에 이미 형성된 정치참여 태도가 한국에서의 정치참여에도 영향을 미칠 것이다. 이주민의 시민됨을 위해 출신국의 정치, 사회, 문화와 한국과의 차이를 비교해 정치적 재사회화를 돕는 시민교육을 활발히 전개해나가야 한다.

이주민의 정치참여 활성화를 위한 시민교육

1. 이주민 시민교육 필요성

시민교육은 정치교육(political education)의 형태로 교육대상자에게 필요한 기본적 이념, 가치 태도 및 행동양식을 시민에게 습득시켜 그들을 책임 있는 국가구성원이 되도록 하는 것이다(조찬래, 2012). 특히 이주민의 시민교육은 정치재사회화의 개념으로 보아야 한다. 정치적 사회화는 특정한 정치적 정향을 획득하는 과정과 개인으로 하여금 기존 정치체제에 융화시켜 그 체제에 적합한 구성원으로 만드는 과정을 포함한다(이규영, 2005) 마토렐라(Martorella, 1991)는 시민교육을 사회의 구성원이 그 사회가 지향하는 가치에 확신을 가지고 정치체제나 사회체제에 대해 효율적으로 참여하며 주어진 역할과 책임을 수행해나가도록 하는 교육이라고 정의한다.

이주민의 정치참여 활성화를 위해 시민교육이 필요한 이유는 세 가지로 정리할 수 있다. 첫째, 이주민의 다중 정체성 혼란을 최소화하고 한국사회 시민 정체성을 강화하기 위해 필요하다. 이주민은 한국사회에 대한 소속감과 더불어 출신국에 대한 소속감도 함께 가지고 있는 것으로 나타났다. 2012년 조사 결과, 이주민들의 한국에 대한 정체성은 비교적 높게 나타나지만 그럼에도 불구하고 소속감이 조금 있다고 응답한 조사 참여자들이 다수였다. 본국(출신국)에 대한 소속감도 여전히 높게 나타나고 있다는 사실에 주목하여(정기선 외, 2012b) 이것이 사회통합에 미치는 영향에 대해 생각해보아야 한다. 이러한 연구결과는 이주민이 출신 집단(출신 국가)에 대한 정체성과 한국사회 구성원이라는 다중의 정체성을 가지고 있음을 보여준다. 그리고 이주민은 다문화정책의 대상으로 정책을 경험하며 한국사회의 '다문화 이주민'이라는 정체성도 가지게 된다.

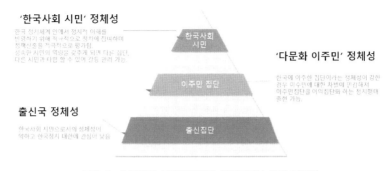

'한국사회 시민' 정체성

한국 정치세계 안에서 정치적 이해를
반영하기 위해 적극적으로 정치에 진입하며
정책신호를 적극적으로 평가함.
성숙한 시민의 역량을 갖추게 되면 다른 집단,
다른 시민과 타협 할 수 있어 갈등 관리 가능.

한국사회
시민

'다문화 이주민' 정체성

한국에 이주한 집단이라는 정체성이 강한
경우 이주민에 대한 차별에 민감해져
이주민집단을 이익집단화 하는 정치행태
출현 가능.

이주민 집단

출신국 정체성

한국사회 시민으로서의 정체성이
약하고 한국정치 대안에 관심이 낮음

출신집단

<그림 4> 이주민의 다중정체성과 시민정체성 강화 필요성

이주민이 가지고 있는 '출신 집단', '다문화 이주민', '한국사회 구성원'이라는 정체성은 단계적으로 그 범주가 확대되는 구조를 가지고 있지만 실제로 다문화사회에서 이주민의 다중 정체성은 서로 교차하고 적대적인 담론·실천·위치를 가로지르며 구성되는 경향이 있다(Luig, 2007). 즉, 단계적으로 정체성을 획득하는 것이 아니라 교차하여 혼재하고 있기 때문에 정체성 사이의 내적 갈등이 나타날 수 있다. 출신 지역과 이주민의 정체성이 시민으로서의 정체성보다 강할 경우 스스로를 타자화하고 소수자로 존재하게 만든다. 이러한 상황에 차별을 경험할 경우, 극단적인 반발로 이어질 수 있으며 사회갈등이 격화하는 데 영향을 미칠 수 있다. 반면, 시민됨(citizenship) 없는 다문화정책과 이주민에 대한 지원은 이주민으로서의 정체성만을 강화시키며 다문화정책의 수혜 대상으로서 이익집단화하는 데 영향을 미칠 수 있다. 차별의 대상이자 동시에 정책적으로 지원받는 대상이라는 이주민의 이중적 지위가 이주민으로 하여금 자신에게 유리한 지위만 취하려 하는 데 영향을 미칠 수 있다. 이러한 이주민의 태도는 이주민 출신이 아닌 일반시민의 반발

과 이주민에 대한 부정적 인식 확산에도 영향을 미칠 것이다. 따라서 시민 정체성 강화를 통해 '이주민의 시민됨'을 목표로 하는 것이 필요하다. 하지만 이러한 '출신국 정체성'과 다문화 '이주민 정체성'을 완전히 배제하거나 무시하는 것은 불가능하며 오히려 이주민들의 반발과 거부감 등 부작용을 야기할 수 있다. 그렇기 때문에 다중 정체성 중 하나를 선택하도록 강요하는 것보다 시민교육을 통해 시민으로서의 정체성을 강화하되 다중 정체성을 조화롭게 유지하도록 교육하는 것이 바람직하다.

둘째, 정치 참여 활성화를 위한 정보 제공과 역량 강화를 위해 필요하다. 이주민은 다양한 정치문화 배경을 가지고 있기 때문에 한국사회에서 정치적 재사회화 과정이 필요하다. 다른 정치체제, 정치문화에서 정치적 태도가 이미 형성된 상태로 이주하였기 때문에 출신 지역의 정치체제와 정치문화의 영향이 여전히 남아 있다. 그래서 한국사회에서도 과거의 정치적 태도를 유지할 가능성이 크다. 앞서 결혼이주민의 정치참여에 대한 선행연구에서도 이러한 현상을 발견할 수 있었다. 출신 지역의 원문화가 이주민의 한국에서의 정치참여에 영향을 미치기 때문에 한국의 정치체제, 선거제도 전반에 대한 이해와 정보를 제공하여 시민으로서의 정치적 태도를 형성할 수 있도록 지원해야 한다. 시민교육이 제대로 이루어지지 않는 경우, 주변인으로부터 한정적으로 정보를 획득하고 이들의 정치적 성향과 태도의 영향을 받기 쉬워(임혁·남일재, 2014) 왜곡된 정치인식과 정보를 획득할 위험이 있다는 점도 고려해야 한다.

<표 7> 영주권자·귀화자의 선거참여 여부

		영주권자		귀화자		전체		차이검정
		%	사례 수	%	사례 수	%	사례 수	
한국에서 투표경험	투표권이 있는지 몰라서 하지 못했다	27.6	214	5.0	31	17.6	245	x^2=398.47 p<.001
	투표권이 당시에는 없어서 하지 못했다	43.0	333	16.8	104	31.4	437	
	선거에 관심이 없어서 하지 않았다	5.3	41	3.6	22	4.5	63	
	투표한 적 있다	19.1	148	71.0	439	42.2	587	
	잘 모름	4.9	38	3.6	22	4.3	60	
	합계	100.0	774	100.0	618	100.0	1392	

출처: 정기선 외, 2012b, 316

영주권자에게도 부분적인 선거권(지방선거투표권, 주민투표권, 주민소환투표권)을 인정하고 있지만 홍보 부족으로 참여율이 낮은 편이다. 투표권이 있는지 몰라 선거에 참여하지 못한 이주민은 영주권자에서 높게 나타났으며 "투표권이 있는지 몰랐다"고 한 사람들을 만약 알았다고 하더라도 전부 참여하지는 않았을 것이라고 가정할 경우, 추정된 투표율은 약 33% 정도이다(정기선 외, 2012b, 318). 영주권자의 선거참여가 허용된 지방선거의 한국인 투표율(5회 54.5%, 6회 56.8%)과 비교해보더라도 영주권자와 귀화자의 선거참여율은 여전히 낮은 편이다. 하지만 시민교육을 통해 제도적인 이해를 돕고 정보 제공을 통해 정치참여를 유도한다면 정치참여를 촉진할 수 있을 것이다.

<표 8> 영주권자, 귀화자, 내국인 정치적 효능감 비교[12]

	영주권자	귀화자	전체	내국인[13]
외적 효능감	1.39	1.52	1.45	1.34
내적 효능감	2.09	1.87	1.99	2.28
사례 수	6.1	13.3	1,200	1,294

출처: 정기선 외, 2012b, 318

셋째, 정치적 효능감을 증진시키고 참여에 적극적인 시민으로 성장하기 위해 필요하다. 정치 체제에 대한 신뢰(외적 효능감)는 국내인과 비슷한 수준이거나 약간 높은 반면, 내적 효능감, 즉 유권자 자신의 정치적 능력에 대한 믿음의 경우에는 내국인에 비해 상대적으로 낮은 것으로 나타났다. 영주권자들의 경우 귀화자들에 비해 내적 효능감이 높고 외적 효능감이 낮은 것으로 나타났다. 이주민의 경우, 자신의 정치적 능력에 대한 믿음(내적 효능감)이 저조한 상황이므로 시민교육을 통해 이주민의 정치적 능력을 강화하는 것을 목표로 해야 한다.

2. 시민교육 방안

<표 9> 법무부의 이민자 사회통합 프로그램

단계구분	0단계	1단계	2단계	3단계	4단계		5단계	
과 정	한국어와 한국문화					중간 평가	한국사회 이해	종합 평가
	기초	초급1	초급2	중급1	중급2			
이수시간	15시간	100시간	100시간	100시간	100시간		50시간	

출처: 법무부

---

12) 최저(0)에서 최고(4)까지 4점 척도로 구성하였다.
13) 내국인 정치 효능감 수치는 2002년에 조사한 한국종합사회조사를 바탕으로 도출한 것으로 시차나 상황을 고려할 때 직접적인 비교는 어렵지만 대체적으로 비교하였다(정기선 외, 2014).

이주민은 각기 다른 사회에서 이주해 왔기 때문에 한국사회에 적응하기 위한 재사회화 과정이 필요하다. 하지만 한국 정착 지원 프로그램은 주로 한국어교육(언어 교육)에 집중되어 있다는 한계가 있다. 다문화가정 지원 프로그램 역시 한국어교육에 집중되어 있고 '한국사회 이해' 강의는 50시간 동안 한국의 역사, 사회, 문화, 법, 정치의 전 분야를 소개하는 수준에 그치고 있다. 다문화가정 자녀를 대상으로 교육 멘토링 프로그램을 정부 차원에서 운영하고 있지만 다문화가정 구성원인 결혼이주민의 배우자와 배우자의 가족에 대한 프로그램은 부족해 이주여성과 다문화가정의 정착과 안정을 어렵게 하고 있다. 이주민의 한국사회 정착과 사회 적응에 실질적인 도움을 주기 위해서는 이주민 사회통합 프로그램을 양적으로 질적으로 변화시켜야 한다. 프로그램에 한국정치제도와 정치문화 등 시민교육을 포함시키고 교육 시간도 늘려야 한다. 교육대상도 이주민에만 한정하는 것이 아니라 자녀와 배우자 등 이주민 가족으로 확대하여 결혼이주민뿐 아니라 다문화가정의 정치참여 활성화를 유도해야 한다.

북한이탈주민의 정착 지원 프로그램 역시 이주민 통합 프로그램과 유사한 상황이다. 짧은 기간 동안 한국사회를 빠르게 소개하는 데 그치고 있으며 '하나원'에서의 교육프로그램 이후 정치재사회화를 돕는 시민교육은 부족한 상황이다. 10대나 20대의 경우 교육기관을 통해 정치재사회화를 경험하고 북한이탈주민이 아닌 시민들도 접할 수 있지만 중장년층의 경우, 하나원 퇴소 이후 바로 생업에 종사해야 하기 때문에 정치재사회화는 주로 주변의 지인이나 '탈북자동지회' 등 북한이탈주민 모임을 통해 이루어진다. 그리고 이들은 특정 진영이나 집단의 정치적 목적에 의해 동원되기도 한다. 정치적으로 동원되고 이용된 경험은 북한이탈주민으로 하여금 정치에 환멸을 느끼게 하고 극단적인 정치성향과 태도를 형성하는 데 영향을 미친다. 이를 방지하기 위해 이들을 대상으로 한 지속적인 시민교육이 필요하다. 북한이탈주민을 대상으로 한 시민교육 경험은 통일 후 북한 주민을 대상으로 시민교육 프로그램을 구상하고 기획하는 과정에도 도움 될 것이다.

이주민에 대한 시민교육 프로그램을 운영하며 이주민의 정치적 태도와 성향을 파악하고 이들의 정책적 요구를 인지하여 정책에 반영하는 효과도 기대할 수 있을 것이다. 그리고 이러한 시민교육 프로그램 운영 경험은 다른 문화 출신 구성원이 아닌 일반시민을 대상으로 한 교육프로그램 구상에도 도움 될 것이다. 다문화사회의 시민교육은 이주민뿐 아니라 일반시민에게도 필요하다. 이주민에 대한 이해를 돕고 비이주민과 이주민의 인식 차이를 줄이는 데 긍정적인 효과를 기대할 수 있을 것이다. 초기에는 이주민을 대상으로 한 시민교육에 집중하되 순차적으로 시민교육 프로그램을 일반시민으로 확대하여 '다문화사회 민주시민교육' 자체를 목적으로 한

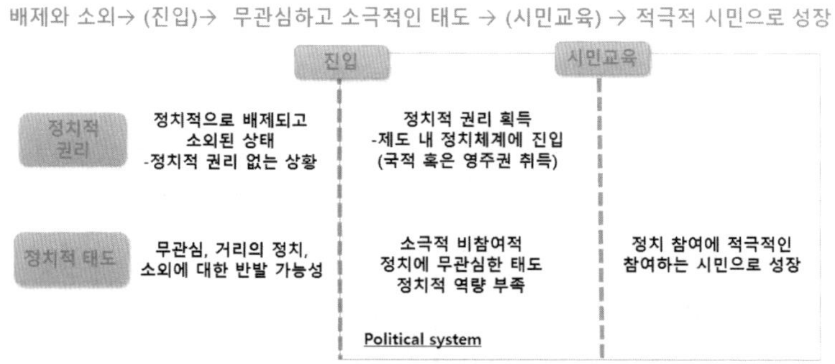

배제와 소외→ (진입)→ 무관심하고 소극적인 태도 → (시민교육) → 적극적 시민으로 성장

	진입	시민교육
정치적 권리	정치적으로 배제되고 소외된 상태 -정치적 권리 없는 상황	정치적 권리 획득 -제도 내 정치체계에 진입 (국적 혹은 영주권 취득)	
정치적 태도	무관심, 거리의 정치, 소외에 대한 반발 가능성	소극적 비참여적 정치에 무관심한 태도 정치적 역량 부족 Political system	정치 참여에 적극적인 참여하는 시민으로 성장

<그림 5> 시민교육과 '이주민 시민됨(citizenship)' 과정

독립적 프로그램의 체계적 운영을 해나가야 한다.

이러한 시민교육 프로그램이 지속적으로 운영되려면 정부의 경제적·행정적 지원이 필요하다. 다문화정책과 이주민 대상 시민교육을 통합하여 관리하는 컨트롤타워도 구축되어야 한다. 정부가 경제적으로 행정적으로 지원하더라도 교육과 운영은 독립적으로 진행되어야 한다. 정부가 직접 시민교육을 담당하기보다 전문가집단으로 구성된 시민교육기관을 만들고 공급자 중심이 아닌 수요자 중심의 시민교육을 구상해야 한다. 교육대상자가 수동적인 태도로 수강하는 것이 아니라 교육에 적극적으로 참여할 수 있도록 교육 기획 단계부터 대상자가 참여하여 함께 구상해나가야 한다. 시민교육은 ① 시민으로서의 권리와 의무, ② 선거와 매니페스토, ③ 한국정당, ④ 한국정치사, ⑤ 시민단체와 이익집단에 대한 이해, ⑥ 한국정치문화, ⑦ 정치 리더와 리더십을 주요 내용으로 진행한다. 정치참여 중 특히 선거참여 활성화를 위한 역량강화에 집중하는 것이 필요하다. 일방적인 강의 방식보다 모의선거나 시민청원 경험 등 교육대상자가 적극적으로 참여하는 방식이 수강생의 강의 집중도를 높이는 데 도움 될 것이다. 현실 정치에 적용하여 참여를 단기간에 이끌어낼 수 있도록 교육 대상자 본인과 관련 있는 이슈와 정책을 중심으로 시작해야 한다. 자신과 관련된 정책을 찾아보고 원하는 정책을 직접 요구하고 청원하는 시민청원 활동부터 자신과 관련 있는 공약을 찾아 정치쟁점과 후보별 입장을 정리하여 구별하는 과정, 정치인의 정책성과 평가와 공약 이행 평가 등의 활동을 포함하는 것이 시민교육의 효과를 더욱 크게 만들 것이다.

그리고 시민교육 기관 운영을 통해 이주민 대상 시민교육 강사를

육성하고 궁극적으로 이주민 출신 강사진을 양성해 각 이주민 집단
별 맞춤형 교육이 가능하도록 지원해나가야 할 것이다.

마무리하며

한국사회에서 외국인 주민 수는 양적으로 증가하고 있으며 전체
주민에서 차지하는 비중도 꾸준히 증가하여 2016년 기준 3.4%에
이르렀다. 한국사회 구성원이 다양화되고 정부가 다문화정책을 추
진하면서 한국사회에도 다문화사회 담론이 형성되기 시작하였다.
한국의 다문화사회 담론은 서유럽식 '다문화주의' 담론과 정책의
영향을 받고 있으며 그 논의는 결혼이주여성과 다문화가정 자녀에
집중되어 있다. 그리고 이주민을 시민으로 양성하는 것보다 한국인
만들기에 초점이 맞추어져 있다는 특징이 있다.

하지만 서유럽식 다문화주의를 한국에 적용하려는 시도는 비판
적인 고찰을 필요로 한다. 문화상대주의에 기반한 '다문화주의'도
서유럽의 인종, 종교 갈등을 해소하지 못하고 있으며 오히려 이주
민을 지속적인 타자로 만들고 있다는 점을 고려해야 한다. '다문화
주의'보다 '이주민의 시민됨' 개념이 이주민의 사회참여와 소속감
증진, 이주민에 대한 일반시민의 긍정적 인식 확산에 도움 될 수
있을 것이다. 식민지 출신 이주민이 많은 서유럽이나 이민을 통해
국가를 형성한 북미와 달리 한국 다문화사회는 북한이탈주민과 중
국동포 등 같은 민족 출신 이주민과 가족 결합을 통한 결혼이주민
으로 구성되어 있다. 그래서 다문화사회임에도 민족주의적 성격이
강하다. 서구와 달리 인종이나 종교 갈등 가능성은 적지만 동족으
로서 이주민의 기대가 크다는 점이 특징이다. 기대가 큰 만큼 이주

민의 이러한 기대가 배반 될 때, 더 큰 분리와 차별, 타자화 문제를 만들 수 있다는 것을 인식해야 한다.

이주민의 사회참여는 사회에 대한 소속감과 정체성 형성에 긍정적인 영향을 미치기 때문에 이를 활성화하는 것이 다문화사회에서 매우 중요하다. 특히 선거 등 정치참여는 이민자가 한국사회에서 소수자나 타자가 아닌 시민으로 살아갈 수 있도록 도움을 준다. 이주민의 시민됨은 제도적 차원의 시민권 획득뿐 아니라 충성심과 소속감 등의 멤버십 개념 형성에 영향을 미쳐 태도와 행위를 변화시킨다. 이주민이 시민으로서 정치체계의 투입과 산출 과정에 영향을 미치고 참여한다면 갈등을 제도 안에서 관리할 수 있어 범죄나 테러 등 극단적인 문제로 격화되지 않을 것이다.

영주권자에게 제한적으로 지방선거투표권과 주민투표권, 주민소환투표권을 부여했지만 이에 대한 홍보가 부족하여 적극적인 정치참여를 유도하지 못하고 있는 상황이다. 이주민 출신 집단마다 보유하고 있는 정치적 자원과 정치참여 수준이 다르게 나타나고 있다. 이것이 이주민 집단 내 차별과 갈등에도 영향을 미칠 수 있기 때문에 특정 집단이 정치참여에 소외되지 않도록 시민교육을 통해 참여를 활성화하는 방안을 모색해야 한다. 이주민은 다중적 지위로 인해 다중 정체성을 가지고 있다. 이것이 정체성 혼란에 영향을 주는데 시민교육을 통해 이주민의 내적 혼란을 최소화하고 시민 정체성을 강화하여 사회에 대한 소속감을 증진시켜야 한다. 그리고 한국정치제도 전반에 대한 이해를 높이고 관련 정보를 제공하는 등 정치참여를 위한 역량도 강화시켜 나가야 한다. 시민교육을 통한 정치적 역량 강화는 정치적 효능감에 긍정적인 영향을 미칠 것이고 이는 정치참여를 활성화시키고 다시 정치적 효능감을 강화하는 선순환 구조를 만들어낼 것이다.

　정부는 경제적, 행정적 지원시스템을 정비하고 전문가가 중심이 되어 시민교육기관을 운영해나가야 한다. 과거 관 주도의 공급자 중심의 교육과 달리 수요자 중심의 참여적인 커리큘럼이 필요하다. ① 시민으로서의 권리와 의무, ② 선거와 매니페스토, ③ 한국정당, ④ 한국정치사, ⑤ 시민단체와 이익집단에 대한 이해, ⑥ 한국정치문화, ⑦ 정치 리더와 리더십 내용을 중심으로 구성해야 한다. 그리고 이주민 출신 시민교육강사를 양성하여 이주민 출신 집단별 맞춤형 시민교육이 가능하도록 운영해나가는 것이 필요하다. 물론, 이러한 교육이 의도된 기대효과를 도출해내는가에 대한 꾸준한 효과분석과 평가 작업도 병행되어야 할 것이다.

　세계화와 국제화시대를 살고 있는 현시대에 있어서 다문화사회로의 진입은 어쩌면 피할 수 없는 트렌드라고 할 수 있을 것이다. 다만, 전통적으로 민족주의적 성격이 강한 우리 한국사회가 다문화주의의 프레임 가운데서 사회적 통합을 이루기 위해서는 '이주민의 시민됨'과 이주민의 정치참여 활성화가 전제되어야 한다. 이주민을 시민으로 성장시키는 시민교육이 안정적으로 제공되고 체계화된다면 그것이 결국은 우리 사회가 이주민과 상호공존하며 사회통합을 향해 나가는 데 있어서 효과적으로 기능할 수 있을 것이다.

참고문헌

1. 논문 및 단행본

김남국(2005), 「다문화 시대의 시민」, 『국제정치논총』, 제45권 제4호, pp.97-121.

김비환(2007), 「한국사회의 문화적 다양화와 사회통합: 다문화주의의 한국적 변용과 시민권문제」, 『법철학연구』, 제92권, pp.205-246.

김태완·서재권(2015), 「이주민의 정치적 권리와 정치참여: 부산 강서구 주민의 인식과 태도」, 『국제정치논총』, 제55권 제4호, pp.203-240.

남지민(2012), 「시민권의 관점에서 본 결혼이주여성 정책방안 연구」, 『한국정치연구』, 제21권, pp.255-277.

양계민·이우영(2016), 「북한이탈주민이 다문화집단에 대해 느끼는 현실갈등인식이 삶의 만족에 미치는 영향-지각된 차별감의 매개효과를 중심으로」, 『한국심리학회지』, 제30권 제1호, pp.131-152.

오현수(2012), 「다면적 관점에서의 다문화사회 이해-이주민의 사회적 참여를 중심으로」, 『한국사회학회 사회학대회 논문집』, 한국사회학회, pp.185-199.

유정균(2015), 「외국인 아내와 한국인 아내의 출산수준 비교: 합계출산율과 출산간격을 중심으로」, 『한국인구학』, 제38권 제3호, pp.49-73.

_____(2016), 「혼인이주여성의 출산력」, 한양대학교 박사학위 논문.

윤인진(2004), 「탈북자의 사회적응실태와 지원방안」, 최협·김성국·정근식·유명기 편, 『한국의 소수자, 실태와 전망』, 한울, pp.401-423.

이규영(2005), 「독일의 정치교육과 민주시민교육」, 『국제지역연구』, 제9권 제3호, pp.157-185.

이용승·이용재(2013), 「이주민 정치참여 영향요인에 대한 탐색적 연구: 대구·경북지역 결혼이주여성을 중심으로」, 『민족연구』, 제53권, pp.110-129.

이희영(2010), 「새로운 시민의 참여와 인정투쟁: 북한이탈주민의 정체성 구성에 대한 구술사례연구」, 『한국사회학』, 제44권 제1호, pp.207-241.

임혁·남일재(2014), 「결혼이주여성의 정치참여 영향요인 분석」, 『한국정치학회보』, 제48권 제5호, pp.43-65.

장승진(2010), 「다문화주의에 대한 한국인들의 태도」, 『한국정치학회보』, 제44권 제3호, pp.97-119.

정기선 외(2012a), 「이주민의 지역사회 정착과 사회통합 정책연구보고서」, 행정안전부.

_____(2012b), 「체류외국인 실태조사: 영주권자와 귀화자를 중심으로」, 법무부.

조지영·서정민(2013), 「누가 다문화사회를 노래하는가?」, 『한국사회학』, 제47권 제5호, pp.101-137.

조찬래(2012), 「민주시민교육」, 『한국민주시민교육학회보』, 제13권 제2호, pp.71-92.

조희원(2014), 「한국의 다문화주의와 단일민족주의: 공존과 사회적 통합을 중심으로」, 『분쟁해결연구』, 제12권 제2호, pp.5-30.

Dalton, R. J.(2008), "Citizenship Norms and the Expansion of Political Participation." *Political Studies* Vol.56, pp.76-98.

Dworkin, A. G. and Dworkin, R. J. eds.(1999), *The minority report: An introduction to racial, ethnic, and gender relations.* Wadsworth Publishing Company.

Hirschman, Albert O.(1970), *Exit, voice, and loyalty: Responses to decline in firms, organizations, and states.* Cambridge: Harvard University Press.

Kim, J. K.(2011), "The politics of culture in multicultural Korea." *Journal of Ethnic and Migration Studies*, Vol.37. No.10, pp.1583-1604.

Kim, Seokho and Yang, Jonghoe(2013), "Patterns of Citizenship and Political Action in Korea, German, and the United States." pp.181-203. in Markus Pohlmann, Yang, Jonghoe and Lee, Jong-Hee (eds), *The Flow of Migrants and the Perception of Citizenship in Asia and Europe.* Springer. Forthcoming.

Kymlicka, Will(2012), *Multiculturalism: Success, Failure, and the Future.* Washington, DC: Migration Policy Institute.

Luig, U.(2007), "Diversity als Lebenszusammenhang - Ethnizitaet, Religion und Gesundheitim trans nation alen Kontext." Krell, G. et al.(eds.). *Diversity Studies.* Frankfurt/New York: Campus, pp.87-108.

Martiniello, Marco(2008), 『현대사회와 다문화주의: 다르게, 평등하게 살기』, 윤진 역, 한울.

Martorella, P. H.(1991), *Teaching Social Studies id Middle and Secondary School.* New York: Macmillan.

Maslow, Abraham H.(1954), *Motivation and Personality.* New York: Harper & Brothers.

Olsen, Marvin(1982), *Participatory Pluralism*. Chicago: Nelson-Hall.

Sandell, Julianna and Eric Plutzer.(2005), "Families, Divorce and Voter Turnout in the US." *Political Behavior*. Vol.27. No.2, pp.133-162.

Thomson, Kenneth(1971), "A Cross-National Analysis of Intergenerational Social Mobility and Political Orientation." *Comparative Political Studies*. Vol.4, pp.3-20.

2. 기타

행정자치부, '지방자치단체 외국인주민현황 조사결과 최종'
http://www.mois.go.kr/frt/bbs/type001/commonSelectBoardArticle.do?bbsId=BBSMSTR_000000000014&nttId=60528 (2017년 12월 20일 검색).

e나라지표, '북한이탈주민 입국현황'
http://www.index.go.kr/potal/main/EachDtlPageDetail.do?idx_cd=1694 (2018년 1월 5일 검색).

"재한중국동포 여성위원회 만드는 박옥선씨", 『연합뉴스』, 2014년 3월 10일.

"여의도가 주목하는 박옥선씨", 『연합뉴스』, 2016년 7월 4일.

"이주노동자 평등 대우…고용허가제 폐지해야 이주노조 등 20일 서울 보신각서 집회…임금체납·차별 원인 '고용허가제' 지목", 『머니투데이』, 2018년 8월 20일.

"통일부, 탈북단체 댓글조작 동원의혹에 '조사결과 보고 조치'", 『연합뉴스』, 2017년 8월 18일.

2장
북한이탈주민
프로젝트

책임 조교: 송샘

남과 북의 대학생을 잇다, 토크콘서트

〈이음〉

(김일혁 · 김철희 · 박정민 · 신민경 · 김예진)

탈북민, 알다

1. 탈북민 현황

탈북민, 다시 말해 북한이탈주민의 국내 입국은 2005년 이후 지속적으로 증가하였지만 2012년 이후부터 연간 1,500여 명대로 감소하는 추세를 보이고 있다. 2017년 국내 입국 탈북민 수는 1,127명이고 남성 188명, 여성 939명으로 여성이 80% 이상을 차지한다.

입국 후 이들은 국정원과 경찰청에서 조사를 받고 하나원에서 12주의 사회적응교육을 마친 후 실제 한국사회를 맞닥뜨리게 된다. 정부는 「새터민의 보호 및 정착지원에 관한 법률」(1997.1.14. 제정)에 따라 하나센터와 같은 지역적응센터의 도움을 통해서 상담, 생활안정, 취업 등에 있어서 도움을 받을 수 있도록 하고 있다.

<표 1> 탈북민 입국현황(~'17년 12월 말 입국자 기준)

구분	~'98	~'01	'02	'03	'04	'05	'06	'07	'08	'09	'10	'11	'12	'13	'14	'15	'16	'17 12 (잠정)	합계
남 (명)	831	565	510	474	626	424	515	573	608	662	591	795	404	369	305	251	302	188	8,993
여 (명)	116	478	632	811	1,272	960	1,513	1,981	2,195	2,252	1,811	1,911	1,098	1,145	1,092	1,024	1,116	939	22,346
합계 (명)	947	1,043	1,142	1,285	1,898	1,384	2,028	2,554	2,803	2,914	2,402	2,706	1,502	1,514	1,397	1,275	1,418	1,127	31,339
여성 비율	12%	46%	55%	63%	67%	69%	75%	78%	78%	77%	75%	70%	72%	76%	78%	80%	79%	83%	71%

<표 2> 탈북민 입국 및 정착과정

(1) 보호요청 및 국내이송	(2) 합동심문	(3) 하나원에서 정착준비	(4) 거주지 보호	(5) 민간 참여
- 해외공관 또는 주재국 임시보호시설 수용 - 신원확인 후 주재국과 입국 교섭 및 국내 입국 지원	- 입국 후 국정원, 경찰청 등 관계기관 합동심문 - 조사종료 후 정착지원시설인 하나원으로 이관	사회적응교육(12주): 문화적 이질감 해소, 심리안정, 진로지도 상담 등 - 가족관계등록, 정착준비를 마친 후 거주지 전입	- 생계·의료급여 - 취업지원 - 교육지원 - 보호담당관제: 거주지·취업·신변보호 담당관제 운영	- 지역적응센터 (하나센터)지정 운영

2. 청소년·청년 탈북민

1) 현황

탈북민의 입국 유형은 초반에는 성인 남성의 입국이 많았으나 2000년에 들어서면서부터는 여성의 입국이 증가하고 가족 동반 입국도 많아졌다. 가족 동반 입국이 증가하면서 교육대상자의 입국도 증가했다. 10대는 3,453명, 20대는 8,312명으로 탈북민의 상당수가 10~20대에 분포되어 있다.

<표 3> 연령대별 입국현황('17년 12월 말)

(단위: 명)

연령대별 유형표

구분	0-9세	10-19세	20-29세	30-39세	40-49세	50-59세	60세이상	계
남	636	1,607	2,481	2,068	1,321	515	329	8,957
여	626	1,969	6,383	6,925	4,045	1,217	940	22,105
합계(명)	1,262	3,576	8,864	8,993	5,366	1,732	1,269	31,062

※ 입국 당시 연령 기준이며, 최근 입국하여 보호시설 등에 수용 중인 일부인원은 제외된 수치로 입국
인원과 차이가 있음.
출처: 통일부

2) 대학생 탈북민과 그들이 겪는 문제들

많은 탈북민 청소년이 대학에 진학하고 있다. 탈북 청소년들의
대학 이상 진학 희망률은 80%가 넘는다. 그들이 대학에 진학하고
자 하는 동기는 다양하지만 대학을 통해 사회, 문화 자본을 획득하
여 한국사회에서 보다 나은 삶을 살기 위함이 다수를 이룬다. 탈북
민 청소년이 편·입학 외에 대학에 입학하려면 정원 외 모집 형인
'재외국민 특별전형'에 의하여 지원할 수 있다. 한국정부는 「새터민
의 보호 및 정착지원에 관한 법률 시행령」 제45조, 제46조에 의해
만 35세 미만의 탈북민에게 등록금을 지원하고 있다.

하지만 대학 진학이 끝이 아니다. 탈북학생들의 남한 문화적응에
대한 스트레스는 대학생활 적응과도 밀접히 연관되는데 일반적인
남한 대학생들보다 많은 나이, 익숙하지 않은 대학문화, 정규 고등
교육을 받지 않은 상태에서 소화해야 하는 대학수업은 탈북 대학생
들의 주요 문제요인이 된다. 여기에 경제적 어려움까지 더해지면서
북한이탈 학생의 대학 중도 탈락률은 10%로 그 비율은 남한 출신
학생 중도 탈락률인 7.4%보다 높다.

또한 이 중 동반 탈북이 아닌 혼자 탈북을 한 '독거 탈북 청년'은 더욱 심각한 경제적, 심리적 어려움을 겪게 된다. 정부 법령에 의해 대학교 등록금은 지원되지만 기준 성적 이상을 받아야 지급되며, 등록금 이외의 생활비, 교통비 등을 스스로 해결해야 한다. 북한에 있는 가족들에게 돈을 보내야 하는 경우 경제적 스트레스는 배가되어 결국은 학업포기를 선택하기도 하는 것이다. 1인가구의 독거청소년들은 의지할 가까운 존재가 없다는 문제가 있다. 한국사회의 대학 내 동아리, 발표 조모임, 교회 등의 커뮤니티에 들어가 소속감을 경험하기도 하지만 동시에 이질감을 경험하고 탈북민이 아닌(이하 비탈북민) 학생들과의 일종의 '장벽'을 경험하기도 한다. 이러한 상황에서 독거 탈북민은 한국사회 커뮤니티를 이질적인 문화집단, 기회의 땅, 생존전략이 필요한 곳, 드러나지 않지만 편견과 우월감이 느껴지는 곳으로 느끼며 고립감을 느낄 수 있다.

3. 프로젝트의 기획의도와 기대효과

프로젝트 '너와 나를 잇다, 이음'(이하 이음)은 이러한 문제의식에서 출발했다. 실제 한국외대는 전국에서 가장 많은 탈북민 학생들이 수학하고 있다. 그럼에도 불구하고 비탈북민 대학생들과 탈북민 대학생들 간의 교류가 극히 부족하다. 앞서 제시한 경제적, 심리적 이중고를 겪는 독거 탈북민 청년들에게 어떻게 하면 가까이에서 심리적 안정감과 소속감을 느낄 수 있는 공간을 만들 수 있을까 고민했다.

따라서 본 프로젝트는 토크콘서트를 기획해 탈북민-비탈북민 대학생들의 교류를 돕는 것에 일차적 목표가 있다. 이를 통해 탈북민 대학생들의 대학생활 적응을 돕고 향후 지속적으로 교류할 수 있는 장을 만드는 것이 다음 목표이다. 누구나 자신의 생각을 표현할 수 있는 토크콘서트 방식을 통해 연사의 강연을 듣는 한편, 패널과 대화를 통해 서로 의견을 나누며 본교를 비롯한 주변 대학교와 동대문구 구청에 탈북민 대학생들에게 필요한 공동정책을 제안하고자 했다.

4. 설문조사

우선 토크콘서트 방향을 설정하기 위해 설문조사를 실시하였다. 대상은 서울, 경기권에 거주하는 탈북민 대학생과 비탈북민 대학생들로 하였다. 비탈북민 대상 설문조사에서는 탈북민과 탈북민 지원 정책에 대해 갖는 인식에 대해 조사하였다. 또한 탈북민 대상 설문조사에서는 그 범주를 학업생활과 근로생활로 나누어 실시하였다.

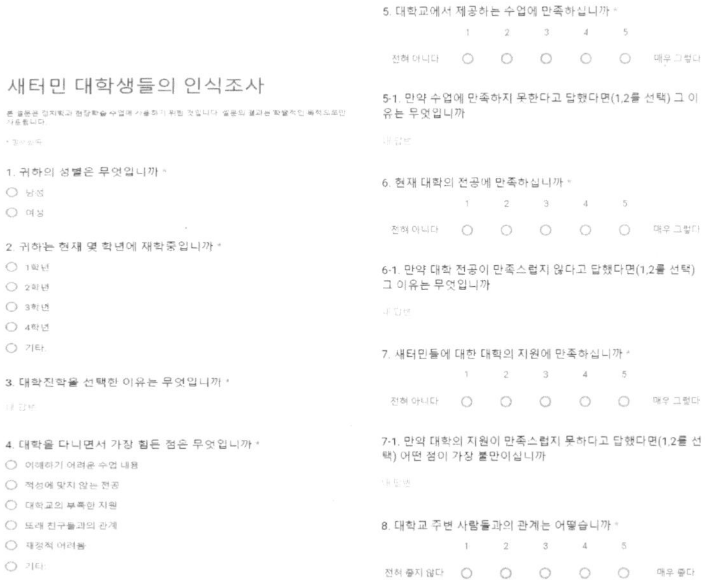

새터민 대학생들의 인식조사

1. 귀하의 성별은 무엇입니까 *
- 남성
- 여성

2. 귀하는 현재 몇 학년에 재학중입니까 *
- 1학년
- 2학년
- 3학년
- 4학년
- 기타:

3. 대학진학을 선택한 이유는 무엇입니까 *

4. 대학을 다니면서 가장 힘든 점은 무엇입니까 *
- 이해하기 어려운 수업 내용
- 적성에 맞지 않는 전공
- 대학교의 부족한 지원
- 또래 친구들과의 관계
- 재정적 어려움
- 기타:

5. 대학교에서 제공하는 수업에 만족하십니까 *
전혀 아니다 1 2 3 4 5 매우 그렇다

5-1. 만약 수업에 만족하지 못한다고 답했다면(1,2를 선택) 그 이유는 무엇입니까

6. 현재 대학의 전공에 만족하십니까 *
전혀 아니다 1 2 3 4 5 매우 그렇다

6-1. 만약 대학 전공이 만족스럽지 않다고 답했다면(1,2를 선택) 그 이유는 무엇입니까

7. 새터민들에 대한 대학의 지원에 만족하십니까 *
전혀 아니다 1 2 3 4 5 매우 그렇다

7-1. 만약 대학의 지원이 만족스럽지 못하다고 답했다면(1,2를 선택) 어떤 점이 가장 불만이십니까

8. 대학교 주변 사람들과의 관계는 어떻습니까 *
전혀 좋지 않다 1 2 3 4 5 매우 좋다

<그림 1> 서울, 경기도 소재 대학교 재학생들 중 새터민을 대상으로 한 설문조사

새터민에 대한 인식조사

비(非)새터민 대상 새터민에 대한 인식조사
시행기관: 한국외국어대학교
조사대상: 동대문구 소재 대학교 재학생 중 비(非)새터민

1. 나는 '새터민'이 어떤 사람을 의미하는지 알고 있다.

　○ 그렇다
　○ 그렇지 않다

2. 나는 새터민에 관한 TV, 인터넷 방송, 기사, 책 등을 접한 적이 있다.

　○ 많이 접해 봤다
　○ 조금 접해 봤다
　○ 거의 접해보지 못했다
　○ 접해본 적 없다

5. 한국 정부가 새터민의 유입을 확대하는 것에 찬성하는가?

　○ 찬성한다
　○ 반대한다
　○ 중립

5-1) 5번에 대한 답을 그와 같이 선택한 이유는?

6. 한국 정부의 새터민 관련 지원제도들을 알고 있는가?

　○ 잘 알고 있다
　○ 어느 정도 알고 있다
　○ 전혀 모른다

<그림 2> 서울, 경기도 소재 대학교 재학생들 중 비새터민을 대상으로 한 설문조사

탈북민, 만나다

1. 탈북자 동지회 방문

탈북민에 대해 더 잘 이해하고자 다양한 관련 단체를 방문하였다. 가장 먼저 방문한 탈북자동지회는 대한민국에 정착한 탈북자들이 결성한 단체로 해외에 머물고 있는 탈북자들을 돕는 단체이다. 99년 2월 황장엽 씨를 명예회장으로 해서 창립되었으며 대한민국 국내 거주 탈북자의 어려움을 듣고 대책을 함께 모색하며 해외탈북자들을 돕기 위한 성금모금 사업을 진행하고 있다. 그리고 국내거주 및 해외탈북자들에게 정보를 공유하고 한국사회 정착을 지원하는 활동을 하고 있다.

<그림 3> 다문화 인사 초청 강연 중인 탈북자동지회 서재평 사무국장

　탈북자동지회에서 함께 이야기를 나눴던 서재평 사무국장을 통해서 다양한 이야기를 들을 수 있었다. 가장 먼저 중국에 머물고 있는 탈북자 실태와 현황을 들었다. 중국은 한국과 달리 국민들의 목소리가 정치에 잘 반영되지 않고 언론의 비판 기능이 약해 탈북민을 보호하기 힘들다는 것이다.

　가장 중점적으로 지적한 부분은 하나원 교육에 관한 것이었다. 하나원 교육은 지나치게 폐쇄적이고 보수적이다. 한국사회 정착에 필요한 실질적인 교육프로그램이 부족하다는 점을 비판하였다. 통장을 만들고 핸드폰을 개통하는 것에 익숙해지려면 개방된 현장교육이 필요하다는 점을 강조하였다. 사무국장은 경험자들이 직접 들려주는 현장감 넘치고 사람들의 흥미를 자극하는 살아 있는 교육이 필요하다고 보았다. 탈북자들이 한국에 적응하며 겪는 가장 큰 문제가 교통(음주운전), 금융(다단계와 보이스피싱), 법률적인 것인데 이런 문제를 해결할 수 있는 교육에 중점을 둬야 한다는 것이다.

청년 탈북자들에 대해서도 여러 가지 조언을 해주셨다. 한국사회에서 탈북민이 가장 크게 느끼는 문제 중 하나가 취직문제인데 무작정 대학에 진학하는 것만이 능사가 아님을 강조했다. 폴리텍 대학에 진학하거나 필요한 기술을 익혀 성공적으로 정착한 탈북민 사례를 들며 진로에 대해 좀 더 다양한 관점을 가질 필요가 있다고 보았다.

그 이외에도 공공기관 등에서 탈북민 쿼터제를 실시하거나 재정적인 어려움을 많이 겪는 대학교 시기에만 한시적으로 경제적 지원을 늘려주는 방법에 대해서도 제안해주셨다.

이 외에도 본인이 직접 북에서 겪었던 사건들과 탈북 과정, 해외에서 한국으로의 입국을 기다리고 있는 탈북민과 그들을 돕는 이야기들 등 다양한 이야기를 솔직하게 들려주셨다. 탈북자동지회 방문을 통해 앞으로 토크콘서트 기획과 방향 설정에 도움을 받을 수 있었다.

2. 북부하나센터 방문

<그림 4> 북부하나센터에 방문해 이야기를 나누는 모습

현재 탈북민에 대한 지원 정책이 어떤 것이 있고, 또한 앞으로 어떤 정책이 필요한지를 모색하기 위하여 북부하나센터에 방문했다.

북부하나센터는 탈북민의 초기 한국사회의 정착을 돕고 깊이 뿌리 내릴 수 있게 도와주는 단체다. 2009년부터 운영되고 있으며 탈북민 가족들이 한국사회에서 안정적인 삶을 살도록 조금이나마 도움을 주는 것을 목표로 하며 든든한 이웃, 편안한 가족, 딛고 일어설 수 있는 디딤돌 역할을 하고자 한다. 하나센터는 다양한 모습으로 살아가는 탈북민 가족들이 정착 단계별로 필요로 하는 서비스를 일방적으로 제공하기보다 상호작용하면서 새로운 서비스를 개발하고 제공하고 있었다.

북부하나센터는 신규전입자지원, 초기전입자 정착지원(초기전입 과정 지원 및 지역 적응 교육), 전문사례 관리사업(의료서비스, 경제적 지원, 명절 지원), 심리상담 및 정신건강지원 사업(심리불안정 및 전입 초기 정서적 안정이 필요한 대상자), 아동·청소년·대학생 학습 및 적응지원(탈북아동 및 청소년 대상 학습 멘토링 프로그램, 대학진학 및 적응지원과 상담, 예비대학프로그램), 취업 및 진로 지원 사업(취업상담 및 알선), 직업훈련교육상담지원, 생계·의료·경제적, 정서적 및 법률지원을 하고 있다. 그 외에도 탈북여성 문화교실, 여가생활지원, 인성교육을 진행하고 있다.

이렇게 많은 지원 프로그램을 진행하고 있지만, 복지관의 정착도우미가 부족해 인력난을 겪고 있다는 말씀을 해주셨다. 이런 프로그램을 진행하려면 정기적인 자원봉사자가 필요한데 요즘은 자원봉사자의 수가 많이 줄었다는 것이다. 인력이 부족한 탓에 대학생들에게 적극적인 홍보를 부탁하기도 하셨다.

북부하나센터 방문을 통해 하나센터에서 탈북민을 대상으로 다양한 프로그램이 운영되고 있다는 사실을 알게 됐다. 파악한 프로그램을 바탕으로 탈북민에게 정말로 필요한 것과 그다지 필요하지 않은 것을 나누는 작업이 필요해 보였다. 정착 초기단계 프로그램에 집중되어 있고 대상이 한정적이라는 문제가 있어 이를 해결하기 위해 어떤 방법이 필요할지 고민하게 되었다.

3. 열매나눔재단 방문

열매나눔재단은 소외된 이웃에게 지속적인 자립의 기회를 열어 주는 자립개발 NGO로, 탈북대학생 자립지원, 탈북민 가정 돌봄, 창업, 사회적 기업 설립과 운영지원 등의 프로그램을 진행하는 재

<그림 5> 열매나눔재단을 방문한 프로젝트 '이음'

단이다. 재단에서 운영하는 지원 사업들을 파악한 결과 진심으로 탈북민을 위해 활동하고 있다는 인상을 받았다. 따라서 재단 방문을 통해 재단의 여러 사업들과 정책들에 대한 설명을 듣고 패널섭외 및 행사 홍보를 부탁드리고자 했다.

방문 전 먼저 전화를 드려 진행하고 있는 프로젝트의 목표와 방문 목적을 설명하자 흔쾌히 방문을 허락해주셨다. 약속을 잡은 후 중구에 있는 열매나눔재단에 방문, 담당자 황금주 씨를 만날 수 있었다. 비록 직접 패널 섭외를 해주실 수는 없다는 이야기를 들었지만 다른 기업(유니온)을 추천받을 수 있었고 재단 측에서 운영하는 다양한 사업들에 대해서도 이야기를 들을 수 있었다.

탈북민, 함께하다

1. 토크콘서트 준비

다양한 관련 기관을 방문한 후 본격적으로 탈북 청년들과 함께하는 토크콘서트 개최를 준비했다. 논의 대상을 전체 탈북자가 아닌 탈북 청년들로 집중한 것은 기존의 논의와 차별화를 두는 한편 세대적으로 비슷하면서도 서로에 대해 무지한 탈북-비탈북 청년들이 모여 교류하는 장을 만들고 싶었기 때문이다. 이를 위해 토크 콘서트의 1부에서는 전체적인 탈북민의 이야기를 전달할 수 있는 연사 한 분을 모셔 강연을 듣고 2부에서는 탈북 대학생 세 명을 패널로 섭외해 남북한 청년들이 토론할 수 있는 시간을 기획했다. 마지막 3부에서는 실질적인 정책들을 대학교와 지자체에 제출하여 탈북민 청년들이 더 나은 삶을 살 수 있도록 하는 것을 목표로 했다.

1) 강연자 섭외

우리는 북한의 생생한 생활을 전해 듣고, 그동안 북한이탈주민에 대해 가져왔던 편견을 깰 수 있는 강연을 듣고자 했다. 다양한 경로를 통해 여명학교에서 강의를 하고 있는 김승근 선생님을 섭외할 수 있었다. 김승근 선생님은 2007년부터 한국사회 내 작은 통일을 위해 정착도우미로 활동하고 본인이 운영하는 사업에 탈북민을 채용하는 활동을 해오고 있었다. 또한 2009년에는 남남북녀 통일가정을 이뤄 살면서 꾸준히 통일운동과 탈북민을 위한 활동을 진행하여 남북하나재단 이사장상, 통일부장관상을 수상하였다. 탈북민과 비탈북민 사이의 가교 역할을 하는 김승근 씨를 통해 토크콘서트에서 다양한 이야기를 들을 수 있다고 생각하였고 강연을 부탁드렸다.

2) 패널 섭외

다음으로 2부를 함께할 탈북 대학생 패널 섭외를 진행했다. 패널 섭외를 위해 앞서 방문한 기관 관계자분들에게 프로젝트의 의도와 진행에 관해 설명하고 섭외를 부탁드렸다. 그 결과 탈북자 동지회, 열매나눔재단, 북부하나센터에서는 섭외가 어렵다는 답변이 돌아왔다. 이후 실제 탈북 대학생들로 구성돼 있는 한국외대 통일 리더십 동아리에서 도움을 줘 패널 세 분을 섭외할 수 있었다.

3) 영상 제작

설문조사와 관계 기관 방문을 통해 파악한 탈북 대학생들이 겪는 어려움을 더 생생히 나누기 위해 영상 제작을 계획하였다. 영상의 주목적은 탈북 청소년이 대학진학 후 겪는 어려움을 효과적으로 전달하는 것이었다. 연사와 패널의 이야기를 통해 이야기를 듣는 것으로는 고충을 느끼는 것에 한계가 있다고 생각했기 때문이었다. 하지만 팀원들 중 누구도 영상제작 경험을 갖고 있지 않았기 때문에 여러 가지 어려움이 많았다. 시나리오 작업부터 장소섭외, 촬영과 편집까지 모든 과정이 하나하나 새롭고 어려움이 있었다. 하지만 촬영을 마친 후에는 뿌듯함도 남는 새로운 도전이었다.

(1) 학업·근로

먼저 청년 탈북민이 겪는 어려움을 주제로 두 개의 영상을 제작했다. 첫 번째 영상은 탈북민 청소년들이 대학교 생활에서 겪는 어려움에 대해, 두 번째 영상은 탈북민 청소년들이 근로에서 겪는 문제들에 대해 담았다.

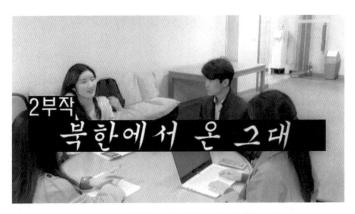

<그림 6> 대학생활의 어려움을 다룬 첫 번째 영상

<그림 7> 근로활동의 어려움을 다룬 두 번째 영상

(2) 선배 탈북민의 조언

앞서 촬영한 영상들은 '탈북민이 겪는 어려움'이 주 소재였다. 세 번째 영상에서는 탈북민 중 이미 대학을 졸업하고 사회에 정착해 삶을 살아가고 있는 '선배' 탈북민의 이야기를 들어보고자 했다.

<그림 8> 인터뷰에 응해주신 신지성 씨

인터뷰 대상자는 사단법인 배우고 나누는 무지개(이하 배나무)를 통해 소개받았다. 배나무는 다문화, 고려인, 탈북자 등 소외계층을 위한 인터넷 방송 배나TV에서 출발해 2017년 12월 22일 사단법인으로 발전한 단체였다. 배나무에서는 배나TV 채널 탈탈탈에 출연한 적 있는 신지성 씨를 소개해주셨다. 신지성 씨는 탈북민으로 대학을 졸업한 이후 현재는 회사에서 일하고 있는 직장인이었다. 한국생활에 잘 적응하여 생활하고 있는 신지성 씨에게 탈북 청소년에게 해주고 싶은 말, 토크콘서트 3부 시간에 제안할 수 있는 정책 등에 대해 물었다. 신지성 씨는 탈북민 청년들에게 "차별을 느낄 수 있지만 이를 극복하는 것은 자기 몫이다. 통일의 가교 역할을 할 수 있는 능력 있고 멋진 탈북민이 되어 당당하게 살았으면 좋겠다"고 말하였다. 또한 많은 정책적 지원보다는 '물고기를 주는 것보다 물고기를 잡는 법을 알려주는' 다시 말해 직접적인 경제적 지원보다 탈북 청년들이 사회에서 살아남는 데 도움을 주는 교육적 지원 정책이 선행해야 한다고 강조했다.

인터뷰를 통해 우리가 계속해서 탈북민을 '약자'라는 프레임에 가둔 것은 아닌지 생각해보게 되었다. 실제로 비탈북민을 대상으로 한 설문에서도 '탈북민을 위해 교육적 정책이 필요하다'는 응답이 가장 많았던 만큼 탈북민에게 가장 필요한 지원이 무엇인지에 대해서도 다시 한번 생각해보게 되었다.

4) 홍보활동

여러 가지 준비를 마친 후 토크콘서트 홍보를 위해 온·오프라인 방식을 함께 사용하였다.

오프라인 방식에 있어서 토크콘서트 장소와의 접근성이 좋은 한국외국어대학교, 경희대학교, 서울시립대학교가 오프라인 홍보 장소로 적합하다 판단하여 해당 세 곳의 대학교에 홍보 포스터를 부착하였다. 정경대와 문과대 학생들이 남-북문제와 통일문제에 관심이 많을 것이라 생각하여 정경대, 문과대 내부게시판을 중심으로 홍보하였고 야외의 일반 자유게시판에도 부착함으로써 포스터가 많은 대학생들에게 노출되도록 하였다.

몇 개 학교에만 한정한 오프라인 홍보방식을 보완하기 위해 온라인 방식 또한 활용하였다. 온라인 플랫폼으로는 가장 이용률이 높은 대학생 커뮤니티인 '에브리타임'의 홍보게시판을 이용하였고 서울시립대와 경희대, 고려대에 재학 중인 친구들의 도움으로 해당 대학교 학생들이 자주 이용하는 학내 커뮤니티에도 홍보를 할 수 있었다.

탈북민 청년들의 참여도 독려하기 위해 탈북청년상담 웹사이트인 '우리온'에 해당 콘서트 홍보게시물을 게재하였다. 전국 12개의 대학교에 있는 통일리더십동아리에도 토크콘서트를 알릴 수 있었다.

2. 토크콘서트: 이음

1) 1부, 강연

강연의 시작을 열어주신 1부 연사강의는 숙명여자대학교 앞에서 탈북청년들과 함께 아리랑컵밥 사업장을 창업·운영하고 여명학교에서 강사로 활동하고 있는 김승근 선생님이 연사로 나섰다.

김승근 연사는 "NK와 우리 - North Korea, New Korea"라는 제목으로 북향민들과 '작은 통일'을 만들며 살아온 이야기를 들려주었다. 탈북민, 새터민의 용어 대신 '북한이 고향인 사람'이라는 뜻의 북향민을 사용하자고 제안하였다. 통일 이후에도 남향민, 북향민이라고 사용할 수 있는 비교적 중립적인 단어라는 점을 이유로 들었다. 또 탈북민이 탈북 이후 남한사회에서 잘 정착하여 살아가

<그림 9> 1부에서 강연을 해주신 김승근 선생님

기 위해 하나센터에서 운영하는 정착도우미 활동이 필요하다는 점을 설명하며 참여를 부탁하였다.

다음으로는 탈북민 청년을 채용하여 그들의 경제적 자립을 돕고 남남북녀 가정을 이루는 등 일상 속에서의 작은 통일을 이룬 본인의 경험을 이야기해주셨다. 서로에 대한 편견을 조금만 내려놓는다면 언제든지 화합할 수 있는 한민족임을 강조하였다.

마지막으로는 통일을 이해하기 쉽게 결혼에 비유하여 남북한이 서로에 대한 지속적인 관심과 노력이 필요하다는 점, 국가적 차원이 아니더라도 사회에서 통일에 대한 국민들의 합의가 있어야 한다는 점을 강조하였다. 또한 막대한 재정적 부담에 대해서는 분단비용은 언제 끝날지 모르지만 통일비용은 통일 이후 북한의 지하자원과 남·북한의 인적자원 활용을 통해 더 큰 격차로 상쇄될 수 있기 때문에 충분한 가치가 있음을 역설하였다.

김승근 연사의 강연을 통해 쉽게 지나칠 수 있었던 탈북민을 지칭하는 용어의 문제에 대해서 고민해볼 수 있었다. 또 통일이란 국가적 차원에서도 노력해야 하지만 그 전에 국민들이 통일에 대해 생각해보고 일상 속에서 탈북민과 함께 작은 통일을 실천할 때 남북갈등 없는 통일한국이 가능하다는 것을 확인하는 시간이었다.

2) 2부, 패널 대화

2부는 '남북한 패널들과의 대화'로 이루어진 시간이었다. 앞서 1부에서 연사의 강연을 통해 '통일에 대한 이야기'를 나누었다면, 2부에서는 조금 더 자세히 서로의 생각을 공유하고 그동안 어디에서도 묻지 못한 궁금증들을 풀어내는 시간으로 기획되었다.

본격적인 패널 대화 시간에 앞서 과거에 촬영한 영상을 상영하는 시간을 가졌다. 첫 번째 동영상은 학업과 학교생활에서 겪는 어려움을 주제로 제작했다. 사전에 탈북민 대학생들을 대상으로 한 설문조사에서 많은 학생들이 영어 수업과 팀 프로젝트에서 어려움을 겪는다는 결과를 토대로 영상을 촬영했다. 두 번째 동영상에서는 근로 활동에서의 어려움을 전달했다. 앞서 언급한 설문조사에서 상당수의 학생들이 근로 활동에서 불이익을 받은 경험이 있고 근로를 통해 북에 남아 있는 가족들을 부양해야 하는 어려움도 갖고 있다는 것을 알게 되었다. 이러한 영상 상영을 통해 탈북 청년들에 대한 이해를 높일 수 있었던 시간이었다.

패널 대화의 체계적인 진행을 위해 우리 팀은 사전에 남한 청년들이 평소 탈북민에 대해 갖고 있었던 궁금증에 대한 질문을 취합해 아래의 사전 질문들을 준비했다.

1. 탈북을 하게 된 계기가 무엇이고 그 과정은 어떠했나요?
2. 북한사회에서 오락이나 연애는 어떤 방식으로 이루어지나요? 전반적인 인간관계가 궁금합니다.
3. 한국사회에 대해서 어떻게 생각하시나요? 남한에 와서 가장 좋은 점과 나쁜 점은 무엇인가요?
4. 본인을 완전한 한국사람이라고 생각하시나요? 탈북민으로서 정체성에 대해 어떤 고민을 하셨는지 궁금합니다.
5. 어려운 탈북 과정으로 거쳐 남한에 오셨는데 앞으로 남한에서는 어떤 인생을 살아가고 싶으신가요?
6. 통일이 되면 가장 하고 싶은 일은 무엇인가요?

아래의 대화는 위의 6가지 질문을 중심으로 이루어진 남측 패널들의 질문에 대해 북측 패널의 답변 내용을 요약한 것이다.

<그림 10> 패널 대화에 참여하고 있는 패널들

남측 패널A: 먼저 남한 청년들을 대상으로 한 설문조사에서 탈북 과정에 대한 질문이 굉장히 많았습니다. 혹시 어떤 이유로 탈북을 결심하셨고, 어떤 과정을 통해서 탈북을 하셨는지 말씀해주실 수 있나요?

북측 패널A: 저는 장사를 다니면서 중국인과 만남이 잦아졌고 그것이 문제가 되어 비밀경찰(보위지도원)의 추격을 받던 중 국경을 넘었습니다. 사실 북한에서는 법을 지키고 사는 사람이 별로 없습니다. 법대로 살면 죽는 것이 현실이니까요. 북한 법에 따르면 일반인은 외화소지도 할 수 없습니다. 외국인인 중국인과의 접촉은 당국의 허가를 필히 받아야 하지만 전 그 모든 것을 어겼고, 제 주변엔 모두 그런 사람뿐이었습니다. 제가 만약 탈북하지 않고 비밀경찰에게 연행이 되었다면, 징역 2년은 물론 사회적으로는 적대계

급으로 전락하는 등 불이익도 상당했을 겁니다. 그렇다고 하여 탈북을 통해 남한 입국을 시도했던 적은 없습니다. 그것은 반역죄라 배우고 자랐으니까요. 단지 중국으로 간 후 돈을 벌어 몇 년 후 북한으로 돌아와 죗값을 치르고 살겠다는 단순한 생각이었습니다.

남한에 대한 이미지는 이미 1989년경 제가 7세 나던 때부터 전해 들은 소식으로 일본보다 경제가 앞섰으며, 우리가 배웠던 한강 다리 밑 거지는 허구라는 사실을 알고 있었습니다. 저희 조부모님 모두 남한 출신이신데 6.25전쟁 포로로 아오지 탄광에 강제 이주된 가족이었습니다. 그러다 보니 남한에 대한 동경이나 관심은 일반인보다 덜 가져야 하는 상황이었고, 만약 발각된다면 엄중한 처벌을 받는다는 것을 가정에서부터 수없이 교육받은지라 알고 있는 내용도 절대 표출을 하면 안 되는 상황이었습니다. 그럼에도 불구하고 일명 아랫동네(남한) 물건은 최고의 상품임을 1990년 이후 북한사람 누구나 다 아는 사실이 되었습니다.

북측 패널B: 저희 부모님은 남쪽으로 넘어오기 4년 전부터 중국 상인들과 밀수를 해왔습니다. 뭐 좋은 말로는 무역이라도 하죠. 그때 당시 저는 어렸음에도 불구하고, 미래에 잘살기 위해서는 아버지가 하고 있는 일을 따라다니며 배워야만 습니다. 밀수하다 보면 동네에 많은 사람들이 먹고살기 힘들다 보니, 중국이나 한국에 보내달라는 부탁을 많이 받곤 하죠.

아버지는 어떻게 인연이 되어 국군 포로 할아버지를 알게 되었는데 할아버지의 이생을 다하기 전에 고향땅을 밟아보는 것이 소원이라고 하셔서 아버지는 두만강을 무사히 건너게 해주었지만, 그 일이 덜미가 잡혀 보위부에 끌려가 평생 감옥신세를 면치 못하게 되었죠. 증거가 불확실한 이유로 아버지는 얼마간 구치소에 감금되어 있었고, 재판을 받기 전에 아버지를 구치소에서 빼내야 한다고 어머니는 있는 돈 없는 돈을 끌어다 고위급 간부에게 바쳐 돈의 위력으로 아버지는 며칠간의 간병을 이유로 구치소에서 나올 수 있었습니다.

하지만 감옥으로 다시 들어가야 한다는 것에는 변함이 없었습니다. 때문에 아버지는 두만강을 건너는 것 말고는 다른 방법이 없었고, 아버지는 가족과 함께 두만강을 건너고 싶어 했지만 감시하는 눈이 하도 많아 그러지는 못했습니다. 급한 아버지부터 강을 건너기로 했고, 다행이도 기존에 해오던 일로 안면이 있는 사람들에게 도움을 받으며 무사히 강을 건넜고 남은 가족들도 빠른 시일에 강을 건너기로 했습니다. 그러나 어머니는 두만강 물살에 휩쓸려 돌아가셨고, 동생과 나 그리고 아버지 셋이 한국행을 선택하게 되었습니다. 당시 저는 남한이 북한보다 잘산다는 것을 드라마를 통해 많이 접해보았기에 아버지가 한국행을 선택했을 때 심리적으로는 불안하기도 했지만 기대도 많이 했습니다.

북측 패널C: 아버지와 친한 친구분이 한국으로 탈북한 이후 우리 가족은 북한 정부로부터 지속적으로 감시를 받았습니다. 혹시나 친구분이 우리 가족을 한국으로 데려갈까 봐 그랬던 것 같습니다. 그렇게 감시받으면서 지내다가 아버지 친구가 아버지한테 중국 핸드폰을 보내줬는데, 그 핸드폰으로 북한에서 한국에 있는 친구분과 자주 연락을 취했고 한국에 있는 아버지 친구분이 북한으로 돈을 보내면 아버지가 그 돈을 받아와서 친구분 가족에게 나눠주고 했습니다. 그러던 것이 덜미가 잡혀 아버지는 남조선에 있는 사람과 연락을 했다는 이유로 북한의 죄인 수용소 중에서 2번째로 무시무시한 "단련대"라는 곳에 4년을 갔다가 겨우겨우 살아 돌아왔습니다. 4년 동안 멀리에 있는 아버지의 면회를 다니다 보니 집안 형편은 말할 것 없이 어려워졌고, 북한 정부의 감시 또한 더욱 심해졌습니다. 그렇게 시작된 북한 정부에 대한 불만이 쌓이고 쌓여갔는데, 하루는 아버지 친구분이 새벽에 남조선에서 북한에 있는 우리 집까지 두만강을 건너서 왔습니다. 아버지 친구분이 아버지에게 남조선으로 가자고 했고, 아버지 또한 어차피 이 땅에서 살아봤자 늘 이렇게 감시만 받을 것이고 더 나은 삶이 주어지지 않는다고 하면서 가족들을 설득했습니다. 그때 우리 가족은 아버지의 판단이라면 무엇이든 따랐기 때문에 당연히 동의했고, 그렇게 해서 우리 가족과 지인까지 동반한 9명이 새벽에 경비대를 피해서 6시간 잠복 끝에 가장 깊고 가장 물살이 센 두만강을 건너서 이곳 한국까지 오게 되었습니다.

<그림 11> 청중의 질문을 듣고 있는 북측 패널들

남측 패널B: 다들 힘들고 위험한 탈북 과정을 거쳐 남한까지 오게 되셨군요. 이제 살짝 분위기를 전환해서 오락이나 연애에 관한 이야기를 해볼까요? 이 분야도 상당히 많은 분들이 질문해주셨는데 패널분들이 생각하시기에 남한사회와 북한사회의 20대가 즐기는 놀이문화나 연애문화는 어떤 점이 다른가요?

북측 패널A: 북한의 20대는 술 문화에 있어 독립된 객체로 인정받긴 힘듭니다. 어른들로부터 한잔두잔 받는 것이 예의이죠. 하지만 친구들끼리는 고급중학교(고등학교) 시절부터 술을 마시는 친구들이 있고, 공식적인 모임은 없지만 비공식적으로는 술 문화를 즐긴다고 보면 됩니다. 대학교축제 같은 공식 모임이 있고, 성인식을 통해 어른이 됨을 공식 인정받는 남한 20대의 술 문화에 비교하면 북한 20대의 술 문화는 은밀하나, 실지 내용을 보면 비슷하다고 보아도 될 것 같습니다. 남한의 클럽 같은 분위기도 북한 나름대로 작지만 은밀하게 즐긴다고 생각합니다.

북측 패널B: 제가 살던 곳은 아오지탄광이라 불리는 곳이어서 그런지 놀이기구나 노래방 같은 즐길 수 있는 것은 찾아보기 힘들었어요. 20대가 논다고 하면 잘사는 친구의 집에 모여앉아 술 먹으며 수다 떨든가 아니면 집에서 스피커(증폭기) 켜놓고 노래 부르는 정도였어요. 또는 밝은 달이 뜬다거나 명절날 같은 날에는 밖에서 남녀노소 할 것 없이 춤추고 노래 부르는 정도였고, 봄이면 고기 잡는 그물 챙겨 강가에 앉아 모닥불 피워놓고 직접 잡은 고기로 어죽 쒀먹곤 하죠. 겨울에는 얼음 위에서 썰매나 외발기(날이 하나인 썰매) 타면서 즐기곤 합니다.

북측 패널C: 남한사회에서 20대들은 대부분 대학교에 가서 같은 대학생들과 어울려서 술도 마시고, 노래방도 가고, 연애도 하고, 여행도 다니고 등등 엄청 다양하게 잘 놀잖아요. 그런데 제가 살던 북한사회의 20대가 노는 것을 생각하면 잘 모르겠어요. 18살이나 19살에 군대에 가서 10년 후에 돌아오면 30대가 되어 있을 텐데요. 북한의 20대는 전방에서 총 들고 감자를 세어 먹으면서 노는 것밖에 없는 것 같아요. 제가 살아온 북한, 그리고 북한의 20대는 그런 것 같습니다.

남측 패널C: 제가 들은 바로는 북한에서는 학생신분에서 연애를 하다 걸리면 퇴학이라는데, 그렇다면 사회적으로 연애는 금기시되는 것인가요?

북측 패널A: 남한에서 연애는 자유로운 반면, 북한의 연애는 정형화되어 있습니다. 손을 잡는다든지 팔짱을 낀다든지 하는 자연스러운 행동도 허용이 안 되는 것이 북한의 현실이었습니다. 그리고 북한의 연예는 무조건 결혼을 전제로 이루어집니다. 남한에서 말하는 썸의 단계는 불순하다 보고 있고, 남녀는 결혼을 위해서만 결합이 가능하다는 논리가 사회주의적 연예관이라 보면 되겠습니다. 하지만 서로 사랑하는 마음으로 불타는 남녀에게 법은 지켜야할 선은 아니기에 부모의 반대를 무릅쓰고 집을 나가 가정을 이루는 자유로운 커플들도 많은 편입니다. 물론 사회로부터 비난의 대상이긴 합니다만, 중매결혼이 대부분이던 옛날과 달리 지금은 점점 자유결혼이 많아진다고 합니다.

북측 패널B: 북한에서의 연애는 결혼한다는 전제하에 연애를 하는 반면, 남한에서는 언제든지 헤어질 수 있다는 전제하에 연애하는 것 같아요. 저 또한 그렇게 생각했었습니다. 그런 점에서 남한에 와서 가장 힘들었던 건 무엇을 어떻게 놀아줘야 되는지 데이트는 어디서 어떻게 해야 되는지 잘 모르다 보니 그런 부분이 제일 힘들었던 것 같아요.

남측 패널A: 방금 데이트를 어디서 해야 할지 몰라 힘들었다고 하셨는데, 그럼 이제 연애 이외의 전반적인 부분에 대해 질문 드리겠습니다. 한국사회를 살아가며 어려웠던 부분 혹은 나쁜 점, 그리고 좋았던 부분에 대해서 말씀해주시겠어요?

북측 패널B: 한국사회에서 가장 좋은 점을 꼽으라면 먼저 열심히 노력하면 노력한 만큼 대가가 따른다는 것입니다. 또한 돈만 있으면 외국에 자유롭게 여행할 수 있다는 점도 좋아요. 돈이 없어서 문제죠(웃음). 그리고 내 손으로 직접 대통령을 선출할 수 있다는 점, 손으로 꼽으라면 수도 없이 많아서… 여기까지 하겠습니다.

나쁜 점은… 제 생각에 남한은 자신의 내면을 될 수 있으면 내보이려 하지 않고 북한사람들은 자신의 내면을 감추려고 하지 않는 것 같습니다. 이런 부분에서 북한과 달라 조금 힘들었던 기억도 있습니다.

북측 패널A: 제가 남한사회에서 느낀 가장 좋은 점은 노력한 만큼 얻는다는 사실입니다. 차별도 극복할 수 있는 것이 노력임을 10년간 느꼈습니다. 교육에 있어 탈북민에게 주어지는 기회는 통일을 생각할 때 경제적으로 따질 수 없는 가치라 생각합니다. 분명히 저도 대학에 와서 많은 변화를 느끼고 있거든요. 앞으로 남한정부가 탈북민에게 기회를 주었을 때 사회, 문화, 교육 전반에서 그들이 이루어나갈 결실을 저는 믿고 있고, 이런 부분에서 자긍심과 남한에 온 보람을 느낍니다.

저도 앞서 B씨처럼 한국 사람들에 대해서는 진심을 남에게 잘 드러내지 않는 사람들이라는 느낌을 가끔 받습니다. 사실 북한은 적과 동지를 구분하는 교육을 평생 받는다고 해도 과언이 아닐 정도입니다. 그러다 보니 상대방의 진심은 적인지 동지인지를 구분하는 기준이 되지요. 모르는 사람과의 대화에서 감정표현은 늘 굳어 있는 상태이며, 적과 동지가 구분된다면 그때부터는 동지를 위해 목숨도 바칠 수 있어야 한다는 우정 세계를 공유하고 있습니다. 하지만 남한 사람들은 좋고 싫은 상태를 잘 표현하지 않으며, 상대방에게 나쁜 감정은 주려고 하지 않는데 그것이 배려인지? 아니면 무관심인지를 알 수 없어 답답합니다.

북측 패널C: 저 같은 경우에 처음에는 좋지 않았던 것이 없었습니다. 모든 게 다 좋았지요. 하지만 요즘에 와서는 좋은 점을 얘기하라고 하면 손에 꼽을 정도로 많이 줄었습니다. 그 이유는 남한생활에서 현실을 받아들이는 순간부터였다고 생각됩니다. 현재로서는 내가 할 수 있는 것이 많지 않기 때문이고 내가 할 수 있는 것을 하고자 하면 그만큼 큰 어려움이 있기 때문인 것 같아요. 요즘은 가장 좋은 점이라고 하면, 다른 나라에 자유롭게 오갈 수 있다는 것과 내가 원하는 것을 할 수 있고, 또한 내가 하기 싫으면 하지 않아도 된다는 점이 좋습니다. 북한에서의 고립된 삶을 살다가 이 사회에 와서 내가 하고 싶은 대로 하는 것이 얼마나 좋은가 느낍니다. 또한 강제노동을 안 해서 너무 편하기도 하고요.

그리고 저는 남북한 사람이 딱히 다르다고 느낀 적이 없습니다. 일반 고등학교를 다녀서 그런지 모르겠지만, 뭔가 다르다고 생각했던 적이 없고, 그래도 하나만 얘기하라고 하면 인간관계에 있어서 진실성이 좀 부족하고 상대방에게 자신을 숨기는 경우가 있는 것 같았습니다. 가끔 솔직하게 얘기하는 나 자신을 조금은 숨겨야 되겠다는 생각을 하게 만든 때가 있었던 것 같습니다.

<그림 12> 청중의 질문을 듣고 있는 남측 패널들

남측 패널C: 정말 여러 이야기를 해주셨는데 그렇다면 이렇게 다른 남한사회에서 어떤 삶을 살고 싶으신가요? 앞서 이야기해주신 것처럼 어려운 탈북 과정을 거치시고, 새로운 환경에 적응하시면서 '남한에서의 삶'에 남다른 의미가 생기셨을 것 같아요. 그리고 이와 관련해 통일이 된다면 어떤 일을 하고 싶은지도 말씀해주시겠어요?

북측 패널A: 처음엔 미래에 대한 포부와 희망도 많았습니다. 5년을 살고 보니 제가 할 수 있는 일이 없음을 깨닫고 대학에 진학하였죠. 대학 진학 후에는 작지만 여러 가지를 꿈꾸는 걸 다시 시작했습니다. 학업을 마치면 대학원에 갈 것이라는 계획도 가지고 있습니다. 만약 통일이 된다면 내 고향에 가서 정말 잘사는 고장으로 만드는 데 정치인으로서 역할을 하고 싶다는 큰 희망도 가지고 있습니다. 그리고 분명한 건 전 남북의 통일을 위해 사명감을 안고 있고, 그 길에서 자신의 자리를 찾아갈 것이라는 믿음입니다.

북측 패널B: 누구나 희망하는 삶이겠지만, 저는 안정적이고 평화로운 인생을 살면서 지금까지 많은 도움을 받으며 살아왔는데, 저도 자리 잡으면 어렵고 힘든 이웃을 돕는 일에 최선을 다해 돕고 싶네요. 또한 통일이 된 이후 오랜 분단으로 생긴 남북한의 이질감을 해소하는 데 길잡이 역할하고 싶어요.

북측 패널C: 저는 한국에 와서 많은 도움을 받았습니다. 그 도움이 물질적으로 컸던 것이 아니지만 맨바닥에 앉아 있던 나에게 방석을 깔아준 것이라고 생각합니다. 그 방석이 엄청 비싸고 좋은 것은 아니었지만, 방석이 있고, 없고의 차이는 엄청나게 컸지요. 그렇기 때문에 제가 받았던 그러한 도움들을 다시 한국사회에 환원하면서 이 사회에 도움이 되는 삶을 살고 싶고, 통일을 하는 것에 도움이 되는 사람으로 성장하고 싶습니다. 또한 통일이 된다면, 제가 살던 지역에 가서 우리 지역을 대표하는 정치인이 되고 싶습니다. 제가 열심히 해서 통일이 되면 우리 지역을 무역의 중심도시로 키우고, 지역 신도시개발을 통해서 병원과 자연과학기지를 짓고 청림(푸른 숲) 사업을 통해서 자연이 살아 움직이는 도시, 살기 좋은 도시로 만드는 것이 제 꿈이고, 사명이고, 하고 싶은 일입니다.

2부의 초반은 남한 측 패널들과 북한 측 패널들 간의 대화로 이루어졌다. 하지만 이 대화의 질문자는 주로 남한 측 패널이었고 답변자는 북한 측 패널들로 한정되어 있었다. 우리 토크콘서트는 일방적인 질의응답의 시간이 아닌, 남한과 북한의 청년들이 서로 이야기를 나누는 교류의 장이 되길 목표로 했다. 그 때문에 초반의 흐름을 바꾸어 후반부에서는 청중들과 북측 패널들이 자유롭게 질문을 던지는 방식으로 남북한 청년들이 함께 이야기를 나눴다.

청중1: 안녕하세요. 저는 북측 패널분들께 질문 드리고 싶습니다. 고난의 행군 시기에 유일했던 우호 국가인 중국이 막상 많이 도와주지 않아 배신감을 크게 느꼈다고 들었습니다. 혹시 중국과의 관계를 북한의 일반 시민들은 어떻게 생각하고 있나요? 그리고 북한에서는 예방접종과 관련된 의료 행위들이 어떻게 실시되고 있는지 궁금합니다. 이런 부분과 관련하여 통일을 대비한 우리들의 자세는

어떻게해야 하는지도 묻고 싶습니다. 마지막으로 통일이 된다면 북한에 있는 많은 주민들이 혼란을 겪을 것 같아 질문 드립니다. 남한에서 통일 전에 사회화 프로그램을 준비하는 것이 좋을 것 같은데, 이런 교육은 어떤 방식으로 이루어지는 것이 좋을까요?

북측 패널A: 먼저 중국에 대한 북한의 인식에 대해 말씀드리겠습니다. 중국은 고난의 행군 시기에 북한의 자원들을 오히려 수탈해갔기 때문에 이에 대해 안 좋은 인식을 많이 갖고 있습니다. 이 때문에 일반 시민들 사이에서는 친중 감정보다는 반중 감정이 더 많이 퍼져 있습니다. 미국보다 적대감이 클지도 모르겠습니다. 미국은 만나본 적이 없고 실질적으로 그들의 영향력에 대해 일반 시민들이 느끼는 것은 별로 없습니다. 따라서 직접적으로 악행을 느낄 수 있는 중국에 대한 반감이 더 큰 것 같습니다. 하지만 이런 중국을 배척할 수는 없어서 가까이에 두고 이용하는 것이라고 생각됩니다.

두 번째 예방접종과 관련하여 답변 드리면, 제가 태어났을 당시엔 북한의 상황이 좋아서 기본적인 예방접종이 모두 무료로 이루어졌습니다. 그런데 이후 고난의 행군 시기를 거치며 가장 싼 결핵 예방접종도 하지 못한 것을 보면 북한의 의학 실태가 얼마나 열악한지 아실 것 같습니다. 이를 해결하기 위해서는 상당히 많은 자원과 자본이 필요할 것이라고 생각됩니다. 마지막 질문에 대한 생각은 저도 많이 하고 있는데, 저는 통일이 됐을 경우 남한의 교육자들이 북한의 교육자들과 합심하여 남북 주민들을 잇는 다리 역할을 해야 한다고 생각합니다. 그런 프로그램들을 통해 서로를 이해할 수 있을 것 같습니다.

북측 패널B: 저는 첫 번째 질문에 첨언을 드리자면, 제가 넘어올 당시 친구들과 이야기했을 때는 일본에 대한 적대감이 가장 크고, 그다음이 미국, 그리고 중국 순인 것 같습니다. 일본은 일제강점기 우리 역사와 관련하여 반감이 가장 크고, 미국은 한반도를 갈라놓았다는 이유로, 그리고 중국은 앞서 이야기한 여러 가지 이유들로 싫어하는 것 같아요.

<그림 13> 질문을 던지는 청중의 모습

북측 패널C: 평창동계올림픽 당시 아이스하키 단일팀에 대한 20대들의 반응이 가장 이슈가 되었던 것 같습니다. 남쪽에서 살고 있는 탈북자로 통일은 먼 훗날의 일이더라도 현재 살아가면서 받고 있는 여러 기회에 대해서도 자책감을 느끼고 있을 정도로 충격이었

는데, 이 문제를 해결하기 위해선 탈북자 혹은 북한 사람들이 어떤 노력을 하면 될지 말해주신다면 감사하겠습니다.

청중3: 개인적으로 제가 이번 아이스하키 단일팀을 보며 그것이 갑작스럽게 이루어진 일이 아니라, 차근차근 계획된 일이었다고 생각합니다. 물론 올림픽이 스포츠를 하는 행사이기 때문에 성적이 중요하긴 하지만 남북이 한 팀이 되어서 같이 경기하는 것을 보며 스포츠의 진정한 의미는 서로 화합의 장을 이루고 관계를 발전시키는, 바로 이런 것이 아닌가라는 생각도 들었습니다. 그래서 저는 이번 기회가 부정적이기보다는 굉장히 좋은 기회였다고 생각합니다.

청중4: 저도 앞선 학우님과 같은 의견이기 때문에 북한 주민들에 대한 악감정이 들지는 않습니다. 그래서 북한이탈주민분들이 자책감을 갖지 않으셔도 될 것 같습니다.

북측 패널B: 저도 질문 드리겠습니다. 혹시 남한의 청년분들은 통일이 되면 무엇을 가장 하고 싶으신가요?

청중5: 저는 북한에 고구려 시대와 관련된 유적이 많은 걸로 알고 있습니다. 제가 역사에 관심에 많아서 찾아본 바로는 북한에 강서대묘가 있고 그것이 유네스코 세계유산으로 지정되었다고 하는데, 그 사진을 보고 감동을 받았습니다. 그래서 통일이 된다면 북한에 있는 유적지를 방문하고 싶고, 유적들을 바탕으로 더 많은 고대사를 연구했으면 좋겠다고 생각합니다.

청중4: 저도 통일이 된다면 북한의 학생들과 함께 한국의 고대 역사를 연구하고 싶고, 중국의 동북공정이 문제가 되고 있는 상황에서 그러한 문제를 해결하기 위한 노력도 함께 하고 싶습니다.

북측 패널A: 답변 감사합니다. 역사에 관해 이야기하셨는데, 북한에서는 고구려와 관련한 역사를 많이 가르치고 신라나 백제에 관한 것은 굉장히 작게 다룹니다. 그래서 통일이 된다면 말씀하신 것처럼 역사에 관한 연구도 활발해졌으면 좋겠습니다.

청중5: 혹시 이번 남북정상회담을 어떻게 보셨는지 궁금합니다. 그리고 이와 관해 북한이 완벽한 비핵화를 이뤄낼 수 있을까요?

북측 패널C: 이번에 이뤄진 남북정상회담은 정말 벅찬 일이었다고 말씀드리고 싶습니다. 모두가 느낄 것이라고 생각하는데, 북한의 최고 지도자가 이전과는 다르다고 생각합니다. 따라서 앞으로 남북의 관계 개선이 지속적으로 이루어진다면 이것이 완전한 비핵화를 향할 가능성은 충분히 있다고 생각합니다. 중요한 것은 냉정한 시선이 필요하다는 점입니다. 이번 정상회담으로 단순히 두 나라의 관계가 좋아졌다고 판단해서는 안 되고 끝까지 긴장의 끈을 놓쳐서는 안 될 것입니다.

3) 3부, 공동정책제언

3부를 시작하기에 앞서 우리는 '선배 탈북민과의 인터뷰' 영상을 상영했다. 앞서 밝혔던 신지성 씨와의 인터뷰 영상이었다. 구체적으로 선배 탈북민(신지성 씨)이 현재 하는 일, 대학 생활, 대학생활 당시 힘들었던 것들과 극복한 방법, 남한에서 겪었던 차별 경험과 극복 방안, 탈북 청년들에게 해주고 싶은 이야기 등의 이야기를 나눴다. 영상이 끝나고 패널들이 소감을 밝혔다.

남측 패널A: 저희가 이 영상을 준비한 이유는 남한 친구들에게 도 탈북민을 잘 알게끔 하고 탈북민 친구들에게 힘이 되었으면 해 서입니다. 이 영상에서 말한 것처럼 탈북민 친구들이 더 행복하게 살았으면 좋겠습니다.

북측 패널A: 저도 탈북한 지 꽤 많은 시간이 흘렀어요. 남한에 온 초반에는 혼자서 너무 힘들었었어요. 지금 생각해보면 신지성 씨께 서 말씀해주신 것처럼 별문제 아니었는데 말이에요. 당시 한 3~4년 정도는 밖에도 잘 나가지 못했는데 지금은 이렇게 잘 지내잖아요? 스스로가 극복해야 할 문제이기도 하고, 마음먹기에 달린 것 같아 요. 영상을 보면서 공감도 많이 되고 또 이렇게 행복하게 잘 사시 니까 다시 더 열심히 살아야겠다는 생각을 했습니다.

이어서 공동 정책 제안 시간을 가졌다. 본교가 세계에서 탈북민 이 가장 많이 다니는 대학교임에도 불구하고 그들을 위한 정책들이 없는 안타까운 현실을 고발하고 청중들과 다양한 정책 제안 아이디 어를 나누는 시간이었다. 먼저 우리는 진행했던 설문조사 결과와 사전에 조사한 지자체, 대학교에서 시행하는 탈북민 지원 정책들을 소개했다.

<그림 14> 설문조사를 발표하는 모습

탈북민을 대상으로 한 설문 문항의 첫 파트는 학업이었다. 응답한 탈북 대학생들의 40%가 대학을 다니면서 가장 힘든 점으로 '글쓰기 및 리포트 등의 과제와 시험'을 꼽았다. 본인의 재정 상태는 100점을 만점으로 했을 때에서 평균 44점으로 평가했고 학업과 아르바이트를 병행하기 힘들다는 의견도 많았다. 탈북민에 대한 대학의 지원에 대해서는 대다수가 만족한다고 응답했다. 북측 패널들도 대체로 현재의 경제적인 지원에 대해 만족한다는 의견을 가지고 있었다. 하지만 재정적 지원 이외의 '학생 간의 교류', '교육 지원' 등 현실적인 지원이 더 필요하다고 말했다. 다음으로 조사한 것은 근로였다. 근로활동에 있어 차별을 겪은 탈북 대학생들은 2명 중 1명 꼴로, 북한 사람이라는 이유로 불쾌한 농담을 하거나 무시하는 등

의 행위들을 겪은 적이 있다고 말했다.

비탈북민 대학생들을 대상으로 한 설문조사에서는 대다수의 응답자가 한국외대에 50명 이하의 탈북민 학생이 다니고 있을 것이라고 예상했다. 하지만 실제로 외대에는 약 90명의 탈북민이 재학 중이다. 이러한 결과는 그만큼 남측 학생들이 탈북민과 교류할 기회나 프로그램이 적었다는 것을 반증한다. 탈북민에게 느끼는 친밀감의 정도를 묻는 질문에는 '그저 그렇다'는 답변이 70%로 압도적이었다. '그저 그렇다'를 답한 이유로는 '탈북민에 대해 잘 모르기 때문'이라고 응답했다. 이를 통해 서로에 대해 잘 알 수 있는 교류의 필요성을 다시 한번 느끼게 되었다. '한국정부의 탈북민 유입을 찬성하는가?'라는 질문에는 48.4%가 찬성했고 그 이유로 '탈북민은 통일의 발판', '인도적 차원' 등의 이유를 꼽았다, '탈북민에 대한 지원이 확대되는 것에 대해 찬성하는가?'라는 질문에는 40.2%가 찬성했는데 재정적 지원 확대가 아닌 교육적 지원을 늘려야 한다는 응답이 있었다.

지자체의 탈북민 지원사업에 대해서는 앞서 방문했던 북부하나센터를 중심으로 소개했다. 서울, 경기권 주요 대학들에도 다양한 탈북민 지원책들이 있어 소개했다.

이화여자대학교는 이화어깨동무 지원 사업이라는 프로젝트 이름을 갖고 학교 초기 적응을 돕는 멘토(대학원생)-멘티 사업, 가장 어려워하는 영어 과목의 학습을 돕기 위해 외부기관과 연계한 1년 동안의 영어특강지원, 이화여대 교회에서 주관하는 새터민 생활비 장학금 지원사업 등을 진행하고 있었다. 서강대학교는 북한 전문가 교수가 신입생 새터민들을 전담해 돕는 사업을 진행하고 외국인 학생들과 함께 상대평가를 실시하고 있었다. 가톨릭대학교는 탈북민 대학생을 대상으로 영어와 발표 수업을 위한 비교과과정을 마련해 놓았고 매달 30만 원의 학업장학금을 지원하고 있었다.

　여러 대학 중에서도 우리가 특히 주목한 대학교가 바로 국민대학교다. 국민대 유지수 총장은 2015년 9월 1일 국민대학교 한반도미래연구원을 설립했다. 학업 측면에서는 탈북 재학생들에게 학기당 50~100만 원의 장학금을 지원하고 있고 정규 교과목 외 영어 회화 및 컴퓨터 활용능력 향상 프로그램을 운영하고 있으며 경영대학원에서 탈북자의 사회 지도층 진출을 돕기 위한 '탈북자 MBA과정'을 개설해 선발된 대학원생에게 전액 장학금을 지원하고 있다. 인식교류 측면에서는 올해 한반도미래연구원-서울통일교육센터-통일부가 주최하는 '제4기 통일 콜로세움'을 개최하였고 2016년 10월 '통일의 날' 선포 후 대학생 및 일반 시민들과 함께하는 통일문화 축제 행사를 열었으며 2017년에는 남북어울림한마당 '통일한마음축전' 행사를 통해 통일세대인 대학생들 간의 소통과 역량강화, 시민들에게는 통일한국을 위한 공감대 확산 형성에 일조하였다.

　우리의 발표가 끝나고 청중들과 북측 패널들과 함께 의견을 나눴다. 청중에서 하나원 교육에 관한 질문이 나와 북측 패널들이 자기의 경험을 예로 들어 설명해주었다.

북측 패널A: 하나원의 교육지원은 괜찮아요. 원어민 선생님도 붙여주고요. 문법도 잘 가르쳐주세요. 근데 그때는 정착한 초기라서 영어가 얼마나 필요한지, 얼마나 중요한지 몰라요. 강제성이 없기도 해서 꾸준히 하지 않았어요. 대학교를 들어오고 공부를 하니 필요한 게 느껴지더라고요.

북측 패널B: 하나원의 교육은 대체적으로 만족했었는데 개선점이 있다면 홈스테이라고 하는 남한 가정에서 하루를 보내는 프로그램이 있는데 이 프로그램에 참가하는 남한 가정들이 대부분 중산층 이상이라는 겁니다. 그러다 보니 탈북민이 남한의 경제수준이나 자신의 생활에 대해 지나친 환상을 품게 되는 부작용이 존재합니다. 남한의 실생활을 직접 느낄 수 있게 해주는 프로그램을 만들었으면 좋겠습니다.

패널들이 경제적 지원보다도 인식 교류 사업들이 많아졌으면 한다는 의견을 밝히자 청중에서 질문이 이어졌다.

청중1: 사실 인식교류사업 같은 경우에는 학교나 지자체의 지원이 없이도 우리끼리 할 수 있는 부분이 많다고 생각하는데 외대에서는 지금까지 오늘 같은 이러한 자리나 기회들이 없었나요? 말 나온 김에 우리 이음이 동아리로 발전해서 한번 시작해봐요.

북측 패널C: 학내 동아리에서도 우리끼리 하려고 시도도 해봤고 몇 번 이런 자리도 마련해보았어요. 또 학교에서는 이런 사업을 시작한다고 하면 지원해주기도 해요. 하지만 외대는 조금 적극적인 모습이 없어요. 아까 국민대처럼 뭔가 학교 측에서 '좀 해봐~'라는 식의 태도라면 우리도 판을 벌리려고 할 텐데 눈치를 보게 되는 거죠. 또 학교 돈을 쓴다는 것에 거부감을 느끼는 학우가 있을 수도 있겠다는 걱정 때문에 말하는 건데 학교에서 지원이라는 게 학교 돈을 쓰는 게 아니에요. 국가에 탈북민을 지원하는 프로그램을 진행한다고 지원하면 기업이든 국가사업이든 여러 곳에서 예산을 따낼 수 있어요. 국민대도 그렇게 한 것이고요. 근데 외대 같은 경우에는 그러한 움직임이 있다는 소리를 들어본 적이 없어요.

청중2: 인식교류사업뿐만이 아니라 아까 2부에서 탈북민이 차별을 받는 영상을 보면서 남한 친구들에게도 교육이 필요한 것 아닌가라는 생각이 들었습니다. 탈북민을 위한 교육 사업만이 아니라 남한 친구들을 위한 인식개선 교육사업도 필요할 것 같습니다. 예를 들면 탈북민에게 하는 수업처럼 P/F 형식의 '북한 이해하기'나 '통일을 위한 우리의 자세' 같은 수업들을 교양으로 넣는 것은 어떨까요?

이 외에도 탈북민에게 필요한 정책이 무엇일지, 더 나아가 함께할 수 있는 교류의 장을 어떻게 하면 더 많이 만들 수 있을지 다양한 의견을 주고받은 시간이었다.

3. 토크콘서트를 넘어

토크콘서트를 준비하고 또 진행하면서 일관되게 생각한 목표는 많은 탈북민을 만나서 이야기해보고 서로 교류하는 기회를 만드는 것이었다. 우리 팀의 구성원 중에서도 탈북민 학생이 있었기 때문에 팀 프로젝트 자체가 하나의 작은 통일이었다.

<그림 15> 토크콘서트가 끝난 후

　토크콘서트를 준비하는 과정에서 여러 가지 시행착오도 겪었고 어려움도 겪었다. 먼저 많은 탈북민이 본인의 정체성을 밝히고 싶어 하지 않아 섭외 과정이 순탄하지 않았다. 처음에는 우리 학교만 해도 탈북민 학생들이 90명 정도 다니고 있으니 쉽게 영상 촬영이나 인터뷰를 할 수 있을 것이라고 생각했지만 오산이었다. 탈북민에 대한 무지 때문에 일어난 시행착오였다. 또 막연히 가지고 있던 탈북민에 대한 편견이 불쑥불쑥 튀어나와 곤혹스럽기도 했다. 처음 해보는 영상 촬영이나 편집, 인터뷰 섭외와 행사 기획도 낯설기는 마찬가지였다.

　부족했던 만큼 프로젝트를 진행하면서 많은 것을 배울 수 있었다. 가장 큰 것은 탈북민에 대한 생각이 많이 바뀌었다는 것이다. 또래의 탈북민 학생들과 이야기를 나누고 행사를 기획하면서 탈북민도 똑같은 한국인이라는 것을 다시 한번 느꼈다. 토크콘서트 강연 내용처럼 탈북민은 고향이 경상도나 전라도가 아니라 함경도나

평안도인 한 민족일 뿐이었다. 탈북민에 대한 정책 방향이 무조건 경제적인 지원에 초점을 맞추거나 시혜적이어서는 안 된다는 것도 배웠다.

가장 중요한 것은 서로에 대한 오해를 없애는 것이다. 오해를 없애기 위해서는 서로에 대해 잘 알아야 한다. 사람들은 경험해보지 못한 사실들에 대해서는 넘겨짚을 뿐이다. 그 과정에서는 편견이 작동한다. 토크콘서트는 끝났지만 앞으로도 탈북민과 함께 만나고 대화해볼 수 있는 다양한 기회가 많이 생겼으면 하는 바람이다. 이런 교류의 장이 많아질 때 남과 북이 서로에 대한 편견을 넘어서고 하나가 될 수 있는 토대가 형성될 것이다.

2

너로 향하는 길, 다붓다붓
– 유튜브를 통한 북한이탈주민 소통 프로젝트
〈다붓다붓〉

(김연준·이승비·이은수·김지선·김민지)

들어가며

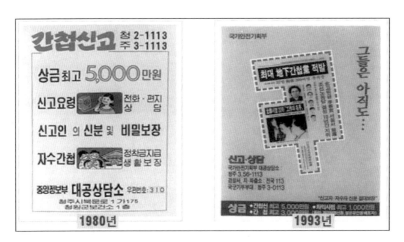

<그림 1> 간첩 신고포스터

오늘날 수많은 대한민국 국민들은 더 이상 과거와 같이 북한주민을 '뿔 달린 괴물'로 바라보지 않는다. 하지만 북한과 남한의 군사적 충돌과 북한의 핵실험으로 여전히 북한은 위협의 대상으로 남아있고 북한주민과 북한이탈주민 역시 신뢰하기 어려운 존재로 여겨진다. 북한이탈주민과 같은 민족이라는 정체성을 공유하기보다 다른 체제에서 이주해 온 이주민 혹은 이방인으로 다룬다. 특히 종편을 중심으로 한 예능프로그램에서 북한이탈주민을 등장시켜 자극적인 소재를 과장하여 전달하면서 북한이탈주민에 대한 선입견을 조장하고 있어 비탈북민과 탈북민의 심리적 거리는 더 멀어지고 있다. 북에 남아 있는 가족의 신변을 보호하기 위해 신분노출을 꺼리는 북한이탈주민도 많아 대부분 스스로를 드러내지 않고 그림자 시민처럼 살아가기도 한다. 북한이탈주민의 경우, 이렇듯 종편이나 극단적인 정치단체에 동원되어 보이거나 아예 보이지 않아 보통의 비탈북민과 교류하는 경우가 드물다. 비탈북민의 심리적 거리감을 줄이고 양극단에 서 있는 탈북민의 정착에 도움을 주기 위한 프로젝트가 필요해 보였다. 한 학기의 단발성 프로젝트보다 지속 가능한 프로젝트로 정착되길 바라는 마음에 다양한 방법을 모색했다. 대상이 비탈북민과 탈북민 양쪽 모두이기 때문에 모두가 쉽게 접할 수 있고 언제든 공유 가능하도록 하는 것이 필요하였다. 이러한 조건과 프로젝트 기획 의도를 고려하다 보니 유튜브(YouTube)를 통한 소통콘텐츠 제작이라는 아이디어로 귀결되었다.

<그림 2> 유튜브 로고

2018년 대한민국의 대표적인 소통 창구는 스마트폰이다. 스마트폰 보급으로 인한 SNS의 사회적 기능과 파급력은 누구나 공감할 것이다. 스마트 기기의 SNS는 이제 사람과 사람의 소통 창구를 넘어 한 개인이 세상을 바라보는 창구가 되었다. 대중은 언제 어디서나 새로운 소식과 정보를 소비하기 위해 스마트폰 화면을 들여다보고 있다. 작은 스마트폰 화면에서 가장 선호되는 콘텐츠의 유형은 동영상이다. 2015년도 한국콘텐츠진흥원에 따르면 전체 모바일 데이터 트래픽 중 모바일 영상이 차지하는 트래픽은 절반 이상의 비중을 선회하고 있다. 현재 동영상 콘텐츠는 과거와 같이 오랜 시간 기다리면서 다운로딩이 필요 없는 실시간 스트리밍으로 소비되고 있다. 신문에서 TV로 옮겨간 소통창구는 이제 스마트폰을 통한 동영상으로 확장되었다.

대한민국은 IT 강국답게 전 세계 그 어디보다 빠른 인터넷 속도와 광활한 인터넷 통신망을 자랑하고 있다. 분명 스마트폰 이전에도 우리는 다양한 인터넷 도메인을 통해서 동영상을 접할 수 있었다. 스마트폰 보급이 확대된 이후 유독 동영상 콘텐츠가 각광받게 된 이유는 무엇일까? 그 해답은 바로 시간과 장소에 대한 제약이 사라졌다는 것에 있다. 우리는 이제 하늘에서부터 땅속까지 스마트폰이라는 작은 컴퓨터를 소지할 수 있다. 언제 어디서나 이 작은 컴퓨터를 통해 원한다면 어떤 동영상이라도 찾아볼 수 있다. 단순히 스마트폰이라는 기기의 보급이 이러한 변화를 이끌어냈다고 단정할 수 없다. 스마트폰이 하드웨어적인 면에서 새로운 파급을 끼쳤다면, 유튜브라는 플랫폼은 소프트웨어 차원에서 혁신이었다. 아프리카TV라는 플랫폼이 존재하고 유튜브 못지않은 많은 이용자를 가지고 있지만 유튜브에 비해 확장성이 부족하였다. 아프리카TV의 경우 회원 중심의 플랫폼이라면 회원과 비회원을 가리지 않고 접속, 시청, 공유가 가능한 오픈 플랫폼인 유튜브가 프로젝트에 더 적합해 보였다. 콘텐츠를 제작하는 크리에이터의 입장에서도 단순 구글 아이디를 통해 자신의 동영상을 쉽게 업로드하고 배포할 수 있는 기능과 동영상에 대한 통계 자료에 대한 접근의 편의성으로 인해 유튜브에 집중하고 있다. 또한 별도의 스트리밍 프로그램을 설치할 필요가 없다는 것 역시 큰 장점이다. 국내의 많은 스트리밍 플랫폼들은 고유한 동영상 재생 플레이어가 필요했지만 구글은 인터넷에 연결되어 있다면 특정 플레이어를 요구하지 않는다. 이러한 이유로 스마트폰 기기 이용 플랫폼 중 유튜브는 41.9%를 차지하고 있다. 유튜브는 오늘날 우리 사회에서 파급력이 강한 동영상 플랫폼으로 누구나 동영상 크리에이터가 될 수 있고, 언제 어디서나 동영상을 소비할 수 있다. 동영상 형식과 분량에 제한이 없으며 제작된 콘텐츠가 소비자를 만족시키면 자발적인 홍보로 이어진다. 이러한 특성을 활용하여 북한이탈주민 관련 소통콘텐츠를 제작하고 많은 이와 공유하기 위해 유튜브 콘텐츠 제작 프로젝트를 구상하게 되었다.

팀과 프로젝트 이름도 프로젝트 의도와 방향에 맞추어 정하였다. 남한과 북한은 지금은 비록 많이 다른 모습을 하고 있지만 우리는 같은 생김새, 역사, 언어를 공유하고 있기에 순우리말로 된 팀 이름이 더 특별한 의미를 가질 수 있다고 생각하였다. 순우리말을 통해

<그림 3> 다붓다붓 로고, 단체 사진

프로젝트 의도를 담을 수 있다면 좋겠다는 생각으로 순우리말 사전을 꼼꼼히 읽어나갔다. 그래서 찾은 단어는 '다붓다붓'이었다. 순우리말로 "여럿이 다 매우 가깝게 붙어 있는 모양"이란 뜻을 가진 의미처럼 탈북민과 비탈북민 나아가 남한과 북한이 매우 가깝게 붙어 있게 되는 날이 오길 기대하며 프로젝트를 시작하였다.

북한이탈주민과 정착과정에 대한 이해

2017년 6월 통계청 자료에 따르면 남한에 사는 북한이탈주민은 3만 명이 넘는다. 신문이나 논문을 통해 자료를 통해 접하는 북한이탈주민이 아니라 그들의 목소리를 직접 듣는 것이 필요하였다. 우선 북한이탈주민의 이야기를 듣는 것부터 시작하였다. 북한이탈주민단체인 탈북자 동지회에서 서재평 사무국장님의 이야기를 들을 수 있었다. 고난의 행군을 경험하고 북한에서 탈출한 서재평 국장님은 한국에 정착한 지 꽤 오랜 시간이 지나 있었다. 북한이탈주민의 경우, 입국 시기와 입국 당시 연령에 따라 적응의 정도가 다르다고 하였다. 현재 북한이탈주민의 정착과정과 지원 정책, 정책의 한계를 들을 수 있었다.

Q: 한국사회에서 북한이탈주민이 적응하기에 어느 점이 가장 힘들까요?

A: 실제적인 사회화 과정이 부족하다 보니, 사회에 나왔을 때 어려움이 많다. 보이스피싱, 음주운전 등 무엇인지는 아는데, 이게 얼마나 중요하고, 왜 하면 안 되는지, 어떻게 대응해야 하는지 교육이 부족하다. "하나원"에서 12주의 교육을 통해 한국사회에 대해 배우지만 단순히 교육을 통해 배우는 것과 실제 생활에서 겪는 것은 다르기 때문에 적응에서 더욱 어려움을 겪는다.

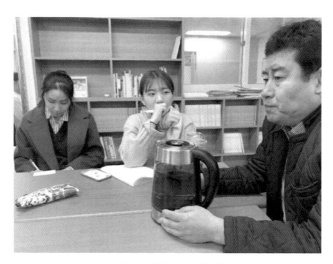

<그림 4> 탈북자 동지회 방문

북한이탈주민들은 우리나라에 입국한 이후 12주 동안 하나원에서 사회화 적응 교육을 이수하지만, 교육 후 바로 사회로 편입된다. 북한 혹은 제3국에서 바로 국내로 입국한 이들이 이전에 살았던 곳과 완전히 다른 사회-경제 체제에 적응할 수 있는지 의문이 생겼다. 정부 주도로 하나원 교육이 이루어지지만 폐쇄된 북한사회에서 대한민국에 대한 왜곡되고, 제한된 정보만을 접했을 북한이탈주민들에게 12주의 교육기간은 충분하지 않을 것이다. 12주의 하나원 교육기간마저도 북한이탈주민들은 온전히 교육에 집중하기 힘들다는 이야기가 나왔다. 하나원에서의 일방적이고 폐쇄적인 교육방식이 실제 한국사회를 이해하고 정착하는 데 도움 되지 않는다는 의견이 다수라고 하였다. 주입식 교육으로 진행하다 보니 강의에 집중하기 어렵고 개인마다 교육수준이 다른데 동일한 내용으로 교육을 하다 보니 이로 인한 문제도 있다고 하였다. 하나원에서의 교육은 북한이탈주민으로 하여금 경제적 활동에 대한 갈망, 새로운 사회에 대한 궁금증을 만족시켜 줄 수 없기 때문에 퇴소 이후에도 지속적인 사회화 프로그램과 교육이 필요하다는 의견이었다. 당장 은행에서 통장을 개설하고 통신사 핸드폰도 개통해야 하는데 동행하거나 이를 안내해줄 사람이 없는 경우 이러한 일상적인 일도 처리하기 어려운 경우가 많다는 이야기에 놀라움이 앞섰다. 하나원 퇴소 이후 정부가 운영하는 하나센터를 통해 정착도우미를 지원하지만 당장 생계를 위해 일을 시작해야 하는 중장년층의 경우, 이러한 프로그램을 이용하지 않는 경우가 있다는 이야기에 좀 더 체계적인 지원과 맞춤형 프로그램 구상이 필요해 보였다. 사회 적응을 위한 실질적인 사회화 영상 콘텐츠가 필요해 보였다.

<그림 5> 판문점 선언

　북한이탈주민들의 사회화 교육이 제대로 이루어지지 못한 채 대한민국사회로 편입이 이루어진다면 결국 북한이탈주민들은 사회부적응, 도태, 제도권 이탈 및 범죄로 이어지고 이는 북한이탈주민들에 대한 사회의 인식에 부정적 영향을 줄 수 있다. 그리고 북한이탈주민들과 기존의 대한민국사회 구성원들의 갈등으로도 이어질 수 있을 것이다. 북한이탈주민의 부적응 문제는 단순히 오늘날의 문제로 그치는 것이 아니라 장기적인 관점에서 앞으로의 한반도 통일이 이루어졌을 때 남북한사회가 어떻게 해야 성공적인 융합을 이루어 낼 수 있을까에 대한 해답을 제시할 수 있을 것이다.

　4월 27일 남북한 정상회담이 열렸다. 새로운 남북 시대가 기대되는 요즘 다시 한번 통일에 대해 생각해보게 된다. 북한이탈주민의 성공적인 사회화는 통일 이후 한반도 내의 성공적인 통일 국가 형성에 중요한 모델로서 제시될 수 있을 것이다.

우리는 유치원생 때부터 사회화 과정을 경험한다. 사소하게는 '신호등에 초록불이 들어오고도 좌우를 살핀 다음, 손을 들고 천천히 건너야 한다'부터 '투표는 민주주의의 권리이며, 대한민국의 구성원으로서 반드시 해야 하는 정치 참여이다'까지 우리가 지금 하고 있는 모든 행동은 이러한 사회화를 바탕으로 하고 있다. 부모님에게 혹은 학교 선생님을 통해서 우리는 계속해서 사회화 단계를 거쳐 지금의 행동양식을 보이고 있다. 처음부터 우리가 이러한 사회적 행위를 할 수 있는 게 아니라 교육을 통해 익혀왔다. 이런 우리와 달리 북한이탈주민은 우리와 다른 삶을 살아왔다. 다른 정치-경제 체제, 사회적 제도는 이들로 하여금 우리 사회에서 당연시 여겨지고 있는 가치가 낯설게 느껴질 수 있다. 더구나 북한이탈주민은 우리나라에 온 이민자와도 차이점을 가지고 있다. 이민자들은 대한민국으로 이주하기 위해 수많은 정보를 접하고 우리 사회를 택하였다. 북한이탈주민은 대한민국에 대한 제한되고 왜곡된 정보를 바탕으로 탈북하여 대한민국사회로 편입된 경우이기 때문에 적응과정에 더 많은 어려움을 겪는다.

서재평 사무국장님과의 만남은 우리에게 많은 생각할 거리를 주었다. 그동안 우리가 책에서만, 미디어에서만 접해왔던 북한이탈주민이 아닌 직접 만나서 이야기한 북한이탈주민을 통해 그들에게 필요한 게 무엇인지, 우리가 할 수 있는 게 무엇인지 알 수 있는 값진 시간이었다.

<그림 6> 다봇다봇 회의

탈북민과 비탈북민 거리를 좁히기 위한 소통콘텐츠 제작

다봇다봇은 야심차게 시작하였지만, 이내 막막함을 느꼈다. 동영상을 통해 북한이탈주민들의 성공적인 사회화 영상을 제작해보자

 북한에서는 남한과 미국에 대해 어떻게 배우나요? 탈북민이 말해준다! [크리안브로스]

 [NKTV] #_58. 이것이 진짜 북한이다. (최근 입국 탈북민 인터뷰)

 [휴먼다큐] 제3국 출생 탈북민 자녀이야기 "내 새끼니까" | 국민통일방송

 탈북민 손봉향▶ 우리 남편 생머리는 저음이죠? 남편과 내가 만든 부추만두 남남

 (대박) 김정은 탈북민 소탕작전! 김정은 배신자 탈북민들 모두 불러와? 소식 끊긴 탈북민 900명 그들은 어떻게 됐나? 탈북민 소탕방법과 이유 등 놀라운

 [탈북 선후배] 17회 - 세금, 탈북민 한국정착, 증여세, 자동차세, 장애인 복지, 새터민, 북한이야기, 혜택

<그림 7> 북한이탈주민 유튜브 콘텐츠

고 모였지만, 우리 중 그 누구도 동영상을 제작해보거나, 동영상을 편집해본 이가 없었다. 그래서 장비부터 섭외과정 내내 막막함을 느낄 수밖에 없었다. 또한 동영상을 찍기 위해 무엇을 준비해야 하는지, 편집을 어떻게 해야 하는지 배워야 할 것도 산더미였다. 일단 '우리가 할 수 있는 것부터 해보자!'라는 마음가짐으로 시작하였다.

먼저 기존의 유튜브에서 북한이탈주민에 대한 콘텐츠를 찾아보았다. 배나무배나 TV의 경우 북한이탈주민과 북한 관련 콘텐츠를 제작하고 탈북을 지원하는 시민단체 역할도 함께하고 있었다. 아프리카TV에서도 활동하는 북한이탈주민 BJ는 유튜브에도 진출해 있었다. 본인의 경험담과 개인의 일상을 담은 영상 콘텐츠를 확인할 수 있었다. 개인의 관심사에 따라 댄스커버 영상을 올리기도 하고 먹방 콘텐츠를 추가하기도 하였다. 주를 이루는 것은 북한과 남한을 비교하거나 북한의 실상을 소개하는 영상이었다. 사회화 적응 영상이나 비탈북민의 시선에서 만든 영상은 찾기 어려웠다. 소통 콘텐츠와 사회화 콘텐츠가 차별화된 콘텐츠라는 점에 자신감을 얻은 우리는 프로젝트 의도를 구체화시키는 것을 우선하기로 하였다. 그리고 프로젝트 과정을 많은 이와 공유하기 위해 페이스북과 인스타그램 페이지를 개설하였다.

페이스북 주소 https://www.facebook.com/daboottdaboot/

인스타그램 주소 https://www.instagram.com/daboottdaboot/

유튜브 채널 youtube.be/D3KcJOZYQHA

🔍 검색   로그인

daboottdaboot `팔로우`

게시물 7   팔로워 61   팔로우 106

다봇다봇
youtu.be/D3KcJOZYQHA

⊞ 게시물   태그됨

https://www.instagram.com/daboottdaboot/

👍 좋아요   ➤ 공유하기   ✎ 정보 수정 제안   ⋯

[다봇다봇 소개영상] 그래서, 너네 뭐하는 애들인데?
우리가 궁금해?
많은 분들이 궁금해하셨던 다봇다봇의 정체를 공개합니다!

다봇다봇
@daboottdaboot

홈
게시물
리뷰
동영상

✉ 메시지 보내기

5.0 ★★★★★

커뮤니티   모두 보기
👍 88명이 좋아합니다
🔊 89명이 팔로우합니다

정보   모두 보기
□ 사회 단체
ⓘ 정보

사람   ›

★★★★★
리뷰 88개

https://www.facebook.com/daboottdaboot/

1. 쿡방을 통한 소통 콘텐츠

서재평 국장님과의 값진 시간을 통해 우리가 무엇을 해야 할지 확인할 수 있었지만, 이를 구체화하는 것은 어려웠다. 사회화 동영상이란 의미 있는 콘텐츠를 만들기 위해 구상을 구체화할수록 사회화 동영상은 까다로운 콘텐츠였다, '다붓다붓'은 북한이탈주민과 동영상을 통한 소통을 하고 싶었다. 그리고 이러한 소통을 통해 서로 마음의 벽을 허물고 더 긴밀하고 친해지는 것이 목표였기 때문에 무거운 주제보다 음식, 요기 등 가벼운 콘텐츠부터 제작해나가기로 하였다.

우리가 대학생이라는 점을 살려 새롭고, 역동적인 동영상을 제작해 누구나 유익하면서 재미있게 접할 수 있는 동영상 콘텐츠를 만들기 위해 고심하였다. 유튜브 채널 '다붓다붓'에 올리는 첫 번째 콘텐츠가 채널의 성격을 결정하는 데 크게 작용할 것이라 생각하여 더 가장 일상적인 부분에서 쉽게 다가갈 수 있는 주제를 택하였다. 음식은 정치, 경제 등에 비교적 자유로운 주제이기 때문에 무겁지 않고 거리감도 적을 것이라 생각하였다. 북한 음식은 종종 매체를 통해 접할 수 있었기에 관심 있는 사람들이 많아 동영상을 통해 간단한 레시피를 제공한다면 흥미를 유발하기에 좋은 것 같았다. 대학생들이 서툴지만 직접 만든 음식을 통해 북한이탈주민과 소통하고자 콘텐츠를 기획하였다.

먼저 북한이탈주민 출신의 요리 명인을 섭외하였다. 그분께서는 우리의 기획 의도를 긍정적으로 검토해주었고, 부푼 마음을 가지고 명인의 요리 연구소를 찾아갔다. 요리 명인은 우리를 따뜻하게 받아주었고, 맛있는 아바이 순대를 맛볼 수 있었다. 긍정적인 분위기

<그림 8> 쿠킹 스튜디오

의 첫 만남 덕분에 성공적인 첫 촬영을 기대하고 있었다. 그리고 촬영 당일 우리는 갖가지 재료를 가지고 미리 섭외한 영등포의 한 쿠킹 스튜디오로 향하였다. 갑작스럽게도 요리 명인은 촬영 당일 함께하기 어렵다는 의사를 전달해왔다. 순조로운 촬영 준비 과정으로 인해 대안을 미리 준비하지 못했기 때문에 갑작스러운 촬영 불가 의사를 전해 듣고 당황하였다. 예상치 못한 돌발 상황이었지만 영등포 쿠킹 스튜디오에서 촬영을 시작하였다.

일단 처음 계획한 대로 촬영팀이 요리 영상을 촬영하는 동안 다른 팀원들은 수소문하며 시식 및 후기 영상을 찍기 위한 섭외를 진행하였다. 북한이탈주민을 위한 봉사활동을 하는 인근 경찰서부터 봉사단체, 교회, 시민단체를 섭외하려고 노력했지만 당일 갑작스러운 연락에 촬영을 동의하는 사람은 찾기 어려웠다. 오랫동안 통일운동과 북한이탈주민의 사회정착을 돕는 일을 해온 김승근 씨는 갑작스러운 연락에도 흔쾌히 답변해주었다. 오히려 일정에 차질이 생긴 우리를 위로해주었다. 쿡방 콘텐츠로 제작을 위해 만든 '녹두지짐'과 '가지순대'를 가지고 김승근 씨가 있는 숙대 앞으로 찾아갔다.

<그림 9> 가지순대, 녹두지짐 썸네일

　숙대 앞의 한 컵밥집에서 김승근 씨와 함께 일하는 북한이탈주민을 만날 수 있었다. 김승근 사장은 북한이탈주민 출신 청년들에게 많은 경제적 기회를 주기 위해 직접 이들을 고용하기도 하고, 지점을 만드는 일도 함께 하고 있었다. 북한이탈주민 청소년들이 다니는 여명학교에서 강연을 하고 북한이탈주민 청년들과 동호회 활동도 활발히 하고 있었다.

　김승근 씨와 북한이탈주민 청년에게 우리가 만든 음식을 선보였고, 북한음식에 관한 이야기를 나눌 수 있었다. 음식 이야기로 시작하여 한국에 정착하는 과정에 어려웠던 점, 필요하다고 생각하는 정책, 통일에 관한 이야기로 이어갔다. 처음에는 다소 어색해하고 촬영에 부담을 느끼는 듯하였지만 직접 만든 음식을 함께 먹다 보니 자연스레 심리적 거리도 줄여갈 수 있었다. 일단 이야기를 시작하자 마음을 터놓고 깊은 이야기를 나눌 수 있는 시간도 가질 수 있었다. 우리는 이러한 시간을 동영상으로 담을 수 있었다.

김승근 씨는 우리가 북한 요리명인의 갑작스러운 약속 취소로 북한이탈주민에 대한 선입견을 가질까 걱정하고 있었다. 갑작스러운 섭외에 응했던 이유도 이러한 선입견과 오해를 풀기 위함이었다고 하였다. 북한이탈주민은 탈출과정에서 보통 사람이 경험하기 어려운 극적인 경험을 하다 보니 이것이 일종의 트

<그림 10> 김승근 사장님 인터뷰 사진

라우마로 남을 수 있다고 하였다. 한국사회에 적응하면서도 종종 북에 남아있는 가족 문제 혹은 경제적 어려움 등 비탈북민이 예상하기 어려운 일들을 많이 겪는다고 하였다. 그러다 보니 새로운 만남을 부담스러워하고 종종 갑작스럽게 약속을 취소하는 일도 생긴다는 이야기였다. 전후 사정을 잘 모르는 비탈북민이 오해하기 쉬워 이 점이 안타깝다고 하였다. 사실 북한이탈주민을 섭외하는 과정에 신분노출을 부담스러워해 거절하는 사람이 많았고 약속했다가 취소하는 경우도 있었다. 그 과정에 당황하기도 하고 실망하기도 했던 것이 사실이었다. 그러나 찬찬히 이야기를 들으면서 직접 마주해보지 못했던 북한이탈주민의 사정이 보이기 시작하였다.

2. 정착 선배의 이야기

컵밥집에서 좋은 영향을 받은 우리는 북한이탈주민의 성공적인 정착 이야기도 담고 싶어졌다. 먼저 정착한 선배의 이야기를 전하는 것이 그 어떤 사회화 콘텐츠보다 사실적이고 도움 될 것이라는

생각 때문이었다. 탈북자동지회를 통해 북한이탈주민 신지성 씨를 섭외할 수 있었다. 신지성 씨와 만나기 위해 중계동으로 향하였다. 북한이탈주민 대부분이 수도권, 정부가 지원하는 임대주택에 거주하는데 임대아파트가 모여 있는 인천 남동구, 중계동, 송파에 많이 살고 있다. 신지성 씨는 대한민국에 정착하여, 대학 졸업 후 대학원 과정을 수료한 상태로 개인 사업을 병행하고 있었다. 신지성 씨의 이야기를 통해 이 사회에 있는 많은 북한이탈주민 청년들에게 좋은 선례를 보여주고 싶었다. 우리가 흔히 갖고 있는 '북한이탈주민은 대한민국사회에 정착하여 성공하기 쉽지 않다'라는 편견을 깨고 싶었다.

이러한 기대를 가지고 신지성 씨를 만났다. 신지성 씨와 함께한 약 2시간에 가까운 시간 동안 우리는 희망에 찬 이야기를 들을 수 있었다. 신지성 씨는 취업과 진로 등 미래에 부담을 가지고 힘들어하는 우리에게도 좋은 귀감이 되었다. 그는 우리에게 삶에 대한 자신감과 위로를 주었다. 물고기를 직접 주기보다 잡는 법을 가르치는 것이 중요하다고 강조하며 오히려 지원일변도의 정책은 북한이탈주민의 정착에 도움 되지 않는다는 의견을 보이기도 하였다. 정부에서 북한이탈주민의 대학교육을 지원하기 때문에 20대와 30대 대부분이 대학에 진학하지만 적응하지 못해 중도 이탈하는 경우가 많다는 점도 이야기를 나눴다. 먼저 정착한 북한이탈주민들 내부에는 무조건 대학에 진학하기보다 취업까지 고려하여 폴리텍 같은 전문학교에 진학하는 것도 장기적으로 북한이탈주민의 정착에 도움 된다는 시각을 가지고 있는 사람도 많다고 하였다. 반면, 대학교육이 사회화 과정의 하나로 작용하고 있다는 점을 들어 대학진학을 적극적으로 추천하는 의견도 있다고 하였다. 어떤 선택을 하든 자신이 자신감을 가지고, 뜻을 가지고 하나씩 헤쳐가다 보면 잘 될

<그림 11> 신지성 씨 인터뷰

것이라는 진취적이고 긍정적인 태도를 강조하였다. 이는 비단 북한이탈주민 청년들에게만 해당하는 말이 아니었고, 그의 이야기를 직접 들은 우리에게도 필요한 말이었다.

"단순히 경제적인 정착 및 성공뿐만 아니라, 북한이탈 주민 청년들이 학업적으로도 많이 도전해서 앞으로 통일에 대한 준비를 하고, 통일이 다가오면 이들이 앞장서서 한반도의 미래에 큰 주역이 될 수 있습니다."

3. 청년 북한이탈주민의 어려움을 이야기하는 토크콘서트

다붓다붓은 다른 조의 북한이탈주민과 함께하는 토크콘서트에 참여하여, 북한이탈주민과 남한 대학생들의 생생한 대화의 현장을 동영상으로 담을 수 있었다. 누군가의 일방적인 강연 혹은 교육이 아니라 동등한 눈높이에서 서로에게 궁금한 점을 질문하고 답하며 그동안 서로 잘못 갖고 있던 인식을 개선하고, 앞으로 우리가 어떤 삶의 자세를 가져야 할지에 대한 좋은 시간을 가질 수 있었다. 특히 청년에 집중하여 이들이 겪는 근로, 학업, 인간관계의 어려움을 함께 고민하고 정책을 제언하는 시간을 가져 다른 토크콘서트보다 의미 있었다. 토크콘서트에 참석한 비탈북민 대학생을 인터뷰하여 북한이탈주민에 대한 인식 변화에 대한 이야기를 나눴다. 이를 통해 소통콘텐츠를 소비할 시청자들도 이러한 변화를 함께 나눌 수 있게 되길 기대하였다.

<그림 12> 토크콘서트

4. 6.13 지방선거 캠페인

2018년 6월은 지방선거가 있었다. 우리는 민주주의의 축제인 선거를 북한이탈주민들에게도 더 알리기 위해 캠페인 동영상을 구상하였다. 단순히 정보만 전하는 딱딱한 홍보 동영상이 아니라 재미있고, 중독성 있는 동영상을 만들고자 했다. 그래서 중독성 있는 멜로디와 재치 있는 구성을 가진 한 CF에서 영감을 얻어 패러디 동영상을 제작하였다. 정작 선거 캠페인을 준비하는 우리조차 지방선거에 대한 정보를 나누기에 부족한 점이 많아 준비하며 부끄러워졌다. 지방선거 캠페인 동영상 제작 과정은 우리에게도 지방선거에 대한 공부를 할 수 있는 시간이었다.

선거 캠페인 동영상을 제작하면서, 북한이탈주민만을 위한 동영상보다 모두가 함께 볼 수 있으면서, 북한이탈주민도 자연스러운 한 명의 유권자임을 보여주려고 했다. 그들 역시 엄연한 대한민국의 국민이고, 국민으로서 행사하는 권리라는 것을 알리고 싶었다. 그동안 콘텐츠를 제작하며 가장 걱정하고 어렵게 생각했던 점은 북한이탈주민 관련 콘텐츠가 오히려 차별적인 시선을 만들 수 있다는 것이었다. 그래서 차별적 이미지를 지양하려고 노력하였다. 북한이탈주민에만 집중하여 이들을 담으려다 보면 의도하지 않더라도 이런 시선으로 이어질 수 있기 때문에 오히려 이러한 콘텐츠가 그들을 사회에서 도드라지게 보이게 할 수 있다는 점을 고려하였다.

<그림 13> 투표 독려 영상

5. 사회화 콘텐츠 기획

본래 구상으로 돌아가 지금까지의 경험을 살려 현재 사회화 동영상 제작을 기획하고 있다. 그동안 인터뷰를 통해 북한이탈주민이 한국사회에 정착하며 겪는 어려움 등을 알아갈 수 있었다. 특히 보이스피싱과 음주운전 문제가 심각하다고 하였다. 차량 운전 경험이 많지 않아 음주운전의 심각성을 잘 파악하지 못하는 경우가 많았고 보이스피싱 피해 사례도 많다는 이야기였다. 더구나 한국사회에 적응하지 못해 보이스피싱 범죄에 이용당해 의도하지 않게 가담하는 경우도 있다는 이야기를 듣고 사회화 콘텐츠 제작 필요성을 절감하였다. 휴대폰 개통과 은행 업무는 관련 업체의 도움을 구해 캠페인처럼 재미있게 제작해보면 어떨까 하는 의견도 나왔다. 완성된 콘텐츠는 탈북자동지회 홈페이지를 통해 공유할 계획이다.

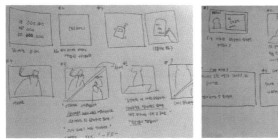
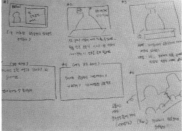

<그림 14> 사회화 콘티

'다붓다붓' 의의와 소감

다붓다붓 유튜브 채널
https://www.youtube.com/channel/UC1jaCE51dIYPUVbroQ1SyJg/videos

<그림 15> 다붓다붓 유튜브 화면

지금까지 다붓다붓은 뜨거웠다. 그리고 우리의 이러한 활동에 응답하듯 제작 기간 동안 한반도 정세 역시 그 언제보다 뜨거웠다. 남북 정상이 판문점에서 만났고, 미북 정상회담이 싱가포르에서 열렸다.

북한이탈주민이라는 주제를 다루면서 고민을 많이 했다. 사람들의 북한이탈주민에 대한 시선은 여전히 따뜻하지 않다. 이러한 상황에 이 주제를 다루며 혹여 정치적인 오류나 인간적인 실수를 범하지 않을까 프로젝트 활동 내내 걱정하였다. 처음 모여 기획회의를 할 때 구상했던 많은 아이템을 제작하지 못하기도 하고 섭외에도 많은 실패를 경험하며 좌절하고 포기하고 싶을 때도 많았다. 영상 제작이 처음이라 편집 강의를 수강하기도 하고 편집프로그램 구입비용이 부담되어 조원이 돌아가며 아이디를 만들어 시험판 프로그램을 활용하였다.

그래도 변화에 대한 희망과 기대를 바탕으로 프로젝트를 완수할 수 있었다. 70년이 넘은 분단의 역사와 이로 인한 고통의 기억을 딛고 한반도에 사는 모두가 행복하게 더불어 어울리는 미래를 꿈꾸고 있다. 시간이 지날수록 통일에 대한 기대는 줄어들고 오히려 통일에 대한 부정적인 시각이 늘어가고 요즘에도 이러한 기대를 가진다는 것이 오히려 생경해 보일 수 있다.

프로젝트를 진행하며 다양한 북한이탈주민을 만나고 통일운동에 관심이 많은 이들을 접하며 통일에 대한 필요성을 절감하였고 새로운 기대를 가질 수 있었다. 집단으로 보였던 북한이탈주민 개개인이 보이기 시작하면서 그동안 가지고 있었던 선입견도 마음의 거리도 줄여갈 수 있었다.

<그림 16> 촬영 회의 사진　　　　<그림 17> 예고편 썸네일

북한이탈주민에 대한 이야기는 한국사회 적응에 국한되지 않는다. 남북한이 그동안 닫았던 문을 다시 열고 교류하기 시작하고 더 나아가 통일의 그 날이 오면 북한이탈주민은 남북의 연결고리가 될 것이다. 우리가 북한이탈주민을 더 잘 알고, 북한이탈주민이 우리를 더욱 잘 알며 서로 오해하는 일 없이 한데 어우러진다면 이러한 경험은 통일을 준비하는 과정과 통일 이후 사회통합에 큰 도움이 될 것이다.

조원들의 소감

김연준

지금까지 힘든 작업을 다 같이 해준 조원들에게 먼저 감사합니다. 수많은 어려움이 곳곳에 도사리고 있었고, 처음의 계획은 뜻대로 되지 않아서 당황스러웠던 적이 한두 번이 아니었습니다. 학부생 수준에서 알 수 있는 지식의 한계가 있었고, 영상 촬영 및 편집이 익숙하지 못해 작업이 순탄치 못했습니다. 하지만 그렇게 어려운 과정의 연속이었음에도 불구하고 조원들이 똘똘 뭉쳐 힘든 과정을 겪어낼 수 있어서 우리들이 뿌듯합니다.

한국사회의 북한이탈주민들은 우리가 생각했던 것보다 우리 가까이에 살고 있었습니다. 그들은 우리와 똑같은 모습을 하고 있고, 같은 언어를 쓰며 같은 역사를 공유하고 있습니다. 비록 지금은 정치체제와 경제체제가 다르고 현재 분단의 역사 속에서 살고 있지만, 언젠가 우리는 다시 하나가 될 것으로 믿어 의심치 않습니다.

'다붓다붓'을 하면서 스스로 가지고 있던 다시 하나가 될 믿음에 대한 의심을 지울 수 있었습니다. 그들에 대한 원인 모를 거리감, 편견을 지울 수 있었고 그들 역시 우리와 같이 다시 하나 됨을 바라고 있다는 것을 알 수 있었습니다. 북한이탈주민에 대해 소개하고, 북한문화를 소개함으로써 우리와 그들 사이의 보이지 않는 벽을 허물고 싶었습니다. 비록 이러한 작업은 하루아침에 일어나지 않을 것입니다. 하지만 마치 우리가 가지고 있던 벽이 사라졌듯이 우리와 같은 작은 움직임 하나하나가 모여 우리와 그들 사이의 벽을 허물 것이라고 기대하게 되는 '다붓다붓'이었습니다.

김민지

한 학기를 다붓다붓 프로젝트로 보냈다고 할 수 있을 만큼 다붓다붓에 많은 시간과 노력을 부었습니다. 처음에는 단순히 가벼운, 부담 없는 프로젝트로 여겼지만 정치를 현장에서, 실생활에서 배운다는 것이 이렇게 힘든 과정일 줄 사실 몰랐습니다.

매주 만나 영상 소재 아이디어와 콘티를 짜고 촬영을 하고 편집하여 유튜브에 올리는 데까지 매우 많은 시간과 노력이 쓰였습니다. 아이디어가 나오지 않아 끙끙 앓기도 하고 촬영이 맘처럼 되지 않아 많이 좌절하였습니다. 특히 정치외교 전공생들인 우리가 하나의 영상을 제작하는 데 수많은 문제와 한계가 있었습니다.

영상을 유튜브에 업로드하는 데 성공할 수 있었던 이유는 팀원들 덕분입니다. 각자가 맡은 일을 각자의 위치에서 묵묵히 한 덕에 다행히 한 학기가 마무리되었던 것 같습니다. 그 과정에서 많이 배웠습니다. 북한이탈주민을 직접 섭외하여 인터뷰를 짜고 이야기를 들으며 많이 배웠습니다. 책에서는 알 수 없는 생생한 얘기를 들으며 평소 남북문제에 관심을 가지고 있다고 생각했던 나를 되돌아보고 발전할 수 있었습니다. 우리의 영상 활동이 계속 북한이탈주민과 우리의 연결고리를 위해 좋은 이음새 역할을 할 수 있도록 계속 다붓다붓 활동을 이어가고 싶습니다.

김지선

'다붓다붓'은 애증의 대상이다. 새로운 영상을 위해서 매주 만나 끊임없이 새로운 아이디어를 제시해야 했던 것, 노력에 비해 기대했던 결과가 나오지 않았던 것은 정신적으로 힘든 일이었다. 많은 고민을 하고 많은 시간과 비용을 투자해야 하는 것이 스트레스로 다가왔던 것이다. 하지만 되돌아보면, 그 과정들이 잊지 못할 특별한 경험을 선사해주었다. 북한이탈주민을 직접 섭외하여 만나고, 콘티를 짜는 것부터, 촬영, 편집까지 직접 해볼 수 있었다. 직접 쓴 대본이 촬영으로 이어지고 영상으로 남겨지는 과정이 뿌듯하기도 하고 신기하기도 했다. 이런 좋은 활동을 쉽게 경험하지 못한다는 것을 알기에, 힘들었지만 그만큼 정이 든 '다붓다붓'이 된 것 같다.

이 프로젝트를 하면서 북한이탈주민을 직접 만나보는 것이 중요하다는 것을 느꼈다. 그동안 미디어를 통해 만날 수 있는 북한이탈주민보다 더 다양한 모습들을 볼 수 있었기 때문이다. 북한이탈주민을 섭외하는 과정은 그분들이 어떤 일을, 어떤 생각을 가지고 하는지 알 수 있는 좋은 기회가 되었다. 많은 북한이탈주민들은 자신들에 대한 사회적 편견을 스스로가 깨려는 노력을 하고, 통일을 위한 중요한 인력이 될 수 있다고 생각한다. 스스로가 노력하고, 스스로의 가치를 느끼며 한국사회에 동화되려는 모습을 느낄 수 있었다. 이런 모습을 보면 한국사회가 얼마나 그들에게 관심이 없었는지, 그들에 대한 색안경이 얼마나 두꺼웠는지 깨달을 수 있었다. '다붓다붓'이 이런 사회를 변화시키고자 하는 노력의 일환이었다는 것 자체가 굉장히 의미 있는 일이었다고 생각한다. 또 우리와 같이 이러한 노력을 해왔던 사람들을 만나보면서, 한국사회도 변화하고 통일도 가까워질 것이라는 희망도 갖게 되었다.

이은수

'우리, 잘 할 수 있을까?' 프로젝트 처음부터 한 학기가 마무리될 때까지, 마음속에는 항상 막연함이 자리하고 있었습니다. 우리는 모두 처음이었기에, 모든 것이 불안정하게 느껴졌습니다. 처음으로 경험한 필드 스터디는 책 속에 갇힌 수업에서 탈피한 말 그대로 '현장'에서 발로 뛰는 수업이었습니다. 처음이니만큼 부족한 점도 많았고, 프로젝트 설계부터 진행까지 스스로의 힘으로 해야 한다는 것이 힘겹게 느껴졌습니다. 어떤 주제를 해야 할까 정하는 데에만 여덟 시간 동안 토의하기도 하고, 토의한 내용이 한순간에 무너지기도 하고. 한 분을 몇 주간 힘겹게 섭외했다가, 당일에 약속이 무너지기도 하고. 갑작스러운 섭외에 도전하고, 처음으로 영상 촬영과 영상 편집에 도전하고… 모든 것이 도전이었기에 우리는 쉴 수 없었습니다. 수업이 끝나고 조원들은 시간이 될 때마다 만났고, 주말에도 학교에 나오며 바쁜 학기 중 열정을 오롯이 쏟았습니다. 계획처럼 일이 되지 않을 때, 마음은 급하고 하고 싶은 것은 많은데 능력이 따라주지 않을 때 가장 속상했습니다. 그러나 포기하지 않았습니다. 할 수 있을까?라는 막연함이 올라올 때마다, 조원들과 함께 서로를 다독이고, "괜찮아, 다시 하자, 할 수 있어"라고 말했습니다. 조원들과 함께했기에, 힘든 시간도 웃으며 넘길 수 있었습니다. 모든 것이 도전이었던 이번 프로젝트는 초반 계획했던 구독자 수를 달성하며 한 학기를 마무리했습니다. 쉴 새 없이 지나갔던 지난 한 학기를 돌아보면 힘들었지만, 부딪히고 깨지며 그만큼 단단해졌음을 느낍니다. 우리는 이제 도전할 수 있는 용기와, 새로운 길을 개척할 수 있는 능력을 가지게 되었습니다. 우리들의 성장과 더해진 다봇다봇의 미래가 기대됩니다. 끝으로 새로운 도전을 할 수 있는 자리를 만들어주신 이재묵 교수님과, 처음부터 끝까지 열의를 다해 도움과 조언을 주신 송샘 조교님, 그리고 생각만 해도 뭉클할 정도로 누구 하나 최선을 다하지 않은 사람이 없는 우리 조원들에게 감사의 말을 전하며 이 글을 마칩니다.

이승비

참 적성에 맞지 않는다고 생각한 전공에서 <정치학과 현장학습>이라는 신설 강의를 듣게 되었다. 솔직히 말하자면 번거로운 시험

없이 전공학점을 채울 수 있다는 사실에 설렜다. 북한이탈주민 2조가 된 것도 우연이었다. 마침 수업 오리엔테이션 며칠 전 북한 다큐멘터리를 봐서 고민 없이 북한이탈주민에 체크했고, 내 기억에는 없지만 조장 희망 신청까지 하게 되어 연준 선배, 그리고 은수, 지선, 민지와 함께 북한이탈주민 2조가 되었다. 모든 조가 그랬겠지만 주제 선정부터 참 어려웠다. 우연히 북한이탈주민 조를 맡게 되었지만 우리가 가지고 있는 북한, 그리고 북한이탈주민에 대한 지식은 거의 없었고 어디에서 연구 도움을 얻어야 할지 짐작이 가지 않았기 때문이다. 하지만 우연히, 그리고 조원들과 조교님의 노력으로 프로젝트를 하나씩 기획하고 만들어낼 수 있었다. 의욕만큼 프로젝트가 진행되지 않을 때, 나름대로 공들여 섭외했던 분이 갑작스럽게 촬영을 하지 못할 것 같다고 할 때 난생처음 겪어보는 위기상황에 당황하기도 했지만 언제 다시 이런 경험을 해볼까 싶다. 분명한 건 친구들에게 자랑스럽게 경험을 늘어놓을 정도로 북한이탈주민의 이야기를 듣게 되었고, 전혀 무지했던 그들의 삶을 조금이라도 알게 되었다는 것이다. 한 학기 프로젝트는 끝났지만 될 수 있으면 다붓다붓을 더 이어나가고 싶다. 가벼운 생각으로 들은 강의였지만 한 학기 내내, 그리고 나중에도 가장 먼저 생각날 정도로 조원들 모두의 노력으로 탄생한 다붓다붓의 영상들이 뿌듯하다. 고생하셨습니다!

　다붓다붓은 우리의 작은 움직임이 많은 사람들에게 알려져서, 많은 이들의 마음을 움직이게 만들고 밝은 미래에 남북한이 한반도에서 '여럿이 다 매우 가깝게 붙어 있는 모양'으로 행복하게 지내는 모습을 꿈꾸며 이 장을 마무리한다.

3장

귀환 중국동포
프로젝트

책임 조교: 송샘

대림동에 꿈을 더하다
- 중국동포 거버넌스 및 정치참여 사례연구 르포
〈포동포동〉

(김건휘 · 서병일 · 이지은 · 유안유)

들어가며 - 기획의도 및 팀 소개

편견과 두려움을 넘어
포동포동
중국동포 거버넌스 사례연구 프로젝트

우리는 한국외국어대학교 정치외교학과에 새로이 개설된 '정치학과 현장학습'에서 중국동포의 조사를 맡아 프로젝트 팀을 결성하였다. 처음부터 대단한 목표가 있는 것은 아니었다. 누군가는 비교적 집에서 가까운 대림동이 궁금해서, 누군가는 이중전공으로 중국어를 하기에 친숙한 느낌이 들어서, 누군가는 중국에서 온 유학생이었기에 보다 친숙하게 다가갈 수 있을 것이란 생각에, 이도저도 아니지만 그냥 단순히 흥미를 느껴서 합류한 학생들도 있었다. 제각기 시작점은 달랐지만 공교롭게도 네 명의 팀원들은 중국동포들이 어떻게 시민사회를 이루고 있는지에 대해 상당한 관심을 가지고 있었다. 이에 우리는 '중국동포 거버넌스 사례 연구'로 초점을 맞추고 방향을 발전시켜 나가기 시작했다. 이렇게 정립한 우리의 연구목표는 중국동포 정치세력화의 실태를 파악해 나아가 그 개선방안을 강구하는 것이었다.

"어떻게, 중국동포 거버넌스를 연구할 것인가?"

이를 위해 우리는 '중국동포' 개개인들의 생활양상을 넘어 그들이 조직한 시민단체들, 민과 관이 협치한 거버넌스 사례를 직접 눈으로 보며 관찰·탐구하였다. 이는 시민(단체) 참여 양식으로서의 거버넌스로, '제도화된 정책협의'에 해당된다.[14] 우리는 지역자치단체와 시민단체가 함께하는 특이 거버넌스 사례를 조망함으로써 진정한 시민사회의 활성화 방안을 모색할 수 있으리라 기대했다. 이에 우리가 초기에 설정한 목표는 다음으로 압축할 수 있다.

1) 서남권민관협의체 및 다른 중국동포 관련 시민단체들과의 면대면 만남
2) 중국동포의 정치세력화 실태 파악 및 개선방안 강구
3) 지역자치단체와 시민단체가 함께하는 특이 거버넌스 사례 조망
4) 진정한 시민사회의 활성화 방안 모색

---

14) 황태연(2015), "한국 시민단체의 거버넌스 인식", 『한국행정학회 학술발표논문집』, p.156.

그러나 후술할 이유들로 인해 초기 기획의도에서 가장 큰 축을 차지했던 서남권민관협의체를 연구하는 것은 불가능해졌다. 한편, 연구대상이 중국동포인 만큼 그 호칭에 대해서도 의견이 분분하다. 아마 대부분의 사람들에겐 조선족이라는 용어가 더 친숙할 것이다. 그러나 그들은 조선족이라는 말에 반감을 표하며 자신들을 '동포'라는 정체성이 부각되는 '중국동포'로 불러달라고 주장하였다.

그들의 바람이 이뤄진 것인지, 서울시가 2018년 4월 16일 '국어 바르게 쓰기 위원회' 심의를 거쳐 조선족을 포함한 13개의 행정 용어를 순화하기로 결정하였다. 앞으로 공공기관의 공문서에선 이들을 조선족이 아닌 중국동포라 칭하는 것이다. 그래서 우리는 동포라는 단어를 살짝 바꾼 '포동포동'을 메인 프로젝트명으로 결정하였다. 그들의 바람대로 동포의식이 '포동포동' 살쪘으면 하는 바람이었다.

연구대상 및 특성

이번 프로젝트에서 우리 팀 <포동포동>의 주 연구대상은 **대한민국에 거주하고 있는 중국동포**들이었다. 먼저 중국동포들이 어떻게 생겨났는지, 그들의 정체성과 역사에 대해 간단히 언급을 해야 할 것이다. 이들은 일제강점기 시절 억압을 피해 러시아와 중국 등지로 이주하여 정착한 한국인들의 후손이다. 특히 독립 운동가들의 후손이라는 정체성은 이들에게 굉장히 중요하게 자리 잡혀 있는데, 실제로 우리는 이후 이뤄진 현장조사에서 **'일제강점기에 독립운동 활동의 기반을 만들어주었던 우리 민족의 후손들로 대한민국의 민**

주주의와 국가발전을 위해서 헌신하는 사람들이 중국동포'라고 명시되어 있는 홍보물을 다수 관찰할 수 있었다. 세간에 퍼져 있는 '조선족의 국가 정체성은 중국이며, 한국에 건너온 것은 어쩔 수 없는 경제적인 이유 때문'이라는 식의 인식을 고려할 때, 생각할 거리를 던져주는 대목이다.

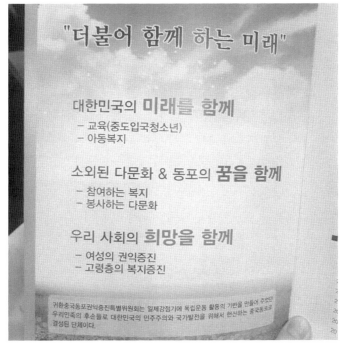

<그림 1> 더불어민주당 '귀환중국동포권익증진특별위원회'에서 배부하는 팸플릿

이들은 1980년대 후반, 취업 및 친지방문의 명목으로 한국 정부의 여행증명서를 발급받아 한국으로 돌아오기 시작했다. 이후 1990년, 불법체류가 증가하자 한국 정부는 초청 허가제도를 폐지했으며

이들을 '중국 국적의 외국인'으로 재규정하고 제한 입국정책을 실시했다. 이런 흐름은 1992년 한-중 수교가 이뤄지고, 1993년에는 '외국인산업연수생제도'가 도입되는 등 긍정적인 기류를 타고 이어졌다. 2000년에는 재외동포법이 실시되어 중국동포들은 비로소 민족담론의 대상으로 편입될 수 있었다. 2005년에는 재외동포법이 개정되었고, 합법적 체류자격을 획득한 중국동포들이 권익단체를 조직하여 활동을 시작하는 계기가 되었다.

출입국 외국인정책본부의 이민정보과에 따르면, 2018년 2월 기준으로 중국 국적을 가진 체류 외국인은 약 100만 명에 달한다. 이들 모두가 우리 연구에서 규정짓는 '중국동포'는 아니지만 한국사회에서 이들이 차지하는 비중을 간접적으로 체감하기에는 충분한 수치다. 이뿐만이 아니다. KOSIS의 통계에 따르면, 중국동포 남성 결혼이민자 시민단체 가입률은 약 0.9%, 중국동포 여성 결혼이민자 시민단체 가입률은 약 2.2%였다. 얼핏 생각하면 낮은 비율 같지만 우리 사회에서 일반적으로 시민단체에 가입하여 활동하는 비율이 어느 정도인지 생각해보면 결코 무시할 만한 숫자가 아니라는 것을 알 수 있다. 이 외에도 통계에 직접적으로 잡히지 않는 활동인력이 있을 것이라는 데까지 생각이 미쳤고, **중국동포 거버넌스 및 정치참여 사례연구**'라는 연구의 목적이 어느 정도 의미를 가질 수 있다는 잠정적 결론을 내렸다.

이를 토대로 우리 팀은 중국동포지원센터, CK여성위원회, 그리고 더 나아가 서남권민관협의체라는 민-관 거버넌스 성공사례를 집중적으로 조망하려 계획했다. 그러나 여러 현실적인 제약이 따라왔다. 먼저 6.13 지방선거라는 민감한 이슈가 가장 큰 문제였다. 아직까지 우리 사회에서 중국동포는 '조선족'이라는 이름으로 통하며, 조선족에 대한 인식은 여전히 부정적이다. 영화 <청년경찰>처럼 장기매매를 떠올리는 사람들이 대부분이었다. 당연히 정치적으로 민감한 사안일 수밖에 없었고, 올 상반기에 열렸어야 할 '**서남권민관협의체 정기회의**'가 지방선거를 앞두고 열리지 않게 되었다. 커다란 장벽에 가로막혀 버린 셈이었다. 이 때문에 취재가 예상만큼 녹록지 않았다.

이에 초기의 계획에서 다소 방향을 바꿔 중국동포지원센터와 중국동포들의 정치 세력화를 이끌고 있는 단체와 인물 중심으로 연구의 초점이 좁혀졌다. 다행히 연구대상에 대한 접촉은 어렵지 않았다. 중국동포 내부에도 경제적 수준이나 정치성향, 국적 취득 여부에 따라 다양한 정치적 태도를 가지고 있다. 하지만 정치적 성향이 분명한 특정 단체에만 집중하여 일반 중국동포의 생각과 의견을 알아보는 일에 소홀하지 않았나 하는 아쉬움이 든다. 박옥선 대표의 말을 인용하면 중국동포의 특성은 다른 다문화집단보다 비교적 명확하다. 한국인의 피가 흐르고, 우리가 적어도 관심을 가지고 보아야 할 민족의 역사란 것이다. 다만 현재 한국에서 그들의 민족주의적 주장이 얼마나 국민의 지지를 받을지는 미지수이다.

이번 프로젝트를 진행하며 느낀 중국동포의 가장 주목할 특성은 인구수와 실제 정당을 바탕으로 규모 있게 조직된 하나의 이익집단을 이루고 있다는 점이다.

중국동포 거버넌스 및 정치참여 사례연구

<표 1> 팀 <포동포동> 현장 연구 타임라인

프로젝트	연구주제	설명
1주 차	중국동포지원센터 (3월 26일)	① 센터장님과 중국동포 관련 현재 전반적 상황에 대해 이야기 나누기 ② 20대 총선서 더불어민주당 비례대표 31번 후보자 박옥선 씨와의 만남
2주 차	CK여성위원회 (3월 31일)	① 현 CK여성위원회 대표 이미화 씨와 만남 ② 대림동 스케치- 대동초등학교를 중심으로
3주 차	더불어민주당 귀한중국동포권익증진특별위원회 <2018 지방선거 전진대회> (4월 6일)	지방선거 승리를 위한 위원회 선언/위원회 요구안 전달식/정당발전 공로상 수여식/위원회 전진 퍼포먼스 참관&관찰
4주 차	한국외대 다문화 인사 초청강연 (4월 11일)	박옥선 대표가 한국외대에 방문하여 중국동포들이 겪는 어려움과 앞으로 나아가야 할 방향 (동포청 설립)에 대해 강연을 했다.
X	서남권 민관협의체 회의 결렬	2018년 상반기 서남권협의체가 열리지 않음.
5주 차	바른정책연구소 부소장 인터뷰 (4월 24일)	대한민국의 다른 정당에서는 어떤 방식으로 중국동포들을 대하고 있는지 탐구하려는 시도였음.
6주 차	6.13 지방선거 모의투표 캠페인 (4월 28일)	대림역 인근에서 선거독려 캠페인을 진행한 후 골목골목으로 들어가 상점과 학교들이 몰려 있는 길거리에서 모의투표를 시행하였다.
7주 차	중국동포지원센터 간담회 (5월 11일)	이제까지의 프로젝트 내용을 바탕으로 중국동포 인식 개선 방향에 대해 이야기를 나누었다.

1. 1회 차 연구: 중국동포 지원센터

누가?: 팀 포동포동(김건휘, 서병일, 이지은, 유안유)

언제?: 2018. 3. 25. 12:00~17:00

어디서?: 서울특별시 구로구 디지털로30길 중국동포지원센터

무엇을?: 중국동포지원센터장과 박옥선 대표와의 인터뷰를

어떻게?, 왜?: 중국동포지원센터에서 만남을 통해 이뤄내었는데, 이는 중국동포들의 거버넌스 사례 연구를 하기 위한 기본적인 정보들을 얻고 이후 조사의 밑그림을 그리기 위함이었다.

중국동포세력화의 중심 구로에 가다

　첫 현장방문지를 구로구에 위치한 중국동포지원센터로 결정했다. 학부 조교의 도움을 받아 비교적 수월하게 취재 대상을 선정할 수 있었다. 덕분에 첫 조사부터 중국동포사회에서 정치적으로 영향력이 가장 크다는 중국동포지원센터 박옥선 대표를 만났다. 박옥선 대표는 지난 20대 총선에서 더불어민주당 비례대표 31번째 후보였다. 3월 26일 일요일 오후, 미세먼지 때문에 한 치 앞을 내다볼 수 없는 구로디지털단지에 도착했다. 근처에 입주한 회사를 대상으로 한 상권이 형성된 곳이었다. 건물들이 듬성듬성 소박하게 자리 잡은 이문동에 익숙해진 우리는 업무용 고층건물이 빼곡히 들어선 풍경이 신기했다. 직장인들이 출근을 하지 않는 일요일이라 그런지 구로 비즈니스 타운에 널려 있는 카페 중 문을 연 곳이 없었다. 낯선 장소에서 우리는 졸리고 지친 상태로 중국동포지원센터로 발걸음을 옮겼다.

<그림 2> 서울특별시 구로구에 위치한 중국동포지원센터

도착해보니 사무실 분위기가 굉장히 어수선했다. 바로 옆 칸에서 확장공사가 이뤄지던 탓에 각종 건설자재가 널브러져 있었으며, 들리는 건 오직 망치와 드릴 소리였다. 문을 열고 들어가니 중년의 한국인 팀장이 친근하게 맞아주었다. 서남권글로벌센터 생활지원팀에서 이직하였다고 자신을 소개한 뒤 한 시간 전만 해도 50명 가까이 되는 인원이 교육을 받고 있었다는 말을 덧붙였다. 실제로 한쪽에 따로 마련된 교실에서는 컴퓨터 수업이 한창이었다. 중국동포지원센터의 업무 중에 중국동포들의 재사회화 교육이 포함되어 있다고 했다. 정부기관에서의 경력을 바탕으로 중국동포 관련 실태에 대해 상세히 설명하였다. 중국동포지원센터가 진행하고 있는 사업과 그 의의 그리고 사업규모 등에 관해 자세히 들을 수 있었다. 하지만 우리가 가장 궁금한 것은 따로 있었다.

> "저… 뭐라고 말을 해야 하나요? 조선족이라면 당연히 싫어하실 테고, 저희가 처음 시작할 때 재중동포라는 용어를 사용했거든요."

> "**중국동포**라고 부르시는 게 가장 좋아요. 재중동포라는 말도 그렇게 좋아하지는 않습니다. 그리고 재중동포라는 말은, 중국에 현재 거주하고 있다는 것처럼 들리는데 그 용어는 현재 한국에 몸담고 있는 수많은 중국동포들을 포괄할 수가 없는 용어거든요. 조선족은 절대 사용하시지 않는 게 좋고, 중국동포라고 불러주시면 좋겠습니다."

팀장님이 살포시 웃으시며, 우리의 용어 사용에 대한 궁금증을 이렇게 확실히 정리해주었다. 중국동포가 한국에 정착할 때 가지게 되는 가장 큰 고민은 **'자녀교육'**으로 동포세대마다 각기 다른 수준의 한국어 능력을 가지고 있다는 점을 들었다. 재미동포의 경우에

도 1세대, 2세대, 3세대가 모두 다른 모습을 가지고 있듯 중국동포
도 마찬가지라고 하였다. 한국말을 모국어로 사용하는 1세대와 그
영향을 받아 매우 능숙하게 한국어를 구사하는 동포 2세대와 달리
다수의 동포 3세들은 한족학교에서 교육을 받아 한국말을 하지 못
하는 경우가 많다. 하지만 귀환중국동포가 주로 거주하는 지역 일
반학교에는 이들을 위한 한국어 기초교육 프로그램이 없어 중도 입
국한 중국동포 3세대의 한국 적응이 어려운 상황이다.

<표 2> 중국동포 세대별 직업·정체성·교육수준·세력화 정도

	직업	정체성	교육수준	집단화(세력화)
1세대	농민	동포	초등학교 졸업	X
2세대	요식업, 건설업, 관광업 등	외국인	중.고등학교 졸업 (조선족학교)	스포츠단체, 봉사, 여성단체
3세대	.	혼란	중.고등학교 졸업 (한족학교)	X

그다음으로 겪는 어려움으로 한국사회에 뿌리를 내리기 위해서
는 필수적인 비자와 영주권 문제를 들었다. 한국사회에서 외국인을
대상으로 한 비자의 종류는 크게 4가지로 나뉜다. 일명 '씨쓰리팔'
로 불리는 3개월짜리 단기방문비자 C-3-8이 있다. 방문취업비자인
H-2비자는 주로 건설업 현장노무직 종사자가 많으며, 학원을 다니
며 취득하고 있다. 하지만 할 수 있는 일이 노무직으로 한정되기
때문에 H2비자만으로는 한국사회에 성공적으로 정착하기 힘들다.
F-4비자와 영주권을 부여하는 F-5비자가 있다. 이를 취득하기 위해

중국동포들이 한국에서 실제 종사하는 업종과 무관한 국가자격증 취득이 필수적이다. 당장의 생계를 꾸려나가기에도 바쁜데, 영주권을 따기 위해 자신과 전혀 관련이 없는 제3의 자격증을 따야 하는 경우가 빈번하다는 사례를 들며 명문화되어 있는 제도와 실제 중국동포들의 삶과는 괴리가 매우 크다는 지적을 덧붙였다.

<표 3> 중국동포 비자 형태

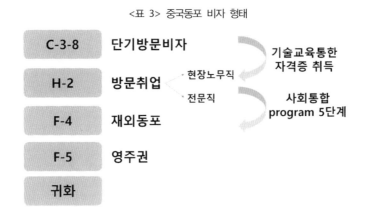

이윽고 오랜 기다림 끝에 드디어 박옥선 대표와의 만남이 성사되었다.

박옥선 대표는 주요정당의 비례대표 후보였던 만큼 유려한 말솜씨를 보였다. 무려 40분 동안 대표의 인생사를 들었다. 흡사 '박옥선 연대기'가 아닐까 싶을 정도로 긴 여정이었다. 특히 한국정착기가 흥미로웠다. 중국동포에 대해 가지고 있던 선입견과 달리 박옥선 대표는 한국에 정착하여 경제적으로 성공한 사업가였다. 한국사회에 정착하며 그 과정에서 쌓은 부를 바탕으로 중국동포들의 권익증진을 위해 노력하고 있었다. 동포라는 단어를 줄곧 고수하며 말

하는 그의 강의에서 자신의 준거집단이자 내집단인 중국동포에 대한 그녀의 관심과 사랑이 매우 크다는 것을 알 수 있었다. 방송과 영화에서 중국동포를 부정적으로 묘사하고 왜곡하는 사례에 대응하려고 적극적으로 활동하고 있었다. 특히 <청년경찰> 제작진에게 소송을 걸었다는 이야기를 들으며 중국동포들의 정치세력화 및 인식개선을 동시에 도모하려는 그의 노력을 확인할 수 있었다.

80만 중국동포들의 목소리를 대변하기 위해 정치권 진출에 도전하는 박옥선 대표는 일반적인 중국동포와는 삶의 결이 많이 다른 사람이었다. 웬만한 한국인들은 명함도 못 내밀 만큼 축적한 재력이 일반 중국동포와의 첫 번째 차이점이다. 그리고 중국에서 대학교육까지 마쳤기 때문에 교육수준도 우리가 흔히 생각하는 '조선족' 이미지와는 달랐다. 한국사회에서 중국동포 하면 바로 떠올리는 이미지는 제조업장과 건설업장의 노동자와 식당에서 주문을 받는 서비스업 종사자가 대부분이다. 하지만 박옥선 대표는 초등학교 교사, 지역신문사 기자, 사업가라는 다양하고도 화려한 커리어를 보유하고 있었다. 그뿐만 아니라 지난 2016년의 총선에서는 더불어민주당의 비례대표 순번을 받을 정도로 정치적 영향력도 갖추고 있다. 현재도 더불어민주당 산하 '귀환중국동포 권익증진특별위원회'의 장을 맡아 중국동포의 정치세력화를 주도하는 인물이다. 일선에서 고군분투하고 있는 입지전적 인물이기에 바로 한계를 논하는 것은 다소 무리가 있겠지만 그럼에도 박옥선 대표의 활동이 중국동포 사회 전반의 지지를 얻고 있는지, 확장성이 있는지에 대해서는 추후 고민과 조사가 더 필요할 것이라는 판단이 들었다.

한편, 대한민국과 귀환중국동포의 관계설정에 있어 박옥선 대표와 조원 일부의 생각이 매우 달랐다. 박옥선 대표는 중국동포가 대한민국의 독립을 위해 투쟁한 독립투사들의 자손이기에, 다른 다문화 구성원과 다른 차별화된 지원이 필요하다고 주장하고 있다.

"어째서 중국동포가 다른 다문화 구성원들보다 우대를 받아야 하나요?"
"동포니까요. 다른 이유는 없습니다. 그냥 동포기 때문입니다."

박옥선 대표 본인은 굉장히 확신에 차 있었지만, 중국동포들에 대해 충분한 공감을 아직 형성하지 못한 상황에 이는 일종의 '순환논증의 오류'처럼 들리기도 했다. 다문화사회의 구성원인 것은 똑같은데 어째서 중국동포만 특별대우를 받기 원하는지 이해하기 어려웠다. 우리사회의 젊은 세대가 쉽게 공감하기 힘든 '민족성'이라는 가치에만 집중하는 것이 과연 올바른 접근법일지에 대한 회의도

들었다. 민족성을 강조한다고 해도 오히려 이는 역효과로 이어질 수 있다. 실제로 인터넷상에서 '조선족'들에 대해 가해지는 가장 큰 비난 중 하나는 '그들의 준거집단은 중국이며, 중국인이라는 의식을 가지고 있다'는 내용이다.

해방 후 70년이 지난 지금도 중국동포들이 자신의 국가 정체성을 '한국'으로 인지하고 있을까에 대한 의문이 들었다. 언론에서 접하던 중국동포들은 본인의 국가 정체성을 중국으로 생각하는 경우가 대부분이었다. 이런 상황에 "왜 중국동포를 다른 다문화 구성원에 비해 더 우대해야 하는 것일까?" 하는 질문이 계속 맴돌았다. 다시 한번 이에 대한 질문을 던졌지만, 대답은 비슷하게 돌아왔다.

**"그냥, 동포입니다. 한국 사람도 중국 사람도 외국 사람도 아닙니다.
우리는 그냥 동포입니다."**

이미 한국 정부에서도 다문화가정 혹은 외국인에 대한 정책이 나오고 있는 상황이다. 이러한 정책결정 과정에 세력화된 중국동포가 자신들의 요구를 반영할 수 있다고 생각한다. 그들도 이를 충분히 인지함에 박옥선 대표를 필두로 정치세력화를 추구하고 있는 것을 볼 수 있었다. 한국으로 귀환한 중국동포가 증가하는 상황에 갈등을 제도화하는 것이 필요하다는 점에 동의한다. 하지만 갈등을 제도화하는 것이 현재 다문화정책이 공통적으로 가지고 있는 수혜 위주의 지원책으로 가능하다고 생각하지 않는다.

첫 필드 스터디였지만 많은 성과를 거둘 수 있었다. 이 만남으로 우리 조는 중국동포에 대한 기본적인 지식과 중국동포 정치세력화

의 수장 격인 박옥선 대표가 추구하고자 하는 정치적 이상에 대해
알 수 있었다. 또한 이들이 앞으로 발전시켜 나갈 정치 거버넌스와
그 목표에 대해서도 대략적인 모습을 확인할 수 있었다. 중국동포
지원센터와 박옥선 대표, 더불어민주당의 도움을 받아 대표적인 중
국동포 거버넌스와 정치참여 사례를 탐구해나갈 것이다. 가까운 계
획으로는 민-관의 협력이 이루어졌다는 의미를 지니는 **'서남권민관**
협의체', 그리고 중국동포들이 참여하고 있는 각종 시민단체에 대
한 조사를 진행하며 이들이 어떤 방식과 목표를 설정하고, 행하고
있는지 보다 면밀히 살펴볼 것이다.

2. 2차 현장 탐구: CK여성위원회

누가?: 팀 포동포동(김건휘, 이지은)
언제?: 2018. 3. 31. 토요일 09:00~12:00
어디서?: 서울특별시 구로구 디지털로30길 중국동포지원센터, 그리고 대림동 일대
무엇을?: CK여성위원회 이미화 대표와의 만남 및 인터뷰를
어떻게?, 왜?: 전화로 약속을 잡고 직접 센터에 방문하는 방식으로 이뤄졌다. 실제로 중국동포들이 시민단체 활동을 취재하고 이것이 거버넌스로 연결되고 있는지를 탐구하기 위함이었다.

꼭 일주일 만에 다시 구로디지털단지에 방문하였다. 지난 첫 현장방문조사를 통해 예상보다 중국동보단체 활동이 활발하다는 사실을 알게 되었다. 중국동포지원센터를 통해 다른 중국단체 연락처를 확보하여 다른 단체에도 연락을 시도하였다. 기대와 달리 이미 없는 번호라는 안내가 나오기도 하고 신호는 계속 가지만 아무리 전화를 해도 응답할 기미가 없는 경우도 빈번했다. 그러던 중 어렵게 CK여성위원회라는 단체와 연락을 취하는 데 성공하였다. 이미 여러 번 좌절을 겪던 중이라 굉장히 반가웠다. 그동안 책과 논문에 의존한 공부에만 익숙하다 프로젝트에 새롭게 도전하다 보니 미숙한 부분이 많았다. 프로젝트 기획부터 취재 섭외, 현장 취재, 캠페인까지 직접 진행하며 시간과 예산 제약에 시달리기도 하였다. 현장학습은 거절당하는 일부터 시작된다는 이야기도 있었지만 직접 경험하며 예상보다 힘든 일이 많았다. 섭외하는 일부터 쉽지 않았고 취재약속을 하였지만 약속과 다르게 진행되는 경우도 많았고 약속을 일방적으로 취소하기도 하였다. 섭외 거절에 지쳐갈 때 다행히 적당한 시점에 새로운 단체를 섭외할 수 있었다. 전화기 너머의

목소리는 본인을 CK여성위원회의 이미화 대표라고 소개하였다. 스케줄 때문에 주말 아침시간이 아니면 따로 만나기 어렵다며 시간이 괜찮다면 토요일 오전에 볼 수 있으면 좋겠다는 말을 전해왔다. 취재 협조를 구하는 입장이었기 때문에 기꺼이 그러겠다고 답했다.

저번 주와 마찬가지로 주말 아침의 구로디지털단지는 한산했다. 대림동에 아직 익숙하지 않을 우리를 위해 이미화 대표는 약속장소를 이미 한 번 방문한 적 있는 중국동포지원센터로 잡았다. 사무실에 들어가 기다린 지 얼마 되지 않아 CK여성위원회의 이미화 대표가 모습을 드러냈다. 한눈에 봐도 매우 피곤해 보이는 행색이었다. 한국외대 학생들이라는 소개를 하면서 간단히 통성명을 했다. 어색함을 느낄 틈도 없이 이미화 대표가 먼저 인사하였다.

> "안녕하세요. CK여성위원회의 이미화입니다. 저희 단체에서 사실 토요일마다 댄스교실을 열거든요. 그게 끝나면 바로 또 봉사하러 가야 하는데, 그 전에 제가 운영하는 가게 일을 좀 보고 가야 할 것 같아서 스케줄이 빡빡해요. 아침에 불러서 미안한데 양해해주면 고맙겠어요."

간단한 인사말에서부터 몇 가지 내용들이 유추가 가능했다. 먼저, 이 단체는 우리가 초기 연구단계에서 목적으로 잡은 '중국동포들의 정치참여 및 거버넌스'에 완벽히 부합하는 사례는 아니라는 점, 시민단체의 대표를 맡고 있지만 본업은 장사라는 점, 여러 스케줄이 물려 있는 와중에도 봉사활동을 하고 있다는 점, 궁금한 것들이 많아졌다. 인터뷰를 바로 진행하였다.

인터뷰어: 팀 포동포동(김건휘, 이지은)
인터뷰이: 이미화(CK여성위원회 대표)

Q: 안녕하세요. 간단히 본인소개 부탁드립니다.

A: 안녕하세요. 저는 CK여성위원회에서 회장을 맡고 있는 이미화입니다. 2년의 임기 동안 회장직을 수행하고 있습니다.

Q: 한국에 들어오시기 전에는 어떻게 살아오셨는지 말씀해주세요.

A: 이전이요? 꽤 다사다난한데요(웃음). 1995년도에 한국으로 처음 들어왔어요. 그 전에는 중국에서 유치원 원장을 2년 정도 하다가 나왔네요. 나와서… 고생을 많이 했죠. 주로 요식업에 많이 종사했어요. 대표적으로 양꼬치집이나 중국식당들이요. 지금도 음식점을 운영하고 있습니다.

Q: 현재 CK여성위원회라는 시민단체 성격과 대표님의 시민단체 활동에 대해 말씀해주세요.

A: 단체생활은 한마음이라고 부르는 CK여성위원회 산하 소모임부터 시작했어요. CK에서 회원으로 지낸 지는 5년째네요. 처음에는 단출했어요. 6~7명이 시작한 모임이거든요. 그렇게 시작된 소모임이 어느덧 200명 가까운 회원이 모이면서 단체라는 말이 더 어울리는 곳으로 바뀌어나갔습니다. 저는 가게를 하면서 상인회 총무를 맡으면서 계속 단체를 키워나갔고요. 초창기에는 사무총장으로 있었어요. 문예부를 1년 동안 맡았고… 지금의 회장직을 맡기 직전에는 댄스도 가르치고, 공연도 다니고, 봉사도 많이 나갔습니다.

　처음에 말씀드렸다시피 CK에서는 토요일마다 댄스교실을 열어요. 나름의 문화생활이죠. 우리도 단체생활을 계속하려면, 즐길 게 필요하니까요. 이런 식의 소모임이 밑에 꽤 있어요. 지금은 산악회가 제일 활발해요.

　Q: CK여성위원회 산하 소모임 내지는 단체에 대해 더 자세한 말씀 부탁드립니다.

　A: 산하단체는 총 8개고요. 축구/배구/골프/테니스/제기/봉사단 등등이 있는데… 그중에 '한마음'이라는 이름의 봉사단체가 제일 커요. 되게 잘나가거든요 저희. 이제는 명성이라고 하면 좀 거창하지만…(웃음) 아무튼 꽤 유명해져서 서울 이곳저곳에서 봉사요청을 받습니다. 러브콜이라고 할 수도 있겠네요.

저희는 매월 첫째 주 토요일에 장애인센터 봉사를 가요. 주로 장소는 금천구에 위치한 주사랑교회입니다. 장애인들 목욕을 시켜주고, 같이 놀아주는 봉사입니다. 이 외에도 매월 한 번 씩 마포 복지회관에 봉사를 나가고요.

Q: 정말 많은 활동을 하시네요. 특별히 봉사활동에 집중하는 이유는 무엇인가요?

A: 한국사회에서는 교포들만 어울려 다니는 게 좋지 않은 모양새라고 말이 나오더라고요. 교포들만 봉사하다 보니까 우리끼리 사회가 강화된다나요. 그러니까 끼리끼리 논다 이거죠. 한국에 왔으면 한국인들이랑 어울려야 하는데 중국인들끼리 다닌다고… 그러다 보니 아무리 열심히 활동을 해도 남들이 알아주지 않았어요. 그런데 좀 억울하더라고요.

보통 한국사람들, 조선족 어떻게 생각하죠?

(포동포동) 어… 아무래도 좀 부정적으로 생각하죠. 여기에 돈 벌러 와서 혜택만 받고 간다… 이런 인식이 좀 있어요.

(이미화) 네, 맞아요. 그게 참 싫었어요. 우리가 당신들보다 이 사회에 공헌하는 게 더 많으면 많았지, 적지 않을 텐데 왜 그렇게 보는 걸까, 그래서 이제는 좀 활동을 알리려고 합니다.

Q: 봉사나 기부에 따르는 격언으로 '왼손이 하는 일을 오른손이 모르게 하라'…라는 말이 있어서 그러셨던 것 같은데… 이제까지 그런 원칙을 고수하셨지만 앞으로 좀 더 적극적으로 알리실 계획인가요?

A: 네, 맞아요. 우리가 하는 일을 한국동포들도 알아주었으면 좋겠어요. 1365라는 봉사사이트에 저희 봉사실적도 올리고 있어요. 이전에는 당연히 무료봉사기에 실적을 입력하지 않았거든요. 이제는 CK 한마음 회원들에게 아이디를 각각 다 만들어서, 가입을 시키고 실적을 기록하게끔 하고 있어요.

좀 더 자세히 말씀드릴게요. 저희 대림동 청소, 중앙시장 환경미화 봉사 주기적으로 하고 있습니다. 매년 노인복지회관에 설맞이 떡국 봉사도 가고, 서울역 가서 노숙자분들 대상으로 봉사도 해요. 배식하고, 춤추고, 노래하고. 매월 셋째 주 목요일에는 서울복지회관에도 가서 봉사를 하고요. 봉사, 교육복지, 상담… 안 하는 게 없습니다.

Q: CK여성위원회가 정말 많은 활동을 하고 있고, 공익에 보탬이 되는 방향이라는 것은 잘 알겠습니다. 그런데 애초부터 이런 목적으로 설립된 단체였는지가 좀 궁금합니다.

A: 지금은 완전히 봉사단체의 모습을 띠고 있지만… 처음부터 그 목표만을 추구한 것은 아녔어요. 저희 단체명이 무슨 뜻인지 아세요? 처음에는 CHINA-KOREA, 즉 중국과 한국을 잇는 단체가 되겠다고 신청을 했어요. **그런데 중국동포여성단체라는 이유로 허가가 안 나더라고요.** 중국동포라는 명칭을 쓰면 안 된다면서요. 좀 웃기는 점이 다문화는 또 된다 하더라고요. 저는 무슨 차이가 있는지 잘 모르겠지만요. 그래서 그냥 CK의 뜻을 **'CEO-KOREA 단체'**로 바꿨어요.

Q: CHINA라는 이름을 CEO로 바꾼 이유가 있을까요?

A: 보통 중국동포들을 중국인이라고 많이들 생각하시더라고요. 그런데 저희는 좀 달라요. 여기 회원분들, **이제는 한국 국적을 다 가졌고, 평생 여기서 거주를 해야 해요.** 이미 한국사람인데, 굳이 중국이라는 걸 내세울 필요가 있을까요? 다 모국이라 생각하고 봉사도 하며 지내려고 하는 것이고요. 이는 삶의 질을 높이는 일이죠.

Q: 정말 활동을 많이 하시고 계신데요. 이에 대해 200명가량의 회원들이 부담을 느끼시지는 않나요? 아무래도 다들 생업이 있으실 텐데요.

A: 음… 사실 많은 사람들이 생각하는 것과 달리 CEO-KOREA 단체 회원들은 경제적 사정이 괜찮은 편입니다. 저만 해도 가게를 가지고 있고, 건물을 가지고 계신 분들도 있어요. 하지만 저희가 그렇다고 배타적으로, 잘사는 중국동포들만 모여 있는 그런 집단은 아니란 점을 말씀드리고 싶네요. 당연히 하루하루 생계를 꾸려나가는 데 어려움을 느끼는 회원들도 계시죠. 처음에는 회원들이 봉사활동에 부담을 많이 느꼈어요. 그래서 저희 대안이 뭐였는지 아세요?

"최대한 봉사를 많이 잡는 거였습니다!"

좀 의아하실 수 있을 것 같아요. 아니, 봉사가 부담스러운 사람들한테 봉사를 더 많이 계획한다니? 저희의 목적은, CK 회원분들이 최대한 많이 단체에 출석하는 것이었어요. 거의 매주, 매일 봉사가 잡혀 있습니다. 그러다 보니, 편할 때마다 언제든지 나와서 봉사할 수 있었습니다. 바꿔 말하면 봉사활동 때마다 매번 참석할 필요는 없다 보니 더 오히려 자유로운 분위기가 되고 참여율이 높아진 것입니다.

예전에는 교포들이 와서 돈만 벌고, 돈만 본국에 보내고 그러는 삶을 살았어요. 재미없었겠죠? 요즘에는 삶의 질이 향상되어서 동포들도 여기에 어울려서 행사를 하고, 컴퓨터 학원도 수강하고, 무료 한국어, 중국어 수업도 진행합니다. 자녀들 상담도 하고요. 얻어 가는 게 많고 배워 가는 게 많기 때문에… CK가 그런 공간이 되고자 노력하고 있어요. 그리고 CK는 후원을 이곳저곳에서 받기 때문에 그걸로 또 봉사를 하고. 그렇게 좋은 흐름을 이어나가는 거죠.

Q: 본인을 포함해서 CK여성단체 위원분들의 가족들도 다 한국에 계신가요?

A: 네, 일단 저는 부모님과 같이 거주 중이에요. 교포들은 보통 정이 많고 형제간에 우애도 좋아 화목한 편이죠. 그래서 돈을 들여서라도 가족들을 어떻게든 다 데리고 나와서 한국에서 같이 살려고 하는 편이에요.

근데 오히려 단체활동 하느라 가족에 신경 쓸 시간이 많이 없어서 개인적으론 힘들어요. 딸과 놀아줄 시간도 별로 없고… 오죽하면 이런 현상을 개선하기 위해 연말 CK 송년회 때 '모범부모' 표창장을 시상한다니까요.

Q: CK여성위원회 남편분들도 봉사에 많이 참여하는 편인가요?

A: 중국동포들은 여성이 더 활발하고 사회생활을 적극적으로 하려는 경향이 있는 것 같아요. 남편들은 건설현장 같은 힘든 일을 하느라 여유가 없거든요. 여성들이 아무래도 좀 편하기 마련이죠. 각자 쉬는 날도 정해져 있고요.

Q: 그렇군요. 그럼 중국동포들은 보통 어떤 비자로 한국에 체류하나요?

A: 거의 다 F-4비자로 한국에 머무르죠. 혹은 요건을 충족해 영주권을 따거나. 근데 요즘에는 아무래도 여유가 많이 생겨서 중국에 땅과 집이 있는 경우엔 굳이 국적 취득까지는 안 하려는 경우도 종종 있어요.

Q: 한국에서 중국동포에 대한 이미지가 그리 좋지만은 않은데, 봉사단체로서 이에 대해 어떻게 생각하시는지?

A: 현재 영화 <청년경찰> 소송 중에 있어요. 사실 결과는 그리 중요하지 않고, 그렇게 중국동포에 대한 왜곡된 인식을 심어주는 영화를 자주 상영하는 게 기분이 나쁜 거죠. 한두 건의 사건으로 너무 부풀리니까요. 안 그래도 인상이 안 좋은데 이를 고착화시키는 거죠. 그러나 미국을 봐도 알 수 있듯이 이제는 다문화사회잖아요. 잘사는 나라일수록 다문화가 발달하는 거죠. 우리는 서로 소통하고 어울려 살아야 하는데 괴리감을 느끼고 배제하면 사실상 사회에 별로 이익이 되지 않는다고 생각해요.

"저희가 이렇게 봉사를 많이 하고 노력하는 것도 결국 이미지 개선을 위한 거죠"

대림동, 안산 등등에 대한 이미지 개선. 저희가 무섭지 않다는 걸 보여주기 위함이죠. 실제로 중국동포의 범죄율은 오히려 한국사회보다 낮아요. 어느 정도 문화적인 차이가 있는 건 인정해요. 조상들이 건너가 어렵게 살았고, 배운 것도 별로 없는 편이죠. 중국에 살아도 소수민족이고, 이곳에 살아도 다문화가족이고. 어디서나 인정을 못 받고 힘들게 살았죠. 중국에서 학교 다니다가 형편이 어려워져서 그만두고 일을 하고… 그러다가 한국에 오게 돼서 아무래도 문화적인 차이는 존재하죠. 그렇지만 이는 한국에서 오래 살다 보면 충분히 해결될 문제라 생각해요.

황정환(한국경제), "[경찰팀 리포트] 조선족이 도끼 살인? 외국인 범죄의 오해와 진실",
2017, http://news.hankyung.com/article/2017102706261

Q: 중국동포 시민단체 구성원 중 정치에 관심이 있는 사람들이 있나요? 없다면 어떻게 정치참여를 장려하는 편인가요?

A: 원래 교포들 투표율은 거의 없다고 볼 정도로 낮았어요. 그런데 이번 대선에서는 의외로 투표를 많이 했어요. 중국동포 시민단체 단체장이 적극적으로 서로 화합해서 캠페인 한 결과죠. 시민교육 하고, 모의투표 하고, 유권자들에게 투표를 계속 유도했죠. 우리가 지금 한국사회에서 인정받지 못하는 이유가 투표를 안 해서다. 투표를 안 해서 더 자리가 없고, 우리들을 더 인정하지 않아주는 것이라고 설득했죠.

중국동포들은 노무현 정부 때부터 정치에 조금씩 관심 가지기 시작했죠. 노무현 대통령은 교포들 사회에도 자주 얼굴을 비추셨고, 교포들을 위해 많은 정책을 내놓았으니까요. 그분 아니었으면 아무래도 교포들이 지금 여기서 살긴 훨씬 불편했을 거예요.

저희들 중 한 사람이라도, 국회의원이 나온다면 정책이 달라지지 않을까요? 누군가가 저희들을 대표해서 나서야 앞날이 열릴 거라고 생각해요.

Q: 그렇다면 대표님은 중국동포의 투표율이 점차 오를 거라고 보시는 건가요?

A: 네, 오를 거죠. 오를 수밖에 없죠. 점점 정치에 대한 관심이 높아지고 있는 추세니까요. 또한 중국동포들이 단체생활을 많이 하고, 이게 활성화됨에 따라 관심이 더욱 높아지겠죠. 저희 포함 많은 민간 시민단체들이 투표독려를 많이 하고 있어요. 중국동포 행사에는 국회의원들이 와서 투표독려를 하기도 해요.

사실 저도 이번 대선에 처음으로 투표했어요. 중국동포들 중에 이번에 처음 투표한 사람이 엄청 많아요. 아마 거의 다 그랬을 걸요? 이거는 노무현 정부 때의 좋은 기억이 크게 작용하죠. 어쨌든 민주당이니까, 나쁘진 않겠다. 뭐 이런 생각?

Q: 그러면 왜 2012년에는 투표율이 저조했을까요? 달리 특별한 이유가 있을까요?

A: 그때는 저도 정치를 아예 몰랐을 때예요. 5년 사이에 생활이 정말 많이 좋아졌죠. 대림동 같은 경우엔 교포들이 산 빌딩들이 정

말 많아요. 교포들이 직접 사서 운영하는 곳도 많아요. 중국동포들이 한국에 꼭 돈 벌러 오는 건 아니에요. 그냥 내 핏줄, 고향, 모국을 찾아서 오는 거죠.

Q: 그렇군요. 중국동포를 직접 만나며 일반적인 통념과 다른 점을 많이 알게 됩니다. 그렇다면 이미화 씨는 박옥선 씨와 같은 동포관을 갖고 계신가요? 중국동포에 동포애를 바탕으로 한 우대정책을 강조하는 그런… 중국동포분들이 한국정부에 원하는 중국동포 관련 정책의 일반적인 전제라 봐도 무방하다 싶어서요.

A: 일반적으로 다 동의를 하고 넘어가는 부분이죠. 민주당에서도 동포위원회를 설립한 것만 봐도 한국정부의 정책이 많이 좋아진 편이라고 봐야죠.

Q: 시간 내서 인터뷰에 응해주셔서 감사합니다. 마지막으로, 혹시 이미화 대표님은 정계에 진출할 생각은 없으신가요?

A: 저는 노년에 머리 아프지 않고 편하게 살고 싶어요. (하하) 그렇지만 가능성은 열어두죠, 뭐.

CK여성위원회와의 인터뷰는 중국동포에 대한 인식 전환의 기회가 되었다. 그들이 중국동포에 대한 인식개선을 위해 얼마나 노력하고 있는지, 대중매체가 중국동포들을 얼마나 부정적으로 묘사하고 있는지 생각해보는 시간이었다. 시민단체와의 직접적인 인터뷰가 아니었다면 중국동포 봉사단체의 봉사활동도 알기 어려웠을 것이다. 중국동포 거버넌스 사례의 하나인 서남권협의체의 경우, 회의내용이 비공개로 회의록을 확인하기 어렵기 때문에 중국동포단체와 중국동포의 의견과 활동을 파악하기 어렵다. 그리고 민관이 어떻게 협력하고 있는지, 어떤 정책을 구상해가고 있는지 알기 힘들었다. 하지만 두 번째 현장취재를 통해 중국동포의 이익집단화 과정을 보다 직접 관찰할 수 있는 좋은 통로를 알게 되었다. 다음 연구인 더불어민주당의 '귀환중국동포 권익증진특별위원회'가 그것이다.

3. 3회 차 연구: 더불어민주당 귀환중국동포권익증진특별위원회

누가?: 팀 포동포동(김건휘, 서병일, 이지은, 유안유)
언제?: 2018. 4. 6. 09:00~15:00
어디서?: 서울특별시 영등포구 국회의사당 의원회관 대회의실
무엇을?: 더불어민주당 귀환중국동포권익증진특별위원회의 6.13 지방선거 필승 기원 전진대회를
어떻게?, 왜?: 지난 두 차례의 현장 답사를 통해 중국동포 단체와 신뢰를 구축했고, 국회에 와서 전진대회를 참관해도 좋다는 승낙을 받아냈다. 이에 중국동포 정치활동과 정치세력화 사례를 관찰하기 위해 여의도를 찾았다.

예상보다 큰 규모에 놀라며 행사장에 들어갔다. 문화·예술·경제 등 각 분야의 귀환중국동포 관련 단체가 참석하였다. 들어가 보니 당대표 추미애를 비롯한 구로지역구 국회의원 박영선과 이종걸 의원, 노웅래 의원 등 민주당의 핵심 거물급 인사들이 참여해 중국동포들과 덕담을 나누고 있었다. 중국동포권익특위 박옥선 대표 주도로 행사가 진행되었고, 동원된 촬영카메라만 7대였다. 다양한 언론사들이 중국동포의 정치세력화를 카메라에 담기 위해 취재하고 있었다. 국회의원이 얼굴을 비추고 퇴장한 이후 박옥선 대표와 사회자 주도로 민주당 산하 재중동포권익증진특별위원회의 발족을 알렸다. 그리고 중국동포에 대한 차별에 반대하고 권익을 증진시킬 것이며, 대한민국 사회 발전을 위할 것이라는 구호를 외쳤다.

"6.13 지방선거를 향해 전진! 전진! 전진!"

<그림 3> 약 500명의 중국동포들이 모인 전진대회

중국동포는 왜 민주당을 중심으로 정치세력화하고 있는 것일까. 당초 다문화정책을 주도적으로 추진한 정당은 새누리당이었다. 다문화 출신 국회의원 이자스민 의원 역시 새누리당 출신이다. 반면, 중국동포 관련 정책은 더불어민주당이 적극적으로 추진하고 있으며 중국동포를 지지 세력으로 포섭하려 하고 있다. 이미화 CK여성위원회 회장에 따르면, 노무현 대통령 시절 강제추방 대상이던 불법체류 동포의 강제추방을 막고 그들에게 자진출국의 기회를 부여하였다. 그리고 H2방문취업의 기회를 대폭 확장하고 한국에 연고가 있는 중국동포의 귀화를 적극 장려하며 중국동포에게 우호적인 행보를 이어갔다고 한다. 소외받던 중국동포는 이러한 노 대통령의 행보 이후 노무현 대통령을 감정적으로 지지하기 시작하였다. 중국동포가 많이 거주하는 서울 서남권 지역 국회의원이 민주당 소속인 경우가 많다는 것도 영향을 미쳤다. 특히 대림동에서 활동하는 중국동포단체 박옥선 대표가 민주당에 가입하면서 자연스럽게 민주당 중심으로 세력화가 진행되기 시작하였다. 다른 정당은 이러한 시도가 없었는지 궁금해졌다. 바른미래당, 새누리당 관계자에게 확인한 결과 사실상 중국동포 관련 정당 산하 위원회나 당 차원의 전략과 정책은 '없다'는 대답을 들었다.

2018년 6월 13일 지방선거를 앞두고 더불어민주당 산하에 동포권익증진특위가 발족되었다. 귀환중국동포는 한국 다문화사회 구성집단 중 가장 많은 수를 차지하고 있으며 투표가 가능한 유권자 규모도 큰 편이다. 특히 지방선거의 경우, 국적 취득자 외 영주권을 취득한 지 3년 이상 지나면 투표권을 가지기 때문에 중국동포의 표심도 정당에게는 중요하다.

<그림 4> 전진대회에서 받은 슬로건

　행사 당일 민주당 중진의원의 연설에 따르면 19대 대통령 선거에서도 중국동포의 투표권 행사가 유의미한 역할을 하였다고 한다. 앞선 르포에서 밝힌 것처럼 중국동포의 정치적 참여가 늘어남에 따라, 중국동포 역시 적극적으로 정치세력화를 추진하고 있었다.

　전진대회가 끝나고 사진을 찍기 위해 참여하신 중국동포 어르신들의 퇴장을 기다리고 있었다. 그때 약 5명의 어르신들이 '바쁜데 오라고 난리야, 새벽부터'라는 냉소적인 말을 들을 수 있었다. 정치세력화를 어떻게 생각하며 참여의지는 어느 정도인지, 세대별 차이는 없는지 의문이 생겼다. 이 행사를 정치활동 일환으로 보아야 하는지 동원으로 보아야 하는지 생각해보았다.

　이후 이러한 의문을 해소하기 위해 중국동포의 정치활동과 정치세력화 과정을 취재하고 좀 더 심층적으로 고민해보고자 한다.

4. 4회 차 연구: 바른미래당 부설 바른정책연구소 부소장 인터뷰

누가?: 팀 포동포동(김건휘)
언제?: 2018. 4. 24. 15:00∼17:00
어디서?: 서울특별시 영등포구 국회대로 바른미래당 당사
무엇을?: 바른미래당 부설 바른정책연구소 이지현 부소장과의 인터뷰를
어떻게?, 왜?: 더불어민주당 외 다른 정당도 중국동포들의 정치참여 행태를 인식하고 현실정치에 반영하려는 노력을 하고 있는지 탐구하는 것을 목적으로 하였다.

중국동포는 노무현 전 대통령과 문재인 대통령의 귀환 동포에 대한 관심과 정책을 지지하기 때문에 더불어민주당을 중심으로 모이게 되었다고 이야기한다. 그렇다면 다른 정당은 중국동포들을 포용하려는 움직임을 보이고 있지 않은 것일까? 현실정치는 치열한 경쟁의 현장이다. 이미 80만에 달하는 중국동포들을 현재 혹은 미래의 유권자로 인식한다면 다른 정당도 중국동포에 대해 관심을 가지고 전략적으로 접근하고 있을 것이라 생각하였다. 더불어민주당 외 다른 정당들은 과연 중국동포들에 대해 어떤 인식을 가지고 있을까?

박옥선 대표를 통해 더불어민주당 행사를 취재하였기 때문에 섭외와 인터뷰가 용이하였지만 더불어민주당이 아닌 다른 정당에 인터뷰를 요청하거나 문의를 하는 것은 만만한 일이 아니었다. 다행스럽게도 조장 김건휘 학우가 6개월간 (舊)바른정당의 '청년정치학교' 1기 수강생으로 활동한 경력이 있어, 바른미래당 취재가 가능하였다. 바른미래당의 바른정책연구소 이지현 부소장과 인터뷰를

할 수 있었다. 다시 여의도로 향했다. 더불어민주당의 전진대회를 참관하러 국회에 온 지 얼마 후의 일이라 감회가 새로웠다.

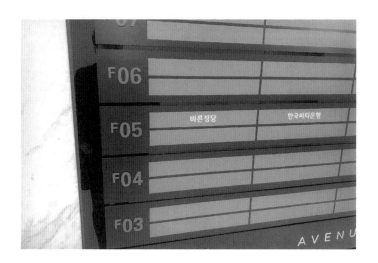

인터뷰어: 김건휘(한국외국어대학교 정치외교학과 3학년, 팀 '포동포동' 조장)

인터뷰이: 이지현(바른미래당 부설 바른정책연구소 부소장)

김건휘: 안녕하세요, 부소장님. 오랜만에 뵙네요. 전화로 미리 말씀드렸듯 제가 재학 중인 한국외대 정치외교학과에서 전공수업의 일환으로 이번 학기에 <정치학과 현장학습>이라는 프로젝트를 진행 중입니다. 한국정치학회와 공조해서 하는 프로젝트인데, 6월 지방선거를 앞두고 북한이탈주민, 중국동포(조선족), 이주여성 같은 우리 사회의 소수자들의 정치참여 및 거버넌스 사례를 대학생들이 직접 연구하고 취재하며 진행하고 있습니다. 제가 속해 있는 조는

중국동포(조선족)의 정치참여 및 거버넌스를 연구하고 있습니다. 이 과정에서 더불어민주당 측의 귀환중국동포권익증진특별위원회에 속해 있는 중국동포분들과 인터뷰를 진행하기도 하였습니다. **다문화사회의 목소리를 정치권에 반영하는 일은 여야를 가리지 않고 모든 정당이 해야 할 일**이라고 생각합니다. 일종의 **공통의제**라고나 할까요. 그래서 항상 *개혁보수*의 슬로건하에 항상 진보적인 의제에도 관심을 보여왔던 바른미래당에도 중국동포분들을 위한 정당 내의 기구 및 단체가 있는지 궁금해졌습니다. 그리고 정당 관계자에게 확인하는 것이 가장 확실할 것 같다는 생각에 이렇게 부소장님을 찾아뵙게 되었습니다.

질문 드리겠습니다.

1) 바른미래당 내부에 중국동포(조선족)들의 권익실현을 위한 단체 및 기구가 존재하는지?
2) 존재하지 않는다면, 차후에 신설할 계획이 있으시거나 정당 내부에서 이에 대한 문제인식이 어느 정도로 이루어지고 있는지?

말씀해주실 수 있으면 감사하겠습니다.

이지현: 먼저 이런 질문을 받게 되어서 기쁩니다. 사실 건휘 학생이 한 말이 전부 맞아요. 중국동포분들에 대한 문제는 당연히 모든 정당이 같이 목소리를 내어야 할 공통의제가 맞습니다. 다만, 현실적인 문제에 부닥치게 된다는 말씀을 드릴 수밖에 없네요. 아시다시피 더불어민주당은 집권 여당이고, 많은 의석을 가지고 있습니

다. 반면, 바른미래당은 신생 정당으로 규모가 작은 당이어서 '중국 동포'분들만을 관장하는 상설 및 특별위원회는 없어요. 굉장히 안타깝게 생각하고 있습니다.

김건휘: 더불어민주당과 비교를 하려는 의도는 아닙니다만, 지금 바른미래당의 전신인 새누리당 역시 여당으로 1당의 지위에 있을 때가 있지 않았나요? 그때는 혹시 관련 기구가 있었는지 이야기를 듣고 싶습니다.

이지현: 네, 말씀하신 대로입니다. 새누리당 시절에는 저희 역시 이쪽 문제에 대해 신경을 많이 쓰려고 노력을 했습니다. 대표적으로 **'다문화위원회'** 같은 조직이 있었어요. 그 안에 중국동포나 태국민 등이 섞여 있었고요. 건휘 씨, 이자스민 의원 아시죠?

김건휘: 네. 이자스민 의원 이야기를 하고 싶었습니다. 주요 정당 중에 가장 먼저 다문화 국회의원을 배출한 새누리당의 역사를 생각할 때 지금의 소극적인 태도가 이해되지 않습니다.

이지현: 이자스민 의원을 비례대표로 배출한 이후에도 계속 관련된 움직임을 이어갔어요. 대표적으로 2014년 지방선거 때 서울시의원 비례대표 1번에 중국동포를 공천하겠다는 것이 저희 방침이었거든요. 이런 의제를 저희가 더 이상 가져가지 못하는 게 참 안타까운데… 그 당시의 이야기를 해볼게요. 당시 물망에 오르던 후보가 남성이었기에 성별 비례순번을 고려하여 2번을 주려는 계획도

있었습니다.

다문화 인구가 늘어감에 따라 사회문제화가 되고 있는 그들의 목소리를 담는 것이 필요하다는 논의가 있었어요. 아무래도 인구가 많은 중국동포사회를 중심으로 이러한 요청이 두드러진 편이었죠. 정치화, 세력화가 본격적으로 시작단계에 들어선 시점이었습니다. 그래서 아까 말씀드린 비례대표 말입니다. 어떻게 되었을까요?

김건휘: 그렇게 말씀하시는 걸 보니 잘 안 풀린 것 같은데요. 어떻게 되었나요?

이지현: 네, 바로 보셨네요. 결론부터 말씀드리자면, 비례대표 상위순번에 중국동포를 지명하는 계획 자체가 물거품이 되었습니다. 여러 명의 중국동포 당원이 서로 대표가 되어 시의원 자리에 도전하겠다고 나섰거든요. 그래서 잘 안 이뤄졌어요. 사실 이게 되게 상징적인 사건이었어요. 4년 전이면 지금보다 더 폐쇄적일 때잖아요. 그런데 중국동포가 비례대표 상위순번을 받고 서울시의회 의원으로 입성한다? 굉장한 상징성과 대표성을 가지고 정치생활을 시작하게 되는 것이죠. 그래서 더 문제였습니다. 이런 혜택을 특정 인물에게 주기가 어려웠습니다. 결국 여러 명 이름이 오르내리긴 했지만 없던 일로 마무리 지어졌어요.

김건휘: 대한민국의 현실정치에서 중국동포들의, 더 나아가 다문화사회의 목소리를 반영할 수 있는 좋은 기회였던 것 같은데 아쉽습니다. 마지막으로 해주실 수 있는 말씀이 있을까요?

이지현: 중국동포들이 지금은 대림동에 집단세력화가 되어 있지요. 저는 정치인이기 이전에 아이들을 키우는 엄마이기도 해서 그런지, 중국동포의 아이들이 다문화학생으로 크면서 겪는 편견 같은 문제에 눈이 먼저 가요. 그런 따가운 시선을 내재화하면 어쩌나 하는 걱정을 하게 됩니다.

사실 이런 문제에 진보, 보수가 무슨 소용이 있을까요? 처음 말씀드렸다시피, 저 역시 중국동포 및 다문화사회의 정치참여와 관련된 의제가 진보진영의 것이라는 생각은 절대 하지 않습니다. 이건 **따뜻한 공동체 차원의 문제**라고 생각하거든요. 사람들이 어우러져 사는 것, 'multi-cultural'한 사회를 만들어나가야 한다는 생각은 이념에 관계없이 비슷하게 가지고 있을 거예요. 다만 안타까운 점은, 현재 세력이 약한 바른미래당의 여건상 이것까지 포용하기는 현실적으로 여력이 되지 않습니다. 바라건대는 가까운 미래에 저희 바른미래당 역시 지금보다 기반이 탄탄한 정당으로 성장하여, 다시 이 문제에 목소리를 낼 수 있으면 해요.

마지막으로 한마디 하고 싶은데요. 지금의 이주민정책은 상대적으로 경제적, 사회적 조건이 열악한 사람들에 치중되어 있어요. 그래서 한국사회에서 자리를 잘 잡고 사는 다문화 구성원들은 괜히 위축이 되는 면이 있답니다. 그래서 일부러 못사는 것처럼 코스프레 비슷하게 연기를 하는 분들도 있다고 들었어요. 촌극 아닐까요? 사실 저희 사회만의 문제는 아니어요. 한국사회에서는 똑똑한 고학력자도 미국에 가면 다문화사회의 구성원으로 되고 그에 따른 시선을 감내해야 하게 되거든요. 지금 우리 사회에도 자국에서는 꽤나 엘리트인데도 그걸 내세울 수 없는 분들이 계실 거예요.

"어, 쟤 외국에서 왔는데 왜 잘살지? 저러면 안 되는 것 아닌가?"

이런 인식 때문에요. 그런 부분에까지 미치는 외국인에 대한 혐오감정 같은 것들을 떨쳐낼 수 있는 건강한 사회가 됐으면 하는 바람입니다.

김건휘: 정말 감사합니다.

5. 5회 차 연구: 6.13 지방선거 투표독려 캠페인

누가?: 팀 포동포동
언제?: 2018. 4. 28. 14:00~17:00
어디서?: 서울특별시 영등포구 대림동 2호선 대림역
무엇을?: 중국동포들의 6.13 지방선거 투표를 독려하기 위한 캠페인을
어떻게?, 왜?: 모의선거 투표함과 투표독려 피켓을 사용하여 선거참여를 늘릴 수 있도록 지원하기 위해 진행하였다.

중국동포 거버넌스 대표적 사례인 "서남권 협의체"가 이번 상반기에는 열리지 않았다. 6월에 있을 지방선거를 앞두고 정치적인 부담감과 일정상의 문제로 진행되지 않는 듯하였다. 서남권 민관협의체는 중국동포들이 밀집해 거주하는 서남권의 지역문제 해결을 위해 경찰, 국회의원, 지역의원, 중국동포 시민단체 대표 등이 모여 상의하고 문제를 해결하는 거버넌스 체제이다.

<서남권 민관협의체란?>
• 지역: 서울 서남권(구로/금천/영등포/동작/관악)
• 목적: 지역주민 구성 변화에 따른 정책수요와 제도개선 요구에 대응
• 구성: 2015년 3월 발족, 서남권 지역구 국회의원/시의원
중국동포단체 대표, 서울남부출입국관리사무소, 서울시교육청, 경찰서 등

<2017년 9월 정기회의 안건>
-중국동포 인식개선 웹툰 제작 배포
-중국동포 및 다문화 특화 지역아동센터 시범설치
-내・외국인주민자율방범대

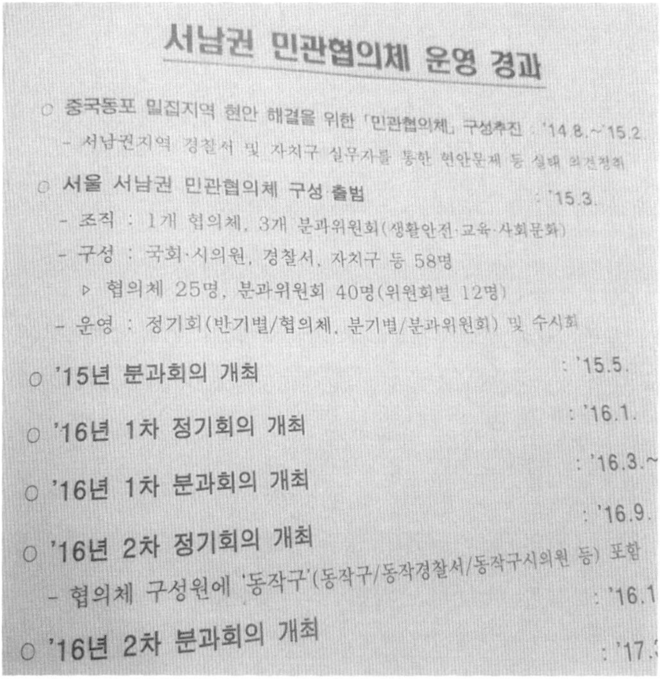
서남권 민관협의체 운영 경과

○ 중국동포 밀집지역 현안 해결을 위한 「민관협의체」 구성추진 : '14.8.~'15.2.
- 서남권지역 경찰서 및 자치구 실무자를 통한 현안문제 등 실태 의견청취

○ 서울 서남권 민관협의체 구성·출범 : '15.3.
- 조직 : 1개 협의체, 3개 분과위원회(생활안전·교육·사회문화)
- 구성 : 국회·시의원, 경찰서, 자치구 등 58명
▷ 협의체 25명, 분과위원회 40명(위원회별 12명)
- 운영 : 정기회(반기별/협의체, 분기별/분과위원회) 및 수시회

○ '15년 분과회의 개최 : '15.5.

○ '16년 1차 정기회의 개최 : '16.1.

○ '16년 1차 분과회의 개최 : '16.3.~

○ '16년 2차 정기회의 개최 : '16.9.
- 협의체 구성원에 '동작구'(동작구/동작경찰서/동작구시의원 등) 포함

○ '16년 2차 분과회의 개최 : '16.1

: '17.

<그림 5> 서남권 민관협의체 회의록에 나온 운영 경과

■ 2017년 서울시 중국동포 지원 관련 사업 현황

- 내·외국인주민 자율방범대　　　　　　　　　35백만원/12개대 300명 운영
- 중국동포 문화거리조성　　　　　　　　　　315백만원/3개분야10개사업
- 중국동포 자립역량강화　　　　　　　　　　100백만원/3개분야 6개사업
- 중도입국청소년 또래친구만들기　　　　　　90백만원/내외국인 학생 50쌍
- 찾아가는 중국동포 이해교육(공무원 공공기관 대상)　21백만원/8회,1,300명 대상
- 중국동포 인식개선 웹툰 제작·배포　　　　　9백만원/8편

※ 서남권 내 외국인지원시설 10개소 운영·지원 : 서남권글로벌센터(영등포),
　외국인근로자센터(금천), 글로벌빌리지(금천), 온드림교육센터(영등포),
　다드림복합문화시설(영등포, 12월 개관예정), 다문화가족지원센터(5개구)

<그림 6> 서남권 민관협의체 회의록에 나온 2017년 서울시 중국동포 지원 사업 현황

　서남권 협의체는 민관 협치의 대표적인 사례이다. 그러나 서남권 협의체의 회의안건과 내용은 인터넷에서 공개되어 있지 않다. 중국동포지원센터를 통해 작년 회의의 기본적인 내용을 확인할 수 있었다. 서남권 협의체에서 주로 논의되는 주제는 다문화·중국동포의 정착 지원과 지역사회 안정과 발전이다. 정례화되어야 할 협의체가 지방선거를 앞두고 열리지 않는 것을 보면서 한계도 깨달을 수 있었다. 박옥선 대표 역시 서남권협의체가 중국동포 입장의 현실적인 정책 구상 노력이 부족하다는 점을 지적하였다. 중국동포들의 실생활을 잘 아는 사람이 별로 없기 때문에 정책이 탁상공론에 그칠 수 있다는 이야기였다. 대표적인 예로 비자취득을 위한 훈련프로그램을 들었다. 중국에서 농사를 짓던 분이 한국에 와서 신속한 비자취득을 위해 컴퓨터 활용 기술을 공부하고 있다는 것이다. 그녀는 이 괴리를 지적하며 하루빨리 이 제도가 개선되어야 한다고 주장했다.

맞벌이 부모가 많다는 점을 고려하지 못하고 중국동포 중도입국자녀 교육 정책이 진행되고 있다는 점도 예로 들었다.

서남권 협의체 상반기 회의 결렬로 새로운 프로그램을 구상하였다. 선거참여를 독려하고 지원하기 위한 "6.13 지방선거 중국동포 투표독려 캠페인"을 계획하였다. 영주권을 취득한 지 3년이 지난 사람의 경우 투표가 가능하다는 점을 홍보하고 모의투표를 통해 투표참여에 관심을 유도할 수 있도록 기획하였다. 모의투표지만 직접 투표를 해보면서 정치참여에 대해 관심을 가질 수 있도록 해야겠다는 생각에서 출발하였다. 투표독려 캠페인을 통해 우리는 실제 중국동포의 정치에 대한 관심과 정치참여 의사를 인터뷰하고 살펴볼 수 있었다.

영주권 취득 **5**년차
오늘 처음 투표권을 알다

지나가던 할아버지가 자전거를 멈추고 영주권을 보이며 물어보았다.

"나도 투표 가능한가?"

영주권 취득 후 3년이면 지방선거 투표가 가능한데, 취득 5년 차임에도 이 사실을 모르고 계셔서 놀라웠다. 거리로 나가 캠페인을 진행해보니 이런 분들이 생각보다 많았다. 여전히 대다수의 중국동포는 정치참여에 적극적이지 않았다. 중국동포의 정치활동은 주로 특정 중국동포단체를 중심으로 진행되며 단체 활동을 하지 않는 중국동포는 정치참여에 적극적이지 않아 보였다.

이러한 모의투표 캠페인에 가장 많은 관심을 보인 것은 초등학생들이었다. 무리 안에 귀환중국동포 2세도 있었다. 모의투표를 해보는 친구들 사이에서 투표하지 않으면 시민의 권리도 없다는 명언을 남긴 어린 친구도 있었다. 집에 가서 부모님께 꼭 말씀드리겠다는 말이 참 반가웠다.

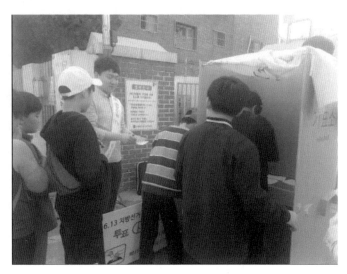

<그림 7> 무리로 지나가다 멈춰선 초등학생 아이들

6. 6회 차 연구: 다시, 중국동포지원센터

누가?: 팀 포동포동(김건휘, 이지은, 유안유)
언제?: 2018. 5. 11. 09:00~13:00
어디서?: 서울특별시 구로구 디지털로30길 중국동포지원센터
무엇을?: 중국동포지원센터 박옥선 대표의 비서실장 박시연 씨와 대담을
어떻게?, 왜?: 지난 3개월 동안 보고 들으며 느낀 것들에 대해 함께 이야기를 나누면서 이뤄졌다. 팀 포동포동은 박시연 비서실장으로부터 한국에서 나고 자란 사람이 중국동포 사회에 들어가면 어떤 것들을 보고 느끼는지 듣고, 한편으로는 우리를 비롯한 20대들이 중국동포들에 대해 어떤 인식을 가지고 있는지 의견을 교환하기 위해 방문하였다.

중국동포지원센터로 가게 되었다. 먼저 그쪽에서 연락이 왔다. 정치학을 공부하는 한국 학생들과 이야기를 나누고 싶다고 했다. 더불어민주당 경기도지사 후보 출마자에게 전달할 정책을 만드는

데 있어 우리의 목소리가 반영되면 좋을 것이라는 이야기도 덧붙였다. 형식은 토론회가 될 것이라 했다. 여태까지 신세를 진 것이 많았고 마지막으로 취재를 마무리하기 위해 요청에 흔쾌히 응했다.

　짧은 기간 동안 구로디지털단지역에 몇 번이나 왔는지 모르겠다. 직장인들과 같이 출근길 2호선 지하철에 부대껴서 가는 길도, 구로디지털단지역에 내려 복잡한 오피스 건물들을 요리조리 찾아가는 길도 어느새 너무나 자연스러워 다소 신기했다. 벌써 익숙해진 것이다. 첫 인터뷰 때 '조선족'이라는 단어가 순간순간 입에서 나와 난처했던 우리였는데, 어느새 '중국동포'라는 단어가 너무 자연스럽게 다가왔다. 사람들에게 우리 프로젝트를 설명할 때 '중국동포'라는 단어를 써서 자연스레 이야기를 꺼내고, 이 단어가 익숙지 않은 사람들에게 친절하게 설명해주는 일도 더 이상 특이한 일이 아니게 되었다.

"과연 우리는 지난 석 달의 시간 동안 무얼 배웠을까?"

예상과 달리 중국동포 학생과의 토론회가 아니라 박옥선 대표의 비서실장인 박시연 씨와의 대담으로 진행되었다. 몇 차례나 박옥선 씨를 뵈었던 덕에 박시연 씨와 얼굴은 익힌 사이였지만 직접적으로 이야기를 나누어본 적은 없었다. 서남권민관협의체 관련 자료를 복사해주신 분, 학교 강연에서 사진을 찍어주신 분 정도로만 기억하고 있었다. 박옥선 대표 주위에는 중국동포만 있다고 생각했는데, 놀랍게도 박시연 씨는 한국인이었다. 과거 민주당의 국회의원으로 일했던 친척 어르신이 이쪽 일을 도와주면 좋겠다고 소개하여 몇 달만 일할 생각으로 들어왔다가 아예 자리를 잡은 경우라고 자신을 소개했다. 중국동포와 전혀 접점이 없음에도 이들을 위해 뛰고 있는 한국인이 있다는 사실을 알고 놀라웠다.

몇 시간 동안 한국인들의 중국동포에 대한 인식 개선 방향에 대해 이야기를 나누었다. 박시연 실장은 중국동포에 대한 대학생들의 인식을 질문하였다. 그리고 중국동포에 대한 이미지와 인식개선을 위한 방안을 물었다. '조선족' 대신 '중국동포'라는 단어를 사용하는 젊은 세대는 많지 않을 것이라는 말로 답변을 하였다. 사실 우리조차 이번 프로젝트에 참여하게 되면서 이 단어를 사용하기 시작했다고 말을 이었지만 박시연 실장은 이러한 대답에 전혀 놀라지 않았다. 오히려 그는 솔직한 대답을 이끌어내기 위해 금기처럼 느껴졌던 '조선족'이라는 단어를 먼저 적극적으로 사용하는 모습도 보여주었다. 대학생도 '에브리타임' 등지의 익명 커뮤니티에서는 조선족에 대한 악감정을 여과 없이 드러낸다는 이야기를 전했다.

박시연 씨 역시 익히 알고 있는 사실이었지만 그는 한국사회에서 조선족에 대한 인식이 어느 정도인지, 이런 전반적인 인식에 대한 우리의 생각이 어떤지 듣고 싶어 하였다. 박시연 실장은 박옥선 대표의 비서라는 자리를 단순히 거쳐 가는 과정으로 생각하지 않았다. 중국동포에 대한 인식을 개선하겠다는 확고한 목표를 가지고 활동하고 있었다. 그는 젊은 세대의 인식 개선에 좀 더 초점을 맞추고자 하였고, Youtube나 아프리카TV 방송을 이용하여 우리와 직접 소통하는 방식의 인식개선을 구상하고 있었다. 대중들에게 매력적으로 다가갈 만한 중국동포 청년들이 주축이 되는 콘텐츠를 제작하고자 하는 계획이었다. 대학생 입장으로서 그러한 방향성에 대해 긍정적인 반응을 전달했고, 구체적인 실천방안에 대해 서로의 생각을 나눴다. 같은 민족이라는 점을 강조하며 동포로 부르자는 인식개선용 콘텐츠 대신 게임이나 음악 등 다른 콘텐츠를 통해 자연스럽게 중국동포에 대한 인식을 바꿀 수 있도록 접근하는 전략이 효과적일 것이라고 제안하였다.

결론 및 제언

한 학기가 지나갔다. 지난 4개월간, 많은 일들이 있었다. 그리고 우리는 아직 갈 길이 멀었음을, 절실하게 느낀다. 이 프로젝트를 시작하기 전까지 중국동포에 대해 거의 관심을 가지지 않고 있었다. 수업의 일환으로 프로젝트를 맡기 전까지 중국동포에 대해 깊게 생각해본 적이 없었다. 하지만 프로젝트를 진행하며 우리 사회와 우리 세대가 중국동포에 대해 가지고 있는 인식이 어떠한가를 돌아볼 수 있었다. 프로젝트 활동상을 담은 스토리펀딩 연재 글에는 악플이 달렸다. 이 댓글을 포함한 여러 댓글들은 중국동포에 대한 인식 개선이 아직 멀었음을 보여준다. 중국동포 안에서도 다양한 개인이 있다. 중국동포라는 집단으로 바라보는 것에서 그 안의 개인을 발견하는 과정이 필요해 보인다. 각자 다른 성장배경과 교육수준, 경제수준, 정치성향과 취향을 가지고 있다. 개인의 특성을 무시한 채 우리가 생각하는 중국동포의 이미지 안에 맞춰 선입견을 가지고 대하는 것이 얼마나 위험하고 폭력적인 시선인지 돌아보게 하였다. 어설픈 연민의 대상 혹은 시혜의 대상으로 다문화 구성원을 바라보는 것 역시 폭력임을 깨달았다.

책상머리샌님감상으로
함부로 조선족을 동포라부르지마라
현장에서 직접몸으로 부딪치는 사람들한테
조선족의실체에대해서 물어나보고
또한 그자들과 몸소부딪쳐보고 동포라고해라
조선족들 90%이상이 자기들은 중국인이지
한국인이라고 절대생각않는다
2018.06.11.16:51 신고

답글 0   👍 7 👎 1

2018년 6월 11일 오후 3:24

지방선거는되고 대통령선거는 안되다
는 건가요...?

안녕하세요. 포동포동입니다. 먼저 관심을 보여 주셔서 가능합니다. 안타깝게도 대통령 선거의 경우에는 대한민국 국적을 취득하여야 투표가 가능합니다. 지방선거는 영주권 취득 이후 3년이 지나면 가능합니다!

80만 명 규모인 귀환중국동포와 같이 살아가는 법을 양쪽 모두 배워야 하는 시기가 왔다. 그림자 노동자로만 대한다면 갈등은 제도화되기 어려울 것이다. '갈등의 제도화' 시작은 적극적인 정치참여에서 시작한다. 자신의 정치적 이익을 대표해줄 사람에게 투표하기 시작할 때 비로소 정치권 내에서 그들이 보이기 시작할 것이다. 무시할 수 없는 규모의 유권자로 등장한 그들은 여전히 정치활동에 적극적이지 않다. 중국동포단체 대표가 적극적으로 정치참여를 지원하고 독려하고 있지만 아직 중국동포 전반으로 확산되지는 못하고 있다. 특히 중국동포 젊은 세대의 정치무관심이 문제가 되고 있다. 중도입국청소년에 대한 관심도 필요한 상황이다. 한국에 거주하는 다문화 구성원에 그치는 것이 아니라 우리 사회의 적극적인 시민으로 살아갈 수 있도록 시민교육과 캠페인, 정치활동 지원 프로그램이 필요한 상황이다. 취재르포를 연재한 포동포동 페이스북 페이지를 통해 투표 자격을 묻는 중국동포의 메시지를 받고 새로운 희망을 발견하기도 하였다.

다른 정치체제에서 성장한 다문화 구성원이 한국사회의 시민으로 성장하기 위한 정책구상이 필요하다. 제도권 내 정치에서도 중국동포가 핵심 의제로 떠오를 수 있도록 중국동포들은 다양한 방법으로 나아가야 할 것이다.

2

북돋아라 동포참여

〈문이 열리네요 동포가 들어오조〉

(고기환 · 김기현 · 이수민 · 마찬)

들어가며: 중국동포, 얼마나 알고 있니?

중국동포란 구한말과 일제강점기에 한반도에서 중국으로 건너간 이주민과 그 후손에 의해 형성된 한국계 중국인들을 뜻한다. 본 프로젝트에서 사용되는 중국동포의 의미는 국내에 거주하는 귀환중국동포에 한정한다. 정치참여를 독려하기 위한 목적이기에, 영주권이 있는 중국동포를 중심으로 다루고자 한다.

'조선족', 이 글을 읽고 있는 당신은 조선족이라는 말을 듣고 어떠한 감정을 느끼는가?

중국동포의 정치참여를 유도하기 위한 시민교육 프로젝트를 진행하는 우리조차 프로젝트 이전에는 중국동포에 대한 선입견을 가지고 있었다. 2017년 개봉된 영화 <청년경찰>에서도 볼 수 있듯, 우리나라에는 중국동포(조선족) 혐오가 만연해 있다. 흔히 '조선족(중국동포라는 표현으로 그들이 그들 자신을 표현해주기를 원하니 앞으로는 중국동포로 통칭하겠다)'이라는 이미지가 떠오른다면 우리 역시 살인·인신매매 등 매우 극단적인 생각을 갖고 있을 것이며, 대림동, 가리봉동 등 중국동포가 밀집해 거주하는 지역에 대해서도 매우 치안이 열악한 곳이라는 인식이 매우 강하다. 이처럼 우리 사회엔 '차오포비아'15)가 만연해 있다.

그렇다면 중국동포들은 어떻게 대응하고 있을까? 중국동포들도 이러한 문제를 인식하고 있다. 그래서 중국동포 거주지와 중국동포에 대한 선입견과 오해를 해소하기 위해 직접 나서 활동하는 경우도 많다. 예를 들어, 중국동포 시민단체는 대림동 일대 거리를 깨끗하게 유지하기 위해 길거리 청소와 청결 유지 캠페인을 시행하고 있다. 또한 영등포 경찰서의 '한마음 순찰대'를 통해 중국동포들이 직접 나서 대림동거리를 순찰하는 자율방범대를 조직하였다.

<그림 1> 한마음 순찰대

---

15) 朝Phobia, 한국 내에서 중국동포(조선족)를 향한 혐오감을 일컫는다.

그럼에도 불구하고, 중국동포에 대한 차별과 선입견은 쉽게 줄어들지 않고 있다. 앞서 말했듯이, 여전히 영화, 방송 등 각종 매체들은 중국동포에 대한 부정적 선입견을 수없이 양산하고 있다. 이러한 부정적 인식은 현실 사회 속 공공연한 차별로 이어지고 있다. 노동, 인권 등 전반적인 삶에 걸쳐서 중국동포는 대한민국의 사각지대에 놓여 있다. 이러한 문제를 해결하고 개선하기 위해 우리는 어떠한 행동을 취할 수 있을까 하는 의문에서 '북돋아라 동포참여' 프로젝트가 시작되었다.

영주권을 가지고 있는 귀환중국동포 대다수가 선거에 참여하지 않고 있다. 선거에 참여할 수 있다는 사실조차 알지 못하는 경우가 대부분이다. 귀환중국동포가 가지고 있는 문제를 해결하고 귀환중국동포와 선주민의 갈등에 대응하기 위해 이 문제가 제도권 정치안으로 들어와야 한다. 이를 위해 중국동포의 정치참여가 필요하다. 현재 존재하고 있는 갈등을 회피하거나 그 존재를 부정해서는 어느 문제도 해결할 수 없고 오히려 그 갈등만 심화된다.

거주지가 등록된 공식적인 중국동포의 수는 2017년 말 기준 30만 명에 이른다. 한국 국적을 회복하거나 취득, 장기체류 및 빈번하게 한국과 중국을 왕래하고 있는 중국동포의 수까지 합치면 그 수는 무려 80만 명에 이르고 있다. 재한 중국동포는 국내 각 지역에 분포되어 있지만 많은 수가 서울, 경기 등 수도권에 체류하고 있다. 서울의 경우에는 가리봉동과 대림동을 포함한 구로, 영등포, 금천, 관악구 등 서남권 4개 구와 광진구 지역에 집중거주지를 형성하고 있다. 서울시 통계에 따르면 서울에 거주하는 중국동포의 수는 26만 명으로 전체 서울 거주 외국인의 절반 이상을 차지하고 있으며,

또한 특히 2016년도 기준 가리봉동 주민의 40%를 중국동포가 차지하고 있다. 이렇게 대한민국에서 외국인 비중 중에서 중국동포의 비율은 압도적이다. 그럼에도 불구하고 저조한 정치참여율로 인해 제도권 정치에서 배제되고 있다.

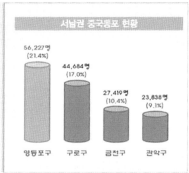

<그림 2> 서울거주 외국인주민 현황 및 서남권 중국동포 현황

중국동포의 투표율은 저조하지만 최근 다양한 방식으로 정치활동을 늘리고 있다. 중국동포단체와 동포언론이 중심이 되어 중국동포의 정치참여를 늘리기 위해 노력하고 있다.

과거에도 중국동포 정치활동을 위한 단체가 있었지만 활동이 유지되지 않고 있는 경우도 있다. 재한조선족유학생 네트워크가 바로 그 예이다. 2003년 12월 한국 유학 중인 중국동포 석박사생들로 조직되었고, 중국동포에 대한 이미지 쇄신을 위해 출발했다. 한국사회 내 중국동포 권익신장을 위해 결성되어 다른 중국동포 단체들과 협력하여 동포들의 목소리를 대변하고자 노력했다. 최근 학술적인 모임을 갖는 성격으로 바뀌어 사실상 정치활동이 사라졌다. 최근에

<그림 3> 중국동포지원센터 방문

　는 중국동포지원센터나 재한중국인유권자연맹이 중국동포의 정치
활동에 가장 적극적인 모습을 보이고 있다.

　　중국동포 언론도 동포의 목소리를 대변하며 중국동포 권익 향상
을 위한 홍보 역할을 담당하고 있다. 2000년 이후 인터넷의 급격한
보급으로 다양한 동포언론사들이 생겨났고, 중국동포사회에 정보를
제공하고 소통의 장 역할을 해왔다. 하지만 언론사의 규모가 작고,
한국사회에 직접적으로 영향력을 행사하지 못하고 있다.

　　이러한 중국동포단체의 활동 외에 직접 정계진출을 시도하는 사
례도 늘고 있다. 2016년 20대 총선에서 '중국동포지원센터'의 대표
인 중국동포 박옥선 씨가 더불어민주당의 31번째 비례대표 후보로
공천되었다. 당선되지 못했지만 총선 선거 캠페인 당시, 중국동포
밀집 거주지에서 큰 호응을 얻었고 이를 계기로 각 정당이 중국동
포의 선거참여와 정계 진출에 관심을 가지기 시작하였다. 낙선 이
후 박옥선 씨는 더불어민주당 귀환중국동포 권익증진특별위원장으
로 임명되었고 중국동포를 위한 정치활동을 이어가고 있다. 중국동
포의 정계진출 시도에 주목하여, 박옥선 중국동포지원센터 대표에
연락하였고 중국동포지원센터를 통해서 중국동포에 대한 다양한 정
보를 접할 수 있었다.

중국동포, 정치에 참여하라! - 교육 준비하기

중국동포지원센터와의 연락이 닿아 일정을 잡고 난 뒤, 2018년 3월 25일 구로디지털단지역 근방의 중국동포지원센터에서 박옥선 대표를 만날 수 있었다. 중국동포지원센터장과 박옥선 대표는 우리를 반갑게 맞아주었다. 센터에 방문하기 전 준비하였던 시민 정치교육 계획서를 가지고 센터장과 대화의 시간을 가졌다. 자료 등을 통해서 중국동포에 대한 정보를 얻었었던 이전과 달리, 직접 많은 중국동포와 만나며 중국동포에게 도움을 주는 센터장님께서 직접 겪고 지켜본 이야기를 생생하게 들을 수 있었다.

> "중국동포들은 현재 먹고사는 문제, 즉 생계 문제가 가장 중요해요. 먹고사는 것이 안 되는 분들에게 참정권은 그다음 문제죠. …(중략)… 또한 중국동포 3세대의 경우 한국에서의 교육도 가능해요. 하지만 그 아이들이 적응하기가 힘들죠. 센터에서의 시민교육은 주로 비자를 위한 자격증 시험 위주로 이루어집니다. …(중략)… 이렇듯 중국동포들은 생계 문제가 가장 시급하기에 정치에 참여하고픈 마음은 클지 몰라도 사정이 여의치 않아요."
>
> - 중국동포지원센터장 최승이

중국동포는 생계문제로 정치참여에 적극적이지 못한 경우가 많았다. 영주권을 보유한 중국동포는 생계문제로 인해, 영주권을 획득하지 못한 귀환중국동포들은 생계문제뿐만 아니라 영주권을 획득하기 위한 노력을 하느라 정치에 소홀해질 수밖에 없는 것이다. 최승이 센터장과의 대화가 끝난 이후, 박옥선 대표님의 강연을 듣는 시간을 가졌다.

앞서 언급한 박옥선 중국동포지원센터 대표는 최근 중국동포 정치리더로 급부상한 인물이다. 한국인센터장과 달리 그는 흑룡강성에서 태어나 20대에 한국으로 이주하였다. 그는 직접 본인이 걸어온 인생을 우리에게 말해주며, 자신이 왜 험난한 정치의 길을 걸으려 하는지, 정치를 왜 하고 싶은지에 대한 사명감을 밝혔다.

> "소외 계층도 속속들이 들여다보고 잘살 수 있게 하는 게 정치예요. 중국동포들이 정말 열심히 살고 있는 사람들이 많은데 문제점들만 매체에 부각이 되고는 합니다. 이러한 시선과 편견을 해소하기 위해 단체를 만들고 활동하고 있어요. 이렇게 시민활동을 펼치다 어느새 정치에 입문하게 되었습니다. 중국동포들의 삶과 그에 대한 인식을 개선하기 위해서는 편히 정착할 수 있는 관련법부터 개선해야 한다고 생각합니다. 결국 정치인이 되는 길밖에 없다고 생각하여, 이러한 인식과 중국동포의 삶을 개선하기 위하여 정치에 발을 내딛기로 결정했습니다."
>
> - 중국동포지원센터 대표 및
> 더불어민주당 귀환중국동포
> 권익증진특별위원장 박옥선

그렇게 우리는 이 프로젝트의 최종 목적을 중국동포의 정치참여를 통해서 그들의 목소리가 정치권에 반영되고, 갈등의 제도화를 통해 여러 문제를 해결하도록 하는 것에 두었다. 사전조사를 토대로 본격적인 중국동포의 정치 참여를 독려하기 위한 시민교육 프로젝트- '북돋아라 정치참여'-준비에 착수하였다.

1. 시민교육 준비

시민교육 커리큘럼에 넣을 첫 번째 정보는 외국인 선거권이었다. 중국동포의 정치참여에 대한 법적 근거는 다음과 같다.

○ 외국인 선거권
- 주민공동체인 지방자치단체의 대표자를 선출하는 지방선거에서는 주민의 한 부분을 이루는 '일정요건을 가진 외국인'도 선거권을 가진다. 「**출입국관리법**」 제10조에 따른 영주의 체류자격 취득 후 3년이 경과한 외국인으로서 같은 법 34조에 따라 해당 지자체의 외국인등록대장에 올라 있는 사람은 체류지가 있는 지자체에서 투표할 수 있다.
- 2005년 **공직선거법**이 개정되어 2006년 제4회 지방선거부터 외국인이 처음으로 선거권을 행사했다.
- 외국인선거권자용 투표안내문에는 한국어뿐 아니라 영어와 중국어가 병기되어 외국인의 투표권 행사를 돕고 있다.
- 다만, 외국인은 부재자투표를 할 수 없다.

○ 중국동포 근로현실에 따른 투표 권리
- 근로자는 고용주에게 투표에 필요한 시간을 청구할 수 있다.
- 2014년 2월 **공직선거법**이 개정됨에 따라 다른 자에게 고용된 사람이 사전투표 기간 및 선거일에 모두 근무를 하는 경우에는 투표하기 위하여 필요한 시간을 고용주에 청구할 수 있다.
- 투표시간을 보장하지 않으면 과태료가 부과된다.
- 사전투표기간 및 선거일에 모두 근무하는 근로자로부터 투표시간 청구를 받은 고용주는 근로자에게 투표시간을 보장해주어야 한다. 투표시간을 보장하지 아니한 고용주에게는 1천만 원 이하의 과태료가 부과된다.

센터의 사례를 통해 조사한 중국동포를 대상으로 한 교육의 가장 큰 문제점은 자격증 등 취업비자 획득요건을 위한 실무교육에 치중되어 있었다는 점이다. 중국동포지원센터의 교육은 컴퓨터기초교육, 한글교육, 법률지원(임금체불, 산업재해 상담), 의료컨설팅 교육 및 코칭, 취업교육, 창업교육, 생활정보제공, 한국평생교육대학으로 이루어져 있다. 주로 중국동포의 비자획득을 위한 교육에 집중되어 있다. 직접 느끼고 체험할 수 있는 시민교육은 없었다. 센터 밖에도 한국에 정착하는 귀환동포나 이주민을 위한 정부지원 시민교육이 부족한 상황이다. 이주민의 한국정착 교육은 한국어 교육에 집중되어 있고 한구사회 전반에 대해 짧게 교육이 이루어지고 있을 뿐이다.

<표 1> 법무부의 이민자 사회통합 프로그램

구분 \ 단계	0단계	1단계	2단계	3단계	4단계	5단계		
과정	한국어와 한국문화					중간 평가	한국사회 이해	종합 평가
	기초	초급1	초급2	중급1	중급2			
이수시간	15시간	100시간	100시간	100시간	100시간		50시간	

출처: 법무부

한국에 정착한 중국동포가 정치참여의 필요성과 중요성을 체감할 수 있도록 정치참여 방법을 소개하고 모의투표를 통해 시민의 권리를 체험할 수 있는 시민교육을 준비하였다. 시간과 예산, 교육장소 제약을 고려하여 시민교육 대상은 중국동포지원센터를 이용하는 중국동포로 한정하였다.

시민교육 전에 설문조사를 통해서 중국동포들이 현재 정치에 대해서 얼마나 알고 있는지 중국동포의 정치 참여에 대한 인식 정도를 알아보기로 하였다.

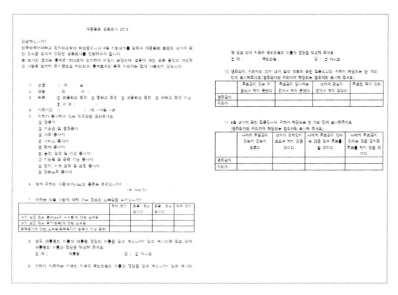

<그림 4> 시민교육 전 설문지

　　설문조사 이후 진행할 교육 프로그램을 기획하였다. 교육은 크게
세 가지로 나누어 한국과 중국의 정치제도를 비교하고 민주주의에
서 정치참여가 필요한 이유와 정치참여 유형을 설명하고 모의선거
를 통해 직접 체험하도록 구성하였다. 정치참여의 중요성에 대한
교육에서는 국민 또는 시민이 직접·간접으로 국정에 참여할 수 있
는 권리인 참정권에 대한 교육을, 정치참여의 권리 교육에서는 앞
서 언급한 외국인 선거권에 대한 교육과 중국동포 근로현실에 따른
권리 교육16)을 진행하였다. 선거 방법 교육에서는 '북돋아라 동포

---

16) '근로자는 고용주에게 투표에 필요한 시간을 청구할 수 있습니다, 2014년 2월 공직선거법이
　　개정됨에 따라 다른 자에게 고용된 사람이 사전투표 기간 및 선거일에 모두 근무를 하는 경우
　　에는 투표하기 위하여 필요한 시간을 고용주에 청구할 수 있습니다, 투표시간을 보장하지 않
　　으면 과태료가 부과됩니다, 사전투표기간 및 선거일에 모두 근무하는 근로자로부터 투표시간
　　청구를 받은 고용주는 근로자에게 투표시간을 보장해주어야 합니다, 투표시간을 보장하지 아
　　니한 고용주에게는 1천만 원 이하의 과태료가 부과됩니다' 등의 내용을 담은 교육. 중앙선거

참여'의 조원인 4명이 가상의 후보가 되어 공약 등을 내세운 뒤, 중국동포들이 자유롭게 판단하여 직접 투표를 통해 가상의 후보를 선출해내는 모의 선거 형식을 진행함으로써, 중국동포의 선거 방법에 대한 이해도를 높인다. 마지막으로 참여관찰을 통해서 중국동포들이 이에 대하여 어떻게 반응하는지, 어떤 식으로 변화를 취하는지 지켜본다. 마지막으로 그 과정 속에서 중국동포에 질문하고, 소감 등을 묻는 인터뷰 형식의 연구방법 또한 취하며 교육을 마친 후의 설문조사도 함께하기로 계획했다.

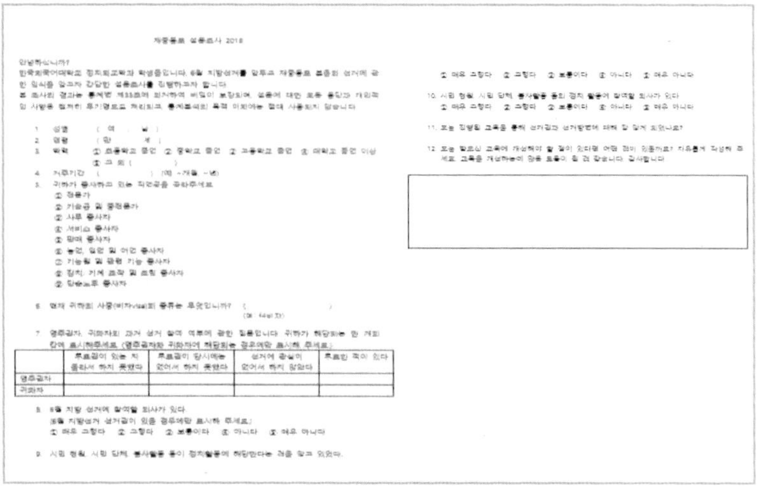

<그림 5> 시민교육 후 설문지

관리위원회 홈페이지 참조.

○○구청장선거투표

1	갑 당	고기환	
2	을 당	김기현	
3	병 당	마찬	
4	정 당	이수민	

투표관리관

<그림 6> 가상의 투표용지

　이렇게 준비를 마친 채 2018년 4월 29일, 우리들은 첫 시민교육을 하러 구로구에 위치한 중국동포지원센터로 향했다.

중국동포, 현장에서 느끼다

1. 제1차 시민교육(180429)

　1차 시민교육은 4월 29일, 오후 2시부터 진행하였다. 우리는 40여 명이 넘는 중국동포 앞에서 한국외국어대학교 정치외교학과 수업 '정치학과 현장학습'에서 나온 학생들이라고 우리 자신을 소개하며 인사드렸다. 교육을 본격적으로 시작하기 이전에, 교육의 효율성을 높이기 위해 준비한 다과와 설문지, 그리고 사전에 준비해 간 6.13 지방선거 참여를 독려하기 위해 직접 만든 리플렛을 나누어 드렸다.

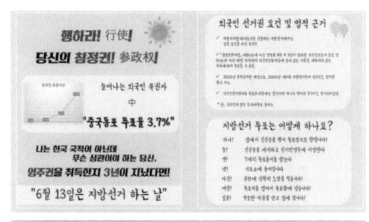

<그림 7> 중국동포 시민교육을 위해 제작한 선거참여 독려 리플렛

　하지만 여기서 약간의 문제가 발생했다. 1차 시민교육의 대상이
고(高)연령층이라는 것을 간과한 것이다. 읽고 쓰시는 데의 문제뿐
만 아니라 설문지의 어휘가 다소 어려워 중국동포지원센터 자원봉
사자와 함께 설문지 내용을 풀이해주거나 어르신에게 읽어주었다.
그 덕에 무사히 설문조사 과정을 넘길 수 있었다.

<그림 8> 중국동포지원센터에서 진행된 시민교육

이후, 본격적인 중국동포의 정치참여를 독려하기 위한 시민교육 강연을 시작하였다. 시민교육 강연은 우리 조의 김기현 학우가 맡아서 진행하였다. 강연 대상이 고령이 다수인 중국동포들이었기에, 눈높이에 맞게 재치 있는 언변을 구사해 동포들의 집중력을 높이고 활발한 수업을 이끌어나갔다. 시민교육은 앞서 언급한 것과 같이 정치참여의 중요성에 대한 교육과 정치참여 권리 교육, 선거 방법 교육, 총 세 파트로 구성해 진행하였다. 중국과 대한민국의 정치체제와 정치적 특징을 비교하는 시간을 가졌다. 이후엔, 투표권에 대해서 학습하였다. 영주권을 획득한 지 3년이 지나면 한국 국적이 없는 외국인일지라도 지방선거에서는 투표가 가능하다는 점을 알렸다. 중국동포에 대한 인식을 개선시키고 중국동포 관련 정책을 만들기 위해 중국동포의 적극적인 투표참여가 필요하다는 사실을 강조하였다. 왜 투표를 해야 하는지, 정치에 관심을 가지고 정치에 참여해야 하는지 논의하며 시민의 권리에 대해 교육을 진행하였다. 중국동포 어르신들은 처음에 소극적이었지만 강의가 진행될수록 적극적으로 강의에 참여하기 시작하였다. 직접 손을 들고 의견을 말하거나 질문자의 질문에 대해 자신 있게 대답하며 강의에 호응해주었다.

다음으로 모의선거를 통한 선거체험이 진행되었다. 한국외국어대학교 선거관리위원회에서 모의 선거용품을 대여하였다. '북돋아라 동포참여' 프로젝트 조원인 고기환, 김기현, 마찬, 이수민 총 4명이 가상의 후보가 되어 각자의 부여된 번호와 공약을 동포 앞에서 발표하는 시간을 가졌다. 짧은 시간 동안 진행하느라 중국동포의 눈높이에 맞추어 교육/복지 등 간단한 공약을 선보이는 데 그쳤지만 중국동포 어르신들은 수업 시간 중 가장 관심을 많이 보였다. 후보의 공약발표와 짧은 연설 이후 모의투표를 진행하였다. 투표경험이 없는 동포가 많아 초반에는 모의투표에 참여하는 동포가 소수에 불과했다. 그러나 자원봉사자들과 조원들의 독려로 많은 인원이 모의투표, 모의선거에 참여하여 활발한 분위기가 만들어졌다.

　"그래! 우리 김기현이 뽑아야제~!"
- 모의선거 중 한 할아버지

　모의 투표를 모두 마친 후, 즉시 개표과정까지 거쳤다. 모의선거 강연에서 호응이 좋았던 김기현 학우가 압도적인 표차로 당선되었고, 당선 소감까지 밝히는 훈훈한 과정이 연출되었다.

<그림 9> 모의 투표 및 개표 모습

(1) 시민교육이 끝나고 - 2차 시민교육을 준비하며

시민교육이 끝나고 우리는 차후에 있을 2차 시민교육을 준비하며 1차 교육의 문제점을 되짚어보았다. 우선 시민교육 진행과정에서 우리의 본래 계획과 달라진 점이 많았다. 본래 설문지는 사전과 사후 두 차례 조사하기로 하였으나, 시간이 여의치 않아 한 번에 그쳤다. 또 설문지의 질문의 양이 많고 질문의 어휘가 중국동포에게는 어려울 수 있다는 점을 고려하지 못했다는 문제가 있었다. 또한 모의선거 과정에서 정책은 중국동포들이 직접 고민해보고 선거 후보는 지원자를 받아 발표하도록 계획했으나, 이것 역시 시간과 교육 대상자의 연령대를 고려하여, 교육자들이 즉석에서 정책을 만들어내어 선거를 진행할 수밖에 없었다. 이러한 점을 고려하여 우리는 새로운 설문지를 구성했다. 가독성을 높이고 어려운 어휘는 뺐다.

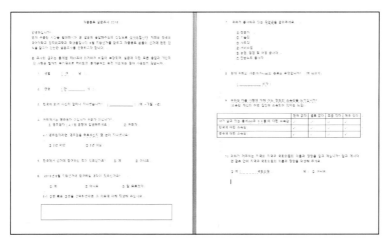

<그림 10> 교육 후 수정한 설문지

2. 2차 시민교육

2차 시민교육을 위한 준비를 끝마치고 중국동포지원센터에서의 추가 교육 일정을 잡던 중 추가 교육이 무산되었다. 우리는 시민교육을 진행할 수 있는 다른 단체를 찾아보기로 했다.

귀환동포중앙특별위원회, (사)재한동포총연합회, 대한동포국적자총연합회, 중국동포한마음협회, 한중청년협회, 한중커뮤니티리더스포럼, (사)한중사랑, (사)한중이주동포정책개발연구원, 다문화스포츠총연합회 등의 단체에 연락을 취했고, 이미 잡혀 있는 교육과 선거를 앞두고 민감하다는 등의 사유로 거절하였다.

그중 한 단체에서 인터뷰와 추가 일정 조율을 위한 만남을 제안했다. 5월 24일 오후 4시 우리는 미팅을 위해 대림동에 있는 '재한중국동포유권자연맹'을 찾았다. 재한중국동포유권자연맹은 재한중국동포들의 투표 독려 및 유권자로서의 권리 행사를 알리고 국내에 있는 중국동포단체들의 구심점 역할을 하는 단체이다. 투표독려캠페인, 길거리서명운동, 궐기대회, 피켓운동, 중국동포문제 해결을 위한 포럼 개최, 연합 행사 주최, 정치참여방법을 위한 교육 등의 활동을 하고 있었다. 재한중국동포유권자연맹의 이선 대표와 인터뷰를 진행하였다.

"다른 중국동포 단체와 달리 유권자라는 점을 강조하며 정치활동과 프로그램을 많이 운영하시는 것 같습니다. 활동의 어려움이 있다면 무엇인가요?"

이선 대표 - "중국동포 참여율이 낮다는 점이 어려운 점입니다.

유권자연맹 활동의 대상이 어르신 위주이다 보니 젊은 중국동포의 참여와 관심이 많이 부족하기 때문에 이를 극복하기 위한 방안이 필요합니다."

"조사하다 보니 다문화 집단 중 중국동포가 가장 정치세력화가 잘 되어 있는 것 같습니다. 중국동포단체도 많고요."

이선 대표 - "아무래도 중국동포 수가 가장 많다 보니 그렇게 보일 수 있겠네요. 하지만 중국동포 내부는 생각보다 분열되어 있습니다. 모래알처럼 흩어져 있고, 기성세대 입장에서는 신세대가 리더가 되는 것에 대해 거부감도 큰 편입니다."

앞서 찾았던 중국동포지원센터와 달리 재한중국동포유권자연맹은 상주하는 직원이 없었다. 회원 모두 직업이 있었고 회장인 이선 대표조차 다른 직업이 있었다.

이선 대표 - "다들 생업이 바빠 매일 활동할 수 없지만 주말 및 공휴일을 이용해 최대한 활동하는 편입니다. 또 비자 취득에 필요한 자격증 교육이나 생활지원 활동을 주로 진행하던 중국동포지원센터와는 달리 정치참여라는 특정한 목적을 가지고 중국동포 단체 간 연합과 정치교육을 주로 추진하고 있습니다."

인터뷰를 마치고 우리는 재한중국동포유권자연맹에서의 시민교육을 진행하기로 했고 차후 세부적인 스케줄을 조정하기로 약속하

<그림 11> 재한중국동포유권자연맹을 방문한 김기현 학우

며 돌아갔다. 그러나 이후 이선 대표와의 연락이 두절되었고 시민
교육 역시 무산되었다.

그렇게 추가적인 시민교육은 진행하지 못하고 6.13 지방선거 당
일이 되었다.

3. 6월 13일 전국동시지방선거 당일

지방선거 당일 우리는 중국동포와의 인터뷰와 설문조사를 위해
대림동으로 나섰다. 선거 당일의 설문조사를 위해 기존의 설문지를
수정하는 과정을 거쳤다.

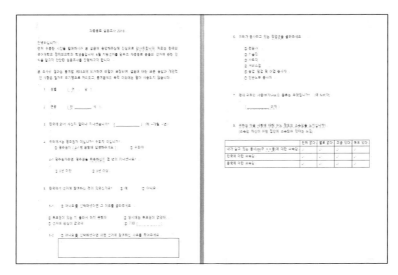

<그림 12> 선거 당일용 설문지

　설문지에는 선거참여 사유에 관한 항목을 추가하고 불필요한 문항을 제거했다.

　당일, 우리들은 대림역 12번 출구에서 1시에 만났다. 대림역 12번 출구로 나와 골목으로 돌아서자 마치 중국에 온 듯한 기분이 들었다. 중국 음식의 향신료 냄새와 중국어로 된 빨간색 간판들이 우리를 반겼고 우리는 곧장 대림2동 동사무소로 향했다. 대림2동 제1투표소에 도착하자마자 불행인지 다행인지 다른 대학생이 중국동포를 인터뷰하고 있었다. 초조해진 우리는 두 팀으로 나누어 인터뷰를 진행하기로 했다. 동사무소에 남아 있던 팀은 다른 대학생이 인터뷰를 진행하는 동안 옆 슈퍼에서 작은 음료수를 세 개 사왔고, 제1투표소에서 나오고 계시는 중국동포 할머님과 인터뷰할 기회를 얻었다. (음료수는 인터뷰가 다 끝난 이후 감사의 표시로 드렸다.)

할머니께서는 45년도 이전 한국에서 출생하신 분으로 한국 국적을 가지고 계셨다. 한국 정부에서는 45년도 광복 이전에 한국에서 출생하고 사회, 문화, 역사적 사유로 중국에서 거주하게 된 동포들에 한해 국적을 회복하였다.

"국적 회복하고 다시 한국에 들어와서 살게 된 지 17년 차야. 몇 차례 선거를 경험하며 참여하였지만 참여하지 않은 경우도 있었어."

"할머니, 이번 선거에 참여하신 특별한 이유가 있으신가요?"

"이명박, 박근혜 대통령 시절을 겪고 촛불정국을 지켜보면서 깨달은 바가 많았지. 이러한 정국을 바로잡고 국민으로서의 역할을 다하고 싶어 선거에 참여한 거야."

"한국과 중국 중 어디에 속한다고 생각하시나요?"

"한국에서 태어났지만 오랜 세월 중국에서 살았기 때문에 중국이 조국이야⋯ 그런데 한국에서 많은 도움을 받아 참 고맙지. 한국 복지제도도 잘 되어 있고, 우리 남편도 한국인인데 전신마비로 치료가 필요했어. 그때 의료보험과 보조금 지원으로 큰 도움이 되었지."

"지역 정치인에게 바라는 점 있으신가요?"

"딱히 바라는 점은 없어. 만족하고 있어. 동포가 위생 방면으로 협조하지 않고 있어 문제야. 도움 받는 것도 중요하지만 동포가 먼저 나서서 노력하는 게 더 중요하지 않겠어?"

인터뷰를 진행하며 우리가 가지고 있었던 편견에 대해 다시 한번 돌아볼 수 있었다. 인터뷰를 진행하기 전부터 인터뷰를 진행하기 어려울 것이라 예상했다. 말이 잘 통하지 않거나, 비협조적이거나, 정치에 전혀 관심이 없을 것이라고 생각했다. 그러나 인터뷰를 시작하고 처음 만난 어르신은 살면서 만난 할머니 중에서 가장 말을 조리 있게 하는 분이었고 정치에 대한 이해도 깊어 보였다. 첫 인터뷰가 끝나고 가지고 있던 편견을 반성하며 다음 인터뷰를 위해 장소를 이동하였다.

한편 다른 한 팀은 곧장 근처 다른 투표소로 향했다. 2개 정도의 투표소를 더 둘러보며 인터뷰 대상을 찾던 중 할머니 한 분을 뵐 수 있었다. 중국동포가 아닐까 해서 인터뷰를 시도했는데 그분은 한국인이었다. 중국동포와 함께 지내는 한국인 입장을 말씀해주셨다. 할머니는 이 동네 사람들이 본인을 제외하고 전부 중국동포라 한국인들이 오히려 설 자리를 빼앗기고 있다는 이야기를 해주셨다. 중국동포를 찾는 거라면 대동초등학교 앞 공원에 가보라고 하셨다. 그 공원에는 생각보다 꽤 많은 사람들이 몰려 있었다. 대부분 아이를 데리고 온 어머니거나 할머니, 할아버지 어르신들이었다… 꽤나 많은 인파에 조금은 긴장했지만 그래도 용기를 내고 한 분 한 분 물어보기 시작했다. 대학생임을 밝히고 인터뷰를 시도하였다. 중국동포 이야기를 듣기 위해 인터뷰를 진행하고 있다고 말씀드리자 중국동포 어르신들은 생각보다 훨씬 따뜻하게 반응해주셨다. 투표를 하셨냐고 물었을 때는 대부분 하지 않았다는 답변이 이어졌다… 한국에 산 지 10년이 넘었지만 귀화를 하지 않고 영주권도 취득하지 않다 보니 투표권이 없어 투표할 수 없었다고 답변하였다. 정치에 대한 관심이 적고 정치참여율도 낮을 것이라 생각했지만 선거 당일 인터뷰를 통해 정치에 관심이 많고 적극적으로 참여하는 중국동포도 만날 수 있었다. 예상보다 선거권에 대해 잘 알고 있는 중국동포도 많았다.

<그림 13> 선거 당일 인터뷰 진행하는 팀원들

공원을 벗어나 젊은 중국동포에게 인터뷰를 요청하였지만 대부분 거절하였다. 이들은 중국동포에 대한 민감한 시선을 걱정하는 것 같았고 그렇기 때문에 정치적 발언을 부담스러워하였다. 투표했는지 물어보자 본인은 투표권이 없다며 질문을 일축하는 일도 있었다. 한편, 중국동포에게 정치참여에 대한 질문을 하는 의도를 의심하는 사람도 있었다. 경계하는 모습으로 이 인터뷰 목적을 궁금해하는 사람도 있었지만 인터뷰 목적과 프로젝트 의도를 듣고 나서 오히려 더 자세하게 답해주고 궁금한 것을 물어올 정도로 적극적으로 임하는 사람도 있었다.

4. 스토리펀딩, 중국동포 프로젝트를 더 사람들에게 알리자!

<그림 14> Daum 스토리펀딩

<그림 15> Daum 스토리펀딩에 올라간 시민교육 영상

　프로젝트를 진행하면서 시민의 인식 변화 필요성에 대한 이야기를 가장 많이 나누었다. 중국동포에 대한 이미지를 개선하고 서로가 가지고 있는 선입견과 편견을 줄이기 위해 프로젝트를 알리는 일이 필요하였다. 학교 수업을 통해 진행한 찾아가는 시민학교 프로젝트를 알리기 위해 Daum 스토리펀딩을 기획하였다. Daum 스토리펀딩은 자신의 활동이나 연구 등의 취지와 과정을 흥미로운 스토리로 풀어내고, 후원자는 그 스토리에 펀딩함으로써 창작자를 지원하는 플랫폼이다.

　프로젝트를 알리고 도움을 받을 수 있다는 점에서 매우 유익한 활동이지만, 일반 대중을 대상으로 글을 올리고 많은 의견들이 오갈 수 있다는 점에서 조심스럽기도 했다. 특히 중국동포에 대한 이야기는 자칫 민감할 수 있고 사회분위기상 반감을 살 수 있어서 단어 선택과 표현에 더욱 주의하였다. 프로젝트 현장을 전달하기 위해 모의선거를 진행하던 당시 영상을 예능 형식으로 편집하여 사용하였다.

다음(Daum)사이트 메인에 오르며 4,484회 조회 수를 기록하였다.

"
시람들 스스로
변화할 수 있다는 것을

우리가 잊고 있었던 것은
아닐까?

저희는 여기서 희망을 발견했습니다. 실재로 우리가 찾은 대림동에서는 주민들 스스로 거리를
청소하고 경찰과 주민들이 함께 조직해 범죄를 예방하는 자정활동이 시작되고 있는 것을 확인
할 수 있었습니다.

<민주화 이후의 민주주의>는 "갈등의 제도화"에 대해 이야기합니다.

갈등을 인식하고 정치의 틀 안으로 가져와 이를 공동체 전체의 문제로 전환해 정치적 의제로
만드는 것이 정당의 역할이자 정치의 역할입니다.

저희는 중국동포와의 갈등을 인식하고 이를 정치의 틀 안으로 가져오는 것이 사회의 통합과
발전에 더욱 기여할 것이라고 생각했습니다.

프로젝트소개   펀딩하기

<그림 16> 중국동포팀 Daum 스토리펀딩

영상을 편집하던 시기가 선거 직전이어서 박옥선 대표의 얼굴
을 모두 모자이크 처리해야 했기 때문에, 스토리 펀딩 마감일 직
전 부랴부랴 편집을 하느라 아주 애를 먹었던 웃지 못할 헤프닝
도 있었다.

스토리펀딩 연재 글에 영화 <범죄도시>의 장면을 인용하고, 국
적 취득자가 아닌 영주권자도 취득 후 3년이라는 조건만 충족하면
지방선거에 참여할 수 있다는 정보를 담았다. 갈등을 인식하고 정
치의 틀 안으로 가져와 이를 공동체 전체의 문제로 전환하여 정치
적 의제로 만드는 것이 중요하므로, 중국동포가 선거를 통해 제도
권 정치 안에서 갈등을 표출하고 해결할 수 있도록 해야 한다는 점
을 피력했다.

연재 글을 올리자 활동에 대한 응원의 댓글이 달렸다. 그러나 중국 동포에 대한 사회적 시선은 여전했다. 막무가내식 악플도 달렸다. 그리고 의무를 이행하지 않는 외국인에게 왜 투표의 권리를 주어야 하냐는 댓글이나, 기초질서에 대한 교육이 우선이라는 비판의 댓글도 있었다. 귀환중국동포 사회 안에도 동포가 먼저 기초질서를 잘 지켜야 한다는 의견이 있다. 그래서 동포단체 스스로 캠페인과 봉사활동을 진행하지만 여전히 문제는 존재한다. 하지만 어느 집단에나 법규를 지키지 않는 사람이 존재하며 개인의 특성을 집단의 특성으로 일반화하는 것은 위험한 일이다. 특히 중국동포의 경우 이러한 성급한 일반화 때문에 생긴 선입견으로 인해 법규와 공중도덕을 잘 지키지 않는 일부 중국동포의 행태가 더 많이 부각되기도 하였다. 혐오는 갈등을 해결하지 못한다. 선주민과 중국동포 모두의 노력이 필요하다.

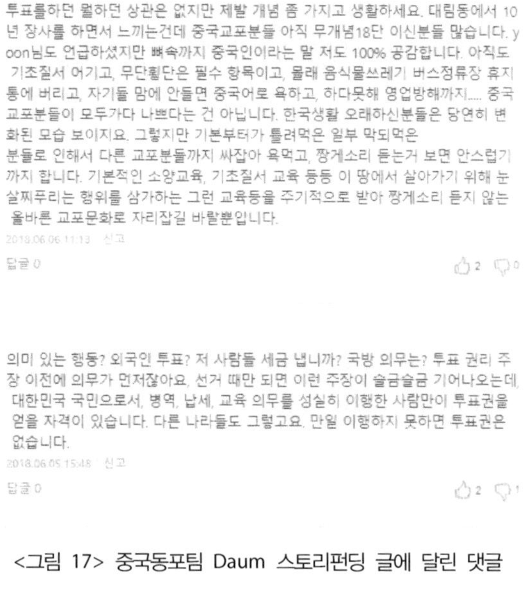

투표를 하던 말던 상관은 없지만 제발 개념 좀 가지고 생활하세요. 대림동에서 10년 장사를 하면서 느끼는건데 중국교포분들 아직 무개념18단 이신분들 많습니다. yoon님도 언급하셨지만 뼈속까지 중국인이라는 말 저도 100% 공감합니다. 아직도 기초질서 어기고, 무단횡단은 필수 항목이고, 몰래 음식물쓰레기 버스정류장 휴지통에 버리고, 자기들 맘에 안들면 중국어로 욕하고, 하다못해 영업방해까지.... 중국교포분들이 모두가다 나쁘다는 건 아닙니다. 한국생활 오래하신분들은 당연히 변화된 모습 보이지요. 그렇지만 기본부터가 틀려먹은 일부 막되먹은 분들로 인해서 다른 교포분들까지 싸잡아 욕먹고, 짱게소리 듣는거 보면 안스럽기까지 합니다. 기본적인 소양교육 기초질서 교육 등등 이 땅에서 살아가기 위해 눈살찌푸리는 행위를 삼가하는 그런 교육등을 주기적으로 받아 짱게소리 듣지 않는 올바른 교포문화로 자리잡길 바랄뿐입니다.
2018.06.06 11:13 신고

답글 0   👍 2 👎 0

의미 있는 행동? 외국인 투표? 저 사람들 세금 냅니까? 국방 의무는? 투표 권리 주장 이전에 의무가 먼저잖아요. 선거 때만 되면 이런 주장이 슬금슬금 기어나오는데, 대한민국 국민으로서, 병역, 납세, 교육 의무를 성실히 이행한 사람만이 투표권을 얻을 자격이 있습니다. 다른 나라들도 그렇고요. 만일 이행하지 못하면 투표권은 없습니다.
2018.06.05 15:48 신고

답글 0   👍 2 👎 1

<그림 17> 중국동포팀 Daum 스토리펀딩 글에 달린 댓글

중국동포, 그들을 응원하라 - 시민교육 프로젝트를 마무리하며

앞에서 밝혔듯, 귀환중국동포는 2017년 기준 30만 명 정도이고 중국과 한국을 자주 왕래하는 동포까지 합하면 80만 명까지 추산된다고 한다. 2018년 제7회 전국동시지방선거의 외국인 유권자 수는 10만 명에 이른다고 한다. 이중 중국동포가 80%를 차지한다. 중국동포의 경우 지방선거 투표권을 가지고 있지만 이를 인지하지 못하는 경우가 많다. 중국동포를 대상으로 시민교육을 통해 투표권이 있음을 알리고 지방선거 참여를 늘리는 것이 이번 프로젝트의 목표였다. 잠재적 유권자 또는 실질적 유권자인 중국동포에게 본인의 이익을 대변할 정치인을 선출할 수 있는 권리가 있음을 알리고 투표의식을 함양시키는 것이 이번 프로젝트의 궁극적인 목표였다.

<민주화 이후의 민주주의>는 갈등을 갈등으로 인식하고 사회적 갈등을 정치의 틀 안으로 가져와야 한다고 말했다. 이를 공동체 전체의 문제로 전환해 정치적 결정을 위한 의제로 만들어야 한다는 것이다. 이에 우리는 중국동포와의 갈등을 인식하고 이를 정치의 틀 안으로 가져오는 것이 사회의 통합과 발전에 더욱 기여할 것이라고 생각했다. 중국동포를 정치에서 배제하는 것은 문제를 방치하여 갈등을 심화시킬 것이라고 생각한다.

북돋아라 동포참여 프로젝트는 직접 교육과 참여관찰, 설문조사, 인터뷰 방법을 이용하여 진행되었다. 중국동포와 동포단체를 접하고 시민교육을 기획하고 진행하며 중국동포와 우리 사회의 단면을 관찰할 수 있었다. 스토리 펀딩을 진행하며 중국동포와 우리의 프로젝트를 비판적으로 바라보는 시선도 발견할 수 있었다. 선거 당

일 날 인터뷰와 설문을 진행할 때 시민 교육 때보다 더 많은 것을 보게 되었다. 인터뷰를 선거 당일에 진행하는 중에도 중국동포에 반감을 드러내는 한국인과 정치참여에 관심이 많은 중국동포를 만났다. 투표할 수 있는 자격에 대해 궁금해하는 중국동포도 많이 볼 수 있었다. 현장에 나가 직접 경험하며 논문과 기사에서 읽을 수 없었던 부분을 찾을 수 있었다.

> "학생이 나중에 대통령 되면 우리 같은 사람들 이렇게 평소 쉴 때라
> 도 더운 날 더운 데서 쉬지 않고 추운 날 추운 데서 쉬지 않게 해줘."

80만 명의 중국동포와 더불어 살아가야 하는 시대에 서로에 대한 오해와 선입견을 무시한 채 갈등을 회피하기만 한다면 더 큰 문제로 돌아오게 될 것이다. 귀환중국동포는 과거 한국을 떠났지만 다시 한국에 돌아온 사람과 그 후손들이다. 하지만 중국동포와 선주민에게 민족의식을 이유로 상대방에 대한 무조건적인 이해를 강요할 수 없다. 갈등을 제도화하는 것이 갈등을 관리할 수 있는 유일한 방법이라 할 수 있다. 이를 위해 정치참여를 늘리기 위한 찾아가는 시민학교 프로젝트를 구상하고 진행하였다. 프로젝트를 진행하며 시민교육에 대한 지원 없이 다른 정치제도에서 온 중국동포에게 민주주의사회의 시민의 권리와 의무를 다하라고 요구하기만 하는 것이 문제라는 사실을 다시 한번 깨달을 수 있었다. 다문화 시대, 함께 살아가는 법을 배우기 위해 찾아가는 시민학교 프로젝트가 필요하다. 다문화 구성원만을 대상으로 한 것이 아니라 선주민을 대상으로 더불어 살아가는 법을 배울 수 있는 프로그램도 함께 준비해야 한다.

4장

다문화 그룹
프로젝트

책임 조교: 차보경

이주노동자, "나를 위해 소리친다"

– 이주노동자 메가폰 프로젝트

〈아띠아띠〉

(양명운 · 나유경 · 김건학 · 장예원)

<그림 1> 이주노동자팀 〈아띠아띠〉. 왼쪽부터 장예원, 나유경, 양명운, 김건학

왜 이주노동자인가

국내 체류 외국인 200만 시대이다. 이 중에서 외국인 취업자는 80만 명이 넘는다. 다시 말해서, 국내에 체류하는 모든 외국인 중에서 거의 절반에 이르는 수가 외국인 노동자라는 뜻이다. 이는 경기도 부천시 인구에 버금가는 숫자다.[17] 여행으로 입국하는 인원을 제외하면 거의 열에 아홉은 노동을 하기 위해 한국에 들어온다. 실제로 현대의 대한민국 사회에서 외국인은, 혹은 이주노동자들은 더이상 사막에서 바늘 찾기처럼 운 좋을 때만 가끔 볼 수 있는 신기한 존재가 아니라 우리와 일상생활을 공유하는 존재가 된 것이다.

한국의 경제적, 사회적 측면에서 이주노동자 노동력의 중요성은 시간이 지날수록 높아지고 있다. 한국은 특정 업종 기피 분위기라든지, 저출산으로 인한 인구절벽 등으로 인해 노동력의 결핍에 시달리고 있으며, 이는 앞으로 더 심화될 전망이다. 이러한 상황에서 이주노동자의 노동력은 잉여 노동력이 아닌 한국의 존망에 필수적인 요소로 작동하고 있다. 이미 이주노동자의 노동력 없이는 사업체 혹은 공장 운영에 문제가 생기는 기업들이 다분한 실정이다. 한국이 직면하고 있는 이와 같은 문제의 근본적인 해결 방안이 무엇인가의 문제는 차치하더라도, 이 문제들은 이주노동자들이 이미 한국사회의 구성원으로서 아주 큰 비중을 차지하게 만들었다. 이주노동자는 한국산업의 다양한 분야에서 종사하고 있다. 건설업, 광업, 제조업부터 사업, 공공서비스, 음식점까지 이주노동자는 우리 사회 깊숙이 녹아들어 있다.

---

17) 국가통계포털(2015), "대한민국 인구순 도시목록" http://kosis.kr(검색일: 2018.4.30.).

하지만 이주노동자들이 한국사회에서 차지하는 중요성에 비해서 이주노동자에 대한 한국의 대우 수준은 턱없이 낮은 것이 현실이다. 대부분의 이주노동자들이 단순 비전문 인력으로 일하고 있는데, 굉장히 열악한 환경에서 근무하고 있다. 이들은 언어적인 문제로, 잘 모르기 때문에, 해고당할 우려로 인해 사업주로부터 부당한 일을 당했을 때도 그냥 넘어가는 경우가 일쑤이고, 임금도 동일한 노동을 하는 한국인에 비해 턱없이 낮은 편이다. 현재 이주노동자에 대한 정책 및 법률들이 존재하지만, 이 정책들은 실제 이주노동자들의 삶과 유리되어 많은 부작용을 일으키고 있다.

이와 같이 이미 피폐한 수준에 도달해 있는 이주노동자들의 삶은 앞으로 나아지기 어려워 보인다. 여론을 형성해서 정부를 압박해야 하는 국론은 외국인에 대한 배타적 태도 및 외국인 노동자들을 범죄자로, 일자리 도둑으로 보는 부정적인 인식에 힘입어 분열되어 있고, 정부는 이주노동자 관련 정책들을 비교적 덜 중요한 사안으로 취급하며 실효성 있는 정책을 전혀 만들고 있지 못하다.

물론 이주노동자들을 지원하기 위한 쉼터나 센터는 비교적 많이 존재한다. 이러한 쉼터 및 센터에서 이주노동자는 한국어 교육, 노동법 교육, 컴퓨터 교육 등 한국에서 노동자로 살아가고, 자립하고 권리를 보호받기 위한 지원을 받는다. 이러한 쉼터 및 센터가 이주노동자들의 삶에 큰 도움이 되는 것은 사실이다. 하지만 이와 같은 기관들에게는 치명적인 한계점이 존재한다. 바로 이 기관들의 성격들이 수동적이고 시혜적이라는 것, 언제나 소외되는 사람들이 생긴다는 것, 그리고 이주노동자들이 겪는 문제들의 근본적인 원인을 해결해주지 못한다는 것이다. 이와 같은 기관들은 시민단체나 지방자치단체 차원에서, 아니면 적어도 한국인에 의해 설립되는 것이 일반적이다. 이주노동자는 설립 과정에 참여하지 않는다. 이에 더해 이주노동자에 대한 지원은 하향식으로 일방적으로 이루어진다. 이 과정에 이주노동자의 실질적인 목소리는 담길 수 없으며, 이주노동자의 권리 또한 현 제도권 내에서만 이루어질 수밖에 없다. 이러한 기관들은 이주노동자를 한곳에 모이게 만들거나, 제도권 안에서 이주노동자들을 어느 정도 보호할 수는 있을지언정, **이주노동자들의 문제들을 근본적으로 해결해주거나, 그들로 하여금 주체적으로 행동하게 만들어주지는 못하는 것이다.**

이와 같은 쉼터 및 여타의 이주노동자 기관들의 한계를 극복하기 위해서 **이주노동자 노동조합**이 존재한다. 이주노동자노동조합은 다른 여타의 이주노동자 관련기관들과 달리, 이주노동자들 스스로의 필요에 의해 주체적으로 만들어져서 자신들의 인력과 회비로 운영되고 있다. 이주노동조합은 자신들의 문제를 자신들이 스스로 찾아서 연구하며 원인에 대한 근본적 해결을 찾고자 한다. 이주노조는 이주노동자 당사자들이 만들기 때문에 가장 정확하게 이주노동자들이 처한 현실을 직시할 수 있다. 이주노동자들의 실질적 및 근본적 삶 개선을 위해서 이주노동조합이 필요할 수밖에 없는 이유이다.

이주노동자들이 한국사회의 부정할 수 없는 큰 부분이라는 것, 그들이 열악한 상황에 놓여있다는 것, 그리고 주체성의 측면에서 이주노동조합이 갖는 의의, 이것들이 우리 조가 이주노동자들에게, 그중에서도 이주노동자노동조합에 주목한 이유다.

우리는 이번 연구를 통해서 이주노동자들의 목소리를 가능한 한 그대로 싣고자 노력했다. 그래서 이주노동자들의 실태에 대한 문헌

조사에 더하여, 그들을 직접 만나 이야기를 들어보고 함께하는 현장 탐구 시간을 4회 가졌다. 첫 현장 탐구에서는 이주노조의 우다야 라이 위원장을 만나 한국에서의 그의 생활과 이주노조의 전반적 활동에 대해 인터뷰했다. 두 번째 현장 탐구에서는 이주노조의 메이데이(노동절) 집회 현장에 직접 참여해 이주노조 조합원들의 이야기를 듣고, 노동절 집회 현장을 스케치했다. 세 번째 현장 탐구에서는 이주노동자 중에서도 비노조원들의 이야기를 들어보고 싶어 경기도 용인시의 이주노동자 쉼터에 찾아가 이주노동자들과 담소를 나누었다. 그리고 마지막 현장 탐구에서는 이주노동자들을 위해 일하는 한국인에 해당하는, 이주노조 한국인 직원들을 대상으로 한 인터뷰를 진행했다.

현장 탐구를 통해 우리는 이주노동자들이 한국에서 하고 있는 일이 무엇이고 어떤 어려움을 겪는지, 이주노조의 활동과 향후 활성화 방안은 어떻게 될지, 나아가 한국사회에서 이주노동자들의 목소리를 더 키우기 위해, 우리가 그들에게 메가폰이 되기 위해 어떻게 해야 할 지의 고민까지 담아보았다. 우리의 체험과 생각들이 한국사회의 이주노동자들에게 조금이라도 도움이 될 수 있기를 바라는 마음으로 이 글을 펴내며, 더불어 이주노동자들이 한국사회에서 당당한 의사 표출을 할 수 있기를 바라는 연대와 지지의 마음을 이 글에 가득 실어 보낸다.

대한민국의 이주노동자 실태

1. 한국사회 이주노동자 현황

2016년 국내에 체류하는 외국인의 수가 처음으로 200만 명을 넘어섰다. 법무부가 발표한 자료에 따르면 2016년 국내 체류 외국인은 204만 9천441명에 달했으며 전체 인구의 약 4%를 차지한다. 이는 2006년과(91만 명·전체 인구의 1.9%) 비교하였을 때 두 배 이상 증가한 수치라고 할 수 있다. 2017년 역시 국내 체류 외국인이 218만 명으로 2016년에 이어 200만을 돌파하였다. 그중에서도 외국인 경제활동인구는 86만 9천 명이고, 외국인 취업자의 경우 8만 4천 명이다. 외국인 고용률의 경우 68.1%에 도달하였다.

<표 1> 체류자격별 취업자

(단위: 천 명, %)

	취업자 전체	비전문 취업 (E-9)	방문 취업 (H-2)	전문인력 (E-1~ E-7)	유학생 (D-2, D-4-1, 7)	재외동포 (F-4)	영주 (F-5)	결혼이민 (F-2-1, F-6)	기타
외국인	834.2	255.6	166.7	38.2	12.4	181.6	74.8	52.0	53.0
(구성비)	(100.0)	(30.6)	(20.0)	(4.6)	(1.5)	(21.8)	(9.0)	(6.2)	(6.4)
남자	560.5	233.3	105.5	23.0	4.9	105.6	37.9	14.0	36.2
여자	273.7	22.2	61.2	15.2	7.5	76.0	36.9	38.0	16.8
'16년 5월 (A)	835.2	257.8	192.0	39.6	11.2	149.9	73.9	54.6	56.3
'17년 5월 (B)	834.2	255.6	166.7	38.2	12.4	181.6	74.8	52.0	53.0
증감 (B-A)	-1.0	-2.2	-25.3	-1.4	1.2	31.7	0.9	-2.6	-3.3
증감률	-0.1	-0.9	-13.2	-3.5	10.7	21.1	1.2	-4.8	-5.9

자료: 통계청

외국인 취업자를 체류자격별로 살펴보면 **비전문취업(E-9)** 인구가 25만 6천 명으로 가장 많고 재외동포(F-4) 18만 2천 명, 방문취업 (H-2) 16만 7천 명 순으로 많다. 남자 취업자의 경우는 비전문취업 인구가 23만 3천 명으로 가장 많았고 여자 취업자는 재외동포 7만 6천 명, 방문취업 6만 1천 명, 결혼·이민 3만 8천 명 순으로 많았다.

외국인 취업자 중 30.6%로 가장 높은 비율을 차지하는 비전문취업 인구의 경우 **'고용허가제'**를 통해 한국에 들어오게 된다. 외국인 고용허가제는 순수 외국인을 고용 허가하는 일반고용허가제와 외국 국적 동포를 고용 허가하는 특례고용허가제로 구분된다. 일반고용허가제에 의해 고용 허가된 국가는 필리핀, 태국, 인도네시아, 스리랑카, 베트남, 몽골, 우즈베키스탄, 캄보디아, 파키스탄, 중국, 방글라데시, 키르기스스탄, 네팔, 미얀마, 동티모르로 총 15개국이다. 비전문 취업 체류자격 외국인의 국적은 베트남이 14.5%로 가장 많았고 캄보디아 13.2%, 인도네시아 11.4%, 네팔 106%, 필리핀 9.7% 순이다. 산업별로는 82.5%로 대부분 광·제조업에 종사하고 있다.

<표 2> 국적별 비전문취업(E-9) 체류자격 외국인

(단위: 천 명, %)

	비전문 취업 전체	국적							
		베트남	캄보디아	인도네시아	네팔	필리핀	태국	스리랑카	기타
비전문 취업	255.9	37.2	33.9	29.2	27.1	24.9	23.6	22.2	57.8
(구성비)	(100.0)	(14.5)	(13.2)	(11.4)	(10.6)	(9.7)	(9.2)	(8.7)	(22.6)

자료: 통계청

<표 3> 취업 중인 산업별 비전문 체류자격(E-9) 외국인

(단위: %)

	비전문 취업 전체	취업 중인 산업					
		농림어업	광제조업	제조업	건설업	도소매음 식숙박업	기타
비전문 취업	100.0	11.1	82.5	82.5	3.4	1.2	1.8

자료: 통계청

2. 이주노동자 관련 제도의 실태

2017년 기준, 한국의 이주노동자 중 약 30%가 **고용허가제**를 통해 한국에 입국하였다. 고용허가제는 2003년 7월 국회를 통과하여 2004년 8월 17일부터 전면 시행되었다. 이는 산업연수생제도[18]에 비해 이주노동자들이 노동자임을 인정한다는 의의를 가지며, 노동 3권과 최저임금 그리고 산재보상의 혜택을 보장한다. 그러나 **고용허가제는 이주노동자가 사업주의 권한에 종속되는 것을 야기한다.** 고용허가제하에서 이주노동자의 사업장 이동은, '사업주의 고용계약 해지·휴업·폐업·인권침해(폭행 등)·임금체불·노동조건 저하 등 더 이상 고용관계 유지가 불가능한 사유가 발생한 경우'에 한해 3년간 최대 3회가 인정되고 사업주가 원할 경우 1년 10개월 연장이 가능하다. 중요한 것은 **이주노동자가 사업장을 옮기거나 퇴직을 원할 경우 반드시 사업주의 동의를 받아야 한다는 것이다.** 임

---

18) 외국인 산업연수생제도는 1993년 11월 도입된 것으로, 외국인 산업연수생이 대한민국의 연수업체에서 일정기간 연수함으로써 중소기업은 인력난을 완화하고 연수생에게는 기술 기회를 습득하여 국가들 간 상호협력을 증진시키기 위해 마련되었다. 연수생이 일정 기간의 연수 후에 검증절차를 거쳐 취업자격을 얻으면 정식근로자로 취업할 수 있도록 하는 제도였다. 하지만 이는 외국인 인력들에 대한 심각한 노동 착취의 수단이 되었고, 이로 인한 사회적 파장이 불거지면서 2004년부터 고용허가제가 새로이 시행되었다.

금체불, 근로기준법 위반 등 사업주의 명백한 잘못이 있을 때에는 사업주의 동의 없이도 사업장 이동이 가능하다. **그러나 한국말을 잘 못하는 이주노동자가 이러한 사업주의 잘못을 입증하는 데 어려움을 겪는 것이 현실이다.**

성실근로자제도의 경우 고용허가제로 입국한 이주노동자 중 4년 10개월 동안 한 번도 사업장을 옮기지 않은 이주노동자에 한해 본국에 돌아가서 3개월만 있으면 한국어능력시험 등 절차를 면제받고 바로 재입국할 수 있도록 한 제도이다. 본래 취지는 이주노동자의 안정된 취업활동을 보장하는 것이었다. 그러나 **이 제도의 혜택을 받기 위해 사업주가 불법행위(차별, 폭행 등)를 해도 이에 항의하거나 대응하지 못하는 경우가 많다.** 근로조건 위반 등 사업주의 책임이 명확하다면 사업장을 옮겨도 성실근로자에 해당될 수 있지만, 이 역시 제대로 입증하기 힘들다.

2017년 2월부터 고용노동부에서 **'외국인근로자 숙식정보 제공 및 비용징수 관련 업무지침'**을 시행하였다. 이를 통해 사업주가 숙소와 밥을 제공하는 경우 표준 근로계약서에 내용을 적시하고, 외국인 노동자의 서면 동의를 받으면 **통상임금에서 숙식비를 사전 공제**할 수 있다. 아파트, 단독주택, 연립·다세대 주택은 월 통상임금의 최대 20%까지, 비닐하우스나 컨테이너 등 그 밖의 임시주거시설은 최대 13%까지 공제가 가능하다. 이러한 숙식비 공제 지침은 이주노동자에게 제공하는 숙소의 종류만 명시되어 있고 화장실이나 냉·난방 여부, 1인당 면적 등 주거의 질을 정하는 기본적인 기준을 제시하고 있지 않다. **따라서 질 낮은 숙소를 제공하고 숙식비로 임금을 공제하는 일이 자주 발생**하게 된다.

출입국관리법 63조 1항은 "지방출입국·외국인관서의 장은 강제퇴거 명령을 받은 사람을 여권 미소지 또는 교통편 미확보 등의 사유로 즉시 대한민국 밖으로 송환할 수 없으면 송환할 수 있을 때까지 그를 보호시설에 보호할 수 있다"고 명시한다. 이는 **강제추방 대상이 된 외국인을 사실상 무기한 구금할 수 있도록 법적으로 허용하는 것**이다. 2007년 2월 11일, 여수출입국관리사무소 외국인보호소에서 화재가 발생, 구금됐던 55명의 외국인 가운데 10명이 사망하고 17명이 부상하는 여수 참사가 발생하였다. 여수 참사 희생자 중 우즈베키스탄 출신 이주노동자 故에르킨 씨는 체불된 임금 400여만 원을 받지 못했으나 출입국관리법 63조 1항에 따라 꼬박 1년을 보호소에 구금된 상태로 지내다 희생되었다. 참사 11년이 지난 지금까지도 이 조항으로 인해 6개월 이상 장기구금 중인 외국인이 현재 전국적으로 100여 명이 넘는 것으로 알려져 있다.

마지막으로 **근로기준법 63조 1항**은 "토지의 경작·개간, 식물의 재식·재배·채취 사업, 그 밖의 농림사업에서 일하는 근로자에게는 근로시간, 휴식·휴일 규정을 적용하지 않도록 한다" 고 명시한다. 이는 농축산업 직종이 농한기와 농번기가 있어 특수성이 있기 때문이다. 이에 따라 농업, 축산업, 어업 등에 종사하는 사람은 근무시간과 휴게 시간, 휴일의 기재 생략이 가능한데 당초 취지와 달리 **이주노동자의 근로를 착취하는 수단**으로 악용되기도 한다.

3. 이주노동자 정치 참여 실태

현재 한국의 이주노동자 관련 제도는 '저숙련 인력의 관리와 통제'에 초점을 두고 있다. 이처럼 이주노동자들을 사회의 구성원이 아닌 탄력적인 노동력의 관점으로만 보는 이주노동자 정책은 이주노동자들의 노동환경을 악화시키고 차별을 양산해낼 뿐이다. 이주노동자들이 당면하고 있는 여러 제도적 문제점을 해결하기 위해서는 정치활동이 필요하다. 투표와 같은 정치참여를 통해 이주노동자의 정치 대표성을 높이고 정책입안 활동에 이주노동자들의 입장이 반영되도록 하는 것이 중요하다.

그러나 문제는 **이주노동자의 정치활동이 극도로 제한**되어 있다는 것이다. 출입국관리법 제17조 2항은 "대한민국에 체류하는 외국인은 이 법 또는 다른 법률에서 정하는 경우를 제외하고는 정치활동을 하여서는 아니 된다"고 명시한다. 3항은 "법무부장관은 대한민국에 체류하는 외국인이 정치활동을 하였을 때에는 그 외국인에게 서면으로 그 활동의 중지명령이나 그 밖에 필요한 명령을 할 수 있다"고 기술하고 있다. **즉, 우리나라는 외국인의 정치활동을 엄격하게 금지하고 있다. 투표참여 외에도 선거운동이나 정당가입 등이 허용되지 않고 있다.**

출입국관리법 제10조, 제34조 및 공직선거법 제15조에 따르면 영주권 획득 후 3년 이상이 지난 19세 이상의 영주권자 외국인 중 외국인등록대장에 올라 있는 사람에 한해 지방선거 투표권이 부여된다. 그러나 이주노동자들이 영주권을 획득하는 것은 현실적으로 힘들다. 외국인 체류 자격 중 영주 자격(F-5) 취득을 위해서는 거주 자격(F-2)을 먼저 취득하여야 하는데, 이를 위해서는 첫째, 기술 기능 자격증 취득 또는 임금요건을 충족시켜야 하고, 둘째, 본인 또는 배우자가 2,000만 원 이상의 자산을 가지고 있어야 한다. 이 때문에 대부분 미숙련·저임금노동을 하는 이주노동자들은 거주 자격 취득조차 힘들다. 거주 자격 취득 이후에도 5년을 더 체류하여야 영주 자격이 부여된다. 영주권을 획득한다 하더라도 참정권을 얻는 것이 까다롭기 때문에 실제로 선거에 참여할 수 있는 외국인 유권자는 적다. **이렇듯 이주노동자들의 정치참여는 현실적으로 어렵고, 한국사회에서 자신의 목소리를 낼 수 있는 창구는 거의 없다.**

현장 탐구

1. 1차 현장탐구: '우다야 라이' 이주노조 위원장을 만나다

<그림 2> 우다야 라이 이주노동자노동조합 위원장 인터뷰 사진

"안 그래도 우리는 항상 사람이 부족한데 와서
연대해주면 너무 좋죠."

4월 15일. 해가 떴다가, 구름이 꼈다가, 유난히도 날씨가 변덕스러웠고 높은 미세먼지 농도로 모두가 외출을 꺼렸던 날이었다. 그리고 이날은 몇 번의 시도 끝에 마침내 성사된 이주노동자노동조합 우다야 라이 위원장과의 인터뷰가 있는 날이기도 했다. 인터뷰 장소는 성동 살곶이 체육공원이었다. 살곶이 체육공원에서는 '이소선 어머니 어울림한마당'이라는 행사가 열렸는데, 이주노조가 여기에 참여한다고 했다. 다른 날은 우리도, 이주노조 측도 시간을 내기가 힘들었던지라 행사 틈틈이 인터뷰를 진행하기로 했던 것이었다. 어울림한마당은 '하나가 되어라'는 이소선 어머니의 뜻을 받들어 여러 노동·빈민·시민사회 단체들이 참가하는 운동회였다. 운동회가 제대로 진행될 수 있을지 걱정이 될 정도로 궂은 날씨였지만, 그럼에도 불구하고 모두가 집에서 휴식을 취하는 토요일에 '하나가 되기 위해' 노동자들이 공원에 모여 있었다. 그리고 그 '하나'에는 이주노동자들도 함께였다.

우다야 라이 위원장이 처음 한국에 온 것은 1998년이었다. 그는 이주노조가 만들어지기 전까지 평등노조[19]에서 활동하다가 2009년부터 이주노조 서울지부장을 맡아 본격적인 이주노조 활동을 전개

---

19) 평등노조(서울경인지역 평등노조) 이주노동자지부는 2001년 결성된 단체로, 한국에서는 이 단체로부터 이주노동자 조직화가 본격적으로 시작되었다. 당시 평등노조의 주된 활동 목표는 외국인 노조가입 합법화에 있었다. 취업비자를 받지 않은 산업연수생이나 현지법인연수생과 같은 이주노동자 혹은 미등록노동자가 한국의 노조에 가입하는 것이 상당히 드문 일이었고, 노동부 또한 외국인의 노조가입을 법적으로 허용하지 않고 있었다[출처: "평등노조 이주노동자 조직화 본격화", 2001.5.11., 매일노동뉴스.
http://labortoday.co.kr/news/articleView.html?idxno=12998 (검색일: 2018.5.1.)].

했다. 위원장은 창신동 봉제공장에서 처음 일을 시작했는데 당시 이주노동자들의 노동환경은 처참했다. 다른 나라에서 왔다는 이유로 장시간 노동을 당연하게 받아들여야 했으며 직장동료들에게 무시받는 것도 일상다반사였다. 공장 측은 지게차로 들 수 있는 것도 굳이 사람의 손으로 들게 했고, 쉬는 날도 없었다. 이 때문에 이러한 문제들을 해결해야겠다고 느낀 것은 자연스러운 일이었다고 우다야 위원장은 전했다. 그가 평등노조를 처음 알게 되었던 당시에는 지금처럼 이주노조가 단독으로 존재하지 않았고 규모가 큰 것도 아니었다. 처음에는 노조의 존재조차도 알지 못했지만 때마침 노조에서 활동하던 몇몇 친구들이 이주노조를 알려주었다. 그리고 그는 한국 사람들의 동정이 아닌, 동등한 권리를 원했기에 노조에 가입했다.

2018년 현재 이주노동자 노조의 누적 조합원 수는 1,000명이 넘는다. 하지만 현시점에서 실제로 가입비를 납부하고 활동하는 조합원은 약 300~400명 정도다. 조합원들은 네팔, 방글라데시, 미얀마, 필리핀, 베트남, 우즈베기스탄 등 총 18개국 출신으로 이루어져 있다. 노조는 주로 집회의 방식으로 활동을 전개한다. 각 지역을 순회하면서 집회를 열기도 하고 각 지방자치단체의 고용센터를 직접 방문해서 공무원들에게 이주노동자들에 대한 관심을 호소하기도 한다. 이주노조의 가장 큰 특징은 다른 이주노동자 단체와 달리 이주노동자들이 스스로 주체가 되어 권리를 외치고 목소리를 낸다는 것이다. 외국인이주노동운동협의회와 이주노조의 차이점을 묻는 질문에 우다야 위원장은 '주체성'이라고 답했다. 외노협의 경우 한국인들이 이주노동자들을 대리하는 방향으로 활동이 이루어진다. 이주노동자들이 스스로 목소리를 내기보다는 다른 누군가가 대신해주는 것이다. 이러한 이유로 고용허가제에 대해 외노협과 이주노조의 생각은 큰 차이가 있다. 외노협의 경우 대부분 고용허가제 정도만 되어도 한국에 있는 이주노동자들을 위한 충분한 대우가 이루어지고 있다고 생각한다고 그는 말했다. 반대로 이주노조는 사업자나 고용주 중심의 고용허가제를 철폐하고 이주노동자들의 자유와 권리 보장을 중심으로 하는 노동허가제를 주장한다. 이는 두 단체가 2004년에 갈라지게 된 이유기도 하다. 즉, 주체성은 이주노조가 이주노동자 단체로서 가지는 가장 큰 의의라고 할 수 있다. 우다야 위원장은 "이주노동자들의 활동은 정당합니다. 그리고 우리가 비록 한국에 돈을 벌기 위해 왔다고 하더라도, 우리의 권리를 지키기 위해서는 우리가 스스로 활동해야 합니다. 한국사회와 이주노동자들의 상황이 어떻게 돌아가고 있는지 스스로 알아야 합니다. 그리고 이주노동자들 각자가 스스로 일어나 각자가 할 수 있는 역할들을 해야만 합니다"라며 이주노조의 중요성을 역설했다.

그러나 현재 이주노조가 처해 있는 상황은 그렇게 좋지 못하다. 고용허가제를 철폐하고 노동허가제를 쟁취해야 한다고 꾸준히 주장해왔지만, 현실은 달라지지 않았다. 대한민국에서는 출입국관리법에 따라 외국인의 정치활동이 제한되어 있고 이주노동자들 대부분은 영주권이 없어 선거권을 행사하지 못한다. 이렇기 때문에 이주노조의 주장은 정치권에 큰 힘을 행사하지 못하는 것이 곧 현실이다. 이를 대신해 이주노조가 집회나 선전전을 중심으로 활동을 하고 있지만, 이주노조 자체에 대한 관심과 참여가 적어 아직까지 큰 영향력을 가지지 못하고 있다.

**"혼자서만 투쟁하면 바꿀 수 있는 게 아무것도 없습니다.
이주노동자들 스스로가 나서야 합니다.
그리고 함께 힘을 모아야 합니다."**

우다야 위원장은 변화를 이끌어내려면 이주노조를 중심으로 모두가 힘을 모아야 하는데 그게 매우 어려운 상황이라고 말했다. 우선, 이주노동자들의 인권이나 노동에 대한 의식이 낮아서 그들이 겪고 있는 문제들이 진짜 문제라고 느끼지 않거나 문제가 있다는 것 자체를 깨닫지 못하는 경우가 많다. 특히 자신이 일을 하는 직장에 문제가 없으면(즉, 사장님을 잘 만나면) 특별히 해결해야 할 분쟁이 없다고 생각해서 진정한 자기 권리에 대해 잘 생각하지 않는다. 그러다 보니 이주노동자들 간의 연대도 쉽지가 않다. 같은 이주노동자들 사이에서도 이주노조에 대해 '저 사람들은 너무 많은 것을 요구하며 오히려 이주노동자들에 대한 안 좋은 인식을 심는다', '쟤들은 뭔데 저렇게 나서지?'라고 말하기도 한다.

여기에는 언어 문제도 크게 작용한다. 이주노동자들은 한국어나 영어를 잘 모르는 경우가 많다. 언어를 알지 못하니 자신들이 겪고 있는 문제가 있어도 그게 왜 문제인지 모르고, 알아도 설명이나 표현을 하지 못한다. 한국에서 생활하면서 이주노동자들은 자기 자신에 대해 설명하지 못한다. 이주노동자로서 자신이 가지는 정체성을 깨닫기 힘든 것은 당연한 일이다.

그뿐만 아니라 언어의 제약으로 인해 소통에도 문제가 발생한다. 노조 조합원들도 각자 출신 국가가 다르고 언어가 다르다 보니 의사소통이 제대로 이루어지지 않는 경우가 있다. 또 이주노조에 도움을 요청하거나 가입하기 위해 찾아온 이주노동자들과 말이 통하지 않기도 한다. 이러한 경우, 이주노동자들은 자신의 상황이나 겪고 있는 문제들을 제대로 설명하지 못하고 노조 쪽의 조언도 이해하지 못해 문제 해결이 매우 어려워진다. 그러다 보니 이주노동자들에게 도움을 주기가 힘들어지고 노동자들의 노조에 대한 관심도 떨어지는 것이다.

이주노동자들이 노조참여 의지를 잘 느끼지 못하는 데에는 프로그램의 문제도 있다. 외노협의 경우 한국의 중앙 정부나 서울특별시와 같은 지방자치단체 등에서 상대적으로 많은 지원을 받고, 외노협을 지지하는 자원 활동가도 많은 편이다. 따라서 외노협 내에서 언어 교육이나 숙식 해결, 사회 적응 등등의 다양한 프로그램을 노동자들에게 무료로 제공하는 것이 가능하다. 이 외에도 외노협 측은 문화체험이나 한국여행과 같은 이주자들의 흥미를 불러일으킬 수 있는 활동들을 다수 진행한다. 이에 비해 노조의 활동들은 주로 집회, 선전활동 등 흥미보다는 힘들고 많은 시간과 노력을 요하는 활동들로 이루어져 있다. 그렇다 보니 노조보다는 외노협 쪽으로 가는 이주노동자들이 많을 수밖에 없는 것이다.

또, 이주노동자들이 이주노조에 관심이 있어 가입을 한다고 하더라도 노조 활동을 하는 데에는 많은 제약이 따른다. 실제로 많은 노동자가 일 때문에 시간을 내지 못해서 집회에 참여하지 못하는 경우가 많다. 주말이나 휴일에도 잔업을 하느라 바쁜 노동자들이 대부분이기 때문이다. 재정 문제도 이주노조에게 있어 큰 짐이다. 이주노조는 정부 지원금을 받지 않고 노조 가입비와 후원금만으로 운영이 되고 있다. 후원금도 많거나 일정하지는 않다. 그러다 보니 금전적으로 어려울 때가 많다. 또한 이주노조는 많은 단체와 실질적인 연대가 이루어지지 못하고 있다. 현재 이주노조는 민주노총, 이주공동연금, 민변(민주사회를 위한 변호사 모임) 등과 연대하고 있다. 그러나 민주노총의 경우 일부 조합원들이 이주노동자들을 함께 연대해야 할 동지로 생각하거나 받아들이지 않는 경우가 있어 깊은 연대가 이루어지지는 못하고 있다. 특히 지방자치단체나 노동청, 공무원들과의 연대는 거의 이루어지지 않고 있다. 정부나 공공기관에서 이주노동자들이 인간답게 살 수 있는 환경과 권리를 보장해주기 위해 노력해야 하는데 실제로는 그렇지 않다. 이러한 상황에서 이주노조가 한국정부나 제도를 상대로 영향력을 발휘하는 것은 쉽지가 않다.

이와 같은 여러 문제를 해결하기 위해 이주노조는 많은 노력을 기울이고 있다. 언어 문제와 같은 경우 이주노조에서 비조합원을 포함한 모든 이주노동자들을 대상으로 하는 한국어 수업을 할 예정이다. 원래 노조에서는 예전부터 한글 교육을 해왔지만 점점 한국어 교사와 자원봉사자가 줄어 이를 중단했다. 그러나 최근 언어 문제를 해결하기 위해 다시 한국어 교육을 시작할 예정이라고 한다. 또 노조의 영향력을 확대하기 위해서 보다 조직적인 활동이 중요하다는 우다야 위원장의 판단에 따라 지역별로 지부를 세우고 지부장을 두는 등 노조를 조직화하는 데 힘쓰고 있다.

노조의 규모를 키우기 위한 많은 홍보활동도 이루어지고 있다. 이주노조는 최근 이주노동자들이 많이 모인 지역을 방문해서 이주노동자들에게 선전을 하거나 공항에서 처음으로 한국에 입국하는 새 이주노동자들에게 이주노조에 대해 소개하는 활동을 하고 있다. 유인물을 제작해서 사람들에게 나누어주기도 하고, 페이스북과 같은 SNS를 활용해 홍보를 하기도 한다. 그리고 올해 5월부터는 순회투쟁버스(투쟁투어버스)를 타고 전국을 돌아다니며 이주노동자들의 사업장이나 공공기관을 찾아다니며 항의 면담과 집회도 진행할 예정이다. 산업인력관리공단에서 이주노동자 대상으로 진행하는 교육에 이주노조가 참여할 수 있도록 지속적으로 요청하고 있지만 아직까지 긍정적인 대답을 듣지 못한 상태다. 노조의 홍보활동은 주로 선전활동에 국한되어 있는데, 이에 대해 위원장은 "이주노조 차원에서는 선전활동 외에는 다른 방식으로 진행하는 것들이 없어요. 그래서 다양한 언론 매체들을 통해 우리 이주노동자들의 이야기를 알리고, 우리가 스스로 우리의 이야기를 건네야 하는 것이 우선이라고 생각해요"라고 말했다.

"사람들은 이주노동자를 단순히 기계와 같은 노동력의 수단으로만
사용한다고 생각하고, 다른 부분에는 관심을 갖지 않는 것 같아요"

이주노동자들이 주체적으로 자신들에 대한 인권 보장과 차별 해소를 이루어내기 위해서는 한국 국민들도 이들과 함께해야 한다. 한국 사람들은 이주노동자들의 인권침해나 차별 사례를 들었을 때는 함께 마음 아파하다가도, 이주노동자들이 자신들의 권리를 외치면 '그래도 한국에 와서 돈 많이 버는데 이 정도면 괜찮지', '우리 살기도 힘든데 외국인까지 신경써줘야 하나', '한국에서 일하는 게 힘들면 그냥 돌아가라' 등 삐뚤어진 시선으로 그들을 마주한다. 그래서 고용허가제가 부당하며, 이를 노동허가제로 바꾸어야 한다는 그들의 목소리를 들어주지 않는다. 그러나 이는 엄연히 한국사회에서 발생하고 있는 한국의 문제다. 일반 국민들이 노조활동에 많은 관심을 가지고 참여해주지 않는다면 문제는 해결될 수가 없다. 정부에서도 이주노조의 목소리에 더 귀 기울여야 한다. 이주노동자 관련 문제를 담당하는 이주노동자 '전임' 공무원을 두어 문제 해결에 더 힘써야 한다. 또한 현재는 선거로 정부가 바뀌고 담당 공무원이 바뀔 때마다 이주노동자 정책이 바뀌는 경우가 많은데 이주노동자 문제에 대한 일관성 있는 대책을 마련해야 한다.

> "한국 국민도 함께 나서줘야 합니다.
> 이주노동자들 스스로가 인식을 바꿔야 하고,
> 자신들의 실제 상황들이 어떤지 직접 말할 수 있어야 합니다.
> 그리고 이주노동자들의 상황을 국민들이 제대로 알아줘야 하고,
> 이주노동자들에 대한 인식이 바뀌어야 합니다."

인터뷰가 끝나고 이주노동자 메이데이 집회에 함께 참가해도 되는지 여쭤보자, 우다야 라이 이주노조 위원장이 웃으면서 대답했다. 생각보다 길어진 인터뷰에 위원장의 얼굴에는 힘든 기색이 역력했지만, 그는 끝까지 웃음을 잃지 않았다. 우리는 거듭 감사 인사를 드리며 다음 메이데이 집회를 기약했다. 운동장의 다른 한쪽에서는 술판이 시작되고 있었다. 막 행사가 끝나고, 누가 넘어지는 바람에 졌네, 누구 뛰는 모습이 웃겼네 하는 식의 서로 주고받는 농담 속에 술잔이 여러 번 오고 가는 중이었다. 왜 이렇게 오래 걸렸냐며 어서 와서 한잔 받으라고 소리치는 목소리에 우다야 라이 위원장의 발걸음이 빨라졌다. 그의 한 손에는 우리가 감사의 뜻으로 건넨 아침햇살 음료수 박스가 들려 있었다. 이날은 '하나가 돼라'는 이소선 어머니의 뜻을 받들기 위해 여러 단체들이 '어울림한마당'을 하는

날이었다. 이소선 어머니는 살아생전 우리 모두가 한마음과 뜻으로 모여 단결하고 연대하여 '하나가 되어야 한다'고 말씀하셨다. 한국인 노동자건 이주노동자건 같은 노동자로서 살아가고 있는 우리는 당연히 하나지만 현실은 그렇지 못하다. 모두가 진정으로 '하나' 되어 살기 위해서는 더 절실히 마음과 힘을 합해야 할 것이다. 이날 살곶이 공원에서는 같이 게임을 하고, 서로를 응원하고, 웃고 떠들며 술을 마시는 모두가 하나인 듯 보였다. 금세 하나가 된 노동자분들을 뒤로하고 우리도 자리를 떠 각자의 집으로 향했다.

2. 2차 현장탐구 – 그들이, 메가폰을 잡았다

잔뜩 하늘을 뒤덮었던 회색빛 미세먼지가 걷히고, 밝게 해가 빛나던 날이었다. 4월 29일, 우리는 서울 한복판의 보신각으로 향했다. 이주노조의 메이데이(노동절) 집회가 있다는 소식을 들어서였다. 우리는 이주노동자들이 노조 활동에 얼마나 참여하는지, 또 얼마나 자신들의 문제에 관심을 갖고 있을지 궁금했다. 그리고 이주노동자노동조합의 활동을 직접 참여해보고, 이주노동자들의 말을 생생하게 들어보고 싶었다. 그곳에서 우리는 이주노조의 우다야 라이 위원장과, 이주노조 조합원 오자 씨 그리고 몰리나 씨를 비롯해 많은 이주노동자들을 만났다. 집회에 참석한 이들 모두 다 행복해 보였다.

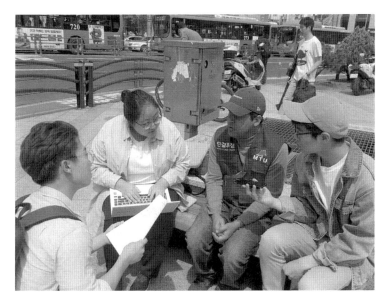
<그림 3> 오자 마두슈단 씨 인터뷰 사진

우리의 첫 번째 인터뷰에 응해준 사람은 네팔에서 온 '오자 마두슈단' 씨였다. 제법 능숙한 한국말을 구사하며 카메라와 다른 노조원들 앞에서 낭당하게 밀하는 그의 모습에 우리는 인터뷰를 요청했고, 그는 미소를 띤 채 스스럼없이 우리의 인터뷰에 응했다. 어느 나라에서, 언제 한국에 오셨냐는 우리의 질문에, 그는 자신이 한국에 처음 온 날을 정확히 기억했다. "네팔에서 2014년 12월 14일. 지금은 천안에서 너트, 볼트 만드는 일을 해요." 그에게 그날은 잊지 못할 날이었던 듯했다.

"직장, 세 번 바꿨어요. 그런데…"

오자 씨는 한국에 와서 인천에서 일을 했다. 인천에서 일을 하는 동안 고용주는 오자 씨를 매일 때리고, 욕하고, 일은 더 많이 시켰다. 그러다가 허리를 다쳤고 병원에 입원까지 했다. 더 이상 버틸수 없었던 오자 씨는 고용주에게 사업장 변경 허가를 요청했다. 하지만 사장님은 사업장 변경 서류에 사인을 해주지 않았다. 오자 씨는 한국 땅의 이주노동자로서 혼자 설움을 달래야 했다. 이주노동자들은 사업장 변경을 원해도, 고용허가제로 인해 기존에 소속된 사업장의 고용주에게 허가를 받지 못하면 근무지를 바꿀 수 없다. 이 제도를 많은 고용주들이 악용해 이주노동자들이 이직을 할 수 없게 만들고, 이주노동자들을 협박하기 위한 수단으로 사용한다. '앞으로는 내 말 잘 들으면 밥도 잘 챙겨주고 돈도 많이 줄게' 하는 말을 건네며 회유하거나, '내 말 안 들으면 너는 네 나라로 돌아가야 할 수도 있어' 하는 식이다. 또, 나중에 안 사실이지만, 그는 인천에서 일자리를 옮긴 후 일하게 된 평택의 플라스틱 공장에서도 착취당했다. 평택 공장의 사업주는 오자 씨와 같은 이주노동자들이 12개월 단위로 계약을 맺을 때 나오는 퇴직금을 주지 않기 위해서, 계약서를 11개월 단위로 쓰게 하고 11개월이 지난 후에는 공장의 다른 부서로 새로 취직했다고 계약서를 다시 쓰게 하는 횡포를 부렸다. 일도 과하게 많았다. 결국, 오자 씨는 지금의 천안 공장으로 일자리를 다시 옮겼다. "일자리를 많이 바꾸셨는데, 지금 직장에서는 어려운 것 없으세요?"라는 질문에 그는 다시 답했다. "공장 기숙사를 쓰는데, 기숙사비와 식비가 (최저임금)월급에서 공제돼요. 그리고 이주노동자 다섯 명이 한 개의 방을 쓰는데, 저 말고 모두 캄보디아 사람들이라 말이 잘 통하지 않아요. 그리고 같은 공장 안에서도 한국 근로자들이 이주노동자들을 차별해요."

"노동조합과 같은 단체들이 없으면,
문제를 겪고 있는 이주노동자들은 문제를 해결하지 못하고
자기 나라로 돌아갈 수밖에 없어요. 그래서 노조가 필요해요.
우리 스스로가 말할 수 있잖아요."

　인천에서 허리를 다쳐 병원에 다닐 무렵, 오자 씨는 처음으로 이주노조를 찾게 됐다. 친구가 여기로 가면 도움을 받을 수 있다며 준 전화번호가 이주노조의 연락처였던 것이었다. 오자 씨의 힘든 사정을 알게 된 이주노조에서 고용주에게 전화를 걸었고, 고용주는 사업장 변경 서류에 서명을 했다. 그렇게 오자 씨는 인천에서 평택으로 근무지를 옮길 수 있었다. 이때부터 오자 씨는 이주노조에 더욱 관심을 갖게 되었다. 내가 겪는 문제는 내가 스스로 해결해야 한다는 신념이 그의 가슴속에 가득 찼고, 그는 이주노조에서 적극적으로 활동하게 되었다. 사실, 이주노조에 대한 오자 씨의 인상이 처음부터 좋았던 건 아니었다. 그는 노조 가입 전에 네팔 출신 동료 이주노동자들이 이주노조에 대해 부정적으로 말하는 것을 듣고 그것을 믿었다고 했다. "시위 나쁜 거라고, 이주노조처럼 시위 나가면 안 된대요. 일할 때는 죽어도 사장님 말씀만 잘 들으라고 하는 사람들도 있었어요." 가장 놀라운 말이었다. '죽었다고 생각하고 사장님 말씀 잘 들어야 한다', '시위는 나쁜 거니까 나가면 안 된다'는 말을, 같은 이주노동자들이 했다니, 의외였다. 그동안 이주노동자들을 고용하는 것도 사장님이지만, 이주노동자들을 가장 힘들게 하는 것도 사장님이었다. 이주노동자들에게 물리적 폭력과 언어폭력, 때로 여성 노동자들에게는 성폭력까지도 가하는 사람, 고용허가제의 실권을 쥔 사람들, 그리고 이주노동자들의 고용과 실업, 다

시 말해, 그들의 생존을 결정하는 사람들인 '사장님'… 그런데 그들의 폭력과 착취를 당해야 했던 이주노동자들 스스로가, 그 사장님들에게 고분고분히 대하라고 했다는 말이 이해가 되지 않았다. 그렇게 이주노동자들은 참아야만 했던 걸까? 조금이라도, 단 한마디라도, 무언가를 말해볼 수는 없었던 걸까? 하지만 이주노조에서 활동하면서 그의 생각은 조금씩 바뀌었다. 그는 실제로 이주노조에 가입하고 활동을 하면서, 스스로 무언가에 대해 말할 수 있고, 스스로의 권리를 주장할 수 있다는 사실에 큰 기쁨과 성취감을 느끼고 있었다.

> **"'이 신발은 비싸서 너 같은 외국 사람은 못 산다'고 그냥 가래요.**
> **차별 나빠요. 차별은 없어져야 해요.**
> **이주노동자들이 이유 없이 차별당할 때,**
> **그것에 대응하는 방법을 가르쳐줘야 해요."**

인터뷰가 점점 무르익으면서, 우리는 오자 씨가 한국에서 살아가는 모습에 대해서도 궁금해졌다. 한국에서 적응할 때 어떤 것이 가장 어려웠냐는 우리의 질문이 끝나자마자 오자 씨는 '차별'이라고 바로 답했다. "하루는 신발을 사러 동네 신발가게에 갔어요. 그런데 제가 신발을 고르자마자, 가게 사장님이 '이 신발은 비싸서 외국 사람은 못 사는 것이니 그냥 가라'고 했어요. 아까 말한 것처럼 일할 때도 차별을 당해요. 제가 지금 일하는 회사에 한국인 직원들과 외국인 노동자 직원들이 함께 일을 하고 있어요. 그런데 같은 공간에서 함께 일하는 한국 사람들도 우리를 많이 차별해요. 저보다 훨씬 나이가 어린 한국 직원이 저에게 반말을 하고 무례하게 대했어요. 기분이 나쁘고 마음이 아파요."

그는 차별이 없어져야 한다고 말을 덧붙였다. 문득 우리는 이 사람들이 생각하는, '차별을 없애는 방법'이 궁금해졌고, 오자 씨에게 어떻게 하면 차별을 막을 수 있을까에 대해 물었다. 그리고 우리는 오자 씨에게서 놀라운 답을 들을 수 있었다. 이주노동자들이 이유 없이 차별을 당했을 때, 차별적인 언행을 하는 사람에게 직접 다가가서, '차별하지 마세요!'라고 당당히 말할 수 있도록 가르쳐야 한다는 답이었다. 맞다, 맞아! 이렇게 하면, 이주노동자들은 당당하게 자신의 정체성과 권리를 드러낼 수 있으며, 자신들이 그저 다른 나라에서 왔다는 이유로, 또는 차별을 당했다고 해서 주눅 들지 않아도 된다. 또한 이렇게 하면 차별을 하는 쪽에게 자신의 행동이 잘못되었음을 스스로 알게 하는 명확한 방법이 될 것이다.

"고용허가제 철폐하고, 노동허가제 인정해주세요.
사업장 변경의 자유 보장해주세요."
"우리도 한국인과 똑같은 사람이에요. 저희와 함께 연대해주세요."
"이주노조에 관심을 가져주세요. 이주노조의 활동에 함께 참여하면,
우리 앞에 놓인 문제들을 해결할 수도 있고,
이 세상을 바꿀 수도 있을 거예요."

인터뷰를 마무리하며, 우리는 오자 씨에게 '한국 정치권에 해주고 싶은 말이 있느냐'고 물었다. 오자 씨는 우리의 질문을 듣자마자 이렇게 답했다. "한국 정부에는, 고용허가제를 철폐하고 노동허가제를 인정해달라고 말하고 싶어요. 이주노동자들을 존중하지 않는 제도인 고용허가제는 없어져야 해요. 특히 사업장을 자유롭게 바꿀 수 없다는 고용허가제의 항목이 가장 먼저 바뀌어야 해요."

오자 씨와 같은 이주노동자들 중에서 네팔에서 온 친구들 다섯 명이 고용주의 허가가 없어 사업장을 바꾸지 못했고, 결국 고통받다가 고국에 돌아가지 못한 채 한국에서 자살을 선택했다고 했다. 분위기가 숙연해졌다.

또, 한국인 고용주들에게 하고 싶은 말로는 이렇게 대답했다. **"'사장님들, 우리도 사람이에요'**라고 말하고 싶어요. 이주노동자들도 똑같은 사람이에요. 우리에게도 가족들이 있어요(오자 씨는 고국 네팔 땅에 사랑스러운 부인과 아들을 두고 떠나왔다). 우리를 노예나 기계가 아니라 사람처럼 대우해주세요. 한국 사람들은 우리가 먹을 밥이 없고, 집도 없고, 돈도 없어서 여기 왔다고 생각하는 것 같아요. 하지만 모든 한국 사람들에게도, 한국 사람과 외국 사람들이 서로 똑같은 사람이고, 우리도 대우를 받을 권리가 있다고 말하고 싶어요. 그리고 한국 사람과 외국 사람들이 서로 연대해야 한다고 생각해요."

마지막으로, 그는 한국의 모든 이주노동자들에게 노조에 대한 관심과 참여를 독려했다. 오자 씨 스스로도 이주노조의 도움을 받아 이주노조에 관심을 갖고 활발히 활동하게 되었듯이, 다른 이주노동자들도 이주노조의 도움을 많이 받았으면 좋겠다고 전했다. 그렇게 관심을 조금씩 늘리고 이주노조의 활동들에 참여하면, 이주노동자들 스스로가 자신들의 문제를 해결하고 세상을 바꿀 수 있을 거라고 그는 말했다.

**"일을 하다가 몸을 다치고,
이유 없이 욕을 듣고 나니 마음도 다쳤어요."
"사장님이 사업장 변경 서류에 사인을 해주지 않았어요."**

우리의 두 번째 인터뷰는 역시 네팔에서 온 몰리나 씨와 함께했다. 몰리나 씨는 한국에 온 지 아홉 달이 되었다고 했다. 한국에 있었던 시간이 짧은 것에 비해 몰리나 씨는 한국말을 잘했다. 한국에 너무나도 오고 싶어서, 네팔에서부터 한국어 학원에 돈을 내고 다녔던 그녀였다. 우리의 사진 촬영을 정중히 거절한 그녀의 모습을 간략히 표현하자면, 연분홍색의 원피스가 화사한 햇살 아래 선 그녀에게 아주 잘 어울렸다. 그녀는 따뜻한 사람인 것 같았다. 그녀의 말씨와 행동 모두에서 따뜻함이 느껴졌다고 할까… 그런데 그녀의 내면에는 차갑고 커다란 상처가 있었다.

몰리나 씨가 한국에 와서 가장 처음으로 갖게 된 일자리는 충청북도 충주의 상추 농장에서 상추를 수확하는 일이었다. 그녀는 매일 11시간 동안 몸을 숙이고 상추를 수확하다 보니 목과 허리를 다쳤다. 아플 때는 돈을 못 버는 것을 걱정하면서도 휴가를 내가면서 병원에 갔다. 돈과 시간을 많이 썼지만, '사장님'이 도와준 건 아무것도 없었다. 한국말을 잘 하지 못해 병원까지 찾아갈 수도 없었던 그녀였지만, 고용주는 농장에서 병원까지 데려다주기는커녕 병원에 가는 길과 방법조차도 그녀에게 알려주지 않았다. 하지만 이건 약과였다. 그녀에게는 신체적인 아픔보다도 더 큰 고통이 있었다.

사장님에게 몰리나 씨는 '화풀이 인형'이었다. 일을 하다 보면 사장님은 몰리나 씨에게 이유 없이 욕설을 해댔다. 아무런 잘못을 하지 않아도 욕을 들어야 했던 그녀는 마음에 큰 상처를 입었고,

그 상처는 지금까지도 그녀의 가슴속에 남았다. 일하는 직장을 다른 곳으로 바꾸고 싶어서 사장님에게 찾아갔지만, 아무리 사장님한테 말씀을 드리고 사장님을 기다려도 사장님은 몰리나 씨를 못 본 체하고 그녀의 서류에 사인을 해주지 않았다. 결국 몰리나 씨가 할 수 있었던 건 기다리는 일 외에는 없었다. 여전히 그녀의 몸은 회복되지 않았고, 사장님의 사인을 기다리는 시간은 점점 길어져만 갔다. 결국, 그녀는 일을 길게 쉬게 됐다. 그리고 몇 달이 지난 어느 날, 사실 우리와 몰리나 씨가 인터뷰를 하기 6일 전, 그녀는 사인을 받았다. 사장님은 몰리나 씨의 서류에 끝까지 서명하려 하지 않았다. 몰리나 씨는 결국 이주노조에 도움을 청했다. 이주노조에서 사장님에게 전화를 걸었고, 바로 그다음 날, 몰리나 씨는 서명된 사업장 변경 서류를 받을 수 있었다.

여기까지 이야기를 듣자, 심각한 표정으로 몰리나 씨의 말을 듣던 우리의 얼굴이 조금 풀렸다. 안도감이 들었다. 몸도 아픈데 마음까지 더 아팠을 몰리나 씨의 사연이 구슬프게 다가왔다. 그리고 이주노조를 통해 그녀가 직장을 바꿀 수 있게 된 것이 다행이라는 생각이 들었다. 그런데 몰리나 씨가 어두운 표정으로 말을 계속 이어 갔다. 그녀는 자신이 아직 '실직 중이어서' 더 힘들다고 했다.

몰리나 씨는 이주노동자들에 대해서 차별은 계속되고, 한국어를 잘 못해서 말도 잘 통하지 않고, 일이 잘 구해지지 않는다고 했다. 그리고 여전히 허리와 목의 통증이 그녀를 괴롭히고 있었다. 하지만 몸이 아픈 것보다도 그녀에게 더 힘든 건 그녀가 타지에서 혼자 지내다 보니 외롭거나 어려운 일이 있을 때 이야기하고 의지할 수 있는 곳이 없다는 것이었다. 점점 어두워지는 그녀의 표정이 안타까웠다.

"오늘 처음 이주노조 활동에 왔어요"

오자 씨처럼, 몰리나 씨 역시 이주노조의 도움을 받은 사람이었다. 그럼 그녀는 어떻게 해서 이주노조를 알게 되었던 걸까? 그녀는 다른 이주노동자 친구가 이주노조라는 곳이 있다고 말을 해줘서 이주노조에 대해 알게 되었다고 했다. '여기에 연락을 하면 도움을 받을 수 있을 것'이라고 그녀의 친구가 전했다. 그녀는 망설임 없이 이주노조에 전화를 걸어 자신의 상황을 설명했다. 사업주가 사업장 변경 신청에 대해 허가를 해주지 않는다고 말했다. 이주노조에서는 사장님에게 직접 전화를 걸어 허가를 해달라고 요청했다. 놀랍게도 사장님의 태도가 바뀌었고, 몰리나 씨는 이주노조 메이데이 집회가 열리기 바로 며칠 전에 사업장 변경 허가를 받을 수 있었다. 몰리나 씨는 자신의 이야기를 들어주고, 적극적으로 행동해준 이주노조에 고마움을 느꼈다고 말했다. 그리고 그녀는 이주노조에 점점 관심을 갖게 되어, 인터뷰가 있던 날 처음으로 이주노조의 활동에 직접 참여하려고 찾아오기까지 했다! 그것도 다른 네팔 친구 두 명과 함께였다. 그리고 그녀는 이날 이주노조 집회의 발언대에 올랐다. 놀라웠다. 이렇게 이 사람들이 스스로 이 사회에 말을 건네기 시작했구나. 이렇게 이 사람들이 일어서기 시작했구나. 벅찬 감정이 들었다. 이어 몰리나 씨는 한국 사람들에게 마지막 말을 건넸다.

"우리를 차별하지 않았으면 좋겠어요. 우리도 같은 사람이에요"

맞다. 이들은 세상을 변화시키기 위해서 목소리를 내고 행동하기 시작한 것일 테다. 우리는 사장님에게 맞고, 욕을 듣고, 혼자서 고단한 일과 차별로 아파하던 제2의, 제3의 오자 씨가 나타나지 않기를 바란다. 사장님의 사인을 받지 못한 종이 몇 장을 눈앞에 두고 세상을 등질 수밖에 없었던 그의 다섯 친구들처럼, 더 이상 잘못된 제도 앞에서, 악덕 고용주 앞에서 아무 말 하지 못하고 스러져가는 이주노동자들이 없기를 바란다. 신발 하나조차도 마음대로 살 수 없게 하는 노골적 차별 앞에서 무너지는 이주노동자들이 없기를 바란다. 하지만 한편으로 우리는 자신의 목소리를 내는 제2의, 제3의 오자 씨가 나타나기를 바란다. 그들이 한국사회에서 자신들의 이야기들을 마음껏 당당하게 풀어놓아 주기를, 또 그들이 서로 손잡고 모두 함께 나아가기를 원한다. 무엇보다도 이 땅에 있을 다른 오자 씨들의 목소리를 듣고, 오자 씨들의 손을 잡아 함께 연대해줄 한국인들이 더 많이 나오기를 간절히 바란다.

또, 우리는 몰리나 씨처럼 당당하게 한국사회에 자신의 이야기를 꺼내어놓는 이주노동자들이 더 많아지기를 바란다. 불의한 것을 보았을 때 이것이 잘못됐다고, 이것을 고쳐달라고 말할 수 있는 이들이 더 늘어나기를 진심으로 아주 많이 바란다. 그리고 스스로가 한국사회의 구성원임을 스스로 깨닫고, 주체적으로 깨어 움직일 수 있는 이주노동자들이 더 많이 나오기를 바란다.

이윽고 주위를 둘러보자, 붉은 조끼를 입은 이주노동자들이 하나둘 보신각 터의 중앙부 쪽으로 모여들고 있었다. 이어 집회의 시작을 알리는 방송이 메가폰을 통해 터져 나오고, 길을 가던 시민들도 보신각에 합류했다. 우리도 사람들이 모인 곳으로 가서 자리를 잡고 앉았다. 모두가 하나 되어 플래카드와 방석을 나누고, 메가폰에서 나오는 음성과 이주노동자들이 외치는 목소리에 귀를 기울였다.

<그림 4> 이주노동자 메이데이 모습

"우리는 기계가 아니라 사람이다!"
"우리는 노동자다! 노동자의 권리 보장하라!"
"아무도 죽이지 마라! 강제추방 반대한다!"
"고용허가제 폐지하고, 노동허가제 쟁취하자!
사업장 이동의 자유 보장하라!"

보신각에 모인 사람들이 함께 외친 구호들이었다. 이윽고 사람들
이 앉자 중앙 차량 무대에서 방글라데시 출신 로빈 씨와 민주노총
류미경 국제국장의 사회로 이주노조의 집회가 시작되었다. 128번째
세계 노동자의 날을 기념하는 자리였다. 로빈 씨는 1890년 5월 1일
부터 전 세계의 노동자들이 정당한 노동권을 외치고 국제적인 연대
를 다졌음에도 불구하고, 그로부터 128년이 지난 지금의 한국 이주
노동자들은 여전히 최저임금을 받아가며 열악한 환경 속에서 근무

하고 있으며, 그마저도 한국 정부에 의해 최저임금에서 기숙사비와 퇴직금이 포함 및 삭감된다는 말을 잊지 않았다.

"한국의 많은 이주노동자들이 '살기 위해' '투쟁'하고 있습니다!"

이어 우리에게 익숙한 얼굴이 나타났다. 우다야 라이 이주노조 위원장이었다. 그는 이주노동자들이 오직 살기 위해서 투쟁하고 있다고 전했다. "아프면 꾀병이라고 하고, 힘들면 너희들은 우리의 돈을 벌어야 하니까 무조건 참고 일해야 한다고 말합니다. 이주노동자들에 대한 폭행도 다반사로 일어납니다." 하지만 더 인상적이었던 것은 아무도 이주노동자들의 목소리를 들어주지 않으려 한다는 내용이었다. "정부는 이주노동자들의 권리를 인정하지 않으려 하고, 관련 기관에 가도 공무원들은 이주노동자들의 목소리를 들어주지 않습니다. 사업주들은 공제지침을 이용해 이주노동자들의 월급을 갈취하기에 바쁩니다."

"이제 바뀌어야 합니다."

그는 말을 이어갔다. "정부는 이주노동자들을 노예로만 취급하는 것이 아니라 진정한 노동자로 받아들여야 합니다. 정부는 노동자가 존중받는 사회를 만들자고 하는데, 이주노동자에 대한 정책은 그대로입니다. 이주노동자들에 대한 존중이 이루어지는 변화를 만들어야 합니다." 또한 그는 이주노동자들에게도 스스로의 역할을 강조했다. "동지 여러분, 우리 이주노동자들은 우리의 상황이 어떤지 잘 알고 있습니다. **우리 자신에 대해 가장 잘 아는 우리가 스스로 일어나고, 서로 함께 힘을 모아서 투쟁하고 우리의 삶을 바꾸어나가**

야 합니다." 그렇다. 이주노동자들을 둘러싼 한국의 정책들과, 이들에 대한 한국인들의 행태 그리고 태도는 분명 바뀌어야 한다. 그리고 우다야 라이 위원장의 말은 그러한 변화를 만들어내기 위해서 가장 주도적으로 움직여야 하는 주체가 바로 이주노동자들 스스로라는 사실을 청중들에게 다시금 상기시켜 주었다. 특히 이주노동자들에게 있어 이 발언은 그들이 앞으로도 대한민국에서 인간으로서, 또 노동자로서 정당한 권리를 보장받고, 대한민국 다문화사회의 당당한 구성원으로서 한국사회에 대한 그들의 참여를 이끌어낼 수 있는 큰 힘으로 작용할 것이다.

"이주노동자들의 당당한 권리를 되찾는 일에 끝까지 힘차게 투쟁하고 연대하겠습니다!"

이어 민주노총 서울본부 최은철 본부장의 연대 선언이 있었다. 최은철 본부장은 2013년에 있었던 철도노동자 투쟁에서 이주노동자들과 마주쳤고, 그때 이주노동자들과 연대해야 할 필요성과 그 힘을 느꼈다고 했다. "특히 **대한민국에서, 이주노동자들은 가장 멸시당하고 천대받는 존재들**입니다. 모든 인간은 그들의 행복한 삶을 누릴 수 있고, 모든 노동자들은 마땅한 노동권을 누려야 합니다. 이를 위해서 **한국 정부는 노동자의 편에서 노동자들을 위한 제도를 마련하려고 노력해야** 합니다. 우리 민주노총 또한 **이주노동자들의 편에서 끝까지 연대하겠습니다.**"라고 그는 전했다. 또 그는 기존의 산업연수생 제도에서 고용허가제로 제도가 변화했지만 여전히 한국 이주노동자들의 부담은 줄어들지 않았다고 전했다. 우리의 머릿속에는 많은 생각들이 꼬리에 꼬리를 물었다. 대한민국의 이주노동자

정책은 1993년부터 20년이 넘은 지금까지 왜 진전이 없는 것일까? 한국의 이주노동자들에 대한 실질적 권리 보장은 왜 아직까지도 이루어지지 않고 있는 것일까? 그렇다면 이주노동자들이 사람으로서 대접받고, 사람으로서 목소리를 낼 수 있는 날은 과연 언제쯤 올까….

> **"다시 한국에 돌아올 수 있을지 모르겠습니다."**
> **"이주노조에서 제게 도움을 주었습니다.**
> **이제 이주노조에 제가 힘을 보태겠습니다."**
> **"한국 정부와 공무원들은 이주노동자들의 말에 귀를 기울여야 합니다."**

민주노총 최은철 본부장의 발언이 끝나고, 잠시 집회 장소가 술렁였다. **곧 이주노동자들이 무대로 올라와 메가폰을 잡았다. 그들이 스스로 입을 열고 말을 하기 시작했다.** 한국 내 각 지역별, 분야별로 일하고 있는 이주노동자들의 발언 순서였다.

먼저 방글라데시에서 온 라마 씨가 마이크를 잡았다. "한국의 이주노동자로서, 저는 이 자리에서 한국 정부에 말합니다. **고용허가제는 잘못된 제도입니다. 고용허가제의 잘못된 부분은 반드시 고쳐져야 하며, 한국 정부는 이주노동자들이 실질적으로 필요로 하는 제도를 만들어야 합니다.**" 라마 씨는 4년 10개월, 한국에서 이주노동자로 지낼 수 있는 시간을 모두 채웠다. 5월 3일에 방글라데시로 돌아간다고 전한 그는 마지막으로 '한국에 돌아오고 싶지만, 다시 돌아올 수 있을지 모르겠다'는 말을 전하며 발언을 끝맺었다. 마이크를 내려놓는 그의 손길이 쓸쓸했다. 그는 지금, 방글라데시에서 무엇을 하고 있을까? 과연 그는 대한민국이라는 나라를 그리워하고 있을까? 그리고 그는, 한국에 돌아올 수 있을까?

이어 익숙한 연분홍색 옷차림을 한 사람이 중앙 무대로 올라왔다. 놀랍게도 우리가 인터뷰한 몰리나 씨였다. '분명 오늘이 이주노조 활동에 처음 오는 거라고 했는데, 발언대에 선다고?' 그녀의 용기가 대단하다는 생각이 들었다. 그녀의 이야기는 우리가 인터뷰한 내용과 같았다. **"육체적으로, 정신적으로 고통을 많이 받았지만 참을 수밖에 없었습니다."**라고 말하는 그녀의 표정이 점점 결연해졌다. "저는 그래서 이주노조에 도움을 요청했습니다. 이주노조에서 사업주에게 전화를 걸어주셨고, 저는 사업장 변경 허가를 받을 수 있었습니다. **이주노동자 여러분, 이주노조의 도움을 받으세요. 그리고 우리도 이주노조에 힘을 보태야 합니다. 우리가 스스로 말할 수 있는 사회를 만들어야 합니다.**"

마지막 발언자는 캄보디아에서 온 쓰레이나 씨였다. 비록 서투른 한국어였지만, 한국사회에 건네는 그녀의 발언은 우리의 가슴 깊이 울렸다. 그녀는 한국 정부와 공무원들에게 말하고 싶다고 하며 발언을 시작했다. "고용노동부는 이주노농자들에게 제공되고 있는 숙소의 모습을 철저히 조사하여야 합니다. **스티로폼, 컨테이너 박스, 비닐로 된 열악한 숙소**에서 이주노동자들이 살아갑니다. 이건 제대로 된 집이 아닙니다. 그리고 한국 정부는 **이주노동자들의 노동 현실**을 바라보아야 합니다. 고용주들은 이주노동자들에게 돈은 주지 않으면서 매일 1~2시간씩의 노동을 더 하게 합니다. 이렇게 이주노동자들에 대한 한국인 고용주들의 **노동력 착취**는 흔한데 사업주들은 사업장 운영 명목을 내걸고 여러 방법으로 이주노동자들의 **임금을 체불**합니다. 또한 이주노동자들의 의견에는 귀를 기울이지 않으면서, 이주노동자들의 임금은 **최저임금**이나 2017년 수준의 임금을 유지하려고 합니다." 무대 아래에서는 그녀의 친구들이 비닐하우스와 컨테이너 박스 숙소의 사진을 붙인 피켓을 들고 그녀를 응원하고 있었다. 그녀는 이어서 고용허가제, 근로기준법 60조와 근로기준법 63조에 대한 폐지를 주장했다.

그녀는 마지막으로 집회에 참석한 이주노동자들에게 말했다. "이 자리에서 만난 **모든 이주노동자 여러분, 우리는 한국에서 일하는 이주노동자들에게 가해진 부당한 차별과 억압을 향해 맞서야 합니다.**" 그녀의 표정은 결연했다. 청중석에서는 붉은색 조끼를 입은 이주노동자들이 그녀와 같은 표정을 하고 있었다.

"이제, 우리는 새로운 투쟁을 선포합니다! 동지들, 함께합시다!"

"오늘의 집회는 끝이 아니라 새로운 시작입니다." 우다야 라이 이주노조 위원장이 다시 발언대에 섰다. 이주노동자노동조합은 이날의 집회를 기점으로 새로운 투쟁을 선포했다. 마침, 인터뷰 때부터 보신각 터의 한쪽에 서 있던 25인승 버스가 우리의 눈에 들어왔다. '투투버스'라는 글자가 적힌 플래카드가 버스에 달려 있었다. **'투쟁투어버스'**의 줄임말이었다. "사람들은 이주노동자가 한국에서 일을 할 수 있는 것만으로도 좋은 것 아니냐고 합니다. 그런데 아닙니다. 이주노동자들의 삶은 지난 수십 년간 하나도 나아지지 않았습니다. 강제로 일을 시켜놓고 임금 지불은 미뤄가며 이주노동자들의 돈을 빼앗아가는 사업주들, 물어물어 어렵게 찾아갔더니 도리어 사장님 말씀만 잘 듣고 일만 잘 하라고 하는 고용센터 직원들,

전화와 공문으로 근로감독과 노동권 보호를 요청해도 자신들이 할 수 있는 것이 없다고 딱 잘라 말하는 공무원들, 이주노동자 문제는 일단 회피하고 보는 노동청…. 우리는 이제 이주노동자들의 사업장 이동의 자유를 위해서, 그리고 농축산업 이주노동자들에 대한 차별 철폐를 위해서, 그리고 이주노동자들에 대한 숙식비 강제징수 지침의 폐지를 위해서, 투투버스를 타고 전국 방방곡곡을 다니며 이 사람들 앞에 가서 말하고 투쟁하겠습니다. 지금 이 시간에도 작업장에서 피땀 흘리며 일하는 이주노동자 동지들을 위해 우리는 나아갑니다. 우리는 이주노동자들의 정당한 권리를 원합니다." 곧, 우다야 위원장을 포함한 세 사람은 투투버스 투쟁을 선포하였다. 이주노동자들의 권익 신장을 위해 새로운 투쟁을 시작하는 이들의 의지가 굳건해 보였다.

"우리에게 이렇게 관심을 가져주는 것만으로도 고마워요 우리와 연대해준 한국외대 학생들, 고맙습니다."

이날의 집회는 이주노동자노동조합을 비롯해 이주공동행동, 경기 이주공대위 등의 단체가 공동 주최했고, 약 17여 개의 연대단체들이 함께했다. 집회 말미에 노동 관련 정당들과 민변, 노동자연대, 사회진보연대, 전국 각 지역들의 이주노동자 지원 시설 등의 연대단체 이름이 하나씩 메가폰을 통해 흘러나왔다. 멍하니 연대 단체 이름을 듣던 우리들이었다. 그러다가 **'한국외대 학생들'**이라는 단어가 우리의 귀를 번쩍 열리게 만들었다. '우리는 한 게 없는데…? 이제 겨우 처음으로 이주노조의 활동에 참여했을 뿐인데…' 문득, 머릿속에 연대해주는 사람들이 많이 없다며, 관심을 가져주는 것만으로도 고맙다던 우다야 라이 위원장의 말이 우리의 뇌리에 스쳐 지나갔다. 형언할 수 없는 어떤 감정이 우리의 가슴속에서 피어올랐다. 감동이라고 할까, 아니면 안타까움이라고 할까. 그리고 이 사람들의 손을 우리가 잡아주고 싶다는 생각이 들었다. 우리가 이 사람들의 지지대가 되어주고 싶었다.

이후 이주노조의 집회에 참여한 사람들은 이주노조의 주도로 보신각에서 출발해 종로를 거쳐 혜화 마로니에 공원까지 구호를 외치며 행진했다. 우리도 함께했다. 마로니에 공원까지 가는 길은 생각보다 멀었다. 이주노동자들이 한국사회에서 정당한 구성원으로 인정받고 사회에 참여하기 위해서 거쳐야만 하는 길은 아직도 이날 우리가 걸었던 길처럼 멀다는 생각이 들었다. 한국의 이주노동자 정책은 물론이고, 이주노동자들을 대하는 한국사회의 행동과 인식에 있어서도 말이다. 하지만 이들이 걷는 길에는 함께하는 사람들이 분명 있었다. 우리를 비롯해 이주노조의 연대단체들과, 이날의 집회를 기록한 취재원들, 길을 가다가 멈추고 이주노동자들이 건네는 이야기에 귀를 기울이는 시민들… 모두가 함께 한목소리를 내며 그날의 종로를 걷고 있었다. 그리고 우리는 앞으로도 이들과 함께 걸어갈 것이라 약속했다.

3. 3차 현장탐구 – 한국사회의 또 다른 이주노동자들을 만나다

비가 추적추적 내리던 날, 우리는 경기도 용인시 처인구에 위치한 용인이주노동자쉼터로 향했다. 이전까지의 현장탐구에서 이주노조 회원들을 만나봤다면, 이번에는 비노조원 이주노동자들의 이야기를 들어보기 위해 용인이주노동자쉼터(이하 쉼터)에서 세 번째 현장탐구를 진행했다. 2018년 5월 현재 쉼터에 머물고 있는 사람들의 대부분은 농축산업 이주노동자로 입국해서 일을 하다가 현재는 해고를 당한 채 일이 없어서 쉬고 있는 캄보디아 출신 이주노동자들이었다. 우리는 쉼터에 머물고 있었던 캄보디아 출신 이주노동자 부타, 쑤 메이, 판나 호 김나이 씨와 인터뷰를 할 수 있었다. 인터뷰는 우리 조원 네 명과 이주노동자 네 명이 서로 마주 앉아 대화를 나누는 것처럼 편안하게 진행되었다. 인터뷰 대상자 네 사람 모두 한국어가 능숙하지 않아서 인터뷰를 진행하는 데 어느 정도 어려움이 있었지만 한국어, 영어, 몸짓을 섞어서 사용해가면서 서로 소통하기 위해 열심히 노력했다.

<그림 5> 용인이주노동자 쉼터 인터뷰 사진

우리는 한국에서 살아가는 이주노동자로서 느끼는 그들의 삶에 대한 질문으로 인터뷰를 시작했다. 한국에서 적응하는 데 어떤 점이 힘이 드느냐는 질문에 한국에 오고 처음에는 한국 음식이 너무 맵고 짜서 입에 잘 맞지 않았고, 캄보디아에서 겪어보지 못했던 한국의 매선 추위 때문에 힘들었지만 지금은 꽤 적응을 했다고 한다. 그렇지만 한국말에 서툰 것은 여전히 힘든 점이라고 한다. 한국어를 잘 몰라 몸이 아파서 병원에 갈 때, 일자리를 구하기 위해 고용센터에 전화를 할 때 어려움이 매우 크다고 했다. 당시 인터뷰를 하면서도 한국말을 잘 몰라서 질문을 잘 이해하지 못하는 지금의 상황도 힘든 점이라고 말했다. 한국에서 이주노동자들이 겪는 가장 큰 어려움은 언어 문제라는 것을 알 수 있었다. 특히 우리의 인터뷰 대상자였던 농업이주노동자들은 쉼터에서 진행하는 간단한 한국어 수업도 듣기 힘든 실정이었다. 농업이주노동자들은 한 달에 두 번밖에 쉬지 못하고, 그것도 토요일에만 쉬는 날이 있기 때문에 쉼터에서 매주 일요일에 열리는 한국어 수업을 듣지 못했다고 한다. 사전이주노동자정책 실태 조사에서 근로기준법 63조 1항으로 인해 농업이주노동자들에게 충분한 휴가가 보장되지 못한다는 문제점을 발견했는데 이런 문제점들을 인터뷰를 통해 확인할 수 있었고 충분한 휴가 여건 미보장이 이주노동자들의 언어 교육 여건 악화에도 영향을 미칠 수 있다는 점을 알 수 있었다. 그리고 정부 차원에서 이주노동자 지원정책을 시행하려 한다면 한국어 교육이 가장 실질적인 도움이 많이 될 것이라는 것을 짐작해볼 수 있었다.

"세탁기, 캄보디아에도 있어요"

　우리는 그들이 이주노동자로서 일했던 노동환경에 대한 질문으로 인터뷰를 이어나갔다. 일을 하면서 어떤 점이 가장 힘들었냐는 질문에 그들은 숙식 환경과 일터에서의 차별, 부당 대우의 경험에 대해서 우리에게 조심스럽게 말해주었다. 우선 일을 하면서 제공되었던 기숙사에 대해서 부타 씨, 호 김나이 씨는 전반적으로 기숙사 환경은 만족했다고 말했지만 판나 씨는 기숙사에 세탁기가 없어서 많이 힘들었다고 말했다. 그런데 세탁기가 없어서 몸이 힘든 것보다도 농장주 부인에게 세탁기를 마련해달라고 부탁했을 때 돌아왔던 차별적인 언사 때문에 많이 힘들었다고 한다. 농장주 부인에게 세탁기를 달라고 부탁하니 농장주 부인은 캄보디아에는 원래 세탁기가 없는데, 그런 게 왜 필요하냐는 식으로 대답하며 무시했다고 한다. 이 경험에 대해서 판나 씨는 캄보디아에도 세탁기가 있고 캄보디아 사람들도 세탁기를 쓰는데, 우리를 세탁기도 없는 가난한 나라에서 온 사람들로 보는 것 같아서 기분이 안 좋았다고 말했다.

　판나 씨가 말해준 경험은 이주노동자들의 숙식 환경과 한국 고용주들의 이주노동자에 대한 인식을 적나라하게 보여주었다. 노동자들이 사는 기숙사에 세탁기를 제공하지 않는다는 것 자체가 농업이주노동자들의 기숙사 실태의 일면을 보여준다. 오늘날 우리나라 가정집에 세탁기를 사용하지 않는 집이 얼마나 될 것이며, 월급의 20%나 되는 숙식비를 강제로 징수하면서 숙소에 세탁기를 제공하지 않는 곳이 얼마나 될 것인가? 고용주들은 이렇게 세탁기조차 없는 숙소를 제공하면서 숙박비 명목으로 월급의 상당부분을 공제하고 있다. 이주노동자들의 기숙사 실태에 대한 제대로 된 조사와 숙식비 공제 지침의 개선이 절실히 필요하다는 점을 느꼈다. 또한 한국의 고용주들을 가난한 나라에서 온 불쌍한 사람들로 볼 뿐이지 그들을 한 명의 노동자로 생각하지 않았다. 그러니 숙식비를 내면서 머무는 숙소에 세탁기를 마련해달라는 정당한 요구에 어차피 가난한 나라에서 온 사람들이니 세탁기는 없어도 된다는 식으로 대응했던 것이다. 그들이 어느 나라에서 왔든 이주노동자들도 한국의 노동자들과 마찬가지로 노동자로서 동일한 권리를 누릴 자격이 있다.

판나 씨와 부타 씨는 계속해서 일하면서 들었던 폭언, 차별, 무시의 경험을 얘기해주었다. 부타 씨는 농장에서 일할 때 작업반장에게 '또라이, X발 새끼, 너 머리 없어?' 같은 폭언을 자주 들었다고 한다. 그리고 먼저 인사해도 제대로 받아주지 않아서 많이 상처가 되었다고 한다. 그리고 판나 씨는 고객 클레임이 들어왔을 때 이주노동자들에게 책임을 떠넘기면서 욕하는 작업반장의 태도 때문에도 많이 힘들었다고 말했다. 판나 씨는 계란 포장하는 일을 했는데 포장된 계란 상태가 안 좋아서 클레임이 들어오면 반장은 '또 쟤들이 실수했네'라고 하면서 이주노동자 탓을 했다고 한다. 이주노동자들이 일을 하면서 매뉴얼대로 닭똥이 묻었거나 문제가 있는 계란을 걸러내려 해도 반장은 약간은 상관없다면서 계란 판을 빨리 채우라고 했다. 그런데 그런 계란들 때문에 클레임이 들어오면 이주노동자 탓부터 했다는 것이다. 그런 상황일 때 판나 씨는 매우 억울했지만 아무 말도 할 수 없었다고 한다. 부타 씨와 판나 씨가 겪었던 폭언과 책임을 떠넘기는 태도는 이주노동자들에 대한 고용주들의 근본적인 무시와 차별을 적나라하게 보여준다. 고용주들은 이주노동자들을 기분이 나쁘면 존중 없이 욕해도 되는 대상, 책임을 떠넘겨도 아무것도 모르는 대상으로만 보고 있었다. 부타 씨와 판나 씨가 말해준 경험들을 통해 이주노동자들이 노동하면서 느꼈을 무시와 차별에 대해 간접적으로나마 생각해볼 수 있었고 이런 상황이 조속히 개선되어야 함을 느꼈다.

"나쁜 말 하지 말고, 우리가 먼저 인사하면 잘 받아줬으면 좋겠어요"

부타 씨가 한국 사람들에게 바라는 것은 단지 이뿐이라고 했다. 이들은 특별한 혜택이나 지원을 바라는 것이 아니라 그저 무시하거나 차별하지 않고 같은 사람으로서의 존중을 원하고 있었다. 가난한 나라에서 온 불쌍한 사람들이 아닌 그저 같은 사람, 노동자로서 이주노동자들을 바라보는 것은 고용주들뿐만 아니라 한국사회 구성원 모두의 인식이 바뀌어가야 할 부분이다. 단지 우리의 인식 변화만으로도 이주노동자들이 겪을 차별과 무시는 훨씬 줄어들고 그들의 삶도 나아질 것이다.

노동환경에 대한 질문에 이어서 이주노동자노동조합(이하 이주노조)에 대한 비노조원 이주노동자들의 인식을 알아보기 위한 질문으로 인터뷰를 이어갔다. 이들은 이주노조라는 단체의 존재는 알고 있었지만 이주노조가 이주노동자의 전반적인 문제 해결을 위해 주체적으로 정치적 의견을 개진하는 단체라는 사실은 알지 못했다. 그저 이주노동자에게 문제가 있을 때 도움을 주는 일종의 지원단체로 인식하고 있었다. 또한 이들은 이주노조에 관해 다른 동료 이주노동자들을 통해서 들어본 적이 있었고, 이주노동자들에게 있어 임금 체불 등의 노동 문제가 발생했을 때 한국말을 잘 몰라서 어려움을 겪을 경우 노조에 찾아가고 나서 문제가 해결되었다는 것을 들은 적이 있다고 말했다.

쉼터에 있는 이주노동자들과의 인터뷰 이후 용인이주노동자 쉼터의 대표 고기복 씨와 인터뷰를 진행했다. 고기복 씨는 2004년 12월부터 용인이주노동자 쉼터 운영을 시작했으며 현재 이주노동자들의 삶을 알리는 기사를 쓰는 저널리스트로도 활동하고 있다. 고기복 씨와의 인터뷰를 통해 쉼터의 하는 일과 이주노조와 민간 이주노동자 시설의 차이점, 그리고 이주노동자 문제에 오랫동안 관심을 가진 사람으로서 현 이주노동자 관련 정책, 특히 고용허가제의 문제점에 대한 의견도 들어볼 수 있었다.

용인이주노동자 쉼터는 실직한 이주노동자들에게 숙식 제공, 한국어 교육, 노동문제 상담, 무료 진료 등의 서비스를 제공하고 있었다. 항상 5명 이상의 노동자가 묵고 있고 한국어 교실은 수준별 5개 반을 운영하고 총 100명 가까이 수강하고 있다고 한다. 이처럼 쉼터는 이주노동자들을 지원하기 위한 다양한 서비스를 제공하고 있었다. 앞선 인터뷰에서 이주노동자들이 한국에 적응하는 데 언어 문제 등의 다양한 어려움을 표했는데, 그런 어려움의 개선에 도움이 되는 서비스를 제공하고 있다는 점에서 쉼터는 상당히 의미 있는 단체로 보였다.

그러나 쉼터는 이주노조와는 달리 고용허가제, 숙식비 공제지침 등 이주노동자 정책이 갖고 있는 문제점을 근본적으로 개선하기 위한 활동을 하고 있지는 않았다. 쉼터와 같은 이주노동자 지원 시설은 단체의 목적 자체가 이주노동자들을 지원하는 서비스 제공에 있지 정치적 의견 개진이나 투쟁이 아니기 때문이다. 이주노동자들의 정책 개선을 위한 투쟁이 첫 번째 목적이고, 지원 서비스 제공이 부차적인 목적인 이주노조와 쉼터 같은 지원시설의 활동 방향은 확연한 차이를 보이고 있었다. 그리고 '주체성'의 측면에서도 이주노조는 이주노동자들이 직접 결성하고 활동을 꾸려나가는 이주노동자들의 주체적인 단체인 데 반해 쉼터는 운영 측면에서 이주노동자들의 주체성이 결여되어 있었다.

그런데 고기복 씨는 쉼터와 이주노동자 지원 시설들이 정책 개선을 위한 활동을 전혀 하지 않았던 것은 아니라고 말했다. 그는 고용허가제가 적용되고 있는 현 상황에서 이주노동자 지원 단체 혹은 시설들이 정책 개선을 위해 적극적으로 활동하지 않는 이유에 대해서 새로운 견해를 말해주었다. 고기복 씨에 따르면 과거 이주민 쉼터 같은 민간단체들도 산업연수생제도 시절에는 산업연수생제도 폐지운동에 적극적으로 참여했지만 고용허가제 전환 이후 투쟁력을 상실했다고 한다. 그 이유로 고용허가제에 이주민 쉼터 같은 민간단체들을 지원할 수 있는 규칙이 있다는 점을 들었다. 산업연수생제도 폐지와 고용허가제 전환 이후 이런 단체들은 고용허가제가 문제점이 있다고 겉으로는 말하고 있지만 정부로부터 지원을 받고 있는 현 상황에서 제도 자체의 전환을 위한 투쟁에 적극적으로 동참하려고 하지 않는다는 것이다. 이주노동자 정책 개선이라는 목적을 이루는 데 있어서 이주노동자들의 주체성이 결여되었다는 것 이외에 현재 민간 시설이 갖고 있는 한계점을 새롭게 알 수 있었다.

한편 고기복 씨는 현 고용허가제의 문제점에 대해서 더 자세히 우리에게 말해주었다. 고기복 씨에 따르면 현재의 고용허가제는 처음 고용허가제로 전환될 때보다 개악된 상태라고 한다. 기존에는 외국인 입국자 수와 불량 사업장 고용제한을 엄격하게 관리했지만 이명박 정부에 들어서 고용제한 기준을 상당히 완화하고 악덕업주도 이주노동자들을 다 고용할 수 있게 했다. 이주노동자들에 대한 인권 침해가 노동 착취가 더 일어나기 쉬운 구조로 바뀐 것이다. 2012년 고용허가제에 점수가 높을수록 외국인 인력 고용에서 우선순위를 주는 점수제가 도입되었다. 그런데 이 점수제에서는 '폭행'은 -2점, '임금체불'은 -3점, '성폭행'이 -5점, '출국만기보험(퇴직금) 체납'은 -0.5점, '사업장에서 사망사고 발생' 시 -1점인 데 반해 '외국인 고용인원 대비 재고용 만료 인원 비율'은 최고 +30점이다. 이는 계약기간이 만료될 때까지 오랫동안 외국인을 고용하는 사업장에 이익을 주겠다는 말인데, 이런 점수제는 이주노동자들의 자유로운 사업장 이동을 더욱 제한하는 구조를 만들고 있다. 폭행, 임금체불, 성폭행을 해도 최고 -5점, 사업장에서 사망사고가 발생해도 -1점인데 노동자를 오래 붙잡아두고 있으면 +30점이다. 제도 자체가 노동자들에 대한 폭행, 임금체불에 대한 제재를 제대로 가하지 않고 오히려 노동자들의 자유를 옥죄는 데 상당한 메리트를 두고 있다. 그리고 고용허가제에서 미등록 노동자들이 양산되기 쉽다. 고용허가제에서 노동자들은 구직을 할 때 고용주에게 먼저 연락을 할 수 없고 연락을 기다리기만 해야 한다. 실직 이후 3개월 이내 구직하지 않으면 미등록 노동자가 되는데 일방적으로 연락을 기다리기만 해야 하는 구조 속에서 빠르게 구직하기란 쉽지 않고 결국 미등록 이주노동자가 되는 경우가 많다. 고기복 씨를 통해서 고용허가제의 문제점에 대해서 새로운 측면을 알 수 있었고 노동허가제로의 전환이 더욱 요구된다는 것을 확인했다.

"이주노동자들은 더 좋은 기회를 찾아 해외로 나가는 창의적이고 진취적인 사람들입니다."

그렇다면 고용허가제 문제를 해결하고 노동허가제 전환을 위해 어떻게 하면 좋을지에 대해서도 우리는 고기복 씨에게 물어보았다. 고기복 씨는 한국인들의 문제의식에 대해 강조했다. 한국 국민들이 산업연수생제도 폐지와 고용허가제 도입 이후로는 고용허가제가 괜찮은 제도라고만 알고 있는데, 여러 정부를 거치며 고용허가제의 원래 취지가 많이 왜곡되었고 고용허가제의 내용 자체에 문제가 되는 부분이 많다는 것을 알아야 하며, 따라서 고용허가제가 반드시 개선되어야 하는 제도라는 것을 국민들이 인식하는 것이 중요하다고 했다. 그리고 그는 이주노동자에 대한 한국인들의 인식 개선도 촉구했다. 그는 이주노동자들은 더 좋은 기회를 찾아 해외로 나가는 창의적이고 진취적인 사람들이라는 말을 잊지 않았으며, 이들을 도와줘야 하는 존재나 불쌍한 존재로 보는 것은 잘못된 시각이라는 점을 강조했다. 이 말을 듣고, 우리는 우리 스스로가 이주노동자들에 대해 가지고 있었던 생각도 다시 한번 돌아보게 되었다. 그들은 새로운 노동 기회를 찾아 우리나라로 온 이주노동자일 뿐 돈이 없거나 불쌍한 사람들이 아니다. 이주노동자들이 받는 차별, 무시와 같은 문제를 해결하기 위해서는 우리가 그들을 바라보는 시각을 고치는 것이 중요한 핵심이다.

4. 4차 현장탐구: 이주노동자들의 손을 잡은 한국인을 만나다

왼쪽은 박진우 사무차장, 오른쪽은 이율도 교육선전국장

<그림 6> 이주노조 사무실 인터뷰 사진

우리는 이주노동자들을 돕고 있는 한국인들도 만나보고 싶었다. 이주노조 사무실에 근무하는 한국인들에게 인터뷰를 요청했다. 어렵사리 약속을 잡았지만 방문 날짜가 평일인 점과 약속 시각이 4시로 꽤나 늦은 시간이라는 점에서, 인터뷰 직전까지 우리가 이들을 만날 수 있을까 걱정이 되었다. 우리는 사무실 건물에 도착하자마자 서둘러 이주노조 사무실이 있는 위층으로 올라갔다. 이주노조의 사무실은 서울특별시 은평구에 위치하고 있었는데, 이주노조가 건물 전체나 한 층 전부를 소유하는 것은 아니었고, 민주노총 사무실 내에 하나의 부서처럼 위치하고 있었다. 사무실 내부로 들어가 보

니 시간이 늦었음에도 불구하고 우다야 라이 위원장과 박진우 사무차장, 이율도 교육선전국장이 웃으며 우리를 환영해주었다.

박진우 사무차장은 이주노조의 살림을 담당하고 있는 사람이다. 모든 사무적, 행정적인 업무를 책임지고 있고, 이주노조의 재정적인 부분까지 담당하고 있다. 이율도 교육선전국장은 이주노조의 이슈 및 의제를 홍보하고 교육하는 역할을 담당하고 있다. 이주노조 사무실에는 위원장, 부위원장, 사무차장, 교육선전국장 이렇게 총 네 사람이 근무하고 있었다.

"저는 국제개발활동가로 일하고 있었습니다."
"저는 이주노동자 대상 한글교실에서 일을 했었어요."

두 사람이 이주노조에 근무하게 된 계기는 상이했다. 이율도 국장의 경우 원래 국제개발협력 활동가로서 네팔에서 근무를 하고 있었다. 그곳에서 네팔인들이 한국의 취업비자를 취득하기 위한 공부를 도왔었는데, 그때부터 이주노동자들에 대해 관심을 가지게 되었다. 그러다가 어떻게 하면 이주노동자들이 좀 더 나은 삶을 누리면서 살 수 있을까 고민하기 시작했고, 한국에 돌아와서 이주노동자들을 돕기 시작했다. 하지만 개인으로서 이주노동자들을 돕는 것에 한계를 느꼈고 이주노조를 알게 되어 3년 동안은 노조 밖에서, 작년부터는 노조에 들어와 본격적으로 이주노조와 함께하고 있다.

박진우 사무차장은 군 제대 후 대학교에 복학하고 어떤 일을 해볼까 고민하던 차에 당시 동대문에 이주노동자 대상 한글교실에서 일하게 되었다. 한글교실에 오는 이주노동자 중에는 이주노조원들도 있었는데, 거기서 1년 정도 있다 보니 자연스럽게 이주노조에 대해 알게 되고 관심을 갖게 되었다. 당시 노조위원장이 미셸 위원장인데, 그와 함께 노조에서 일을 해볼까 고민하던 차에 미셸 위원장의 한국 입국이 거부되면서, 노조에 위원장도 없고 아무도 사무실에 나올 수 없는 상태가 벌어졌고, 그때 급하게 졸업을 미루고 노조를 위해서 일하기 시작했다.

두 사람이 이주노조에서 일하게 된 경위는 다르지만, 두 사람에게는 공통점이 하나 있었다. 두 사람의 이주노조에 오게 된 계기가 거창한 사명의식이 아니라, 주변에서 이주노동자들과 밀접하게 지내다 보니 그들의 삶과 권리에 대해 자연스럽게 생각하게 되었고 그것이 이주노조로 연결되었다는 것이다.

"지금 일손이 굉장히 부족해요."

이주노조 사무실의 크기나 구성 인원이 예상과 많이 달랐기에, 우리는 이주노조 사무실에서 일하는 한국인 직원이 얼마나 되는지 물어보았다. 대답은 박진우 차장과 이율도 국장 두 명뿐이었다. 이외에 이주노동자인 위원장과 부위원장까지 합해봐야 사무실에서 일하는 인원은 고작 4명이었다. 4명으로 규모가 크거나 잦은 활동을 하기는 어렵지 않을까, 생각되었다. 실제로 두 사람은 일손이 굉장히 부족한 실정이라고 말했다. 그런데 일의 양 차원에서 일손이 부족한 것도 있지만 더 큰 문제가 있었다. 이주노조의 업무가 굉장히 복잡다단하고 전문성을 요구하는 일이기 때문에, 여러 사람이 역할을 분담해서 분야별로 전문적으로 책임져줄 사람이 필요한데, 그런 전문 인력들이 부족하다는 것이다. 간단히만 생각해도 노조의 일은 조직, 투쟁, 선전, 재정, 홍보, 상담 등 한두 가지가 아니다. 이 업무들을 제대로 처리하고 노조 활동의 질을 높이기 위해서는 전문 인력이 필수불가결한 상황이었다. 하지만 현재는 사무실에 있는 4명이서 일을 전부 처리하고 있다고 했다. 일손의 문제 외에도 이들은 현재 전국적으로 흩어져 있는 이주노동자들과 어떻게 접촉해서 연대할 것인지, 이주노동자 문제에 대한 한국인들의 인식 부분의 고민을 하고 있는 중이었다.

**"이주노동자들은 지난 30년간 한국의 뿌리산업을 도맡아서 담당해왔어요.
그들은 앞으로 한국에 점점 더 많이 들어올 것이고,
우리는 그들을 한국사회의 구성원으로 인정해야만 해요."**

우리는 다음으로 가장 중요한 질문이라고 생각되는 질문, 즉 이주노동자에 대해서 어떻게 생각하는지 물어보았다. 이율도 국장은 한층 진지한 눈빛으로 대답을 이어나갔다. 그녀에 따르면 이주노동자들은 우리나라가 활발하게 경제발전을 하던 1980년대부터 본격적으로 우리나라에 들어오기 시작했다. 그들은 한국인들이 고학력화되면서 기피하기 시작한 3D업종에 종사해왔다. 이 산업 분야는 고되고 힘들지만 국가를 지탱하는 산업들이기 때문에, 뿌리산업이라고 할 수 있는데, 이주노동자들이 한국의 뿌리산업을 도맡아서 담당해온 것이다. 또한 이주노동자는 현재 한국이 겪는 인구절벽으로 인한 노동력 감소로 인해 앞으로 점점 더 많이 들어올 수밖에 없다. 그렇기 때문에 이들이 국적이 다르다거나 체류 기간이 짧다고 해서 일회용 물건처럼 대해서는 안 되며, 이들을 한국사회의 구성원으로 인정해야 한다고 말했다.

**"이주노동자들이 자신의 문제를 해결하기 위해 직접 행동한다는 것,
그것이 이주노조가 중요한 이유입니다."**

이주노동자들을 위한 단체들은 쉼터와 센터 등 아주 다양하고 많다. 그 사이에서도 이주노조가 갖는 의미는 역시 주체성이다. 이것은 이주노조 사람들에게서 나오는 공통적인 대답이기도 하다. 자신들의 문제를 자신들의 목소리로 표출하는 것 그것이 바로 이주노조이다. 따라서 이주노조야말로 이주노동자들의 목소리를 가장 잘 대변해낼 수 있으며, 일상에서 이주노동자들과 함께할 수 있는 것이다. 실제로 이주노조는 당사자 중심주의로 위원장과 부위원장을 선출하고 있다. 이주노동자들이 아니면 절대 그 자리에는 올라갈 수 없다. 하지만 현재 많은 비노조원 이주노동자들은 이주노조를 다른 센터나 쉼터와 마찬가지로 일회성으로 도움을 받으면 관계가 끝나는 대상으로 생각하고 있다. 이 문제에 대해 박진우 사무차장은 이주노조가 지속적으로 그들에게 연락하고 접촉해야 한다고 말했다. 한두 번의 도움으로 생긴 이주노동자들과의 얇고 가는 끈을 지속적인 연대를 통해 두껍게 만들어야 하는 것이다. 이율도 국장님은 이런 식으로 지속적으로 연락하다 보면, 미안해서라도 집회에 나오는 사람도 있고, '어디서 도대체 무엇을 하는 거지' 하고 나오는 사람도 있다고 말했다.

**"전문가들의 목소리가 아니라
이주노동자 당사자들의 목소리가 담긴 단체와 정책이 만들어져야 해요."**

박진우 사무차장이 한 가지 에피소드를 들려주었다. 노동부에서

고용허가제 만든 사람들과 면담을 진행했던 적이 있는데, 그때, 오자 씨가 면담 마지막에 네팔어로 이렇게 말을 했다고 한다. '자신과 친구들은 사업장에서 맞았고, 고용센터에서는 해결해주지 않았다. 고용허가제 때문에 근무지를 못 바꾸니 이러한 고통에 못 이겨 많은 자국 친구들이 자살을 했다.'

당시 이 말을 듣는 담당자들의 표정은 돌로 뒤통수를 한 대 크게 얻어맞은 표정이었는데, 박진우 사무차장은 담당자들이 이주노동자들에게 바로 앞에서 직접 이런 말을 들어본 것이 처음이었기 때문일 것이라고 말했다. 이 에피소드를 들려주며 박진우 사무차장은 현재 소위 말하는 이주노동자 지원 단체들과 정책을 비판했다. 이주노동자들을 위해 일하는 전문가, 변호사, 목사님 등 많은 사람들이 목소리를 내지만 정작 중요한 이주노동자 당사자들의 목소리가 반영되지 못한 채 정책이 만들어지니까 정책들이 이주노동자들의 삶과 유리되는 것이라고 했다. 아무리 훌륭한 단체나 전문가가 이주노동자를 위해 목소리를 낸다고 해도, 당사자가 직접 내는 목소리는 그 울림 자체가 다르다는 것이다. 따라서 당사자 중심인 이주노조가 안정적으로 활동할 수 있는 것이 이주노동자들을 위해서 굉장히 중요하다.

"할 수 있다는 생각과 성공의 경험이 이주노조의 안정적인 활동에 중요해요."

이주노동자들에게는 체류기간이 정해져 있다. 특히나 단기 이주노동자들이 한국에 짧은 시간 머물면서 이주노조 활동을 기대하기는 어렵다. 또한 노조의 조합원이 된다고 해도 본국에 돌아가기 전까지만 가능할 뿐이다. 이것은 어떻게 보면 이주노조의 내적 한계이기도 하다. 따라서 우리는 이주노조가 지속적이고 안정된 활동을 이어나가기 위해서는 체류가 안정되어 있는 한국 사람과의 연대가 필수적이지 않을까 생각했다. 하지만 이율도 국장의 생각은 달랐다.

그녀는 한국 사람들과의 연대는 꼭 필요하지만 이주노조가 꼭 외부 의존적인 것은 아니라고 말했다. 선배 이주노동자와 후배 이주노동자 간의 연계를 통해 지속적이고 안정적인 활동을 이어나갈 수 있다는 것이다. 이 연계에서 중요한 것은 선배 이주노동자가 얼마나 후배노동자들의 길을 잘 닦아놓느냐이다. 과거 이주노조는 이주노조에 찾아오는 노동자들만 상대했다. 방어적 활동방식을 취했던 것이다. 그러나 현재는 공격적으로 투쟁한다. 공격적이라는 것이 폭력적으로 싸우고 부순다는 것이 아니고, 더 적극적으로, 단지 이주노동자들이 오기를 기다리지 않고, 직접 찾으러 가겠다는 방식이다. 이를 통해서 이주노동자들에게 우리도 할 수 있다는 생각과 실제 투쟁을 통한 성공의 경험을 부여해놓으면 이 생각과 경험들은 이후에 들어오는 후배 이주노동자들에게 있어서도 자신의 권리를 찾기 위한 틀과 지침으로 작용할 수 있을 것이고 이러한 후배 이주노동자들도 이주노조에 들어오게 할 유인이 될 수 있다는 것이다. 이것은 지속적인 이주노조의 활동으로 연결될 것이었다.

"한국 정부가, 한국 기업이,
일손이 모자라서 이주노동자들을 불러와 놓고는
이제 와서 그들이 한국인 일자리를 빼앗는다니요…."

우리는 다음으로 조금 민감할 수 있는 질문들을 해보기로 했다.

바로 이주노동자들에 대해 반감을 가지고 있는 한국인들에 관한 질문을 해보기로 한 것이다. 그들의 주된 논거는 이러하다. 이주노동자들이 한국인들이 받을 혜택을 빼앗아가는 사람, 세금 및 일자리 도둑, 잠깐 들어왔다가 돈만 벌고 나가는 '먹튀'라는 것이다. 하지만 이것은 잘못된 생각이다. 우리나라의 실업이나 경제문제들은 한국인들의 3D 기피현상, 인구감소, 끊임없는 하청의 과정에서 나타나는 임금착취 구조에 기인한다. 한국인들은 취직이 안 되서 고통받는다고 하지만 반면에 3D업종이나 중소기업들은 인력을 못 구해서 발을 동동 구르고 있는 실정이다. 이 상황에서 한국 정부는 기업들의 요구에 따라 한국에 들어올 이주노동자의 숫자를 정해서 한국과 고용 협정을 맺은 국가들에 요구한다. 노동시장이 포화된 한국에 이주노동자가 들어와서 한국인의 일자리를 빼앗는 것이 아니라 애초에 한국의 일손이 부족하기 때문에 들어오는 것이다. 이주노동자들이 개인의 이익 추구를 위해서 한국행을 택하는 것은 맞지만, 적어도 한국인이 일자리를 잃는 것이 이주노동자 탓은 아닌 것이다. 박진우 사무차장과 이율도 국장은 이와 같은 이주노동자 고용 시스템이 더 알려져야 할 필요가 있다고 말했다.

"이주노동자들의 권리가 보장되어야 한국노동자들의
권리도 지킬 수 있습니다."

한국노동자들 중에서는 이주노동자들을 굉장히 싫어하는 사람들이 있다. 이들은 이주노동자들이 임금을 하향평준화시킨다고 주장한다. 이러한 주장이 일리가 없는 것은 아니다. 한국노동자들이 12~13만 원은 받아야 일을 하는 데 반해서 이주노동자들은 훨씬 적은 금액을 받아도 일하기 때문이다. 하지만 박진우 사무차장은 임금 하향평준화가 이주노동자들의 탓은 아니라고 말한다. 이 문제를 해결하기 위해서 우리가 명확하게 직시해야 할 부분은 '왜 같은 일을 하는데 이주노동자에게는 임금을 덜 주는가'이다. 이에 대해서 모범사례가 있다. 한 기업에서 기존의 상여금을 기본급 제외하고 기본급의 300%를 주던 것을 이주노동자들에게만 기본급에 포함시켜서 250% 정도 깎으려고 했던 적이 있었다. 하지만 한국 노조에서 알고, 이주노동자들이 노조에 가입되어 있지도 않았는데도 불구하고 사측에 따져서 이를 막은 적이 있었다. 이주노동자들이 임금을 덜 받게 놔두면 그 피해는 한국노동자에게 돌아온다. 한국노동자들이 알아야 하는 것이 있는데, 이주노동자들이 노동자 계층 중에 가장 취약한 층이기 때문에, 이들이 이와 같이 착취를 당하면, 그다음 착취의 대상은 자연스럽게 자신들이 될 것이라는 것이다. 따라서 이주노동자들의 권리를 보호하는 것이 한국 전체 노동자들의 권리를 보호하는 길인 것이다.

> "이주노동자들을 제대로 이해하려면
> 그들이 불쌍한 사람이라는 인식부터 버려야 해요."
> "우리보다 이주의 역사가 긴 국가들이 겪는
> 문제를 보고 반면교사로 삼아야 해요."
> "주변을 돌아볼줄 아는 자세가 필요합니다."

인터뷰가 끝을 향해 가고 있었다. 우리는 매번 그랬듯이 한국사회나 한국인들에게 해주고 싶은 말이 있는지 물어보았다. 박진우 사무차장은 우선은 학생들에게 하고 싶은 말이 있다고 했다. 대학생들과 인터뷰를 몇 번 해보면서 그가 느낀 것은 요즘 젊은 사람들이 이주노동자들을 순박하고 선한 사람들이며, 마냥 불쌍하고 도와주어야 하는 존재라고 생각한다는 것이다. 하지만 이렇게 이주노동자라는 집단에 대해 이미지를 부여해버리면 개개인의 이주노동자를 똑바로 볼 수가 없다. 이주노동자들은 마냥 착하고 선한 존재가 아니라 우리와 같은 평범한 인간들이고, 함께 연대할 필요는 있을지언정 동정이 필요한 불쌍한 존재인 것이 아니라 필요에 따라 자신들의 목소리를 낼 수 있는, 한국 사람과 똑같은 노동자임을 알아야 한다는 것이다. 그의 말은 그동안 우리가 했던 인터뷰들을 되돌아보게 했다. 우리도 다른 학생들과 마찬가지로 어떻게든 이주노동자들이 힘들다는 것을 알려야 한다는 사명감에 사로잡혀 있었다. 그래서 그들을 있는 그대로 보지 못하고 힘든 부분만, 도와줘야 하는 부분만 부각시켜서 보려고 했다. 어쩌면 이러한 태도가 그들에 대한 차별을 심화시키는 것일지도 모르겠다는 생각이 들었다.

다음으로 박진우 사무차장은 한국인들에 대해서, 한국 사람들이 이주노동자들에 대해 잘 모르고 있기 때문에, 이주노동자들의 주장에 대해 불편해하고, 거부감이 드는 것이라고 언급했다. 그의 말에 따르면 이주노동자는 앞으로도 계속 한국에 들어올 것이고 그 규모는 점점 커질 것이다. 이 추세를 막기는 어렵다. 이주노동자라는 존재는 한국에서 점점 더 큰 비중을 차지하게 될 것이다. 이 상황에서 우리는 이민의 역사가 긴 유럽이나 미국 등의 다른 국가들을 보고 공부할 필요가 있다. 그들의 이주민들에 대한 잘못된 대처는 사회적 혼란과 갈등을 야기할 뿐이었다. 이주노동자들의 유입이 막을 수 없는 것이라면 우리는 다른 국가들을 반면교사 삼아서 이주노동자들에 대해 더 이해하고 이 문제에 현명하게 대처해야 한다. 이에 있어서 이주노조의 역할이 매우 중요하다. 이주노조의 투쟁은 한국에 반드시 필요한 투쟁인 것이다.

이율도 교육선전국장은 한국 사람들에게 이주노동자들에 대한 무관심이나 거부감에 대해서 무조건 따지거나 비난해서는 안 된다고 말했다. 현실적으로 자신의 앞가림만 해도 어려운 현대사회에서, 옆집에 누가 사는지도 모르는 세상에서 자신과 관련 없는 이주노동자들을 신경 쓰는 것은 너무 어려운 일이기 때문이다. 하지만 우리의 삶이 고되고 힘들수록 주변을 돌아보는 자세가 필요하다. 그녀는 주변 사람들이 어떻게 사는지, 뭐 하고 지내는지 이러한 작은 관심들이 모이면 더 나은 사회를 만들 기초가 될 수 있을 것이라고 하며 말을 마쳤다.

우리는 인터뷰를 마치고 나오면서 서로 대화를 나누었고, 상호 간 생각의 일치를 보았다. 박진우 사무차장이나, 이율도 교육선전국장이나 모두 지극히 평범하지만 대단하고, 대단하지만 지극히 평범한 사람이라는 것이다. 그들은 우리의 옆집에도 있을 법한 평범한 사람이다. 거창한 신념을 가지고 이주노조에서 일하고 있는 것도 아니었다. 단지 그들의 이웃이었던 이주노동자들과 함께하고 있는 사람들일 뿐이다. 하지만 그들은 오랜 시간 세상의 무관심과 싸워왔고, 목소리를 내기 위해 투쟁해왔다. 웬만한 끈기와 열정 없이는 불가능한 일이다. 세상에 작지만 긍정적이 변화를 가져오는 사람들은 이런 분들이 아닐까 하는 생각이 들었다. 이러한 변화들이 모여 세상을 더 나은 방향으로 만드는 것이리라 생각해본다.

연구를 마치며

　대한민국은 이제 이주노동자 100만에 육박하는 시대를 맞이했다. 앞으로도 이주노동자는 한국의 경제적 환경 변화, 인구 감소 등으로 인해 국내로 더욱 유입될 전망이다. 그런데 국내 이주노동자들의 숫자가 계속해서 증가하고 있는 데 반해, 이주노동자들에 대한 대우는 그에 미치지 못하고 있다. 이들은 아직도 열악한 근무 환경에서 저임금에 시달리면서 고통받고 있다. 이에 더해 그들은 원할 때 근무지를 옮기지 못하거나, 실직 후 고용노동부에서 다음 근무지를 배정해줄 때까지 기다리기만 하다가 미등록(불법) 체류자가 되거나 강제추방당하는 등 현 대한민국의 정책들의 한계로 인해서 피해를 겪고 있다. 실제로 우리는 이번 연구에서 이주노동자들을 직접 만나고 그들과의 인터뷰를 통해 그들의 삶에 대해서 들어보았다. 그들은 일터에서 폭언 및 차별적 언사를 자주 들어야 했으며 열악한 기숙사, 휴식여건이 잘 보장되지 않는 고된 노동 환경 등의 문제를 겪고 있었다. 이런 문제점들 때문에 일터를 옮기려 해도 그마저도 쉽지 않은 상황이다. 하지만 이들은 한국어를 잘 못해서, 혹은 정치적 활동을 하면 안 된다는 이유 등으로 피해를 당하고도 감수만 해야 하는 상황에 놓여 있다.

　이러한 상황에서 이주노조의 존재는 굉장히 중요하다. 이주노조야말로 이주노동자 당사자들이 내는 목소리를 반영하여 조직적이고 집합적으로 표출해낼 수 있기 때문이다. 물론 한국사회에는 이주노동자들을 위한 단체가 쉼터나 지원센터 등의 형태로 비교적 다양하게 존재하며, 이들은 언어나 현지생활의 적응 측면에서 이주노동자들에게 큰 도움이 되고 있다. 그러나 이러한 맥락에서는 이주노동자들이 그저 시혜의 대상이나 수동적 존재로서 머무를 수밖에 없다. 그들은 단체의 설립과정에 참여하지 않으며 적극적으로 목소리를 내지 않는 객체로 존재할 뿐이다. 이와 같은 이주노동자 기관들의 한계를 극복한 것이 이주노동자노동조합이다. 이주노동자노동조합은 이주노동자들이 스스로의 필요에 의해 주체적으로 만든 단체로, 자신이 처한 구조적 불합리성에 대해 목소리를 내고 근본적인 문제해결을 촉구한다. 출입국 관리법에 따라 외국인의 정치활동이 제한되어 있고 이주노동자들 대부분이 선거권을 행사하지 못한다는 점에서 이주노동자들이 정치적인 영향력을 행사하는 것은 매우 힘들다. 대신 이주노동자조합은 집회나 선전전을 중심으로 자신들의 목소리를 높이고 권리를 쟁취하기 위해 노력하고 있다.

그러나 이마저도 이주노조에 대한 참여와 관심이 적어 아직까지 큰 영향력을 발휘하지 못하고 있다. 또한 이주노동자들의 경우 인권이나 노동권과 같이 그들이 당연하게 누려야 하는 권리에 대한 의식이 낮기 때문에 문제해결의 필요성을 느끼지 못하는 것이 대부분이다. 혹여 이와 같은 필요성을 느껴 이주노동자들이 이주노조에 가입한다 하더라도, 이들은 평일은 고사하고 휴일에도 이어지는 잔업으로 대부분 바빠 이주노조의 활동에 실질적으로 참여하기 어렵다. 이외에도 이주노조는 언어로 인한 의사소통의 문제, 재정문제, 제한된 체류기간 등 여러 현실적인 문제에 직면하고 있다. 다른 단체와의 연대 또한 이주노동자들을 함께 연대해야 할 동지로 받아들이지 않는 경우가 있어 깊이 있게 이루어지지는 못한다. 이러한 상황에서 이주노조가 한국사회에서 실질적인 영향력을 가지기는 매우 힘들다.

한편 이번 연구를 통해 우리는 이주노조에 대한 비노조원 이주노동자들의 인식에 관해서도 직·간접적으로 알 수 있었다. 노조에 가입하지 않은 이주노동자들의 경우, 대부분 이주노조를 '노동과 관련된 문제가 생겼을 때 해결을 위해 도움을 주는 지원 단체' 정도로 인식하고 있었다. 이주노조에 대해 부정적인 인식을 갖고 있는 경우도 있었다. 이주노조의 활동이나 방향성이 한국사회의 이주노동자들에 대해 거칠거나, 순응하지 않는 등의 부정적 이미지를 양산할 수 있다는 이유에서였다. 혹은 이주노조에 대해 아예 모르고 있는 이주노동자들도 있는 것으로 확인되었다. 이는 이주노조에 대한 이주노동자들의 인식이 '정치·사회 참여'와 '주체성', '세력화 및 결집'의 측면에서는 비교적 부족했음을 의미하는 것으로 판단하였다. 이주노조를 알게 되는 경로는 주로 개인적 차원에서, 동료 이주노동자 혹은 기타 지인들에 의한 소개 및 (전화)연락처 공유가 대부분이었다. 이주노조의 경우 자체적으로 인터넷 누리집 및 사회관계망서비스(SNS) 등을 운영하고 있으나, 이주노동자들에게는 전화를 통한 대 이주노조 접근이 타 매체나 통신수단에 비해 더 쉽고 보편적으로 이루어지는 것으로 생각하였다.

또한 이주노조의 경우 한국에 존재하는 여타 이주노동자 관련 단체들과 비교해서도 구별되는 특징을 보였다. 먼저 이주노조의 경우 주체성의 측면에서 외노협(외국인이주노동운동협의회)과 차이를 보였다. 이주노조는 당사자주의에 의거해 이주노동자들이 직접 목소리를 내고 활동하지만, 외노협은 그 활동에 있어 한국인들이 이주노동자들을 대리하는 양태를 보인다. 또한 이주노조는 이주노동자들의 정당한 노동권과 인간적인 삶을 보장하지 않는 고용허가제에 대해 비판의 목소리를 내며 노동허가제를 주장하고 있으나, 외노협은 고용허가제로도 한국사회의 이주노동자들에게 충분히 권리가 보장될 수 있다는 생각을 갖고 있었다. 한편 이주노조의 활동은 후원금과 자체적 비용 유지를 통해 주로 집회 및 결사, 노동운동과 이주노동자의 노동 환경 개선 및 일부의 언어교육에 초점이 맞추어진 데 반해, 외노협의 경우 한국의 정부 및 지방자치단체로부터 지원을 받아, 이주노동자들에 대해 언어 교육이나 숙식의 해결, 사회 적응 및 문화체험 프로그램 등 흥미 위주의 활동을 무료로 제공하고 있었다. 따라서 이주노조보다 외노협 쪽에 먼저 관심을 갖는 이주노동자들이 많은 것으로 드러났다. 이주노동자 쉼터의 경우도 이주노동자들에게 무료로 숙식 혹은 의료서비스 등을 제공하거나 이주노동자들의 한국 적응을 돕는 차원에서 언어교육, 사회적응서비스 등을 실시하고 있다는 점에서 상당한 의미를 가졌다. 그러나 이주노동자 쉼터의 경우 이주노조처럼 투쟁을 중심으로 고용허가제, 숙식비 공제지침 등 이주노동자 정책이 갖고 있는 문제점을 직접 개선하려는 활동을 하고 있지는 않았다. 이는 이주노동자 쉼터가 고용허가제의 도입 이후로 정부로부터 일부 지원을 받기 때문으로도 생각되었다. 또한 주체성의 측면에서도 이주노조는 노동자들이 직접 결성하고 활동을 이어가기 때문에 주체성이 비교적 높으나, 이주노동자 쉼터의 경우 운영 측면에서 이주노동자들의 주체성이 낮았다.

우리는 인터뷰를 비롯한 여러 차례의 현장 활동의 결과로, 이주노조가 활성화되고 목소리를 키워나가려면 이주노조의 내적·외적으로 개선 및 변화가 이루어져야 한다는 사실을 생각해볼 수 있었다. 이주노조의 개선 방법으로, 내적으로는 더 많은 이주노동자들을 포용하기 위해서 이주노동자들을 기다리는 것이 아니라 이주노동자들을 직접 찾아가는 방식의 적극적 활동들을 늘려나가야 할 것이다. 또한 이주노동자들의 체류기간 등의 이주노조의 내적 한계를 극복하기 위해서는 '이주노동자로서 한국에 오면 이주노조에 가입해야 한다'는 인식적 틀이 마련되어 새로운 이주노동자들이 계속해서 이주노조에 유입될 수 있도록 해야 하고, 먼저 한국에서 일한 경험이 있는 선배 이주노동자들이 후배 이주노동자들과 지속적으로 교류하여 활동의 지속성을 담보해야 한다. 그러한 틀이 마련되기 위해서라도 이주노조는 더욱 많은 이주노동자들과 접촉하고, 그들에게 할 수 있다는 생각과, 승리의 경험을 만들어주어야 한다.

이주노조 외적으로는 한국인들이 이주노동자에 대해 올바른 인식을 가져야 한다. 이주노동자들을 불쌍한 사람들, 시혜의 대상, 혹은 한국사회에 위협이 되는 사람들로 생각하는 것이 아니라 한국에 일하러 온 '노동자'로 인식해야 한다. 그들을 타자화하지 않고 차별적 인식을 갖지 않는 것만으로도 이주노동자들의 현실은 크게 개선될 것이다. **한편 이주노동자들의 삶에 대한 한국인들의 올바른 인식과 더불어, 이주노동자들을 둘러싼 현 제도에 어떤 문제점들이 있고 그 속에서 이주노동자들이 어떤 어려움을 겪고 있는가에 대한 인지 역시 동반되어야 한다.** 그런 인식을 바탕으로 문제점들을 개선하기 위한 움직임에 한국인들이 연대한다면 이주노동자들의 목소리를 더욱 강력하고 안정적으로 만들어줄 것이다.

이렇게 내·외적인 변화가 충족되면 이주노동자들에 대한 정책적 변화는 훨씬 용이해질 것이다. 내적·외적·정책적인 변화가 함께 일어나는 것이 이주노조가 제 힘을 발휘하게 하는, 더 나아가서 이주노동자들이 한국의 한 구성원으로서 더 인간다운 삶을 살 수 있게 하는 원동력으로 작용할 것이다.

2

국경 없는 청년회? 국경 없는 부녀회!

— "이주여성 비정상회담"

〈예그리나〉

(박미주 · 박영빈 · 양정인 · 장희지)

들어가며

1. 현황

대한한국은 더 이상 단일민족국가가 아니다. 다양한 문화를 가진 다양한 민족들이 한국에 터를 잡고 살고 있다. 그중에서도 결혼이 주여성은 한국의 다문화에 크게 기여하고 있다. 1990년대 중반 이후부터 한국에 비해 경제력이 낮은 국가 출신의 여성이 한국인 남성과 결혼하는 국제결혼이 급증하였다. 특히 한국사회에서 결혼하는 데 어려움을 겪고 있는 농어촌 및 도시 저소득층 출신의 한국인 남성이 아시아권 국가 출신의 여성과의 결혼이 주를 이뤘다. 결혼이민자는 2002년 이후 매년 28% 이상의 높은 증가율을 보였으나 2014년 4월 정부의 국제결혼 건전화 조치[20][21]가 시행되며 현재 국

---

20) 여성가족부, 국제결혼중개업 건전화 방안(2010).

21) '국제결혼 건전화조치'란 무분별한 다문화 결혼으로 인한 사회문제를 해소하기 위해 결혼이민 사증발급심사를 강화하고, 국제결혼 안내프로그램 이수 의무화 조치 등 적응 프로그램을 이수

제결혼은 현상유지 및 감소 추세이다.

통계청에 따르면, 2016년 기준 국내 결혼이민자의 규모는 152,374명으로 전년 대비 0.51%증가한 수준이다. 성별로는 여성이 84.3%로 절대다수를 차지하고 있으며 남성은 15.7%에 불과하다.[22] 특히 한국인 중·장년층 남성의 다문화 혼인 빈도가 높으며, 부부의 연령 차이가 한국인 간 혼인에 비해 높다. 다문화 혼인을 한 한국인 남성의 연령별 분포는 45세 이상이 20% 이상인 반면, 다문화 혼인을 한 상대 여성의 연령별 분포는 25~29세가 약 30%였다.[23]

		2008 ●●●	2009 ●●●	2010 ●●●	2011 ●●●	2012 ●●●	2013 ●●●	2014 ●●●	2015 ●●●	2016 ●●●
	합계	132,562	135,947	141,654	144,681	148,498	150,865	150,994	151,608	152,374
성별	남자	14,774	15,475	15,561	19,651	20,958	22,035	22,401	23,272	23,856
	여자	107,749	109,211	123,093	125,031	127,540	128,826	128,191	129,336	129,518
지역	경인	68,374	66,204	77,401	78,372	79,403	79,905	78,602	78,763	79,585
	영남	25,370	25,954	29,043	29,609	30,642	31,689	32,036	32,636	33,101
	호남	12,480	13,982	15,217	15,480	15,745	15,852	15,936	15,001	15,743
	충청	12,230	12,654	14,678	15,263	16,067	16,545	16,528	16,005	16,211
	기타	4,142	4,193	5,225	5,482	5,864	5,771	5,851	5,981	5,563
국적	중국	67,763	68,592	66,687	64,173	53,595	62,400	60,663	58,159	56,930
	베트남	29,592	30,173	25,355	37,515	39,352	39,854	39,725	43,647	41,803
	일본	5,223	5,074	10,451	11,762	11,746	12,220	12,603	12,861	12,110
	필리핀	5,819	6,321	7,476	9,347	9,611	10,383	11,052	11,365	11,605
	기타	16,931	17,537	21,665	23,493	24,754	20,000	24,901	22,545	28,975

(연도별, 성별, 지역별, 국적별) (법무부, 2017)

<그림 1> 결혼이민자 현황

한국사회는 전통적으로 혈통주의와 민족주의적 배타성이 강한 문화이기 때문에 결혼을 위해 한국에서 생활하는 결혼이주여성들이 적응에 많은 어려움을 겪고 있다. 그들은 남편의 상습적인 폭행과

하도록 하여 결혼이주민의 사회적응을 돕는 정책을 의미한다.

22) 통계청, 출입국·외국인정책 통계연보(2016).

23) 김동겸 선임연구원, 다문화 혼인의 변화 추이 및 특징.

학대, 인신공격으로 인한 정신적 고통 등의 인권침해 문제를 호소한다. 또한 제한된 언어로 인한 의사소통의 어려움을 느끼며, 사회적 차별을 겪기도 한다. 무엇보다도 국가마다 문화적 차이가 크기 때문에 한국사회에 대한 거리감과 교감의 부재로 힘들어한다.

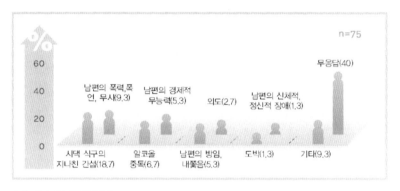

출처: 한국이주여성인권센터

<그림 2> 이주여성의 어려움에 대한 설문조사

"잔소리를 많이 하셔서 시부모님과 같이 사는 게 힘들었어요. 필리핀은 핵가족이기 때문에 가족이 전부 모여 살지 않아요. 시부모님은 외국인이니깐 가르쳐주는 게 아니라, 그냥 화를 내면서 본인 마음대로 하려고 했어요. 이거 해, 저거 해 이렇게 말하면서. 남편은 나한테 한 달에 한 번 돈을 주는데, 시부모님은 가계부 쓰는 것부터 음식 만드는 것까지 간섭을 했어요. 남편은 일하고 있어서 오래 집에 안 있어서 혼자서 애들 키우고, 시부모님 모시는 것이 가장 힘들었어요. 그러다 작년에 시부모님과 싸워서 가족이 떨어져서 살게 되었어요."

-안나(필리핀 이주여성) 인터뷰 중

<그림 3> 박이레 씨와의 인터뷰 사진

우선 결혼이주여성 중 몇몇은 국적취득 과정의 제도적 한계로 인해 제도권 내에서 생활을 보장받지 못한 채 불안정한 생활을 한다. 혼인이주자 120,144명을 대상으로 한 2009년의 복지부 외(2010)의 조사에서 한국 국적을 취득한 귀화자는 31.2%이었으며 영주권자는 3.9%에 불과한 것으로 나타났다.[24] 앞서 진행한 세 분의 인터뷰 중 한국 국적을 취득하신 분은 단 한 명뿐이었다.

Q: 혹시 한국 국적을 가지고 계신가요?
A: 네. 처음엔 남편이 반대하기도 했어요. 하지만 국적 취득 전에 불편한 것이 너무 많았어요. 아이가 학교에 입학할 때 저에 대한 정보가 기록되지 않으니 엄마가 없는 것으로 표기가 되더라고요. 항상 외국인등록증을 가지고 다녀야 해서 불편한 것이 많았어요.

24) 김두섭, 한국인의 국제결혼과 외국인 배우자의 적응(2015).

Q: 국적 취득과정이 어렵진 않으셨나요?

A: 6개월 이상 소요된 거 같아요. 면접도 보고 시험도 봤어요. 면접 볼 때 조금 무서웠어요. 애국가를 외워 부르는 것이 면접 내용에 포함되어 있기도 했어요.

-박이레(미얀마 이주여성) 인터뷰 중

2. 차별 및 부적응

결혼이주여성의 약 40%는 사회적 차별을 경험한 적이 있다고 답했다.[25] 결혼이주여성은 단순히 '한국인'처럼 생기지 않았다는 이유로 한국사회에서 무시당하는 것이다. 그들은 동사무소, 경찰서 등의 공공기관이나 학교보다는 거리, 상점 그리고 직장에서 차별을 더 많이 겪는다. 직장 및 일터에서 차별을 가장 심하게 받았다는 점을 통계를 통해서 알 수 있다.[26]

KOSIS

결혼이민자/귀화자 등의 사회적 차별 경험

자료갱신일 : 2016-08-17 / 수록기간 : 3년 2015 ~ 2015 / 자료문의처 : 02-2100-6368

일괄설정 + 항목[3/3] 구분1(3/4) 구분2(6/10) 시점[1/1]

구분1(1)	구분2(1)	2015 있었음 (%)	없었음 (%)	합계 (%)
전체	비율	40.7	59.3	100
	인원	123,865	180,651	304,516
성별	여성	40.1	59.9	100
혼인상태	유배우	40.3	59.7	100
	이혼/별거	48.4	51.6	100
	사별	35.9	64.1	100

<그림 4> 결혼이민자 · 귀화자 등의 사회적 차별 경험

---

25) 결혼이민자 · 귀화자 등의 사회적 차별 경험(KOSIS, 2016-08-17).

26) 결혼이민자 · 귀화자 등의 1년 동안 공간, 시설별 차별 경험 정도(KOSIS, 2016-08-17).

차별의 문제는 한국 선주민들의 특성에서 찾아볼 수 있다. 한국 선주민들은 "인종주의가 강한 편이며, 다름에 대한 관용이 약하고, 이민 정책의 완화에 대해 유보적이거나 배타적(이용재, 2012)"이기 때문에 다문화, 결혼이주여성에 대한 인식이 우호적이지 않다. 이러한 이식은 한국사회의 이주민, 결혼이주여성이 출신 국가의 문화를 보존하고자 하는 것에서 생겨난다. 또한 일자리 경쟁 혹은 이주민 대상 복지와 같은 재정적 부담감이 이주민에 대한 거부감을 일으킨다.

따라서 결혼이주여성이 형식적 시민권을 지니고 있음에도 불구하고, 실질적 시민권으로 이어지지 않아 차별이 쉽게 해소될 수 없음을 알 수 있다. 이익사회, 2차 사회의 구성원인 외국인노동자와 달리, 결혼이주여성은 1차 사회의 구성원으로 영원히 살아가고자 한다. 하지만 한국사회가 보장하는 형식적 시민권과 결혼이주여성이 느끼는 실질적 시민권이 일치하지 않는다. 즉, 한국사회가 그들에게 하는 요구와 보장이 괴리가 있고, 그로 인해 결혼이주여성은 사회적 차별을 느낀다.

결혼이주여성은 그들 내에서도 차별을 느낀다. 상대적으로 선진국에서 이주한 백인들에 대한 반응과 경제적으로 잘살지 못하는 중앙아시아, 동남아시아 등의 결혼이주여성들에 대한 반응의 차이는 분명히 존재한다. 백인인 결혼이주여성을 포함한 가정은 글로벌가정이지만 그 이외의 인종을 포함한 가정은 다문화가정으로 이름 짓는 것이 대표적인 사례이다.

이렇듯 쉽게 보이지 않는 차별은 결혼이주여성이 한국사회에 영원한 구성원으로 적응하지 못하도록 한다. 적응은 "개인의 내적, 심리적 욕구와 외적, 사회적 환경과의 사이에 조화를 이루어 일상생활에서 좌절감이나 불안감 없이 만족을 느끼는 상태(김영란, 2006)"라고 정의할 수 있다. 또한 적응은 크게 물질적(경제적) 적응과 정신적(심리적) 적응으로 구분할 수 있는데, 결혼이주여성은 상대적으로 물질적 측면에서는 잘 적응했다. 남편의 경제력이 바탕이 되거나 혹은 그렇지 않을 경우 정부의 재정적 지원을 받기 때문이다.

그러나 정신적 측면에서의 적응은 미흡하다. 한국사회는 결혼이주여성의 정체성을 제거하고, "소수자로서 다수자에 동화되는 '동화'전략을 선택"했다(정현주, 2009). 결혼이주여성은 자신의 정체성을 무시당하면서 동시에 언어, 문화 그리고 관습의 차이를 극복해야 하는 고충을 겪고 있다. 즉, 한국사회에서 느끼는 은근한 차별과 자신의 정체성 자체를 제거하려는 시도는 감정적 부적응을 낳고, 이는 스트레스의 주된 요인이다. 결혼이주여성이 받는 스트레스는 다시 한국사회에서 적응을 어렵게 하고, 이것은 다시 부적응을 낳으며, 감정적 부적응의 굴레에서 빠져나올 수 없게 된다.[27]

3. 왜곡된 인식

예전에 비해서는 많이 나아졌지만 여전히 이주여성들은 왜곡된 시선과 편견으로 인해 많은 피해를 받는다. 이주민 관련 TV 프로그램은 증가했지만 미디어에서 접할 수 있는 이주여성의 모습은 힘겹게 삶을 이어나가고, 고부 갈등과 경제적 문제, 남편과의 갈등으로 인해 눈물을 훔치는 부정적인 면모가 대부분이다. 예를 들어 현

---

[27] 대구신문, 2018-04-23, "여전한 편견…고통 받는 이주여성들", (2018-06-14 19:02 검색) (출처: http://www.idaegu.co.kr/news.php?code=so10&mode=view&num=247816).

재 방영 중인 채널 EBS 프로그램인 '다문화 고부열전'에서는 항상 시어머니와의 관계에서 고통받는 결혼이주여성이 등장한다. 매회 눈물짓고 서로 싸움을 하는 가족만 등장할 뿐 결혼이주여성이 잘 정착하여 살아가는 긍정적인 모습은 찾기가 힘들다.

> "이주민 관련 TV 프로그램이 늘었지만 여전히 이주여성에 대한 왜곡된 시선이 담겨 있어요. 예전에 비해 많이 나아졌지만 아직도 방송 프로그램에선 경제 사정이 어려운 결혼이주여성의 사연을 소개하고 더 어려운 친정에서 부둥켜안고 우는 모습 위주로 보여줘요. 사실 잘 사는 이주여성들도 많거든요."[28]

이러한 프로그램은 미디어 매체가 어떤 방식으로 결혼이주여성을 타자화, 대상화시키는지를 단적으로 보여준다. 미디어의 영향으로 인해 왜곡된 시선은 곧 차별이 되고 편견이 된다. 결혼이주여성을 사람들은 '교육을 못 받았고 가난할 것이다', 혹은 '나이 차이가 많이 나는 남자와 만나 시골에서 살 것이다'라고 생각하는 것이다. 과거처럼 직접적인 삿대질과 욕을 하지는 않더라도 외국인에 대한 우리 사회의 곱지 않은 시선이 다문화 가족 구성원들을 더욱 힘들게 하고 있다.

Q: 이주여성에 대한 편견을 느껴본 적이 있는지?
A: 보일러를 고치러 온 아저씨가 내 앞에서 요새 중국 여자들은 돈 목적으로 한국에 결혼하러 온다는 식으로 이야기를 하더라. 내가 한국어를 잘 알아듣지 못한다고 생각했던 것 같다. 한국어 할 수 있다고 말하니, "큰 실례를 저질렀습니다, 사모님"이라며 사과하

---

28) 여성신문, 2018-03-20, "이주여성은 '국민' … 이제 인권 주체로 봐야죠", (2018-06-14 19:07 검색) (출처: www.womennews.co.kr/news/140605).

<그림 5> 고바야사 씨와의 인터뷰 사진

긴 했다. 그래도 (이주여성에 대해) 그런 편견 가지고 있구나 하
고 상처받은 적이 있다.

- 고바야사(일본인 이주여성) 인터뷰 중

Q: 이주여성분들에 대한 인식이 어떤 것 같으세요?
A: 이주여성들, 한국에 시집오니까 할머니 할아버지들이 외국에서
   시집온 사람들은 돈이 많이 없고 가난하다는 인식을 가지고 있는
   것 같아요. 미얀마나 베트남 같은 동남아시아 사람들은 못산다는
   이야기를 가끔씩 하고 계세요.

- 박이례(미얀마 이주여성) 인터뷰 중

Q: 미얀마 사람이기 때문에 받은 차별이 있다고 생각하시나요?
A: 가끔이지만 받는 것 같아요. 한국에서의 인종차별 당할까 봐 남
   편이 걱정했어요. 제가 느끼기에는 크게 그런 것 같지 않은데 조
   금은 있는데 크게 안 좋다고는 못 느끼고 있어요.

- 박이례(미얀마 이주여성) 인터뷰 중

앞서 우리는 구글 폼을 통한 설문조사를 실시해 결혼이주여성에 대한 선주민의 인식 조사를 한 적이 있다. 결혼이주여성에 대한 지원이 어떠한 방향으로 나아가야 하느냐는 질문에는 44명 중 무려 20명이 인식의 개선이라고 답했다. 제도적 지원보다는 사람들의 인식과 차별 개선이 시급한 문제라고 보았던 것이다. 그리고 앞서 진행한 세 번의 인터뷰에서 만났던 이주여성은 미디어에서 보이는 모습처럼 마냥 불행하지 않으며 오히려 그들에게서 주체성을 찾아볼 수 있었다.

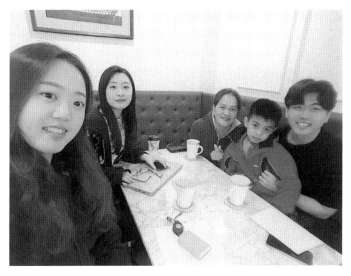

<그림 6> 안나 씨와의 인터뷰 사진

Q: 학생 때는 무슨 공부를 하셨나요?
A: 필리핀에서 대학교에서 컴퓨터 프로그램 전공했었어요. 간호학도 공부하고, 태권도도 검은 띠 땄었다. 아빠는 식당 하셔서 호텔 경영도 공부했었어요.

Q: 앞으로 하고 싶은 일이 있으신가요?

A: 3d marks라는 컴퓨터 프로그램을 공부한 적이 있어요. 집 짓는 프로그램이에요. 그래서 컴퓨터로 가상으로 집 인테리어를 만드는 일을 하고 싶어요, 한국에서.

- 안나(필리핀 이주여성) 인터뷰 중

Q: 미얀마에서 대학까지 졸업하셨다고 들었어요.

A: 대학에서 경제학과를 전공하였어요.

Q: 직업 말고 따로 하시는 일이 있으신가요?

A: 자원봉사를 해요. 다문화 가족을 통역하고 이것저것 도와주는 일을 하고 있어요.

- 박이례(미얀마 이주여성) 인터뷰 중

한국 여성이 대학 교육을 받고 전업주부 대신 직업을 가지고자 희망하는 것은 당연해 보인다. 그러나 결혼이주여성일 경우에 그런 희망은 굉장히 이질적으로 느껴진다. 오랜 기간의 결혼이주여성에 대한 타자화가 그러한 편견을 만들기 때문이다. 그러나 편견과 달리 이주여성은 자신의 삶을 설계하고, 적극적으로 노력하는 주체적 존재이다. 필리핀에서 전문적 교육을 받은 안나씨는 컴퓨터 프로그램을 공부하며 그와 관련된 직업을 갖고자 노력한다. 박이례 씨는 자신의 강점을 살려 한국에서 통역을 하는 자원봉사를 한다. 이처럼 우리는 그들의 주체적인 모습을 볼 수 있다.

우리의 예상과 다르게 결혼이주여성들이 느낀 한국의 인종적 차별이 매우 심각한 정도는 아니었다. 더 많은 표본이 필요하겠지만 인터뷰를 했던 모든 결혼이주여성은 전반적으로 '결혼이주여성'이라 차별받는 것보다 '외국인' 그리고 '엄마'라는 고민이 더 크다고 입을 모았다.

"한국어와 한국 생활에 어느 정도 적응이 된 상태에서 다문화 프로그램과 행사에 참여하기 시작한 결혼이주여성들은 한국 국민 만들기 프로젝트의 성격을 띤 다문화 프로그램을 통해 오히려 자신들을 집단으로 의식화하는 경험을 하게 된다. 즉, 파편화된 개인의 상태로 존재하던 이들은 공적인 자리에 한데 모임으로써 서로 공통의 문제의식과 이해관계를 지닌 사회 집단임을 확인하고 집단의식을 형성하는 과정을 경험하고 있다고 한다."[29] 변화의 주체로서 자신을 경험하고 있는 상태이며 일방 동화의 상으로서 통합되는 것이 아니라 능동인 자기 주도 성장의 주체로서 통합되고자 하는 욕구를 형성하는 중으로 주체성을 더욱 확고히 하고 있다.

따라서 예그리나는 예능 프로그램 '비정상회담'을 모티브로 삼아 결혼이주여성들의 주체성을 발현하고, 자신들의 정체성을 큰 목소리로 말할 수 있는 공감의 장, 비정상회담 프로젝트를 계획했다. 결혼이주여성의 평화와 행복한 미래를 위해 각국에서 온 그들이 모여 본인의 시각으로 한국사회에서의 지위와 정치참여에 대하여 어떻게 생각하는지, 그리고 향후 문제를 해결하기 위한 미래 지향적인 방법을 찾기 위한 장소를 만들어보고자 했다.

비정상회담 프로젝트의 기획 목적은 다음과 같다. 첫째, 우리는 기존 어디에서도 듣기 힘들었던 결혼이주여성들의 진솔한 이야기를 들어보고자 한다. 또한 해당 비정상회담을 통해서 결혼이주여성에 대한 팀원들의 인식변화에 이바지하기 위해 이를 기획했다. 둘째,

---

29) 민가영(2011), 「결혼이주여성의 다문화정책 수용과정과 그 효과에 관한 연구」, 『사회과학연구』, 22(1), 83.

'비정상회담' 대표들의 의견을 듣고 그것을 바탕으로 관련 문제 해결 방안을 촉구하기 위한 온라인 청원을 하고자 한다. 마지막으로, 비정상회담을 통해 결혼이주여성들의 적극적이고 능동적인 정치적 참여를 이끌어내려 한다.

2018 정치학과 현장학습
이주여성 비정상회담
주최: 한국외국어대학교   후원: 한국정치학회, 생각나무 BB센터

<그림 7> 이주여성 비정상회담 홍보 포스터

'국경 없는 청년회? 국경 없는 부녀회!'

5월, 각양각색의 전통의상을 입은 여성들이 한자리에 모였다. 베트남, 몽골, 네팔[30] 등을 포함한 총 10개국의 각국 대표들과 함께 그들의 진솔한 이야기를 듣고 그들의 더 나은 자립을 위해 나아가고자 자리를 마련한 것이다. 다른 국적과 다른 사연을 가진 이들이지만 '이주여성'이라는 접점을 통해 서로를 이해하고 공감할 수 있었다.

이번 프로젝트는 쉽게 들을 수 없었던 이주여성들의 진솔한 이야기를 들을 수 있는 공감의 장을 마련함에 의의를 가진다. 그들의 목소리를 직접 들음으로써 대중이 이주여성에 대해 가지고 있는 선

---

30) 안순화 대표(중국), 응웬티투하(베트남), 바잉마야르(몽골), 권명희(중국), 디나라(카자흐스탄), 수ㅇㅇ(볼리비아), 이수정(네팔1), 수스마타짜(네팔), 무하요(우즈베키스탄), 야마구찌 히데꼬(일본), 카녹완(태국), 첸다(캄보디아)

주민으로서의 선입견을 개선하고 나아가 함께 해결방안을 모색함으로써 제도권 내의 정책적 제언을 이끌고자 한다. 또한 다가오는 '2018 지방선거'와 관련하여 그들 스스로 사회구성원으로서의 역량을 다시 한번 상기하는 자리가 되길 희망하며 이번 '이주여성 비정상회담' 프로젝트가 시작되었다.

크게 2부로 나눠 진행된 '이주여성 비정상회담' 프로젝트에서는 다섯 가지 주제를 통해 그들의 이야기를 듣고자 했다. 1부에서는 한국에서의 삶, 즉 입국 초기 그들이 겪었던 어려움과 현재 일상의 이야기를 통해 이주여성의 삶에 대해 들어보도록 했다. 나아가 국적취득과 사회구성원으로서 그들이 한국사회에 느끼는 소속감, 즉 국가 정체성(national identity)[31]에 대한 담론을 진행하고자 했다.

1. 1부

1) 일상 및 생활 만족감

회담은 안순화 대표께서 입국 초 고향에 대한 그리움과 한국생활에 있어서 적응의 어려움을 겪으신 경험을 말하며 본격적으로 시작되었다. 입국 초기 이주여성은 주로 의사소통의 문제와 한국 고유문화 적응으로 고충을 겪고 있었다. 회담에 참석한 대표들은 입국 초기 적응에 있어 정서적 어려움을 크게 겪은 것처럼 보였다. 특히 무하요(우즈베키스탄) 대표는 입국 초 '낯설고, 외롭고 혼자 있다는 것을 깨달았다'고 답했고 수ㅇㅇ(볼리비아) 대표 역시 '다시 본국으로 돌아갈 만큼 우울증을 경험했다'며 안순화 대표의 말에 공감했다.

---

31) 국가 정체성(national identity)은 국가 구성원의 일원으로서 개인이 국가 생활 속에서 소속감과 그 속에서 자신이 구성원이라는 뚜렷한 신념을 가지고 있는 것을 뜻한다.

입국 초 이주여성은 언어 사용의 미숙함, 한국 문화 적응의 어려움 등의 다양한 문제에 직면하지만 정서적 고립감 역시 한국사회의 정착을 어렵게 하는 주요한 요인 중 하나이다. 따라서 제도적 지원을 함에 있어 언어·문화적 교육지원처럼 중·장기적 시간 투자를 하여 효과를 낼 수 있는 정책이 아닌 단기간에 효과를 발휘할 수 있는 정책의 마련이 필요하다. 예컨대 '국가별 이주여성 모임' 등 이주여성의 사회적 연결망 확보를 도울 수 있는 정책이 마련되어야 한다. 이는 파편화되고 고립되어 있는 그들이 연결되어 연대할 수 있는 단기적이고 효과적인 정책을 의미한다.

"내 집의 모든 물건들이 내 물건이 아닌 거 같은 기분이어서 손을 대기도 싫었어요. 마음의 안정이 생기지 않아 (고향) 집으로 가고 싶었어요. 여러분들은 처음 한국에 왔을 때 어땠는지 궁금합니다. 입국 초 고향을 그리워하는 나는 정상인가요, 비정상인가요?"

- 안순화 대표

"처음에는 낯선 문화와 말이 안 통해서 어려웠어요. 말이 안 통하는 게 너무 어려웠어요. 한국이랑 캄보디아의 문화 차이가 커요. 특히 존댓말에 관한 내용, 시어머니한테 '밥 먹자'라고 해서 많이 혼났어요."

- 첸다(캄보디아)

"양육방식이 모국과 한국이 정말 달라요. 애기가 8월에 태어났는데 3월까지 기다려야 한다고 시어머니가 한국풍습이라고 했어요. 그때는 이해를 하지 못했지만 이제는 알 것 같아요. 아기 키우는 방식이 많이 달라요."

- 디나라(카자흐스탄)

현재 한국에 정착해 살아가고 있는 이주여성들은 일상의 삶에 만족하고 있을까. '한국에서의 삶에 만족한다'라는 질문에 총 7명이 한국에서의 삶에 만족한다고 답했다. 이주여성은 대체로 한국에서의 삶에 만족하는 것으로 나타났는데, 제도적으로는 사회 인프라의 구축이 잘되어 있음을 이유로 꼽았다. 제도적 지원에 대한 접근성이 좋다고 생각하는 편이며 양육과 주거 분야의 제도적 지원에 대한 만족도 역시 높은 편이었다. 개인적 차원에서는 자녀양육과 같은 어머니로서의 삶에서 일상의 만족을 얻고 있었다.

　　"처음에 많이 돌아가고 싶었어요. 낯설고 외롭고 혼자 있다는 것을 깨닫게 되었어요. 하지만 **법적으로 한 부모가 된 이후 한 달 안에 나라에서 집도 해주고 생활비도 지원해줬어요. 지금 5년이 다 되어 가는데 주민센터든 구청이든 제가 연락을 안 해도 자주 물어보러 와줘요. 부모님보다 더 걱정해주시니까 고마워요.**"

　　　　　　　　　　　　　　　　　　　　　　　　 - 무하요(우즈베키스탄)

　　"건강하게 사는 것도 좋고 교육도 잘 되어 있고 지원도 잘 되어 있어서, 예를 들어 **카자흐스탄은 무료로 어린이집을 갈 수 없는데** 여기는 잘 되어 있어요. 열심히 하면 뭐든지 이룰 수 있다고 생각해요. **센터도 시스템이 잘 되어 있어요. 이제는 우리가 도움을 받는 게 아니고 도와주는 입장이 되어야 할 거 같아요. 처음에는 도움을 많이 받았기 때문에.**"

　　　　　　　　　　　　　　　　　　　　　　　　 - 디나라(카자흐스탄)

　　"만족한다는 게 어떤 것인지 정확하게 모르겠지만 건강하게 자기가 살면서 애도 낳고 사는 것에 만족해요. 욕심내지 않고 사는 게 행복인 거 같습니다. 한국사회에서도 잘은 못해도 어느 정도 잘살 수 있다고 생각을 해요."

　　　　　　　　　　　　　　　　　　　　　　　　 - 바잉마야르(몽골)

바잉마야르(몽골) 대표의 말에서 알 수 있듯이, 이주여성의 삶은 일상에서의 안위에 만족하는 수준에 머무르며 주체적인 정체성을 구현하기에 어려워 보였다. 이는 그들이 (주체성을 발휘하기에) 무능력하거나 스스로 수동적 존재로 머무르기를 바라기 때문이 아니라 문화 적응의 어려움과 언어 사용 미숙함으로 인해 발생하는 문제였다. 그들은 일상생활을 유지하는 것에 문제를 겪고 있지는 않았으나 자아실현의 어려움을 겪고 있었다.

반면, 한국사회에 불만족한 이유로는 크게 한국의 가부장적 문화, 외국인에 대한 차별적 인식, 사회적 관계의 단절 등이 있었다. 특히 선주민이 그들을 이주민으로서 받아들이며 사회구성원으로 인정해주지 않을 때 그들은 크게 좌절하였는데, 남미 문화권 국가 이주여성은 아시아권 국가 이주여성에 비해 차별을 더욱 심하게 경험하는 것으로 나타났다. 또한 이주여성을 종속된 존재로 보는 인식 역시 그들에게 폭력으로 작용하였으며, 직업에 있어서도 그들에게 기회는 주어지지만 여전히 구직이 어려운 것으로 나타났다.

"(남대문에서 액세서리 가게를 했는데) **외국인이 일을 한다고 해서 너무 상처였어요.** 사회에서 봉사를 많이 해요. **왜 봉사를 하는지 물어볼 때는 상처를 받아요.** 학교에서도 **다문화 자녀라는 이유로 아이가 왕따를 당했어요.** 아이도 힘드니까 저도 많이 힘들었어요. 엄마가 중국 사람이니까 중국 가라고 (폭언을 했어요)."

- 권명희(중국)

"제가 처음에 1997년 한국에 왔을 때 외국인들이 한국에 별로 없었어요. 지하철을 타면 저를 쳐다보는 시선이 불편에서 밖에 나가기도 싫었어요. 한편, 불편했던 점은 스페인어로 상담을 하거나 생활을 하기 어려웠다는 점입니다. 한국에는 남미권 결혼 이주여성이 많지 않

고, 주로 베트남, 필리핀, 몽골 등 결혼 이주여성이 많기 때문에영어
나 스페인어를 사용하기 어려웠다는 점이에요"

- 수ㅇㅇ(볼리비아)

"서로 감사하면서 살아야 하는데, **한국 사람들이 남편한테 감사하라
는 말을 해요.(시집 잘 왔다는 뜻)** 남편한테 감사하라는 말을 들었을
때 기분이 안 좋았어요."

- 이수정(네팔)

"기회가 주어지지만 **직업으로 이어지기 힘들고** 남편이랑은 소통도
되고 대화가 되니까 좋은데 **어머니가 어려워요. 어르신들이 옛날에
가부장적이라 무서워요.** 항상 화가 나 있는 거 같아요."(웃음)

- 야마구찌 히데꼬(일본)

2) 국가 정체성 및 국적 취득

이주여성은 능력과 잠재력을 가지고 있는 사회구성원으로서 다
문화가정에 이루어지는 정책적 지원은 수혜적 성격에 머무르는 것
이 아니어야 한다. 그들은 자기계발에 대한 의지를 가지고 있기에
주체적 사회구성원으로서 자기계발을 주도할 수 있는 제도가 마련
되었을 때 그들의 정책적 만족도 역시 더욱 높아질 것이다. 이주여
성의 지원은 단기적, 일회적 성격에 머무르지 않아야 하며 능력 있
는 사회구성원의 재생산을 이끌 수 있어야 한다. 다시 말해서 이주
여성은 '한국인'으로 동화되어야 하는, '동원'되는 삶의 객체가 아
니라 삶의 주체로서 이곳에서 뿌리를 만들어간다는 것이다.[32] 그렇
다면 한국에서의 삶을 살고 있는 주체이자, 자녀들에게 더 나은 한
국에서의 삶을 살게 하고자 하는 어머니로서의 이주여성은 스스로

---

32) '한국인' 정체성, 사회적 소속감: 이주여성과 자녀의 관계성을 중심으로, 김순남(2014).

를 얼마만큼 한국인이라 생각하고 있을까.

대다수의 이주여성은 한국에 소속감을 가지고 있지만 여전히 본
국에 국가 정체성을 두고 있는 경향이 컸다. 한편 다문화가정의 2
세들은 대부분 한국인으로서 국가 정체성을 가지고 있었다.

"여러분들 중에 국적을 취득한 분들이 많지만 저는 2003년에 한국에
와서 2005년에 취득했어요. **국적취득을 보여줘도 항상 한국인으로
인정을 못 받아요.** 여러분은 본인이 한국인이라고 생각하시나요?"

- 안순화 대표

"저도 한국에서 살고 있고 남편이 한국 사람, 사랑하는 자녀, 우리
아들이 한국시민이잖아요. 저는 **한국인 반 몽골인 반이라고 생각해
요.** 부모님이 주신 이름은 바꾸지 않는 것이 좋다고 생각해요."

- 바잉마야르(몽골)

"**저는 제가 한국 사람이라고 생각 안 해요.** 설사 한국인으로 귀화를
해도 법적으로는 한국인이지만, 외모가 외국인이므로 사회적 시선으
로 인정받을 수 없다고 생각합니다."

- 수ㅇㅇ(볼리비아)

"**저는 한국이 제2의 고향이라고 생각해요. 한국인이라고 스스로는
생각을 못 해요. 하지만 저도 마찬가지로 제2의 고향이라고 생각해
요.** 한국인은 아니지만 한국 국민으로 열심히 같이 살려는 노력을 하
고 있어요. 오랫동안 거울을 못 보면 한국인이라고 생각해요.(웃음)
한국 (패션)스타일도 좋아하고 저의 집이라 생각해요."

- 무하요(우즈베키스탄)

"**한국의 정신을 많이 배웠지만, 그래도 일본인으로서의 정체성이 남
아 있어요.** 완전 한국 사람은 아니에요. 그래도 한국에서 배운 것이
많아서, 전통적으로 어른들을 공경하는 것들을 많이 배우고 있어요."

- 야마구찌 히데꼬(일본)

'한국사람'이라는 것은 단순히 한국에서 살고 있는, 한국에서 태어난 사람 혹은 한국 국적을 가진 사람으로서의 자격을 말하는 것이 아니다. 이 사회에서 받아들여지는가, 즉 '타자화되지 않으며 배제적, 일탈적 존재로서 인식되지 않는가'에 대한 것을 의미한다. 본 회담에 참가한 이주여성 대표 중 절반만이 국적33) 취득을 한 상태였다. 나머지 절반의 여성은 국적 취득보다 영주권34) 취득을 선호하는 경향을 보였는데 여전히 본국의 정체성을 가지고 있으며 이름 등의 내재화된 문화 양식을 버리고 한국사회에 동화되는 것에 어려움을 느꼈다. 한편 우즈베키스탄 대표의 말에서 나타나듯이 개인의 선호와는 별개로 제도적 어려움으로 인해 국적 취득이 불가한 경우가 눈에 띄었다. 배우자 영주권 취득 조건은 다음과 같다.

* 배우자(F-6) 영주권
  - 2년 이상 국내체류 [혼인단절자(F-6-3)는 5년 이상 체류해야 하는 일반 영주권 신청 대상자]
  - 본인 또는 배우자 명의의 3,000만 원 이상의 재산 증명 혹은 일정한 수입 증명 (재직증명서 등)

---

33) 영주권이란 국적을 소지하지 않고도 영주할 수 있는 권리를 말한다. 즉, F-5(영주)를 말하며 취득 시 정해진 체류기간 없이 계속해서 대한민국 체류가 가능하다. 그렇기 때문에 체류기간이 정해져 있는 다른 장·단기 비자보다 발급요건이 까다로우며 심사기간 역시 1년 가까이 소요된다. 본국 국적을 유지하여 양국에서 자유로운 출입국 및 체류 가능하고, 영주권 취득 후 기타 비자 연장·심사는 없다. 또한 내란·외환죄, 특정 강력범죄로 5년 이상 징역·금고의 형을 선고받고 석방된 사람, 선박 등을 이용해서 불법 입국·도피를 교사 또는 방조한 사람 이외에는 강제 퇴거하지 않는다.
34) 국적이란 개인이 특정 국가에 소속되는 것과 그에 따른 권리의무의 총체로서 한 국가의 구성원을 지칭하는 정치·법적 개념이다. 선거권과 피선거권(후보로 출마)을 획득하며 정부의 각종 권리·혜택을 향유하고 의무를 부담하게 된다.

(1) 이중국적

"한국인이 되고 싶어서 국적을 신청했어요. 언제는 한국 사람, 언제
는 한국 사람 아니다라는 생각을 하게 돼요."

- 이수정(네팔)

"저는 이중국적을 갖고 있어요. 한국 사람하고 똑같이 혜택을 받을
수 있어요. 세계여행을 떠나기에 좋아요. 국적을 바꿨지만 아직까지
외국 이름을 가지고 있어요. 별명은 따로 부르기 편하게, 어머니가
주신 이름이라서 바꾸진 못했어요."

- 첸다(캄보디아)

(2) 영주권

"못했고 안 했어요. 영주권을 받고 싶어요. 이천만 원, 삼천만 원 가
지고 있는 재산을 증명할 수 있는 서류를 제출해야 하는데 생활이
힘들어 이런 서류를 만들기가 어려워요. 저한테 혜택을 준다면 (영주
권을) 받을 수 있을 거 같아요. 국적을 취득하는 시험이 어려워진다
고 해서 안타까워요."

- 무하요(우즈베키스탄)

"아직은 할 생각이 없어요. 우리 부모님들도 70살이 넘으셨는데 **비
자 때문에** 언제든지 가야 할 수도 있고, **먼저 영주권을 목적으로 하
고 있어요.**"

- 디나라(카자흐스탄)

3) 이중언어 교육

이주여성은 미성숙한 아이들의 차별적 인식을 여전히 경험하고
이에 상처받고 있었다. 교육과정을 통해 다문화를 경험한 아이들은
이주여성을 포함한 타문화에 대해 비교적 긍정적이고 개방적인 태

도를 가지고 있었는데, 회담의 내용에서 알 수 있듯이 이주여성이 겪는 문화적 차별과 그 경계를 극복하기 위해서는 교육을 통한 경험이 중요하다.

또한 이주여성은 이중언어 교육의 필요성을 강조하였다. 이중언어가 어머니와 자녀 사이의 정서적 교감을 강화하고 '이중언어 사용자'라는 것이 한국사회에서 경쟁력으로 작용할 수 있기 때문이다. 하지만 여전히 시부모님 등의 가족들의 반대를 경험하는 것으로 보였다. 여전히 한국의 '다문화주의'는 순혈주의를 강조하는 사회적 분위기 속에 '동화'될 것을 강조하고 있다. 이러한 사회적 분위기 속에서 정체성의 혼란을 겪는 이주여성은 이 사회의 온전한 시민의 삶을 향유하지 못한 채, 미완의 존재로서 여겨진다. 한국사회는 미래세대의 국가 인구정책 속에서 이주여성들을 재생산, 출산의 주체로 재현하지만, 자녀 성장에 대한 의심이나 불안을 통해 이주여성을 타자화하곤 한다. 이러한 과정에서 이주여성들은 일상적으로 자녀의 양육 책임은 부과받는 한편 양육의 권위를 상실하게 된다.[35]

> "시어머니가 카자흐스탄말 하지 말고 한국말 하라고 했어요. 상처를 받아서 그 이후부터 카자흐스탄 언어를 못 가르쳤어요. 그래도 아직은 늦지 않다고 생각해요. 아이가 8살이니까. 우리 아이는 우리 엄마 예쁘다, 카자흐스탄 사람이라고 자랑해요. 저도 어린이집 가서 교육을 해줬어요. 학교에서도 언제 수업해주냐고 물어봐요. **학교에서 카자흐스탄(러시아어)어를 알려줬으면 좋겠어요. 사실 (이중언어는) 큰 재산이잖아요.**"
>
> — 디나라(카자흐스탄)

---

[35] '한국인' 정체성, 사회적 소속감-이주여성과 자녀의 관계성을 중심으로, 김순남(2017).

"자연스럽게 이중언어를 하는 아이가 있는데 우리 아이는 못 하게 하더라고요. **우리가 아무리 한국말을 잘해도 심리적으로 다가가기 힘들어요.** 진짜 사랑해주고 진짜 화날 때는 제 언어로 하거든요. 나의 언어로 대화하는 것도 어렵더라고요. 아이들에게 이중언어를 정말 쓸 수 있으면 좋겠어요."

- 바잉마야르(몽골)

"처음에는 가족들이 무서워서 감히 일본어를 사용할 생각을 못 했어요. 이제는 시어머니가 왜 일본어 안 알려줬냐고 물어봐요.(웃음) 모국어의 영향력에 대해서 연구를 한 적 있는데 **엄마 나라의 말을 배워야 정서적으로 가깝게 느껴진다고 해요.** 엄마하고 자녀가 둘이 사는 집은 자연스럽게 엄마 나라 언어를 하더라고요."

- 야마구찌 히데꼬(일본)

"친구들이 놀린다고 엄마한테 인사 안 하고 아이가 바로 가라고 했어요. 새로 옮긴 유치원 친구들이 놀려요. 신기하다는 말보다 이상하다는 말을 많이 해요. (상처) 그래서 어떻게 하면 좋을까 생각했어요. 우리 아이 유치원에 원장선생님의 도움으로 잠깐 수업을 진행하면서 아이들과 놀아줬어요. 우즈베키스탄에 관한 소개를 해주었어요. 그날 이후로 우리 아이도 밝아졌어요. 그 이후로 엄마 나라에 대해서 궁금해하고 관심이 많이 생겼어요. 교육이 정말 중요하다고 생각해요."

- 무하요(우즈베키스탄)

"아이가 한국 사람이라 생각하지만 아이에게 엄마 언어 배우는 게 중요하다고 생각해요. 아이가 캄보디아 문화와 언어를 알아야 엄마하고 더 가까워질 수 있어요. 이중언어를 쓸 수 있다는 것은 능력이라고 생각해요. 그래서 꼭 필요하다고 생각해요."

- 첸다(캄보디아)

이주여성은 이중언어 교육의 중요성을 강조하며 이에 대한 제도적, 정책적 지원이 마련되어야 한다고 주장하였다. 나아가 이중언어 교육뿐만 아니라 다문화 교육이 제도권 내에서 이루어져야 한다고 말했다. 다문화가정 자녀를 위한 이중언어 교육은 일부 아동의 언어능력 신장이나 정서적 교감의 강화 차원을 넘어선 보편적 아동의 성장과 사회적 언어 자원의 보존, 확대 차원으로 나아갈 수 있다. 다시 말해 다문화가정 자녀의 이중언어 능력을 신장시키고 보존한다는 것은 그들 어머니(또는 아버지) 출신국의 문화를 이해하게 한다는 의미일 뿐만 아니라 그들이 한국사회의 문화, 언어적 다양성을 증대시키는 실질적 역할을 한다는 의미이기도 하다.[36] 따라서 이들이 부모의 언어에 고루 노출되도록 하는 환경을 조성하고 국가가 발달 단계에 맞는 적합한 정책적 지원을 마련함으로써 한국사회는 '동화'가 아닌 다양성의 '보존'이라는 바람직한 사회 분위기를 이끌 수 있을 것이다.

4) 1부를 마치며

프로젝트 1부 진행 중 '자신이 어느 나라 사람이라고 생각하나요?'라는 질문에 답한 디나라(카자흐스탄) 대표의 발언이 기억에 남는다. 그녀의 발언은 순혈주의를 강조하는 한국의 다문화 인식에 새로운 모색을 제안했다.

> "저는 민족으로 분류하지 않아요. 사람은 그냥 사람이에요. 다들 친구고 가족이라 생각해요."
>
> - 디나라(카자흐스탄)

---

36) 다문화가정 자녀를 위한 이중언어교육의 요구 분석, 진대연·강복정(2011).

<그림 8> 비정상회담 1부 진행 사진

　하나의 개인은 하나의 정체성으로 형성되지 않는다. '성별', '국적', '인종'을 포함한 수많은 정체성의 집합이 하나의 개인을 구성한다. 하나의 정체성을 기준으로 타인을 '타자화'하려는 시도는 특정 정체성을 통해 스스로의 우월함을 증명하려는 무례함에서 비롯된다. 다시 말해서 수많은 정체성의 집합으로 이루어진 개인을 하나의 '정체성'으로 이해하려는 시도는 매우 무의미하며 무모한 행위이다. 디나라(카자흐스탄) 대표의 말처럼 개인은 '인간'이라는 '보편적' 정체성 속에서 서로의 '특별한' 정체성을 이해하고 존중할 수 있다.

　이주여성은 입국 초기부터 적응에 어려움을 겪고 있었다. 낯선 국가의 낯선 언어와 문화뿐만 아니라 그들을 이주민으로서 '타자화'하는 선주민들의 시선이 그들의 적응과 정착을 더욱 두렵게 했는지도 모른다. '사회적 정책의 수혜자', '재생산의 대상', '억압과

핍박의 존재', '가난과 어려움의 대상' 등 미디어를 통해 생산되고 확산되는 차별적 선입견 속에서 우리는 그들에게 편견 어린 선을 긋고 있던 것은 아닐까.

이주여성 비정상회담 프로젝트 1부에서는 주체성을 회복하고자 하는 그들의 열망을 엿볼 수 있었다. 이어 건강한 시민으로서의 권리의식을 함양하고 그에 대한 제도적 방안의 모색을 위한 그들의 이야기로 가득 찬 2부가 시작되었다.

2. 2부

쉬는 시간을 잠시 갖고 이어서 건강한 시민으로서의 권리의식을 갖기 위한 제도적 방안 모색을 위한 주제들을 중심으로 2부가 시작되었다. 1부의 열띤 토론에 이어서 2부는 조금 더 이번 비정상회담의 핵심 주제37)가 명확히 드러나는 이야기들이 나왔다.

1부를 거쳐서 2부에서는 회담에 참여한 이주여성들의 의견들은 현실적이고 구체화되었다. 각자 하고 싶은 말들이 많이 쌓였기에 다들 준비되고 상기된 모습이었다.

무하요 우즈베키스탄 이주여성 대표는 직업과 직업교육의 필요성에 관해서 할 말이 많은 것으로 보였다. 따라서 의장인 장희지 학우, 박미주 학우와 안순화 대표님께서 시간을 고려, 보다 구체적이고 적절한 주제를 선정하였다. 미처 다루지 못한 주제들은 다른 주제 속 이야기들이 녹아들 수 있도록 배려하는 방식의 진행을 하였다.

---

37) 다문화정책과 시설, 다문화정책 홍보, 6.13 지방선거, 이주민으로서의 어려움.

1) 다문화센터의 실효성에 대한 아쉬움과 개선요구

<그림 9> 비정상회담 2부 진행 사진

"문화적으로 글 배우는 것 모두 큰 도움이 되어요. 3년만 지나면 크게 도움이 안 된다고 생각해요. 어느 정도 문화적응을 하고 나서는, **아쉬운 점은 아직 센터가 제자리라는 것**이에요."

- 권명희(중국)

"제가 다문화센터를 이용하지 않은 지가 벌써 7년이 다 돼가고 있어요. (다문화 센터 발전이 없다는 의미) 최근에 간 것도 서울시 관련 정책 때문에 억지로 간 거예요. 다문화라는 단어 자체가 맞지 않아요. **다문화라는 말이 '다름'을 규정**하는 하는 것 같아요."

- 바잉마야르(몽골)

"처음에 시어머니 손을 잡고 다문화 센터에 가게 되었어요. **한부모 가정에는 직접 먼저 찾아가는 것과 같은 시청 정책**이 정말 좋아요. 찾아가서 어떤 것이 필요한지, **직업훈련이든 언어든 필요한 것을** 해 줬으면 좋겠어요. **다문화센터는 너무 기초적이고 한정적**이에요. 언어를 모르더라도 식당에서 일하거나 미싱과 같은 (전문적인) 기술을 배우면 도움이 많이 될 거 같아요. 언어, 직업교육이 필요해요."

- 무하요(우즈베크)

스스로 힘든 일을 겪지 않은 이상 그 고통을 모르는 법이다. 이주여성들은 당사자로서 직접 겪었던 사례들을 밝히며 개인적인 이야기들과 체험을 중심으로 회담을 진행하였다.

권명희(중국), 바잉마야르(몽골) 이주여성 대표분들의 이야기들을 되짚어보자면 다문화지원센터가 발전이 없고 기초적이고 한정적인 것에만 초점을 맞추고 있으며 정체되어 있다는 느낌을 크게 받았으며 관련 시설, 행정시스템과 관련 프로그램들이 개선될 필요[38]가 있다는 것을 알 수 있다.

(1) 다문화센터 구성 제언

"은평구에서 여성 휴대폰 사진 찍기 등을 배웠는데 외국인 80%, 내국인 20% 정도의 구성이었어요. 한국 사람이 있어서 신기하고 좋았어요. 다문화라는 말에 한국인도 구성하는 게 좋을 거 같아요. 너무 따로따로 구분을 지으니까 불만이에요."

- 야마구찌 히데꼬(일본)

우리의 기존 인식은 '다문화'라는 틀에 한국인은 배제되고 다른 나라, 특히 선진국을 제외한 국가에서 온 사람들이라는 선입견을 가지고 있었다. 물론 한국인들의 나라이기 때문에 이들은 적응에

---

38) 비정상회담 진행 전 사전조사로 동대문구와 중랑구의 다문화 관련 정책들을 살펴보았는데 직접적인 '이주여성'을 대상으로 경제적 지원 등은 부족하고 정서적 지원이 대다수였다. 정서적 지원이라 함은 한국어 교육, 한국 문화 교육 등을 의미하는데 오직 그들의 새로운 '가족'들에만 초점을 맞추고 있으며 특히 이주여성들 자녀들의 교육지원에 대한 내용이 대다수였다.

어려움을 겪지 않아 다문화정책의 혜택을 받을 필요가 없을 경우가 많다. 그러나 한국인들도 이주여성들과 함께 전문적인 기술을 습득하기 위한 활동을 하는 것은 매우 긍정적이다. 사진 찍는 법, 엑셀, 컴퓨터 활용자격증 따기 등과 같은 여러 전문적인 활동들은 한국인들에게도 필요하고, 배워야 하는 기술이기 때문이다. 다음과 같은 활동을 통해서 내국인과 이주민들과 자연스러운 교류를 얻어낼 수 있는 좋은 기회를 얻을 수 있다.

2) 다문화 홍보

"지금은 가본 적이 없어요. 우리는 공부보다는 활동을 많이 해요. 문자가 자주 와요. 모르는 사람들한테는 안 보내주더라고요. 우리나라 사람들이 센터가 어디 있는지 많이 물어봐요. 처음에 오는 사람들은 진짜 몰라요. **특히 직업에 대한 교육이 많았으면 좋겠어요.** 미싱 같은 교육, **다른 일을 할 수 있는 직업을 갖게 해주면** 좋을 것 같아요."

- 디나라(카자흐스탄)

"홍보가 잘되어 있어요. 안내장도 체계적이에요. 그런데 안내장이 입구에만 있어요. 다시 말해, 센터에 찾아가야만 받을 수 있는 거죠. 5년이든 10년이든 잘 모르시는 분이 많아요. 주민센터나 **구청에서 다문화가족을 파악해서 매월 안내장을 보낼 수 있게 각자 언어에 맞게 보내주면 좋을 것 같아요. 문자도 센터에 가입되어 있는 분만 받을 수 있어요. 저도 힘드니까 찾아가는 거지, 도움이 꼭 필요한 사람들은 몰라서 못 찾아가요. 법적 상담이든 무료 상담이든, 아이들 교육도 잘되어 있으니까 더 많은 도움을 받으면 좋을 것 같아요."**

- 무하요(우즈베크)

"외국인 주민도 지역 주민이니까 외국인을 배려한 정보를 같이 배치하면 좀 더 홍보가 잘 되지 않을까 생각합니다."

- 야마구찌 히데꼬(일본)

"지역 외국인이 이용할 수 있는 시설에 대한 안내 편지 발송을 제안했는데, 인권침해라고 거절당했어요. 일본에 갔을 때 놀란 것이 홍보 시스템이에요. 구에 대한 홍보 소개지도 최소 중국어, 영어, 일본어, 한국어 네 개 언어로 되어 있어요. 깜짝 놀랐어요."

- 안순화 대표

이어서 다문화시설과 정책에 대한 홍보에 대한 논의를 진행하였다. 우리나라의 정책은 잘 아는 사람들은 잘 알고 모르는 사람은 계속 모르는 구조로 되어 있다. 따라서 주변의 도움이 없거나 본인이 관심이 없으면 혜택을 받을 수 있음에도 받을 수 없는 안타까운 상황이 일어난다. 잘 진행되고 있는 일본의 사례를 예로 들면서 우리나라가 어떤 방향의 다문화정책을 구성하고 실행해야 하는지 생각해볼 수 있었다.

가장 시급한 문제는 각자의 언어로 관련 내용을 배부해주는 것이라는 의견이 나왔다. 또한, 센터를 모르는 사람들이 부담 없이 찾을 수 있게 안내를 도와야 한다. 한국어를 잘 모르는 것에 대한 걱정, 두려움에 센터를 찾아오는 것에 어려움을 겪는다면 여러 언어로 홍보 책자를 만들어 배부하고 접근이 쉽게 만들어야 한다는 것을 알 수 있었다. 또한 직업 교육이나 법적 상담, 무료 상담과 같은 여러 가지 실용적인 정책을 펼쳐야만 이주여성들이 피부로 느낄 수 있는 도움을 줄 수 있을 것이다.

(1) 다문화센터 교육

"처음에 찾아가게 된 계기는 남편이 인터넷을 보고 데리고 가주었어요. (생각보다) 도움이 많이 안 되더라고요."

　　　　　　　　　　　　　　　　　　　　　　　- 이수정(네팔1)

"다문화센터 교육들은 한국생활 적응에 도움이 많이 되었어요. 다문화 지원이 도움이 안 된다는 말의 의미는 **직업으로 연결이 안 되는 부분** 때문인 것 같아요."

　　　　　　　　　　　　　　　　　　　　　　　- 무하요(우즈베크)

"저는 현재 **멘토, 멘티 프로그램을** 하고 있어요. 홍보가 잘 되지 않은 것들을 멘토, 멘티 프로그램을 만들어서 처음 입국하는 사람들에게 **홍보**를 해주는 것이지요."

　　　　　　　　　　　　　　　　　　　　　　　- 첸다(캄보디아)

<그림 10> 비정상회담 2부 진행 사진

안순화 대표에 따르면 센터를 방문하는 이주여성들이 전체 이주여성들 가운데 겨우 20%밖에 되지 않는다고 한다. 다문화정책과 시설들이 마련되어 있음에도, 센터를 방문하는 이주여성들이 고작 20%에 그친다는 점은 사뭇 충격적이었다. 무려 10명 중 8명은 그들을 위해서 마련된 혜택을 얻고 있지 못하고 있다는 사실을 의미하기 때문이다. 이번 이주여성 비정상회담에 참여하게 된 사람들도 20%에 속하는 그룹이며, 그중에서 소수임을 알 수 있었다. 겉으로 보이는 것보다 안 보이는 면이 더욱 크기 때문에 앞으로 더욱 신경 써야 할 부분이 많다는 것을 알 수 있다.

첸다 캄보디아 이주여성 대표와 같은 경우는 주체적으로 멘토-멘티 프로그램을 하고 있었다. 센터를 방문하게 되는 경로에서 큰 요소가 지인들의 추천인데, 멘토-멘티 프로그램은 심리적으로, 효과적으로 다문화정책의 홍보 및 시설 홍보들을 꾀할 수 있으므로 이러한 정책을 펼치면 좋을 것 같다는 생각이 들었다.

따라서 이제는 기초적인 지원에서 벗어나 다문화정책과 시설이 이렇게 홍보되고, 운영되고 있는지에 대한 재고가 필요한 시점에 다다랐으며 **실효적이고 대대적인 개편이 요구**[39]된다.

3) 선거 경험

다음으로는 선거 경험에 대한 이야기를 이어갔다. 한국은 아시아 국가에서 최초로 외국인 주민의 지방선거 참여를 허용했다. 즉, 국적을 획득하지 않더라고 영주권 획득 이후 3년 이상이 경과하면 선

---

[39] 동대문구청, 동대문 여성복지관 홈페이지를 살펴본 결과 2009년 업데이트 이후 꾸준히 업로드가 이루어지지 않고 있었다. 홈페이지가 제대로 활용되고 있는 것인지 관리를 하고는 있는 것인지에 대한 의문이 드는 지점이다.

거권자로서의 한 표를 행사할 수 있다. 특히 이주여성의 경우, 한국 사회의 구성원으로서 지속적인 생활을 이어가는 주체이기 때문에 이들의 정치참여는 더욱 중요하다고 할 수 있다. 따라서 우리는 선거 경험 여부와 소감을 중심으로 회담을 진행했다.

> "저는 한국 와서 처음으로 투표했어요. 고향에서는 투표를 하지 못했고요. **한국 와서 처음으로 대통령 선거를 해서 너무 좋았어요.**"
>
> - 첸다(캄보디아)

> "베트남에서 한 번도 안 해봤는데 한국에 와서 **남편과 함께 투표를 했어요.**"
>
> - 응웬티투하(베트남)

> "네팔에서 투표를 안 해봤어요. 그래서 **한국에서 남편을 따라서 투표 경험**을 갖고 싶어서 해보았어요."
>
> - 이수정(네팔1)

> "저는 한국에서의 행사를 거의 많이 참석하였어요. 이제 **앞으로는 우리 권리를 많이 행사**해야겠다는 생각이 들었어요."
>
> - 권명희(중국)

> **"저는 투표를 할 수 있는지 몰랐어요. 국적을 취득한 사람만 투표를 할 수 있을 거라고 생각했어요."**
>
> - 수○○(볼리비아)

선거참여 경험은 개인마다 차이가 있었다. 국가별 출신에 따른 차이가 있었으나, 대부분 자국에서 투표한 경험이 없었다. 한국에서의 선거참여가 처음이었다.

회담 내용을 통해 확인할 수 있듯이, 상당수 이주여성은 국적을 취득한 사람만 투표를 할 수 있다고 알고 있었다. 선거참여는 민주 사회에서 권리 행사를 위한 가장 기본적이고 중요한 가치이기 때문에 이주여성들이 자신의 권리를 위해 이러한 투표권에 대한 정보가 가장 필요하다. 따라서 우리는 지방선거 선거권에 대한 홍보를 진행함과 동시에 이들이 지속적인 정치참여를 하도록 정부 차원에서의 노력이 필요하다고 판단했다.

(1) 이주여성들의 선거 행태

"사실 후보를 뽑을 때 후보가 얼굴만 보고 잘생기면 뽑았어요. 한국 말을 잘 몰라서요.(웃음)"

- 첸다(캄보디아)

"저도 처음에 글을 모르고 이해할 수 없으니 얼굴 보고 잘생긴 사람을 뽑았어요.(웃음) 지금은 남편 말을 안 듣고 나의 선택으로 후보자를 선택하죠."

- 안순화 대표

"지금은 제가 투표를 하지 못해도 관련 홍보 책자를 관심 있게 읽고 있어요."

- 디나라(카자흐스탄)

"우리가 먼저 정치에 관심을 가져야 해요. 정치가 우리와 거리가 멀다고 생각하지만 우리의 생활이 정치예요. 정치가 잘 되어야지 우리 삶의 질이 좋아져요. 영주권자들은 꼭 금년 지방선거 투표를 하고 없는 사람들은 영주권을 받아서 꼭 소중한 한 표를 행사했으면 좋겠어요."

- 안순화 대표

이주여성들의 선거 행태는 매우 기초적이었다. 한글도 모르고 한국에 대한 상황도 모르는 상황에서 투표를 하게 된 것이다. 우스갯

소리로 얼굴만을 보고 뽑았다는 것은 그들에게 후보자들에 대한 정보가 아무것도 없었고, 후보자가 당선되었을 때 자신들의 이익을 위해 어떤 역할을 할 수 있는지 아무것도 몰랐다는 것을 의미한다.

그러나 선거에 참여했다는 자체에 큰 의미가 있다. 한국에 더 오래 살고 여러 후보자와 주체성을 확립하게 된 안순화 대표의 경우에는 이제는 얼굴이나 남편의 말을 듣고 투표를 하지 않고 스스로의 이익, 가치에 따라서 투표를 하고 있는 모습을 볼 수 있다. 첸다 캄보디아 이주여성의 경우에도 정책과 자신의 판단에 따라 투표를 이어갈 것이라는 의지를 보이기도 했다.

디나라 카자흐스탄 이주여성 대표의 경우에는 아직 투표를 하지 못했지만 홍보책자를 관심 있게 보고 있다고 한다. 홍보책자를 보는 것을 한국인들도 등한시하는 경우가 많은데, 투표권이 없음에도 선거 홍보책자를 본다는 것은 정치와 선거 등 민주시민의 역할에 대해서 관심을 가지고 있다는 것이다. 이는 매우 긍정적인데, 이렇게 개개인의 정치에 관심을 이끌 수 있는 방법으로 정치교육이 이루어진다면 민주의식 함양에 큰 도움이 될 것이다.

4) 이주민으로서의 어려움

"여기서 말해도 되는지 모르겠지만 저처럼 5년 이상 산 사람들, 3천만 원을 가지고 있다는 **증명이 없어도 선거를 할 수 있는 기회를 주면 좋겠다는 생각을 해요. 제가 엄마지만 등본을 제가 못 받아요. 이것도 엄마로서 이주여성 비자는 영주권이든 국적이든 법을 조금 바꿔야** 하지 않을까 하는 속상한 마음이 있어서 **법을 개정**하였으면 좋겠어요."

- 무하요(우즈베크)

"이 부분은 꼭 영상 편집해서 법무부 장관님께 보여주세요!"

- 안순화 대표

"제가 제일 힘든 것이 **동사무소 서류**를 뗄 때에요. **외국 엄마니까 서류를 떼기가 힘들다는 말이 많았어요.** 안타깝더라고요. 공무원들이 외부정세에 대해서 좀 더 공부하고 일을 하였으면 더 좋지 않을까 하는 생각이 들어요."

- 권명희(중국)

"다문화라는 것을 한국 사람들이 봤을 때 **(매체에서는) 불쌍하고 힘든 모양**만 보여주거든요. 불편하게 사는 것처럼 보여줘요. 그러나 살면서 불편하지 않은 사람들이 있을까요? **저에게 시집 잘 왔다고 말하는 자체가 한국 사람들의 인식**이거든요. 그래서 나를 왜 불쌍한 사람으로, 안 좋게 보는 것일까, 고향에도 못가는 **불쌍한 사람이라는 프레임**을 씌우지 않았으면 좋겠어요. 자기들이 보고 싶은 대로 보여주기 때문이에요. **얼마나 잘살고 있는 이주여성들이 많은데요, 오히려 저희들이 좋은 것을 많이 가지고 있는 사람들**이에요. 아이들도 국적을 가지고 있고 다른 외국어(엄마의 언어)도 잘하고, 이러한 색안경[40]을 벗겨주었으면 좋겠어요."

- 바잉마야르(몽골)

"이 부분은 꼭 영상 편집해서 법무부 장관님께 보여주세요!"라는 안순화 대표의 말에서 알 수 있듯이 이번 비정상회담 2부에서 가장 핵심적인 부분이고 이주여성들이 필요한 것이 무엇인지를 보여주는 대목이다.

특히 무하요 우즈베키스탄 이주여성대표가 한 말처럼, 적절한 자격이 확인이 된다면 주민등록등본과 같은 필수적인 행정처리를 할

---

[40] 색안경을 끼고 있다는 현실은 여러 매체들에서 이주여성들의 어려운 점만을 비출 뿐만 아니라 국제결혼이민자 이자스민 새누리당 비례대표 후보에 대한 제노포비아적인 비난에서도 다문화 사회로서 한국의 현실과 한계를 보여주었다. 김경아(2012).

수 있도록 지원을 해야 한다. 이러한 기본적인 일부터 이렇게 제약을 둔다면, 앞으로 계속 살아갈 이주여성들의 고충이 더욱 깊어져 가기만 할 것이다. 우리들은 한국인이기에 이러한 고충을 느낀 적이 적다. 하지만 이주여성들은 새로운 환경에서 낯선 행정처리를 해야 하기 때문에 이러한 고충이 더욱 크게 다가올 것이다. 외대에서도 해외로 교환학생이나 유학을 떠난 학생들이 매우 많다. 언어를 전공하고 공부를 하러 가기 위한 학생들도 여러 지원과 혜택이 있음에도 여러 행정절차에 의해서 힘들다고 말하는데, 하물며 이제 우리나라에 거주하고 가족을 일군 사람들에게는 배려가 더욱더 절실한 상황이다.

5) 2부 마무리

"지금보다 **두 시간을 더 줘도 더 많은 이야기를 할 수 있을 것 같아
요.** 이 사회가 진정한 글로벌사회가 되는 날까지 다들 열심히 노력했으면 좋겠습니다."

- 안순화 대표

"**1부에서는 일상과 정체성**에 관한 이야기를 하였어요. 한국에서의 삶이 좋지만 아직 인식들이 바뀌었으면 좋겠다는 것이 대다수의 의견이었고, 내가 태어난 곳이 고향이고 제2의 고향으로서 한국의 삶을 살아가는 것이라는 의견이었습니다."

"**2부에서는 다문화정책에 대해서 접근성이 떨어지고, 정책을 실효성 있게 진행하기 위해서 지방선거를 참여**해야겠다는 이야기가 나와서 너무나 좋았습니다. 이러한 논의사회를 이대로 마치겠습니다. 이렇게 제1회 이주여성 비정상회담 폐막을 하겠습니다."

- 장희지(의장)

2부 비정상회담을 마무리하며 회담을 크게 세 주제로 정리해볼 수 있다.

첫 번째로, 이주여성의 선거참여 경험에 대한 솔직한 이야기를 들을 수 있었다. 두 번째로, 3년 이상 영주권을 보유한 자[41]는 지방선거에 참여할 수 있음을 환기시켜 이들에 대한 선거홍보를 진행했다.

세 번째로, 이주여성이 바라본 한국사회와 정책적 개선 방향에 대한 이야기다. 행정업무나 삶에 있어서 어려운 점을 말하고 어떤 식으로 풀어가고 싶은지에 대해서 이야기를 나누게 되었다. 그중 가장 인상 깊은 내용은 무하요 우즈베키스탄 이주여성 대표와 권명희 중국 이주여성 대표가 의견을 꺼낸 것으로는 행정 절차상의 복잡성, 문제에 대한 해결의 필요성이었다.

회담이 마지막으로 갈수록 전반적인 회담 개최 목표에 관한 내용들이 구체화되었고 열정적인 토론이 함께 어우러져서 성공적으로 진행이 되었다. 2부 회담을 통해 **다문화센터의 도움은 문화적, 언어적인 것에 치우쳐 실질적으로 필요한 직업 교육에 도움을 주지 못하고 있다는 것을 알 수 있었다.**

이주여성은 직업 교육의 강화, 다문화라는 개념 자체에 대한 인식 변화, 다문화센터의 홍보 시스템 강화가 해결책이 될 수 있다고 주장하였고 멘토 프로그램을 통해 홍보를 하는 주체적인 해결방안

---

41) 헌법은 대한민국 국민은 선거권을 갖는다고 규정하고 있다. 외국인은 원칙적으로 대한민국 국민이 아니므로 선거권을 갖지 못하지만 지방선거(광역자치단체장, 교육감, 기초자치단체장, 광역의원, 기초의원, 광역의원비례대표, 기초의원비례대표)에 한해서는 우리 국민과 동일하게 19세 이상이며, 출입국관리법에 따라 영주의 체류자격(F-5) 취득일 후 3년을 경과하고 해당 지방자치단체의 외국인등록대장에 올라 있으면 선거권이 부여된다.
http://www.dongpotown.com/news/articleView.html?idxno=4520 (검색일: 2018.6.8.).

이 있다는 것 또한 알게 되었다.

본 프로젝트를 진행한 한국외국어대학교 정치외교학과 이주여성 연구팀 '예그리나'의 선행연구와 같이, 개인으로 파편화된 이주여성들이 공적인 자리에 모여서 자신들의 의견을 공론화할 수 있고 주체성을 발현할 수 있게 된 것이다(민가영, 2011). 그들은 더 이상, 혼자이지도 않고, **수동적인 개인이 아니라 주체성을 갖춘 일원**이 되고 있다.

1부를 마무리하며 언급한 바대로 개인은 '인간'이라는 '보편적' 정체성 속에서 **서로의 '특별한' 정체성을 이해하고 존중**할 수 있는 것이다. 이번에 열린 '2018 이주여성 비정상회담'은 이러한 **이주여성들 서로의 '특별한 정체성'과 주체성을 발현할 수 있는 기회를 마련한 장**이 되었으며 **제2회, 제3회를 개최하기 희망할 정도로 매우 성공적으로 마무리**가 되었다.

비정상회담의 개최 목적으로 이주여성의 목소리를 직접 듣고, 함께 해결방안을 모색, 기획 의도로 쉽게 들을 수 없었던 이주여성의 이야기를 듣는 것, 그리고 선주민으로서 가지고 있던 선입견을 개선하고자 한 목표로, 1) 일상에 대한 의견, 문제의식과 2) 그들이 생각하는 해결방안, 이유를 찾는 방식으로 비정상회담의 목적과 기획의도를 모두 충족하였다.

본 프로젝트를 진행하면서 제시된 좋은 여러 의견들을 모아서 관련 정부기관에 공식적으로 건의되어서 진정성 있게 의견이 받아들여지기를 기대한다.

<그림 11> 이주여성 비정상회담 전체 사진

맺음말

2000년대 이후 결혼이민자의 증가와 함께 한국사회에 다국적 이주민이 크게 증가하였다. 이러한 이주민의 증대는 다양한 문화 공동체를 공존하게 하며 한국사회를 '다문화사회'로 변환시켰다. 다문화사회의 전개 속에서 사회갈등이 심화되는 한편 국제 결혼이주 여성은 '이주민', '여성', '빈곤층'이라는 사회적 특성상 더욱이 인권침해에 취약한 계층으로 전락하였다. 또한 대중매체를 통해 이주민들에 대한 차별적 인식이 생산되고 확산되며 그들은 제도적, 정서적 적응의 어려움을 겪었다. 앞서 진행된 세 차례의 인터뷰[42]와

---

42) 18.4.6. 박이레(미얀마), 18.4.10. 고바야시(일본), 18.4.14. 안나(필리핀).

'이주여성 비정상회담' 프로젝트는 그러한 이주여성의 부정적 인식을 개선하고 그들의 주체성과 권리의식의 회복을 돕는 것을 목표로 진행되었다.

이주여성은 입국 초 의사소통 문제와 문화 및 정서적 적응의 어려움을 겪고 있었다. 언어 및 양육 지원 제도는 관련 기관을 통해 비교적 잘 이루어지고 있는 반면 개인의 정서적 적응을 위한 정책은 미흡하여 이를 위한 제도적 해결방안의 확충이 필요하다. 그들은 자아실현의 어려움을 토로하며 스스로의 주체성 발현에 대한 의지를 표현하였는데 이는 수혜적 성격으로서의 정책이 아닌 자기계발의 실현을 위한 제도적 지원이 모색되어야 함을 의미한다. 이주여성 대상 정책은 다양성의 '공존'보다 '동화'에 중점을 두어 이루어지고 있었으며 여전히 바람직한 '다문화사회'의 형성을 위한 사회적 담론은 부족한 것으로 보인다. 바람직한 '다문화사회'란 소통, 즉 상호작용이 부재한 채 그저 여러 문화가 교류 없이 상존하는 사회를 의미하는 것은 아닐 것이다. 지역자치단체는 선주민과 이주민의 교류를 확대하는 프로그램을 구성하는 데 앞장서며 문화의 소통을 주도할 수 있다. 또한 우리는 무의식 속에서 그려왔던 편견 어린 시선들을 거두고 '공존'의 새로운 방향을 모색해나가야 한다. '다문화가정'에 대한 무의식적인 차별이 존재하는 사회에서 선진국 출신의 이주민으로 구성된 가정은 '글로벌'가정이라 불리는 반면 저개발국가, 소위 '동남아' 출신의 이주민으로 구성된 가정은 '다문화'가정이 된다.

선주민의 시선으로 그들의 세계를 판단하는 것은 그들에게 폭력이 될 수 있다. 선주민이라는 '주체'적 인식 속에서 그들을 '타자화'하는 것이 아니라 그들이 보고 느끼는 세상을 직접 듣고 이해하는 것이 필요하다. 이주민으로서 한국사회를 살아가는 그들의 삶은 결코 선주민의 시선만으로 이해될 수 없다. 그런 의미에서 이번 프로젝트가 다양한 국가 주체들이 '소통'하고 '고민'할 수 있는 자리를 마련할 수 있었다는 점에서 보람과 감사함을 느낀다. 마지막으로 그들이 반복되는 일상의 안위가 아닌 건강한 개인으로서의 권리와 행복을 찾을 수 있는 '주체'가 되기를 희망한다.

1. 예그리나 팀 소감

장희지

"이번 이주여성을 위한 비정상회담을 개최하면서 많이 배웠고, 이주여성뿐만 아니라 '다문화'에 대해 다시 생각하게 되었다. 비정상회담을 계획하기 전까지 이주여성을 바라보는 나의 시선은 '다문화 고부열전' 딱 그 정도였다. 한국의 가부장적인 가정에서 힘겹게 살아가는 여성들. 한국사회에서 인종차별을 받으며 상처받은 사람들. 그러나 세 차례, 박이례 씨, 고바야사 씨, 그리고 안나 씨와 인터뷰를 하면서 비정상회담을 기획하는 나조차도 편견 어린 시선으로 그들을 바라보고 있다는 점에서 매우 놀랐고, 너무 부끄러웠다. 한국사회에서 이주여성, 다문화에 대한 차별과 불평등한 대우가 완전히 없다고는 할 수 없으나 내가 우려했던 것만큼 심각하지 않았다. 또한 그런 부조리함이 있더라도 그들은 타자가 아닌 주체로서 한국에서 삶을 열심히 살아가고 있었다. 그들의 고민은 우리의 고민, 우리 엄마들의 고민과 다를 바 없었다. 그들의 고민은 우리와 다를 것이라는 생각을 하고 질문을 준비해갔던 것 자체가 그들을 타자화한 것이다.

비정상회담을 하면서 가장 기억에 남는 말은 '다문화라는 말에 한국인(선주민)들도 포함되어 있는가?'였다. 대한민국은 이제 다문화사회라고 의식적으로 되새기면서도 선주민인 내가 다문화사회의 구성원이라고 생각해본 적이 없었다. 다문화는 다른 민족이나 한국 국적을 가진, 그렇지만 한국 사람인 사람들을 지칭할 때만 쓰일 수 있다고 무의식적으로 생각했던 것이다. 다문화라는 말에 '한국인'들도 포함되면 좋겠다는 말을 들었을 때의 충격은 잊지 못한다. 이주여성 비정상회담에서 이주여성에게 사라진 목소리를 찾아주고, 미디어로 인해 왜곡된 그들의 진짜 모습을 보여주고자, 즉 기회를 제공하고자 했다. 그러나 그러한 기회는 내가 제공할 수 있는 것이 아니라 그저 도와줄 수 있을 뿐이고, 오히려 그들에게서 한국사회의 구성원으로서 어떻게 살아가야 하는지 더 많이 배웠다."

박영빈

"이주여성 비정상회담이라는 결실을 맺기 전 이주여성들에 대한 인터뷰와 자료조사를 하면서 그동안 갖고 있었던 이주여성에 대한 선입견을 벗겨내는 기회가 되었습니다.

비정상회담에서 들은 이야기 가운데 가장 기억에 남는 것이 이주여성들의 자녀들은 불쌍하고 도움이 필요한 것이 아니라 두 개의 언어나 할 수 있는 '더 뛰어난 능력을 가진 아이'가 될 수 있다는 이야기였습니다. 비정상회담에서 다들 어색해할까 봐 걱정을 하였는데, 걱정이 무색하게 대표자분들이 매우 적극적인 참여를 하고 여러 고민들을 속 깊게 나누었던 것 같아서 매우 뿌듯했습니다. 특히 무엇보다 비정상회담이라는 아이디어를 기획하고 진행하는 데 밤을 새기까지 하고, 다들 할 일도 많고 준비하느라 힘들었을 텐데 힘든 내색 안 하고 열심히 한 우리 조원들이 다들 자랑스럽습니다. 안순화 대표님의 이번 비정상회담이 나중에도 계속 열렸으면 좋겠다는 말처럼, 이번이 끝이 아니라 시작이 되는 시발점이었으면 좋겠습니다.”

양정인

'찾아가는 시민학교'는 다문화 구성원들의 정치사회화를 목표로 시작하게 되었습니다. 프로젝트를 마치며 돌이켜보니 가르침을 받은 것은 오히려 저였다는 생각이 듭니다.

인터뷰 그리고 프로젝트 진행 전, 미디어가 확산하는 '이주여성'에 대한 보편적 선입견을 가지고 있던 사람은 다른 누구도 아닌 저였습니다. 그들이 하고 싶은 것이 무엇인지 알려고 하기보다 무엇도 할 수 없는 '가난과 어려움의 대상'으로서 그들을 보았었습니다. 하지만 먼저 진행한 인터뷰를 통해 본 이주여성분들은 기존의 저의 생각과 많이 달랐습니다. 그들은 '불쌍하지도' '수동적이지도' 않았습니다. "힘들었던 경험을 바탕으로 도움을 주고 싶어요"라고 말하는 그들은 건강하고 당당한 모습이었습니다. 우리는 이러한 기존의 인식에 대한 문제 제기로부터 '이주여성 비정상회담' 프로젝트를 시작하게 되었습니다. '다른 사람들도 우리와 같은 편견을 가지고 이주여성을 바라보고 있는 것은 아닐까' 하는 생각에서요!

'이주여성 비정상회담'을 진행하며 그동안 선주민의 시선에서 그들의 세계를 바라보는 무례함을 저지르고 있었다는 사실을 깨달았습니다. 야마구치 씨의 "다문화라는 말에 한국인도 집어넣는 게 좋을 거 같아요"라는 말이 기억에 남습니다. 그들과 소통하기보다 선주민의 일방적 시선에서 그들을 타자화해 왔음을 알았습니다.

새롭게 배우게 된 것도 많지만 처음 프로젝트를 준비하며 부족함을 느낄 때도 많았습니다. 처음인지라 모든 것이 어려웠습니다. 인터뷰 문항을 구성하는 것부터 실제 인터뷰를 진행하는 것까지 쉬운 것이 없었습니다. 행여 인터뷰 진행 도중 실수를 하지 않을까, 질문에 불편함을 느끼시지는 않을까, 앞서는 걱정이 많았습니다. 또 비정상회담 프로젝트를 진행하면서 다양한 국가의 이주여성분들의 이야기를 들을 수 있는 자리를 마련하는 것이 쉽지 않았습니다(이에 많은 도움을 주신 안순화 대표님께도 감사의 말씀을 드립니다). 인터뷰부터 프로젝트까지 많은 분들의 도움이 있었기에 좋은 마무리를 거뒀다고 생각합니다. 프로젝트 진행을 위해 도움을 주신 많은 분들께 감사의 말씀을 전하며 앞으로 바람직한 다문화사회를 모색하기 위한 사회적 담론이 더욱 많이 이루어졌으면 하는 바람입니다."

박미주

"이주여성과 직접 대면하고 그들의 목소리를 귀 기울여 들어보면서 알게 모르게 나도 편견에 사로잡혀 있었음을 깨달았습니다. 미디어가 이주여성에 대해 얼마나 많은 편견을 조장하고 있는지, 또 그것을 어떻게 해결해야 할지 고민해볼 수 있었던 소중한 시간이 되었던 것 같습니다. 이주여성이 주체적으로 목소리를 낼 수 있는 장을 마련하면서 앞으로 이런 자리가 많이 생겼으면 좋겠습니다."

참고문헌

이용재(2012), 「결혼이주여성의 시민적 권리에 대한 고찰」, 『다문화와 인간』, 1(2), pp.235-268.

정현주(2009), 「경계를 가로지르는 결혼과 여성의 에어전시: 국제결혼이주연구에서 에이전시를 둘러싼 이론적 쟁점에 대한 비판적 고찰」, 『한국도시지리학회지』, 12(2), 한국도시지리학회, pp.109-112.

김영란(2006), 「한국사회에서 이주여성의 삶과 사회문화적 적응관련 정책」, 『아시아여성연구』, 45(1), pp.143-189.

김희경(2010), 「다문화가정 여성결혼이민자의 스트레스 유형분석」, 『여성연구』, 78(1), pp.117-158.

"여전한 편견…고통받는 이주여성들" 대구신문(2018-5-21 16:31 검색).

민가영(2011), 「결혼이주여성의 다문화정책 수용과정과 그 효과에 관한 연구」, 『사회과학연구』, 22(1), pp.83-104.

김렬(2011), 「결혼이주여성의 문화접변에 대한 정책지원의 효과」, 『한국정책과학학회보』, 15(4), pp.285-308.

http://www.yonhapnews.co.kr/bulletin/2018/03/28/0200000000AKR2018032808 6200371.HTML (서울=연합뉴스) 이희용 기자.

김경아(2012), 「이주여성의 경제활동의지 결정요인분석」, 『지방정부연구』, 16(1), pp.381-409.

3

"어서와, 중도입국청소년은 처음이지?"

〈어울리多〉

(이가은 · 노경수 · 김우진 · 이시은)

들어가며 – 왜 중도입국청소년인가?

1. 세계 시민사회와 대한민국

사람들이 다른 나라에 가는 것은 과거와는 달리 더 이상 힘든 일
이 아니다. 여러 이동수단과 인터넷의 발달은 사람들이 공간을 뛰
어넘어 다른 사회와 만날 수 있게 만들었다. 즉, 현대사회는 공간을
뛰어넘어 다른 사회와 만나는, 세계시민사회가 형성되고 있다. 좀
더 구체적으로 세계시민사회를 살펴보면 세계시민사회란 '특정한
민족이나 국가에 속한 시민으로서가 아니라, 세계에 속한 시민으로
서 인류의 보편 가치를 추구하는 삶을 사는 시민들이 모인 사회'라
정의된다. 그렇다면 이러한 세계시민사회로 진입할 때 가장 크게
나타나는 특징은 무엇일까? 바로 기존 사회에서 다문화사회로의 전
환이라 할 수 있다. 여기서 다문화사회란 다양한 구성원들이 상호
작용하여 공존하면서 각자의 문화를 유지, 발전시키는 사회라고 할
수 있다. 그렇게 사회 각 구성원들이 '다름'을 이유로 차별받지 않
는 평등한 사회가 구축될 때 건강한 시민사회가 실현될 수 있다(양

삼석, 2015). 세계시민사회로 진입하고 있는 현대적 흐름에서 대한민국은 어떠한 모습을 보이고 있을까? 결론부터 말하면 대한민국 또한 세계시민사회의 흐름이 존재하고 있다. 2015년 1월 1일 기준으로 행정자치부 통계자료에 의하면 국내에 거주하는 외국인 주민은 주민등록 인구의 3.4%에 해당하는 1,741,919명인 것으로 나타났다. 이 중 외국인근로자는 34.9%인 608,116명, 결혼이민자(혼인귀화자 포함)는 13.8%인 239,698명이다. 그리하여 "외국인노동자 및 국제결혼 가족이 증가하면서 우리 사회의 인종적, 민족적 다양성이 심화되고 있다"고 하며, 나아가 "한국이 단일민족, 단일문화 국가라는 신념을 더 이상 유지하기 어려우며, 한국사회는 이미 다민족, 다문화사회로 진입했다"는 주장도 제기되고 있다(박윤경, 2007; 모경환·황혜원, 2007; 김혜성, 2009). 대한민국사회의 세계시민사회화는 구체적으로 어떤 특징이 나타나고 있는지 살펴보자. 대한민국의 세계시민사회는 국제결혼의 증가, 외국인 근로자와 외국인 유학생의 증가로 인한 한국사회의 인구 구성학적인 변화로 인해 대두된 것으로 볼 수 있다(이민경, 2008). 외국인의 유입은 현재 대한민국의 출산 문제와 결부돼, 대한민국 인구의 비율적인 면에서 다문화 인원의 구성 비율이 증가할 것으로 보인다. 교육부 통계자료[43])에 의하면, 일반 학령인구(초·중·고)는 매년 감소(약 20만 명)하는 반면, 다문화 학생 수는 매년 지속적으로 증가(약 8천~1만 명)하는 추세로 2014년 다문화 학생이 전체 초·중·고 학생의 1%를 상회한 것으로 나타났다. 현재 전체 학생 수에서 다문화 학생이 차지하는 비율이 높지는 않지만, 여기서 중요한 것은 일반 학령인구는 감소한 반면 다

---

43) 교육부, 2015, 『2015년 다문화 학생 교육지원 계획 발표 보도자료』.

문화 학생 수는 매년 증가하고 있다는 것이다. 이러한 추세는 다문화 학생들이 우리 사회의 미래 구성원의 많은 부분을 차지할 것임을 보여준다. 다문화 학생의 경우 유형에 따라 다양하게 분류할 수 있다. 그중 우리는 중도입국청소년을 중심으로 고민해보고자 한다. 우리 사회는 중도입국청소년들을 '다문화청소년'으로 통틀어 다루는 경우가 많다. 하지만 국내에서 출생한 다문화가정 청소년들과 중도입국청소년들 사이에는 명백한 차이가 존재한다. 국내에서 출생하여 자라온 다문화청소년들은 한국인이라는 정체성을 가지고 있고, 국적 또한 한국인이다. 한국에서 출생했기 때문에 언어나 문화적 측면에서 큰 어려움을 겪지 않고, 일반적인 한국 청소년의 삶을 살아간다. 하지만 중도입국청소년은 대부분 외국에서 출생을 하였거나, 오랜 시간 외국에서 살다가 입국한 경우이다. 또한 재혼가정이 많고, 국적을 취득하지 않은 경우도 많이 볼 수 있다. 그렇기 때문에 이들은 다문화가정 청소년에 비해 언어적, 문화적 어려움은 물론, 성장 후 한국사회의 구성원으로서 자립하는 데 어려움을 겪고 있다. 중도입국청소년들의 수가 지속적으로 증가하고 있음에도 불구하고 이들에 대한 관심이 미비할 뿐만 아니라 우리 사회에서 중도입국청소년들을 따로 분류하여 고려하지 않고 통합적인 정책 및 프로그램만을 제공한다는 점에서 우리의 문제의식은 시작되었다.

1) 프로그램의 필요성

먼저 중도입국청소년의 개념을 명확히 하는 것이 필요하다. 중도입국청소년은 주로 외국에서 살다 중도에 다양한 이유를 가지고 청소년기에 한국으로 들어온 청소년을 의미한다. 그중, 대한민국 대다수의 중도입국청소년들은 친부모와 함께 살 목적으로 입국한다. 이들 대부분은 모국에서 언어를 습득하고, 이미 그곳에서 사회화 과정을 거쳐 한국으로 입국한 경우가 대부분이다(배상률, 2016).

현재 대한민국에 있는 중도입국청소년 수는 아쉽게도 정확히 파악되지 않는다. '전국다문화가족실태조사'는 2009년 보건복지가족부에서 처음 시행되었으나, 통계청으로부터 전수조사의 어려움과 조사전반에 대한 개선 필요성이 제기되면서, 2010년 이후 표본조사로 전환되었다.

<표 1> 다문화가족 자녀의 성장배경별 출생지

(단위: %, 명)

| | 국내에서만 성장 | 외국거주 및 성장 | | | 전체 |
		외국 거주 경험	외국에서 주로 성장	
계	100.0 (50,165)	100.0 (32,311)	100.0 (19,529)	100.0 (12,782)	100.0 (82,476)
한국 출생	99.8	50.7	79.3	6.9	80.5
외국 출생	0.2	49.3	20.7	93.1	19.5

출처: 2015년 전국다문화실태조사 분석(정혜숙 외, 2016), 여성가족부, 380

여성가족부에서 발표한 2015년 전국다문화가족실태조사 분석(정해숙 외, 2016)에 따르면, 다문화 표본가구 27,120가구 중 17,849가구(65.8%)에 대한 조사를 완료하였고, 이 중에서 만 9~24세 다문화 자녀 6,079명에 대한 표본조사가 이루어졌다. 조사가 이루어진 2015년 당시 다문화 2세가 약 82,476명으로 추정되는 가운데, 이를 6,097명에서 가중치를 적용해보면 <표 1>과 같다. 다문화가족 자녀 중 외국에서 거주한 경험이 있거나 외국에서 주로 성장하다 한국에 입국한 청소년은 32,311명으로 약 39%에 해당한다. 그들의 출생지 비율을 보면, 한국과 외국이 거의 1:1 비율을 이루고 있다. 이들 중 외국 거주 경험이 있는 자녀의 경우 한국 출생이 79.3%로 높게 나타나는 반면, 외국에서 주로 성장한 자녀의 경우에는 외국 출생이 93.1%로 거의 대부분이 출생지에서 자라다가 한국으로 입국한 것으로 보인다.

이들이 한국에 입국하는 가장 큰 이유는 위에서 언급한 바와 같이 부모님을 따라서 오는 것이다. 신현옥 외(2013) 연구 중 레인보우스쿨에 다니는 아이들을 대상으로 실시된 설문조사에서도, 한국에 오게 된 이유를 절반 이상이 '부모님과 함께 살기 위해서'라고 답했다. 다음으로는 '한국에서 공부를 하기 위해서', '한국에서 돈을 벌기 위해서', '본국에서 돌봐줄 사람이 없어서', '부모 외 가족이나 친척과 함께 살기 위해서' 순으로 나타났다. 결국 많은 다문화 2세들이 자발적인 동기와 상관없이 한국으로 오기 때문에, 한국 문화에 대한 어떠한 이해도 없이 한국사회에 유입된다. 이들은 누가 자신에게 도움을 줄 수 있는지도 모르는 상황에서 한국사회에 대한 적응 의지가 부족하기 때문에 부모가 나서서 그 역할을 해주어야 하지만, 그들조차 필요한 사회관계를 잘 갖추지 못하고 있는 것으로 나타난다(정해숙 외, 2016). 한편, 한국에서 공부를 하기 위해 오는 학생들조차 입국 전에 딱히 어떠한 준비를 하지 않으며, 진학 정보도 거의 없이 막연한 기대감으로 한국에 오는 것으로 보인다(양계민, 2016). 여러 문제들은 중도입국청소년으로 하여금 자신들이 대한민국의 구성원이 맞는 지라는 의구심을 갖게 만든다. 이러한 의구심은 중도입국청소년들이 자연스레 정체성 형성 과정에 있어서 한국이라는 글자를 지우게 되는 시작점이다.

현재 대한민국에서는 이렇게 많은 어려움을 겪고 있는 중도입국 청소년들을 대상으로 많은 정책이 시행되고 있다. 중도입국청소년 들이 입국 초기에 겪는 가장 큰 문제는 보통 언어습득 측면이다. 그렇기 때문에, 기존의 중도입국청소년에 대한 지원 프로그램은 보통 한국어 교육에 치중되어 있다. 한국어 교육을 중점으로 하여, 초 등과 중등과정에서는 공교육 적응을, 고등 과정에서는 직업교육을 통한 역량 강화를 목표로 하고 있다.

<표 2> 중앙정부의 다문화자녀정책 시행 계획

과제명	내용	담당부처
1. 다문화가족 자녀의 건강한 발달 지원	1-1. 건강정보 문해력 향상	보건복지부
	1-2. 언어발달 진단 및 교육 확대	여성가족부 문화체육관광부
	1-3. 이중언어 교육 단계적 확대	여성가족부 교육과학기술부
	1-4. 찾아가는 부모교육서비스 지원	여성가족부
2. 한국어능력 향상	2-1. 한국어 교육 프로그램 공유	문화체육관광부
	2-2. 다문화배경 학생 한국어 교육과정 운영	교육과학기술부 문화체육관광부
3. 학교생활 초기 적응 지원	3-1. 초등학교 입학 전 준비 프로그램 개발 및 실시	여성가족부 문화체육관광부
	3-2. 예비학교 전국 운영	교육과학기술부
	3-3. 자녀생활서비스 확대	여성가족부
	3-4. 초기적응 프로그램 'Rainbow School' 운영	여성가족부
4. 기초학력 향상 및 진학지도 강화	4-1. 한국어 향상 및 기초학력 지원 강화	교육과학기술부
	4-2. 진로·진학지도 강화	교육과학기술부
5. 공교육 등에 대한 접근성 제고	5-1. 입학절차 안내 및 학교 진입 유도	교육과학기술부 법무부
	5-2. 각종 위원회 등에 다문화가족 청소년 참여 가이드라인 마련	여성가족부
	5-3. CYS-Net에 이주배경 청소년 상담 및 복지 포함	여성가족부

출처: 제2차 다문화가족정책 기본계획(2013~2017), 2012, 여성가족부·관계부처 합동

그렇다면 현재 위 표에서 확인할 수 있듯이 다양한 정책들이 시행되고 있는데도 불구하고 왜 중도입국청소년들은 학업을 마치고 사회에 적응할 때 많은 문제를 겪고 있을까? 우리는 시민교육의 부재가 원인이라고 생각했다. 다문화 2세가 향후 한국사회에서 하나의 개인으로, 지역주민으로, 시민으로, 이웃으로 살아가야 하는 부분에서 필요한 생활교육이 부재하다는 것이다. 예를 들면, 쓰레기 분리수거부터 마을의제 참여 등과 같은 사회 구성원으로서의 권리, 소양, 의무 등에 관한 시민교육을 말한다(이은경 외, 2016). 우리 사회에서 이러한 시민교육은 보통 학교를 중심으로 학령기와 초기 청소년기에 이루어진다. 성인기에는 이미 시민의식이 형성되었다고 판단되기 때문에, 더 이상 시민교육을 강조하지 않으며, 따로 실시하는 곳 또한 많지 않은 편이다(이해주, 2010). 이미 외국에서 어린 시절을 보내고 한국에 들어온 중도입국청소년 입장에서는 따로 시민교육을 받을 수 있는 기회가 거의 주어지지 않는다. 더군다나 한국에서는 고등학교의 경우 입시 혹은 취업 위주의 교육으로 운영되기 때문에 주로 검정고시를 통해 학교에 들어가는 중도입국청소년들에게는 거의 제대로 정보를 갖추지 못한 상태에서 성인기에 접어들고, 한국사회에 유입된다.

시민교육이 사회 이슈에 대한 올바른 판단을 내릴 수 있도록 지식과 소양을 가르치고, 이를 실천할 수 있도록 참여적 태도를 길러준다는 점에서, 이를 제대로 수행하지 못한 중도입국 청소년들은 대한민국에서 자신들이 중요한 사회 구성원이라는 인식을 갖지 못한다(이해주, 2010). 이러한 인식의 부재는 중도청소년들로 하여금 한국사회에서 시민으로서의 활동 부재, 예를 들어 정치에 대한 무관심 나타날 수 있다.

따라서 본 프로젝트는 중도입국청소년 대상 시민교육을 통해 올바른 정치참여 의식을 고양시키고 이들이 미래에 적합한 정치참여를 실천함으로써 앞으로 중도입국청소년들이 우리 사회의 미래 구성원으로 자리매김할 수 있고, 시민으로서의 권리를 향유할 수 있도록 하고자 한다. 즉, 우리는 이 프로젝트를 통해, 그들이 미래에 한국사회의 한 구성원으로서 그들이 지켜야 할 소양과 의무뿐만 아니라 작게는 마을의제 참여, 크게는 시민 거버넌스 형성까지 그들이 가지는 권리를 교육하고, 현재의 중도입국청소년들에게 자신이 대한민국의 중요한 사회 구성원이라는 점을 환기시키고, 그들의 정치참여 의식 강화를 목표로 한다. 우리는 이러한 시민교육을 일방적인, 교육 그대로의 의미가 아닌 중도입국청소년과 함께하는 방식으로 구성하였다. 따라서 우리의 프로젝트는 '선생님'의 개념이 아닌 넓은 의미의 '친구'로서 그들이 어떤 어려움을 겪고 있는지 관심을 가지고 가까이에서 소통하는 방식으로 진행될 것이다.

'2018 찾아가는 시민학교' 기획 과정

프로그램을 실행하는 데 있어 가장 먼저 중도입국청소년들을 만날 수 있는 단체의 협력이 중요 문제였다. 다문화 2세는 많이 들어봤지만, '중도입국청소년'이라는 대상은 '정치학과 현장학습' 수업을 수강하기 전까지는 알지 못했다. 그렇기 때문에 이들을 직접 만날 수 있게끔 해줄 수 있는 단체와의 연계가 중요할 수밖에 없었다. 우리는 수업 조교의 도움을 통해 '서울온드림교육센터'와 접촉할 수 있었다.

'서울온드림교육센터'는 서울특별시와 현대차 정몽구 재단이 운영하는 중도입국청소년 지원 기관이다. 한국생활에 어려움을 겪는 중도입국청소년의 건강한 한국생활 적응을 돕기 위해 개인별 특성에 맞는 맞춤형 서비스를 제공하고 있다. 중도입국청소년의 건강한 한국사회 정착을 위하여 지역사회 자원을 계발하고 지지체계를 구축하여 올바른 글로벌 인재 육성을 위해 노력한다. 주요 사업으로는 중도입국청소년의 사회통합을 촉진하기 위한 한국어교육, 특기적성 교육과 멘토링, 상담관계형성 프로그램을 지원한다. 또한 중도입국청소년 및 다문화가족 지원 관련기관 서비스 연계와 중도입국청소년을 위한 프로그램 개발에 힘쓰고 있다.

2018년 3월 29일에는 우리 프로그램을 홍보할 수 있는 포스터를 제작하여 직접 단체를 찾아갔다. 포스터는 한국어가 어려울 수 있는 중도입국청소년들을 위해 한국어, 영어, 중국어 버전으로 준비했다. 수업으로 인해 모든 조원들이 직접 방문할 수는 없었지만, 우리의 프로그램 기획안과 함께 프로그램에 관련한 많은 내용을 논의할 수 있었다.

대표적으로 프로그램 진행에 있어서, 아이들의 집중력을 얼마나 유지시킬 것인지, 그리고 어떻게 흥미를 느끼게 할 것인지가 중요한 포인트라는 센터장님의 말씀이 많은 도움이 되었다. 우리 모두 '시민교육'에 너무 치중하여 프로그램을 구성했고, 이는 청소년들을 대상으로 하기엔 다소 지루한 수업이 될 수 있었다. 또한 한국어에 대한 불편함이 없는 우리들을 기준으로 수업을 구성하다 보니 언어적인 어려움을 겪고 있는 중도입국청소년들에게는 너무 높은 수준의 어휘력을 요구하는 프로그램이었던 것이다. 4주 동안 프로그램을 진행할 예정이었던 우리는 전반적인 프로그램을 다시 재구성해야 할 필요성을 느꼈고, 이를 계기로 다음과 같은 프로그램을 구성하여 진행할 수 있었다.

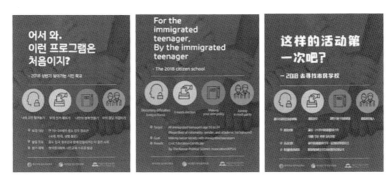

<그림 1> 프로그램 홍보를 위해 직접 제작한 한, 영, 중 언어 포스터

'중도입국청소년들과 함께하는 2018 찾아가는 시민학교'

1. 1주 차. 어서와, 이런 프로그램은 처음이지?

2018년 5월 12일 토요일, '2018 한국외대 찾아가는 시민학교'가 시작되었다. 4주 동안 함께하게 될 중도입국청소년이 대부분 서울 온드림교육센터 주변(영등포구)에 거주하고 있었기 때문에, 그들의 편의를 고려하여 교육장소를 연세대학교 신촌캠퍼스로 선정하게 되었다.

1주 차 프로그램의 제목은 '어서와, 이런 프로그램 처음이지?'이다. 그 이유는 중도입국청소년을 대상으로 하는 교육들이 대부분 한국어교육, 진로교육, 문화교육에 치중되어 있기 때문에, 중도입국청소년들의 시민으로서 권리 향유를 돕고, 지속적인 정치참여를 유도하는 것을 목적으로 하는 시민교육 프로그램은 처음일 것이라고 생각했기 때문이다. 1주 차 수업 구성은 그 어떤 수업보다, 구성하는 데 많은 어려움이 있었다. 먼저, 서울온드림교육센터를 통해 모집된 중도입국청소년들의 한국어 수준을 파악할 수 없다는 어려움이 있었다. 수업을 구성하는 데 있어 대상자들의 언어 실력이 중요한 만큼 수업의 수준을 조정하는 데 오랜 시간이 걸렸다.

우리들은 1주 차는 최대한 시민교육의 내용은 줄이고, 첫 만남이니만큼 우리를 소개하고, 프로그램을 소개하고 더더욱 중도입국청소년들을 알아가는 데 많은 시간을 할애하기로 했다.

"1교시, 프로그램 소개"

1주차 프로그램이 시작되었고, 가장 먼저 우리 프로그램에 대한 소개를 하는 시간을 가졌다. 우리가 왜 이러한 프로그램을 진행하고자 했는지, 그리고 앞으로 어떻게 진행할 예정인지에 대해서 설명하는 시간이었다. 앞서 언급한 바와 같이, 우리의 프로그램의 목표는 중도입국청소년들이 시민의 권리를 향유하고 지속적인 정치참여를 유도하고자 함이지만, 이렇게 설명하기엔 너무 어려운 내용일 수 있기 때문에 우리는 간단한 예시와 함께 그들의 눈높이에 맞춰 설명했다.

"여러분 왜 저희가 여러분을 찾아왔을까요? 우리 사회는 여러 구성원으로 이루어져 있습니다. 예를 들어 노인분들, 장애인분들, 대학생들, 이주노동자분들 등등…! 그리고 여러분들도 바로 우리 사회의 구성원이에요. 저희들은 그런 여러분들이 우리 사회의 한 구성원으로서 시민의 권리향유와 지속적인 정치참여의 필요성에 대해서

<그림 2> 1주 차 수업 사진

이야기해주려 해요. 이렇게 이야기하면 너무 어렵죠? 제가 예시를 들어볼게요!"

"어느 날 집 앞에 나와 보니 쓰레기가 막 버려져 있는 거예요. 시간이 지날수록 우리 집 앞이 쓰레기장이 되어버린다면 여러분은 어떻게 하실 건가요? 누군가에게 나의 어려움을 이야기해야겠죠? (중략) 이처럼 여러분들의 불편사항을 그리고 요구를 표현해줘야 그 문제점이 해결이 될 수 있어요. 가만히 참고만 있다면 그 쓰레기는 계속 쌓여가니까요."

"우리 사회노 마찬가지입니다. 많은 구성원들로 이뤄진 우리 사회엔 많은 요구들과 불만들이 있어요. 이 사회에서 모두가 행복하고 만족하며 살아가기 위해서는 이러한 우리들의 바람들을 사회에 알려야겠죠? 불편함은 해결되고, 요구들은 실현되기 위해서요. 그리고 선거 같은 정치참여를 통해 우리는 우리의 목소리를 낼 수 있고 사회는 더 좋은 사회가 될 수 있을 거예요. 저희는 여러분들에게 이처럼 우리 사회의 구성원으로서, 시민으로서 권리향유와 지속적이 정치참여의 중요성에 대해 이야기해주려고 해요!"

- (1주 차 수업 진행 내용 中)

그리고 앞으로 4주 동안 우리가 진행할 프로그램에 대한 설명을 진행했다. 이때 중도입국청소년들의 흥미를 유발하기 위해 진행자가 '어떻게?'라고 외치면 '이렇게!'라고 참가자들이 외칠 수 있는 구호를 준비했다. 이는 진행자가 4주 동안의 프로그램을 진행할 때 참가자들과 함께 호흡하면서 지루하지 않게 진행하기 위함이었다.

"1주 차는 우리가 처음 만난 오늘이죠? 오늘 우리는 여러분들과 함께 다양한 프로그램을 통해 즐거운 시간을 보내보려고 해요~! 자~, 어떻게? (이렇게!)"

꽤 오랜 시간 동안 프로그램 소개를 했지만 이러한 구호 덕분이었는지 끝까지 화기애애한 분위기를 유지할 수 있었다. 이는 당시 우리의 프로그램 진행을 도와주기 위해 와준 같은 수업 학우들이 '시간이 흐름에 따라 그 소리가 커졌다'라고 기록했다는 점에서 처음엔 서로가 낯설어서 대답도 잘 하지 못했던 분위기가 이를 계기로 많이 좋아졌음을 알 수 있었다.

"2교시, 조 추첨 & 조 이름 정하기 및 명찰 만들기"

우리는 중도입국청소년들의 지속적인 참여와 흥미를 유지하기 위해 3개의 조를 이뤄 조가 4주 동안 유지하는 시스템을 구상했다. 매주 진행되는 다양한 프로그램을 조별 대항전으로 진행함으로써 참가자들의 흥미를 유도하고, 매주 출석 및 발표에 따른 스티커 배부로 지속적인 참여와 수업에서의 적극성을 유도하고자 했다(마지막 주에는 스티커 수에 따라 1등 하는 조에게는 소정의 선물을 주기로 했다).

<그림 3> 조 추첨 진행   <그림 4> 명찰 만들기

그래서 1주 차에 조 추첨을 통해 조를 구성하고 각 조별로 조장과 함께 명찰을 만드는 시간을 가졌다. 명찰 만들기 시간을 마련한 이유는 참가자들도 서로 어색하고 처음 보는 사이인 경우가 많고, 우리 또한 중도입국청소년들을 처음 보는 날이니만큼 소수로 옹기종기 모여서 서로를 소개하고 많은 대화를 나눌 수 있기 때문이다. 동시에 조별 이름을 정해보고, 스티커 규칙 등을 조장들이 전달하는 시간을 가졌다. 우리는 한 명이 프로그램의 총 진행을 맡고, 나머지 3명이 각 조의 '조장'을 담당하기로 하였다. 그리고 우리는 이 시간을 통해 중도입국청소년들과 친밀도를 높이기 위해 최선을 다했다.

"3교시, 들어줄게, 너의 이야기!"

'들어줄게, 너의 이야기!' 시간은 말 그대로 중도입국청소년들의 이야기를 들어주는 시간이다. 우리는 중도입국청소년들에 대해 조사를 하면서 이들이 한국사회 적응에 있어서 언어적 어려움, 정서적 어려움, 학업적 어려움 등을 가지고 있다는 사실을 알 수 있었다. 그리고 이러한 어려움을 이야기할 기회도 많이 없다고 한다. 그

<그림 5> '들어줄게, 너의 이야기' - 조별 진행

래서 우리는 앞으로 4주 동안 함께 할 중도입국청소년들을 더욱 알아가기 위해 각 조별로 '들어줄게, 너의 이야기!' 시간을 가졌다.

우리들은 이 시간에 자기소개와 프로그램에 참여하게 된 계기 등을 물으면서 한층 더 중도입국청소년들에게 다가갈 수 있었다. 또한 이 시간을 통해 이들의 한국어 실력 또한 파악할 수 있었다. 처음에는 자신들의 이야기를 하기 부끄러워하는 듯했지만 금방 재잘재잘 수다를 떠는 모습을 볼 수 있었다. 그중 한국에 입국한 지 3년이 된, 필리핀에서 온 알폰스(15세)는 한국에서 학교를 다닐 기회가 없어 1년 동안 집안에서만 생활했다고 했다. 친구들도 만들수 없어 굉장히 외로웠고, 한국사회에 소속감을 전혀 느끼지 못했다고 한다. 이러한 생활을 끝낼 수 있던 것은 중도입국청소년 단체에서 만난 친구들 덕분이었다고 했다. 그 외에도 초기에 언어적 어려움, 실생활에서의 불편한 점 등등이 있었다.

사전에 우리가 파악했던 중도입국청소년들의 대표적인 어려움인 언어적 어려움, 학업적 어려움, 정서적 어려움에 대해 직접 들을 수 있었던 기회였다.

"4교시, 간단한 OX 퀴즈 – 민주주의 어디까지 알고 있니?"

'들어줄게, 너의 이야기' 시간 때문이었을까, 프로그램 막바지에는 모든 중도입국청소년들이 열정적으로 참여해줬다. 초반에 비해 조금은 편안해 보이고, 즐거워 보였다. 내심 우리들은 앞서 친목 프로그램을 많이 기획한 것이 다행이라고 생각했다.

이제 1주 차의 마지막 프로그램인 '간단한 OX 퀴즈'를 진행했다. 이 OX 퀴즈는 '민주주의 어디까지 알고 있니?'를 묻기 위한 아주 간단한 퀴즈로 구성되어 있다. 이러한 퀴즈를 진행한 이유는 앞으로 교육할 시민교육의 내용을 시작하기 전에 가장 기본적인 '민주주의'에 대한 개념을 얼마나 알고 있는지를 파악하는 작업이 필요했기 때문이다. 중도입국청소년들은 다양한 이주 배경을 가지고 있기 때문에 어떤 친구들은 '민주주의'라는 개념을 전혀 모를 수도 있고, '선거', '정당'은 물론 많은 정치적 용어가 낯설 수도 있다. OX 퀴즈를 진행하기 전에 중도입국청소년들에게 '민주주의에 대해 들어보신 적 있나요?'라는 질문을 했고 많은 참가자들이 '들어본 적 있다'라고 답했다. 하지만 이후에 '그럼 민주주의는 뭘까요?'라는 질문에는 다들 모르겠다는 표정을 지었다. 즉, 민주주의라는 말은 들어봤지만 정확하게 민주주의가 무엇인지는 모른다는 것이다.

중도입국청소년들을 대상으로 하는 교육들이 대부분 한국어교육, 진로, 직업교육에 치중되어 있고, 많은 중도입국청소년이 한국 내에서 제도권 학교에서 교육을 받을 수 있는 기회가 적다는 점 때문에 '민주주의'에 대해 정확하게 배울 기회가 없던 것으로 보인다.

우리가 준비한 퀴즈는 다음과 같다.

> *민주주의에서는 대통령이 주인이다. - X*
> *선거는 민주주의에서 중요한 역할을 한다. - O*
> *대한민국에서는 선거에 참여하지 않으면 벌금을 낸다. - X*
> *외국인은 대한민국 선거에 참여할 수 없다. - X*

이 중 가장 큰 호응을 얻은 퀴즈는 4번이었다. 대부분의 중도입국학생들은 외국인은 당연히 선거권을 가지지 못한다고 생각하고 있었다. 하지만 우리나라에서는 선거일 현재 만 19세 이상으로서 출입국관리법에 따라 영주의 체류자격 취득일 후 3년을 경과하고 해당 지방자치단체의 외국인등록대장에 올라 있는 외국인은 지방선거에서 투표를 할 수 있다. 이 부분을 설명할 때 학생들의 관심은 폭발적이었다.

"마무리 시간"

우리는 매 수업 마지막에 설문조사를 실시했다. 이는 우리가 프로그램을 조금 더 효과적으로 기획하기 위함과 동시에 중도입국청소년들에 대해 알고 싶은 점들을 파악하기 위함이었다. 1주 차 설문조사는 기초적으로 중도입국청소년들의 나이 및 학력, 한국에서의 거주 기간 등 기본적인 인적 사항에 대해 조사하는 문항을 만들었다. 그리고 2주 차에서 우리가 수업할 '선거'에 대한 관심 정도와 그 이유를 물었다. 마지막으론 1주 차의 내용이 유익했는지 여부와 다음 수업에서 우리에게 바라는 점에 대해 물었다.

이 중 우리가 주목해야 할 부분은 9명의 학생 중 4명만이 학업을 이어가고 있고, 나머지 학생들은 학업이 중단된 상황이거나 학업을 위해 일정 시간을 본국으로 다시 돌아가는 경우가 있다는 점이다. 이는 중도입국청소년들이 우리나라의 교육과정에 편입하기가 쉽지만은 않음을 의미한다. 한국의 제도권 학교에서는 아직 이들을 받아들일 준비가 부족한 게 현실이고, 학교 진입까지의 어려움과 교육과정의 차이 및 기초학력의 부족으로 학업 수행능력이 떨어져 학업을 중단하는 등 교육의 사각지대에 몰리기도 한다.[44] 실제로 중도입국청소년들은 학업 중단 및 진로에 대한 불안감으로 한국사회에서의 정착에 어려움을 느끼고 있다고 한다.[45]

<그림 6> 설문지 작성

---

44) 신현옥·윤상석·이슬기·김도혜 외 2인(2012), 이주배경청소년의 유형별 실태와 정책과제, 서울: 여성가족위원회.

45) 앞의 글.

1주 차 프로그램을 준비하는 데 많은 어려움이 있었음에도 불구하고 모든 학생들이 "강의 내용은 유익했습니까?"에 1번인 "예"로 답변했다(2. 그저 그렇다, 3. 아니다). 그 이유에 대한 질문에는 '나름 재밌었다', '한국을 알 수 있어서 좋았다', '외국인도 투표할 수 있다는 것을 알게 되었다', '모르는 것을 알 수 있었고, 도움이 되었다' 등등 답변을 써주었다. 그중 외국인도 선거를 할 수 있었다는 점을 처음 알았다는 답변과 선거에 대해 잘 몰랐는데 알게 되었다는 답변이 대부분이었다.

2. 2주 차. 민주주의 꽃, 선거

2주 차 수업의 장소는 1주 차와 마찬가지로 연세대학교 새천년관이었다. 프로그램을 진행하기 전, 전주와는 달라진 점이 하나 있었다. 1주에는 단체의 주도 아래에 학생들이 수업에 참여했지만, 이번 주는 우리가 직접 학생들과 함께 교실로 왔다. 이는 아직 학생들과 어색한 부분을 풀기 위해서 생각한 것으로, 효과가 괜찮았다. 신촌역에서 연세대 새천년관까지는 상대적으로 긴 거리라 학생들과 함께 이야기할 기회가 많았다.

2주 차 프로그램의 주제는 제목에서 알 수 있듯이 선거였다. 2주 차의 주제를 선거로 정한 이유는 선거가 대한민국의 시민으로서 행사할 수 있는 가장 기본적이 정치적 권리이기 때문이다. 그래서 우리는 선거를 주제로 프로그램을 준비했다. 먼저 선거에 관련된 기본 개념 설명을 하기로 하고, 그것을 바탕으로 윷놀이 게임을 진행하기로 했다. 윷놀이 게임을 준비한 이유는 청소년들을 대상으로 하는 프로그램이다 보니 오로지 개념 설명만 하는 것은 그들의 흥미를 떨어뜨릴 수 있다고 생각했기 때문이다. 또한 2주 차는 1주 차 프로그램의 흐름을 이어가는 것이 중요하다고 생각했기 때문에 1주 차에 나온 내용을 복습하는 부분 또한 포함시켰다.

먼저 2주 차 프로그램은 1주 차에서 퀴즈를 통해 배웠던 개념을 복습하는 것으로 시작했다. 1주 차에 배웠던 가장 중요한 내용인 민주주의를 시작으로, 민주주의의 주인이 국민인 점까지 같이 복습했다. 그리고 이러한 민주주의를 실현시키는 데 가장 중요하고, 기본적인 방법이 선거라는 점을 강조하며 본격적인 2주 차 프로그램을 시작하였다.

"1교시, 선거란 무엇인가?"

우리는 먼저 선거의 정의와 선거가 왜 생겨났는지에 대해 학생들에게 설명하였다.

"선거는 우리(시민들의)의 대표자를 뽑는 행동입니다. 선거가 왜 생겨났는지 아나요? 현재 사회는 너무 많은 사람들이 살아 모두가 자신의 의견을 나타내는 것은 거의 불가능해요. 그래서 비슷한 의견을 가진 사람들을 대표하는 한 사람을 뽑는 것이 중요합니다. 선거는 온 나라를 책임질 사람인 대통령을 뽑기 위한 선거도 있고, 작은 지역을 책임질 사람을 뽑기 위한 선거도 있습니다. 이렇게 중요한 행동이기 때문에 선거는 흔히 민주주의 꽃이라고 불려요."

- 2주 차 수업 진행 내용 中

<그림 7> 2주 차 수업 진행

   그러고 나서 본격적으로 선거가 어떻게 진행되는지, 선거의 과정에 대해 학생들과 같이 알아보았다. 선거가 무엇인지 아는 학생은 많았지만, 구체적인 과정은 잘 느껴보지 못한 청소년들이었기 때문에 이 부분을 설명하는 것이 가장 중요하다고 생각했다.

   "선거의 첫 번째 과정은 유권자의 요구에서 시작됩니다. 시민단체나 이익집단 등 단체가 후보에게 어떠한 정책을 원한다고 표현하는 거죠."

   "여기서 시민단체란 사회 전체의 이익을 위해 시민들이 만든 집단이고, 이익 집단은 같은 이해관계를 가진 사람들이 이익을 실현하기 위해 만든 집단입니다. 두 집단 모두 정책을 요구하는 집단이지만 성격이 살짝 다른 점을 알아두어야 합니다. 후보자는 유권자들과 여러 요구들을 바탕으로 약속을 합니다. 이것을 '공약'이라고 합니다. 공약은 후보자가 당선되었을 때 펼칠 정책을 의미합니다.

이러한 공약을 바탕으로 선거를 앞두고 후보자와 정당은 자신을 지지해달라고 유권자를 설득하는 것에서 시작합니다. 이것을 '선거운동' 또는 '유세'라고 합니다. 선거 활동 중에 국민들이 어떤 후보자가 많은 지지를 받는지 알 권리가 있겠죠? 그래서 여론조사를 합니다. 여론조사란 유권자들에게 어느 후보를 지지하는지 물어보는 것입니다. 이는 전화나 설문지 형식으로 이루어져요. 투표가 끝나면 투표함을 열어 결과를 확인합니다. 이것을 '개표'라고 합니다. 당선자는 다수결의 원칙에 따라 더 많은 득표를 한 후보자가 당선됩니다. 이때 소수의 의견도 무시하지 않는 게 중요합니다. 개표가 끝난 후 당선된 후보자는 예정된 자리에 취임합니다. 예를 들어 대통령 선거라면 당선자는 대통령에 취임합니다. 한국에는 국회의원선거와 대통령선거라는 대표적인 두 선거가 존재합니다. 그렇다면 선거가 끝난 후 당선자들은 무엇을 할까요? 공약을 실천합니다. 유권자 믿음에 부합하기 위해서입니다. 예를 들어 선거에서 뽑힌 국회의원들이 법안을 준비하면, 언론(신문, 텔레비전, 라디오 등)은 당선자들이 어떤 법안을 제출했는지 시민들에게 설명하고, 그 법안에 대해 전문가의 의견을 사람들에게 소개합니다. 이때 언론은 중립적이어야 합니다. 왜냐하면 언론은 어느 한쪽을 대표하는 것이 아닌 감시자 역할을 하기 때문입니다. 유권자들 시민단체 이익집단들은 언론의 감시자 역할이 잘 시행됐을 때 올바른 '여론'이 생겨날 수 있습니다. 국회의원들은 이러한 여론과 언론에 귀를 기울여 행동합니다. 만약 여론을 무시한다면 다음 선거에서 떨어질 수도 있습니다. 간단하게 요약하면, 선거는 '이익집단·유권자·시민단체의 요구'-그것을 바탕으로 공약-유권자의 선거-대통령과 국회의원 당선-공약을 잘 지키는지 언론의 감시-언론의 감시를 통한 당선자들에 대한 여론형성-다음 선거 때 영향, 이러한 단계를 거칩니다.

선거는 이렇게 자신들의 이익을 요구하는 시작이자 그 요구가 잘 실행되었는지를 평가할 수 있는 끝입니다."

- 2주 차 수업 진행 내용 中

"2교시, 윷놀이 어디까지 해봤니?"

선거의 과정을 설명하고 난 후 우리는 학생들이 이 개념을 좀 더 명확히 기억하길 바라며, 줄긋기 핸드아웃을 나누어주었다. 줄긋기 핸드아웃을 완성하는 데 학생들이 생각보다 어려움을 겪었지만, 각 조의 조장들과 함께 완성하였다. 그 후 선거 관련 개념을 바탕으로 윷놀이를 진행하였다.

<그림 8> 직접 제작한 윷놀이판

<그림 9> 윷놀이 조별 대항전 모습

　윷놀이는 위의 판을 바탕으로 3개 조의 조별 대항전으로 진행되었다. 윷말이 개념이 적혀 있는 칸에 도착하게 되면, 그 말의 조는 개념을 설명해야만 칸에 머무를 수 있는 것이 기본 규칙이었다. 또한 모든 칸을 개념으로 채울 수는 없었기 때문에, 중간중간 학생들의 흥미를 돋우는 음악퀴즈와 초성퀴즈를 넣어 진행하였다. 학생들은 개념이 적혀 있는 칸에서 조금 당황한 모습도 보였지만, 이내 핸드아웃을 통해 잘 대답하는 모습을 보여주었다. 또한 조별 대항전으로 진행된 게임이다 보니 학생들이 열정적으로 참여해 전반적으로 순조로운 분위기 속에서 진행되었다.

"마무리 시간"

　윷놀이의 열정적인 분위기 아래 2주 차의 본 프로그램은 끝이 났다. 2주 차의 마지막 단계는 1주 차와 마찬가지로 설문조사를 시행하는 것이었다. 2주 차의 설문조사는 중도입국청소년들의 미래에 관련된 질문들로 구성되었다. 처음 우리가 중도입국청소년을 알아볼 당시 그들은 한국사회의 적응 문제로 학업, 취업 문제를 겪는 학생이 대다수라는 것을 우리는 통계를 통해 알 수 있었다. 그래서 본 프로그램 학생들이 한국에서의 학업과 취업에 대해 어떻게 생각하는 과정이 꼭 필요하다고 생각하는지에 대하여 2주차 설문지를 구성하였다. 우리의 우려와는 달리 많은 학생들이 대학 진학과 취업을 구체적으로 생각하고 있었다. 연극영화과부터 유아교육과, 생화학과까지 다양한 진로를 희망하는 학생들이 많았다. 마지막으론 오늘 수업이 어땠는지에 대해 물어보는 시간을 가졌다. 가장 많이 나온 의견은 선거 관련 개념이 너무 어렵다는 것이었다. 유세, 개표 등 우리에겐 마냥 익숙한 단어들이 학생들에겐 익숙하지 않았던 것이다. 그러나 개념 수업을 통해 배워간다는 느낌을 많이 받았으며, 특히 윷놀이를 통해 배운 것이 재미있었다는 의견이 많았다.

2주 차 프로그램을 마치며 가장 크게 느낀 점은 중도입국청소년들에 대한 배려의 필요성이다. 프로그램에서 사용된 단어를 너무 우리 중심으로 생각해, 언뜻 우리에게 쉬워 보이는 것이 학생들에게는 어려울 수 있다는 것을 느꼈다. 다음 프로그램 진행 시 이 점에 유의하여 계획을 하는 것이 필수적이라고 생각했다. 또한 설문지에서 볼 수 있듯이 중도입국청소년들도 꿈을 가진 학생들이라는 것을 알 수 있었다. 한국사회가 조금 더 그들을 배려한다면, 그들 또한 배려에 응답해 한국사회에 적응할 수 있을 것이다.

3. 3주 차. 나를 위한 정책 만들기!

3주 차에서는 2주 차에서 배운 선거가 이루어지는 과정을 바탕으로 선거에서 발표되는 공약들이 어떻게 이루어지는지 '정책'을 중심으로 알아보기로 하였다. 먼저, 정책의 개념부터 정책을 이행하는 주체와 정책이 실현되는 일련의 과정들을 알아보고, 간단한 사례를 통해 이해를 돕도록 한다. 또한 개인으로서 정책결정에 참여할 수 있는 방법을 알아보고, 친구들의 흥미를 돋우기 위한 게임을 통해 수업을 마무리하였다. 마지막으로, 금주 배운 수업 내용을 토대로 스스로를 위한 정책을 만들어봄으로써 '정책'을 완벽히 이해하도록 하고자 하였다.

"1교시, 정책이란?"

정책이란, 행정학사전에 의하면 '정부 또는 공공기관이 공적 목표, 즉 공익을 달성하기 위하여 마련한 장기적인 행동방침'이다. 하지만 중도입국청소년들에게는 '공익'이나 '방침'과 같은 한자어를 이해하기에 상당한 어려움이 따르기 때문에, 쉽고 간단하게 설명해주는 것이 중요했다. 그렇기 때문에 우리는 최대한 친근한 용어를 이용하여 설명하려고 노력하였다. 예를 들어, 정부는 '나라의 일을 처리하는 기관'으로 주민센터, 구청, 시청 등과 같은 예시를 들어 친구들의 이해를 돕고자 하였다. 정부의 수반, 즉 행정부에서 가장 높은 사람은 대통령이라는 것과, 그래서 대통령을 중심으로 한 정부가 공익, 즉 모두의 이익을 위해 제시하는 수단이 정책이라는 것을 보여주었다.

"정책은 어떻게 만들어질까요?"

정책을 만드는 것은 국민의 요구에서 시작되는 것이다. 국민이 요구하는 것을 정부의 수반이 될 대통령 후보자가 '공약'이라는 이름으로 제시하고, 국민들은 투표를 통해 자신의 요구를 표출한다. 이런 맥락에서 '투표'는 국민이 자신의 요구를 주장하는 가장 근본적인 방법이다. 여기서 우리는 잠정적 유권자인 중도입국청소년들에게 투표를 통해 자신의 의견이 정책 결정에 반영될 수 있음을, 그래서 투표하는 것이 왜 중요한지를 강조하였다. 그리하여 대통령과 정부부처는 공약을 기반으로 정책을 제시하며 관련단체와의 협의를 통해 정책을 실현하는 과정을 설명하였다.

"우리도 참여할 수 있어요 국민청원!"

투표 이외에도 자신이 개인으로서 정책결정에 참여할 수 있는 방법에 대해 이야기해보았다. 물론 개인으로서 정책결정에 참여하는 것이 힘들고, 더군다나 정보의 불균형으로 인해 사회적 약자에 속하게 되는 중도입국청소년들에게는 정책참여에 대한 생각조차 하지 못하고, 사회 분위기에 편승하는 것이 대부분이다. 우리는 이 부분을 지적하고자, 개인 자격으로도 정책 결정에 참여할 수 있음을 보여주고자 하였다. 가장 간단한 예시로 '청와대 국민청원'을 들어주었다. 청와대 홈페이지를 통해 자신이 가지는 사회적 어려움을 토로하고, 같은 어려움을 겪는 사람들의 동의를 얻어 일정 수의 동의를 채우면 정부에서 관련 사항에 대한 해결책(정책)을 제시하도록 고려함을, 이를 통해 우리의 의견을 피력할 수 있음을 보여주었다. 친구들에게 '청원'이라는 이미지를 좀 더 친근하게 설명해주기 위

<그림 10> 3주 차 수업 진행

하여 '학교'에 대한 정책을 예시로 설명을 덧붙였다. 참가 인원 모두 한국에서든 출신국에서든 학교 재학 경험이 있기 때문에 설명에 있어 수월하다고 판단했기 때문이다.

　"혹시 친구들, 예를 들어서 학교에서 애들이 자꾸 싸워요. 아니면 일진들이 친구들을 괴롭혀요. 그럼 어떻게 해야 돼요? (선생님한테 일러요 등등) 맞아요. 선생님한테 직접 이야기를 하든, 직접 얘기하기 힘들면 편지를 쓸 수도 있어요. 이렇게 "학교폭력을 해결해주세요!" 하는 것도 하나의 '청원'이에요. 이렇게 신고를 해서 문제가 알려지게 되면, 정부에서도 학교폭력이 심각한 문제라는 것을 알게 돼요. 그래서 이렇게 되면 정부에서 학교폭력 예방에 관한 정책을 내놓게 돼요. 예를 들면, 학교 친구들끼리 서로 배려하는 교육을 하기도 하고, 선생님이 자주 순찰을 돌도록 하기도 해요. 아니면, 학교폭력을 방지하기 위해서 CCTV를 설치할 수도 있어요. 이처럼 우리가 목소리를 내면, 정부가 정책을 시행해서 문제를 해결하는 데 우리도 참여할 수 있어요."

- 3주 차 수업 진행 내용 中

"2교시, 빙고를 외쳐라!"

빈칸 채우기 형식의 간단한 단답형 퀴즈를 통해 수업 내용을 복습하였다. 또한, 중도입국청소년들의 더 깊은 이해를 돕고자 빙고 게임을 실시하였다. 4x4 빙고판에 우리가 배운 개념들을 써넣고, 조별 대항전을 통해 각 조마다 한 번의 기회를 통해 칠하고 싶은 개념을 외치고 해당 개념에 대한 올바른 설명을 발표시킴으로써 게임을 진행하였다. 최대한 많은 개념을 언급하고 다시 한번 복습하고자 네 줄이 모두 채워질 때까지 진행되었다.

> "국민청원!"
> "국민청원의 뜻은?"
> "정책으로 만들어질 수 있도록 우리들이 원하는 것을 요구하는 방법 중 하나이다!"
> "네~, 맞아요. 국민청원 엑스해주세요!"
>
>   - 빙고 게임 中

<그림 11> 빙고 게임

"3교시, 위시 트리(Wish tree) 만들기"

'위시 트리 만들기'는 이번 주 수업의 주제인 '정책' 수립이 유권자의 요구를 기초로 한다는 점에서, 중도입국청소년이 자신의 의견을 표출하는 취지로 마련한 핵심 내용이었다. 미리 나무를 준비하여 친구들이 열매에 자신의 소망을 적어 위시 트리를 완성하는 식으로 진행되었다. 이는 작게는 그들이 소속된 사회, 더 나아가서는 그들에겐 아직 낯설 수 있는 한국사회에서 겪는 어려움을 들어보고자 함이었다. 또한, 친구들에게 자신의 목소리를 내어야 사회가 인지할 수 있으며, 문제가 있으면 해결해줄 수 있다는 것을 전해주고자 하였다.

<그림 12> 위시 트리 만들기

"마무리 시간"

3주 차의 수업은 다소 수월하게 진행되었다. 2주 차에 개념 위주의 수업으로 인해 친구들이 어휘에 있어서 다소 어려움을 겪는다는 사실을 인지하게 되었고, 팀원들과 함께 어휘력을 조절하는 데 주의를 기울였다. 그 결과 참여한 친구들 모두 정책과 정부, 국민청원과 같은 단어들과 전반적인 수업내용을 이해하는 데 큰 어려움이 따르지 않았다. 수업시간 중간 삽입한 빙고 게임은 중도입국청소년 친구들이 흥미를 갖도록 하는 데 큰 도움이 되었다. 팀원들이 아무리 쉽게 설명하려고 해도 여전히 어려울 수 있는 사회교과적인 내용들을 다시 한번 머릿속에 되새기도록 하는 좋은 매개체가 되었다. 마지막으로, 나만의 정책을 만들어보는 시간인 '위시 트리 만들기'는 우리들의 기대 이상으로 친구들이 열렬히 참여해주었다. 친구들이 사회에서 겪는 어려움뿐만 아니라 미처 말하지 못하고 있던 속마음을 들어볼 수 있는 뜻깊은 시간이었다. 학교에서 화장을 하게 해달라거나 급식을 바꾸어달라는 일반적인 청소년이 학생으로서 겪는 문제들도 있었던 반면, 중국동포에 대한 왜곡된 시선을 거두어주기를 바라는 한국사회에서 겪는(사회적으로 문제가 되는) 어려움을 토로하는 이야기도 들어볼 수 있었다. 그뿐만 아니라 서울온드림교육센터와 같은 중도입국청소년들을 위한 단체가 더 늘어났으면, 학교에서 한국어를 잘 못하는 사람들을 위한 반을 만들었으면 하는 특수하게 중도입국청소년들이 겪는 어려움들도 들어볼 수 있었다. 중도입국청소년 친구들이 앞으로 사회에 나가 스스로 정책결정에 참여하여 그들이 겪는 어려움을 호소함으로써 더 건강하고 통합된 한국사회가 되길 바라본다.

<그림 13> 3주 차 단체 사진

4. 4주 차. 이제는 실전이다! 내 인생 투표!

마지막 4주 차 수업에서는 직접 모의 선거에 참여하면서 그동안 배웠던 내용들을 단순한 이론에만 한정시키는 것이 아니라 정치적 참여를 이끌어내는 밑거름이 될 수 있도록 함과 동시에, 선거를 실시해본 소감과 이때까지 교육 과정에 대해 느낀 점을 들어봄으로써 중도입국청소년들과 하나 된다는 프로그램의 취지를 살렸다.

"1교시, 선거란 무엇인가?"

모의 선거를 진행하기에 앞서, 선거가 '민주주의의 꽃'인 이유, 즉 민주주의에서 가장 중요한 의사 표현 방식으로 꼽히는 이유를 가상의 후보자 A와 B의 예시를 통해 설명하였다. A후보자는 '모든 학교의 급식에 치킨이 나오도록 하겠습니다'라는 공약을 걸었고, B 후보자는 '모든 학교의 정수기에 콜라가 나오도록 하겠습니다'라는 공약을 걸었다고 가정했을 때 개표 결과 A후보의 승리로 끝이 났다면 B후보는 이를 통해 유권자들의 선호도를 파악하여 '다음에는 치킨에 관련된 공약을 더 중점적으로 준비해야겠구나'라는 깨달음을 얻게 되고, 이렇게 정치인들이 더 나은 정책과 공약을 고민하는 과정이 반복된다면 전반적인 정치적 발전 역시 기대해볼 수 있다. 이렇듯 선거란 단순히 '도장을 찍는 행위'에 그치는 것이 아니라 현 민주주의 체제하에서 유권자의 선호를 집약할 수 있는 가장 효과적인 방법이라는 것을 다시 한번 강조하였다.

"2교시, 모의선거 진행"

(1) 선거 주의사항

<그림 14> 선거 주의사항 설명

유권자가 단순히 투표에 참여했다고 해서 모든 표가 유효로 처리되는 것은 아니다. 두 명 이상의 후보자에게 투표한 경우, 선거 용지를 훼손한 경우, 지정된 도장 이외의 도구를 사용한 경우 등 정해진 선거 규칙을 지키지 않을 시에는 모두 무효표로 처리된다. 이러한 무효표의 발생을 사전에 방지하기 위해 학생들에게 간단한 이미지를 통해 예시를 들어 설명하였고 모의 선거에서 자신의 권리를 제대로 행사할 수 있도록 주의를 기울였다. 또한 후보자 선택의 기준은 '공약'이 되어야 함이 가장 바람직하다는 것을 마지막까지 강조하였다.

(2) 후보자 유세

<그림 15> 후보자들 유세 모습

모의 선거를 진행하기 위해서는 선거에 출마할 후보자가 필요하므로, 각 조 조장들이 각각의 후보자로 출마한 후 유세를 진행하기로 하였다. 그 과정에서 2주 차 수업 시간에 배웠던 '유세'라는 개념을 더욱 실감나게 느낄 수 있도록 하고 실제로 자주 사용되는 유세의 방법에는 어떤 것들이 있는지 보여주기 위해 후보자 명함, 선거 포스터, 피켓 등을 손수 제작하였으며 각 후보별 정당과 상징색을 정해 의상 역시 이에 맞춰 준비하였다.

후보자들의 공약은 3주 차 수업시간에 실시한 '위시 트리 만들기' 활동을 통해 학생들로부터 들었던 각종 요구사항을 반영하여 구성되었다.

	기호1번 노경수 (머스타드당)	기호2번 이시은 (딸기당)	기호3번 김우진 (검은콩당)
반영된 의견	1. 유학생들에게 장학금을 더 많이 지원해줬으면 좋겠다. 2. 한국어 실력이 부족한 사람은 비자를 따기가 너무 힘들다.	1. 학교에서 화장하게 해달라. 2. 예쁜 교복을 원한다.	중국 동포들의 안 좋은 이미지를 개선해달라.
공약	- 한국어 실력이 부족한 이주민들을 위해 무상 한국어 교육을 확대 - 한국어 능력 시험 실시 횟수 확대 - 비자를 획득함과 동시에 장학금을 지급, 추가적인 학습을 통해 기준 이상의 자격을 취득했을 경우 그에 따른 장학금 추가 지급	- 전국 중·고등학교에서 화장 및 두발의 자유화 - 본인의 몸에 맞는 옷 수선(치마 길이, 바지 통) 적극 장려	- 중국 동포들뿐만 아니라 특정 인종, 특정 나라의 사람들에 대해 안 좋은 인식을 심어 줄 수 있는 창작물은 등급 심의 단계에서 경고를 받도록 하는 문화 정책 추진 - 교육부 차원에서 중국 동포 인식 개선을 위한 주제를 교육 과정에 포함시켜 초·중학생 때부터 교육

위와 같은 공약을 바탕으로 후보자 한 명씩 유세를 진행한 뒤 모의 선거를 실시하였다. 선거는 현행 대한민국의 선거 방식과 마찬가지로 단순다수제를 바탕으로 하였으며, 신분 확인 후 투표용지를 배부 받고, 기표소 안에 한 사람씩 차례로 들어가 표를 행사하는 방식으로 진행되었다. 선거가 모두 실시된 후에는 학생들에게 선거에 대한 소감과 4주간 프로그램을 함께 하며 느꼈던 점을 인터뷰 형식으로 질문함으로써 다양한 생각을 듣고 이를 프로그램에 대한 피드백 삼아 그간의 과정을 되짚어보는 계기로 삼았다. 학급에서 반장 선거를 진행하듯 개표 과정을 칠판에 적어 학생들과 함께 표를 세어가면서 당선자를 확인하였으며 이를 통해 4주간의 모든 프로그램을 마무리 지었다. 또한 마지막에는 학생들에게 각자의 이름이 박힌 수료증을 제공하여 프로그램을 끝까지 이수하였다는 성취감을 느낄 수 있도록 하였다.

<그림 16> 모의 선거 진행

"마무리 시간"

4주간 진행된 프로그램에 대한 총 소감을 설문지를 통해 질문한 결과 그동안 알지 못했고 관심을 두지 않았던 선거에 대한 내용과 한국 정치, 사회에 대해 많은 것을 배울 수 있었다는 평이 많았다. 프로그램 내용에 대한 전반적인 난이도 인식 역시 보통에서 쉬움 수준으로 나타났으며 그 이유로는 '선생님들이 잘 가르쳐주셔서 쉽게 이해할 수 있었다'라는 의견이 많았다. 또한 인터뷰 내용을 통해 '마지막 수업이라 섭섭하다', '더 오래했으면 좋겠다', '재미있었고 너무 짧은 시간이라 아쉽다' 등의 반응을 확인함으로써 단순히 교육적 측면에만 국한되는 것이 아니라 중도입국청소년들이 자신들의 이야기를 공유할 수 있는 친구가 되어주겠다는 프로그램의 궁극적인 취지 역시 꽤나 만족스러운 정도까지 달성되었음을 알 수 있었다.

<그림 17> 마지막 단체 사진

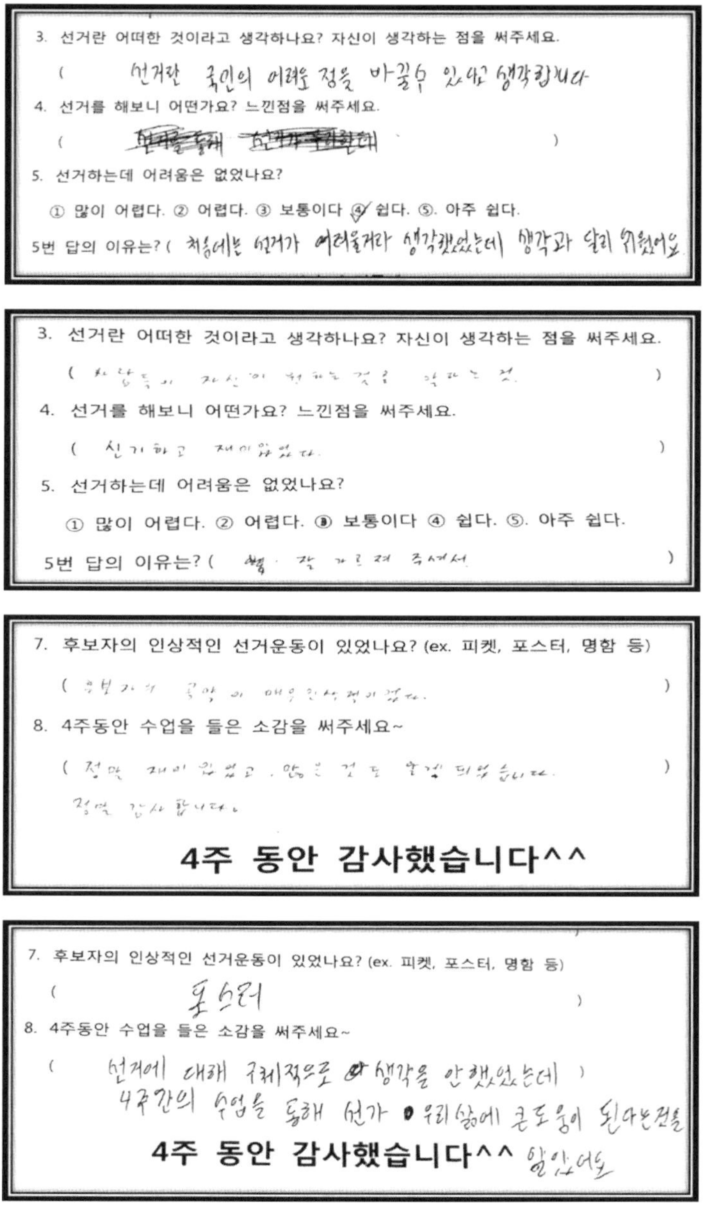

3. 선거란 어떠한 것이라고 생각하나요? 자신이 생각하는 점을 써주세요.

(선거란 국민의 어려운 점들 바꿀수 있다고 생각킵니다)

4. 선거를 해보니 어떤가요? 느낀점을 써주세요.

(~~선거를 통해~~ ~~선거가 좋와환해~~)

5. 선거하는데 어려움은 없었나요?

① 많이 어렵다. ② 어렵다. ③ 보통이다 ④ 쉽다. ⑤ 아주 쉽다.

5번 답의 이유는?(처음에는 선거가 어려울거라 생각캤었는데 생각과 달리 쉬웠어요)

---

3. 선거란 어떠한 것이라고 생각하나요? 자신이 생각하는 점을 써주세요.

(사람들이 자신이 정하는 것을 역하는 것.)

4. 선거를 해보니 어떤가요? 느낀점을 써주세요.

(신기하고 재미있었다.)

5. 선거하는데 어려움은 없었나요?

① 많이 어렵다. ② 어렵다. ③ 보통이다 ④ 쉽다. ⑤ 아주 쉽다.

5번 답의 이유는?(설 걸 가르져 주셔서)

---

7. 후보자의 인상적인 선거운동이 있었나요? (ex. 피켓, 포스터, 명함 등)

(후보자의 공약 의 매우 인상적이였다.)

8. 4주동안 수업을 들은 소감을 써주세요~

(정말 재미 있었고 . 많은 것 들 주절 되었습니다.
정말 감사합니다.)

4주 동안 감사했습니다^^

---

7. 후보자의 인상적인 선거운동이 있었나요? (ex. 피켓, 포스터, 명함 등)

(포스터)

8. 4주동안 수업을 들은 소감을 써주세요~

(선거에 대해 구체적으로 생각을 안햇었는데
4주간의 수업을 통해 선가 우리삶에 큰도움이 된다변것를)

4주 동안 감사했습니다^^ 알았어요

<그림 18> 설문 평가 내용

결과 및 평가

"새터민에 대해 아십니까?" "네."
"재중 동포에 대해 아십니까?" "네."
"그럼 중도입국청소년에 대해 아십니까?" "중도입국청소년이요…?"

한 학기 동안 이 프로젝트를 진행하면서 정말 많은 사람들이 '중도입국청소년'에 대해 많이 알지 못한다는 것을 알 수 있었다. 세계화로 인해 다양한 이주 배경을 지닌 사람들이 우리 사회에 증가하고 있다. 그에 따른 다양한 다문화 관련 연구 및 정책들이 시행되고 있다. 하지만 이진석(2014), 「다문화가정 중도입국 청소년들의 시민성 탐색」에서 지적하고 있듯이 다문화 가족과 자녀에 대한 연구는 다양하게 이루어져왔으나 중도입국청소년에 관한 연구는 중앙정부나 국책 연구기관에서 진행된 중도입국청소년의 교육지원에 관한 연구와 중도입국청소년의 실태파악 및 한국사회의 안정적인 정착을 위한 지원방안 연구 외에 아직 미비한 실정이다.[46] 또한 다문화가정 청소년들과는 확연히 다른 차이점을 가지고 있음에도 불구하고 다문화가정 청소년으로 분류되어 그들만의 특징을 고려한 정책을 찾아보긴 힘들다. 우리는 한국어교육, 문화교육 등 한국 적응에 필요한 1차적인 교육에만 치중되어 있음을 알 수 있었다. 이에 추후 한국사회 구성원으로서 적응하고 자립해나갈 수 있게 도와줄 2차 교육이 미비하다는 점을 지적하면서 본 프로젝트를 기획하게 되었다.

'2018 한국외대 찾아가는 시민학교', 처음 프로그램 기획 당시에

---

46) 이진석(2014), "다문화가정 중도 입국 청소년들의 시민성 탐색", 『시민교육연구』, 46(4), 79-105.

는 기대감보다는 막막한 부분이 더욱 많았다. 전문가가 아닌 우리들이 과연 시민교육을 4주 동안 진행할 수 있을지, 아이들과의 소통은 원활할지 등 사소한 것 하나까지 모두 걱정되었다. 매주 부족함 없는 프로그램을 기획하기 위해 우리 모두 최선을 다했다. 한 치의 오차도 범하지 않기 위해 매주 수업 시연을 진행하면서 조원들끼리 합을 맞췄다. 그러나 중도입국 청소년들을 만난 후 함께 프로그램을 진행하면서 걱정보다는 매주 프로그램을 적극적이고 즐겁게 참여해주는 중도입국청소년들의 모습에 한 주 한 주가 지날수록 뿌듯함을 느꼈다.

> "정말 재밌었고, 많은 것도 알게 되었습니다. 정말 감사합니다."
> "선거에 대해 구체적으로 생각하지 않았었는데 4주 동안 수업을 통해
> 선거가 우리 삶에 큰 도움이 된다는 것을 알았어요."

중도입국청소년이 4주 차 설문지에 적어준 내용이다. 매주 중도입국청소년들은 우리에게 많은 것을 배워간다며 감사 인사를 했다. 그러나 우리가 시민교육을 진행하는 입장이었지만, 우리 또한 많은 것들을 배울 수 있는 시간이었다. 기사로만 혹은 논문에서만 접했던 중도입국청소년들을 직접 만나 그들이 가지고 있는 다양한 어려움에 대해 들을 수 있고, 어떤 생활을 하고 있는지 등 그들에 대해 더 자세히 알 수 있는 시간이었다. 우리 사회가 더 이상 중도입국청소년들에게 무관심하지 않고, 미래 한국사회의 구성원으로서 많은 관심을 가져주었으면 하는 바람이다.

1. 어울리多 팀 소감

노경수

"중도입국청소년 친구들을 처음 만났던 그 날의 기억이 여전히 생생하다. 수업을 준비하는 과정에서 이런저런 어려움도 따랐지만, 친구들과 함께했던 한 주 한 주가 즐거웠다. 중도입국청소년 친구들이 한국사회에 적응하는 데 있어서 조금이나마 도움을 줄 수 있어 보람찼다."

이시은

"초반에는 여러모로 걱정이 많았지만 중도입국청소년들과 직접 만나 그들의 이야기를 들으면서 자연스럽게 친해질 수 있었고 오히려 그 친구들 덕분에 내 자신이 더욱 힘을 얻었던 것 같다. 마지막 날 우리와 헤어지는 것이 아쉽다는 아이들의 말을 들으며 프로젝트를 기획, 진행했던 사람으로서 뿌듯한 마음이 들었다."

이가은

"기대감보단 불안감에 가득 찼던 우리들의 시작이 4주 동안의 긴 여정 끝에 뿌듯함으로 가득한 결말로 끝이 났다. 중도입국청소년들과 함께한 4주 동안 너무 좋은 추억을 쌓을 수 있었고, 그들에게 작은 도움이나마 줄 수 있었다는 점에서 올해 가장 뿌듯한 일이다. 앞으로 중도입국청소년들에게 이러한 프로그램이 많이 제공되길 바란다."

김우진

"2018 한국외대 찾아가는 시민학교, 처음 프로그램 기획 당시는 우려했던 부분이 많았다. 학부생으로 과연 시민교육을 할 수 있을지, 아이들과의 소통은 원활할지 등 사소한 것 하나까지 모두 걱정되었다. 그러나 중도입국청소년들을 만난 후 함께 프로그램을 진행하면서 걱정보다는, 점점 다음 주가 기대되었다. 학생들이 한 주 한 주 프로그램에 즐겁게 참여한다는 것을 느낄 수 있었다. 그래서 나 또한 이 프로그램에 열심히 참여해 중도입국청소년들에게 한국사회의 많은 것을 더 알려주고 싶었던 것 같다. 그러나 우리가 시민교육을 하는 입장이었지만, 많은 것을 배울 수 있는 시간이었다."

<프로그램 진행에 있어 도움을 주신
차보경 조교, MIDAM 조원들, 포토그래퍼 오 준에게
감사 인사를 드립니다.>

참고문헌

김혜성(2009). "다문화시대 사회통합의 기초와 의미에 관한 연구", 『시민교육연구』, 41(4); 195-215.

모경환·황혜원(2007). "중등 교사들의 다문화적 인식에 대한 연구 - 수도권 국어·사회과 교사를 중심으로-", 『시민교육연구』, 39(3); 79-100.

박윤경(2007). "다문화 접촉 경험의 교육적 의미 이해 : 초등 예비교사들의 문화다양성 관련 변화를 중심으로", 『시민교육연구』, 39(3); 147-183.

배상률(2016). "중도입국 청소년 실태 및 자립지원 방안 연구". 『한국청소년 정책연구원 연구보고서』. 1-319

신현옥, 양계민, 서윤정, 김미라(2013). "중도입국청소년 실태조사", 서울: 이 주배경청소년지원재단 무지개청소년센터.

양계민(2016). "중도입국청소년의 생활 및 적응실태", 2016년 한국가족사회 복지학회 춘계학술대회.

양삼석(2015). "프랑스의 다문화 시민교육을 통해 본 한국의 시민교육 방안", 대한정치학회보 23(3); 195-215.

이민경(2008). "한국사회의 다문화 교육 방향성 고찰 : 서구 사례를 통한 시 사점을 중심으로", 『교육사회학연구』, Korean Journal of Sociology of Education 18(2); 83-104.

이은경 외(2016), "다문화정책 연구보고서 - 새로운 모색과 현장의 목소리를 중심으로". 『희망리포트.2016-07』

이해주(2010), "제 2부 시민교육의 의미와 방법", 『시민교육 현장지침서』, 민 주화운동기념사업회 교육사업국 기획.

정해숙 외, 2015년 전국다문화가족실태조사 분석, 한국여성정책연구원/여성 가족부 2016.1.

5장

다문화 사회를
담고 그리다

책임 조교: 차보경

"동대문구를 만나면 다문화가 보인다!"

〈 열려라 동대문〉

(최중호 · 임한선 · 김효경 · 조정묵)

다문화사회와 동대문구

"대한민국도 다문화사회로"

오늘날 대한민국 사회는 한국 거주 외국인이 200만 명을 넘어선 다문화시대를 맞이하고 있다. 이는 세계화와 함께 대한민국의 경제, 사회적 특성으로부터 기인한다. 1991년 '산업연수생제도'의 도입을 시작으로 2003년 '고용허가제' 등 다양한 제도가 도입되면서 2000 년대에 대한민국의 다문화는 본격적으로 진행되었다고 볼 수 있다. 이러한 현상으로 인해 2006년부터 '다문화'에 대한 담론이 본격화 되었고 다양한 분야에서 '다문화사회'에 대한 진단과 정책적 대응 방안에 대한 논의가 진행됐다.

2016년 기준 대한민국은 전체 인구 대비 다문화 비중이 4.8%다. 이는 인구학적으로 '다문화사회'의 기준이라고 할 수 있는 전체 인구 대비 5%에 거의 근접해 있는 상황이다. 이렇게 볼 때, 대한민국 은 '다문화사회'로의 이행기에 놓여 있다고 볼 수 있다.

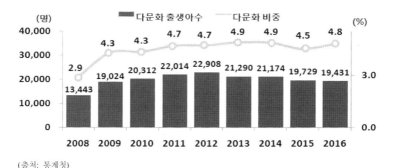

(출처: 통계청)
<그림 1> 다문화 인구동태 통계

　그러나 현재 대한민국사회가 다문화사회를 잘 이행하고 있는가에 대한 답에는 아직까지 논란의 여지가 있다. 여전히 다문화 구성원들이 대한민국사회에서 느끼는 차별과 부당함은 상당한 수준이고, 특히 다문화가정 2세들이 학교생활에 적응하지 못하고 있다는 편견도 즐비하다. 이러한 문제를 해결하기 위해 학계, 시민사회, 언론 등 다양한 분야에서 다문화 교육을 시행하기 시작했고, 현재에도 다문화 교육에 대한 논의가 활발히 이루어지고 있다. 대표적으로 정부 차원에서 2008년 「다문화가족지원법」을 제정하여 다문화 교육에 대한 지원을 지속해오고 있지만 다문화 교육에 대한 인식은 왜곡되어 있는 경우가 많으며, 본 연구팀 스스로도 다문화, 혹은 다문화 교육에 대해서는 문외한이었다.

　따라서 우리는 한국외국어대학교가 위치한 우리 동네인 동대문구의 다문화 교육과 다문화사회에 대해 알아보고, 대안 제시 및 정책적 제언을 하고자 한다.

"동대문구의 다문화는?"

우리 동네의 다문화가정은 얼마나 많을까? 우리는 다문화가정 2세에 초점을 두어 통계를 찾아보았다. 통계를 보기 전, 우리는 막연히 외국인근로자가 많이 거주하는 구로구와 영등포구에 다문화가정이 많이 존재하고, 우리 동네인 동대문구에는 그리 많지 않을 것이라 생각했다.

종로구	중구	용산구	성동구	광진구	동대문	중랑구	성북구	강북구
449	531	1,075	1,054	1,169	1,073	1,223	1,196	999
노원구	은평구	서대문	마포구	양천구	강서구	구로구	금천구	영등포
1,059	1,439	856	1,102	1,285	1,750	2,401	1,414	2,241
관악구	서초구	강남구	송파구	강동구	도봉구	동작구		
1,689	1,085	1,147	1,477	1,117	812	1,032		

(출처: 통계청)

<그림 2> 2016년 서울시 구별 다문화 2세[47) 현황

그러나 동대문구에도 상당히 많은 수의 다문화가정이 존재하고 있었으며, 2016년 기준 다문화가정 2세의 수는 서울시의 중간 값에 해당하는 1,073명이다. 따라서 동대문구가 다문화가정이 두드러지게 많은 곳이라고 판단할 수는 없다. 그럼에도 불구하고 동대문구의 다문화 관련 인프라는 상당히 잘 구축되어 있다는 것을 발견했다. 즉, 정부 차원의 단체뿐만 아니라 다문화 관련 민간단체들도 활발하게 활동하고 있는 상황이다.

---

47) 다문화 2세의 수는 중도입국자, 국내출생자 모두를 포함한 숫자이다.

<표 1> 동대문구 다문화 관련 단체 및 프로그램

정부 차원 단체	동대문구 다문화가족지원센터
	학교 및 공교육
민간 차원 단체	동대문구 소재 대학 (한국외국어대학교, 경희대학교, 서울시립대학교)
	다문화협동조합 '모두'
	푸른사람들
	동대문구 동안교회 다문화 사역부

정부 차원 단체로 우선 동대문구 다문화가족지원센터가 있다. 2006년 설립된 동대문구 다문화가족지원센터는 동대문구청 산하의 단체이며 「다문화가족지원법」에 따라 운영되고 있는 다문화가정 전문 지원기관이다. 동대문구 다문화가족지원센터에 대해 이영순 센터장은 다음과 같이 소개하고 있다.

> **"동대문구 다문화가족지원센터는 다문화가정의 안정적인 정착과 사회·경제적 자립을 지원하고 지역사회 다문화 인식개선을 통해 건강한 다문화사회 건설을 위해 노력한다."**
>
> - 이영순(동대문구 다문화가족지원센터장)[48]

이러한 목적을 달성하기 위해 동대문구 다문화가족지원센터는 다양한 사업을 진행하고 있는데, 대표적인 8개 분야의 사업은 다음과 같다.

---

48) 동대문구 다문화가족지원센터 홈페이지의 센터소개,
  http://www.liveinkorea.kr/center/intro/introduce.do 검색일: 2018.5.25.

<표 2> 동대문구 다문화가족지원센터 사업

사업명	내용
상담·사례 관리사업	전문상담원을 통해 상담을 진행하며 전문치료기관에 연계하여 언어별 직접 통역 및 통역연계지원
이중언어 환경조성사업	자녀발달 단계에 따라 부모가 해야 하는 역할을 교육, 놀이를 통한 부모자녀 간 상호 교류 증대, 자조모임을 통한 자녀양육 정보교류
자녀언어발달 지원사업	다문화가정 자녀들에게 체계적이고 전문적인 언어발달지원 서비스 제공
통·번역 서비스	일본어, 중국어, 베트남어, 필리핀어 등 한국어가 원활하지 않은 다문화가정의 생활적응에 필요한 의사소통 지원
방문·교육 서비스	교육기관에 참여가 어려운 다문화가정에 방문하여 다문화가정 2세에게 학업·자아·정서·사회성 발달 영역 등 맞춤형 교육지원
가족·성평등·인권교육	가족의사소통 프로그램, 배우자부부교육, 다문화이해교육 등을 통한 역량 강화지원
한국어교육	한국어교육과정, 사회통합프로그램 과정 등 체계적이고 전문적인 교육을 통해 한국어 능력 향상 지원
사회 통합·취업 지원	사회교육, 문화 활동, 취업연계를 통해 사회적 역량강화 지원

출처: 동대문구청 다문화가족지원센터 홈페이지

이와 같은 사업들과 연계하여 동대문구 다문화가족지원센터는 다문화 2세 대상의 교육 프로그램들을 다양하게 운영하고 있다. 그러나 교육 대상자 및 교육 내용은 해당 홈페이지에 순차적으로 모집하여 상설 프로그램 운영은 미흡한 한계가 존재한다.

<표 3> 학교 및 공교육 - 다문화정책학교

단계	동대문구 지정학교
다문화유치원	서울군자초등학교병설유치원
다문화예비학교	홍파초등학교
다문화중점학교	장평중학교

두 번째로 정부 차원의 다문화 관련 단체로는 학교 및 공교육이 있다. 2008년 교육부는 다문화 학생들이 정규 교육에서 낙오되지 않도록 출입국 증명이나 외국인 등록증 없이, 간단한 거주 확인 서류만으로 공교육기관에 입학할 수 있도록 초·중등교육법 시행령을 개정했다. 이를 시작으로 학생의 성장주기에 맞는 지원정책들을 시도하고 있는데, 그것이 바로 '다문화정책학교'다. 다문화정책학교는 다문화 유치원, 다문화 예비학교, 다문화 중점학교, 다문화 연구학교로 구성된다. 이러한 다문화정책학교로 동대문에도 1개의 유치원과 2개의 학교가 지정되어 다문화 교육을 시행하고 있다.

서울시 내 8개의 다문화 유치원 중 동대문구의 다문화 유치원은 서울군자초등학교 병설유치원이다. 서울군자초등학교 병설유치원은 연령별 언어특색활동, 언어교구 프로그램, 한글 수업, 언어발달 검사 등을 통해 다문화가정 유아가 실질적인 교육 기회의 평등을 보장받을 수 있도록 노력하고 있다. 즉, 유치원 단계부터 조기 개입하여 언어 및 기초 학습 등을 지원하는 활동을 펼치고 있는 것이다.

동대문구 내 다문화정책학교는 홍파초등학교와 장평중학교이다. 동대문 홍파초등학교는 서울시 내 다문화 예비학교 17개 교 중 하나다. 다문화 예비학교는 학교의 특성과 학교 구성원의 요구에 따라 주당 10시간 내외, 정원 15~20명을 기준으로 특별학급을 편성하여 운영하고 있으며, 다문화 학생의 정규 학교 배치를 위한 한국어 및 한국문화 이해 교육을 통한 초기적응력 강화를 목적으로 한다. 특히, 한국어 및 다문화(언어)강사 배치 지원을 통해 한국어를 집중적으로 교육하고 있다.

장평중학교는 2017년에 이어 2018년에도 다문화 중점학교로 지정되었다. 다문화 예비학교가 다문화 학생을 위주로 한 한국어 중점 교육이었다면, 다문화 중점학교는 모든 학생에 대한 다문화 교육을 통해 다문화가정의 학생과 한문화가정의 학생의 동반 성장을 추구한다. 그리고 우수사례를 선정, 공유하여 다문화 교육을 활성화하고자 한다. 교과 연계 다문화 교육은 정규 교육 과정 내에서 다문화와 연계성을 높여 반편견 교육을 실시하고 다문화 감수성을 제고하며, 비교과 연계 다문화 교육은 교육과정 이외의 동아리, 문예체 체험활동을 통해 이루어지고 있다. 언어 관련 교육으로는 한국어 및 기초학습 보강 프로그램과 이중언어 교육 프로그램을 진행하고 있다.

한편, 동대문구에는 시민 스스로 자발적 결사체를 구성하여 다문화 관련 프로그램을 운영하고 있는 민간단체들도 상당수 존재하고 있다.

우선 외국인 거주자 200만 명의 시대를 맞아 동대문구에 소재한 대학교에서도 나름대로의 다문화 관련 사업들을 진행하고 있다. 먼저, 한국외국어대학교는 다문화교육원을 통해 언어 영재프로그램을 대표로 하는 다문화 교육을 시행하고 있으며, 경희대학교는 경희사이버 대학에서 2017년 안산시와 다문화 교육 증진을 위한 업무협약을 체결하였다. 서울시립대학교는 다문화가정 2세의 학위취득을 지원하는 등의 활동을 펼치고 있다. 이 중 한국외국어대학교 다문화 교육원은 다문화가정 자녀에 중점을 두고 직접적인 언어교육활동을 펼치고 있다.

협동조합도 존재한다. 동대문구의 한 가정집에 사무실을 두고 있는 다문화협동조합 '모두'는 2009년 이주여성 엄마모임으로 출발한 민간단체이다. 그로부터 4년이 지난 2013년 협동조합으로 인증을 받고 서울시 마을기업 지원 대상으로 선정되기도 하였다. '모두'협동조합은 세계시민교육, 이주여성 일자리 창출 모델 제시라는 두 가지 비전을 중심으로 활동하고 있다. 모두협동조합의 다문화 교육이라고 할 수 있는 세계시민 교육의 프로그램으로는 다문화 인형극, 다국 스토리텔링, 문화 다양성 교육이 있다.

다문화 관련 시민단체도 존재한다. 1994년 창립한 동대문구 풀뿌리시민운동 단체인 "푸른사람들"은 20년간 다양한 문화를 가진 지역주민들이 스스로 참여하여 이웃들과 더불어 돌보고 나누는 삶을 실현하는 마을 공동체를 추구하여 시민교육 프로그램을 운영 중이다. 특히, 대한민국 최초의 다문화 도서관도 푸른사람들에서 시작했다. 현재 '다양한 문화가 모이는 도서관 모두'라는 도서관은 2008년 개관하였으며, 결혼 이주여성과 한국 남편 사이에서 태어난 다문화가정 2세의 정체성 혼란 문제를 해결하고자 하는 목적에서 추진되었다. 다문화가정의 2세들이 한국사회에서 함께 살아가는 사회 구조를 만들고자 하는 인식을 기반으로 민산 차원에서 자발적으로 설립한 기관이라는 점이 특징이며, '함께하는 책읽기', '다양성 존중' 등의 프로그램을 통해 다문화가정 2세 교육은 물론 한국 학생들의 다문화 인식 개선 프로그램들도 다양하게 운영하고 있다.

마지막으로, 교회에서도 다문화 관련 활동을 하고 있다. 한국외국어대학교에서 얼마 떨어지지 않은 골목에 위치한 동안교회에서는 다문화 사역부를 설립하여 운영하고 있다. 이주민 및 다문화가정에 대한 선교를 목적으로 활동하고 있는 다문화 사역부는 선교의 목적과 더불어 다문화가정을 위한 다양한 프로그램을 운영하고 있는 민간단체라고 할 수 있다. 다문화가정 2세들에 대한 교육 프로그램은 물론이고 다문화가정의 정착을 위한 프로그램들을 통해 다문화 및 이주민 가정의 한국 생활을 돕는 활동들을 펼치고 있다.

우리는 이렇게 다양한 단체들 중 한국외국어대학교 다문화교육원, 모두협동조합, 다양한 문화가 모이는 도서관 모두, 그리고 동안교회 다문화 사역부를 방문하여 관련자들과 인터뷰를 진행했다. 그리고 이렇게 동대문구의 다문화 관련 단체들의 구체적인 활동을 알아봄으로써 대한민국 다문화 교육 활성화와 다문화사회로의 이행에 있어서 방향성을 설정할 수 있는 정책적 제언을 하고자 한다.

<그림 3> 동대문구 다문화 지도

2부 현장 이야기

1. 첫 번째 이야기, 한국외국어대학교 다문화교육원

1) 소개

다문화교육원은 2009년에 설립되어 다문화정책 주관 부서인 여성가족부가 실행하는 '결혼이민자 통번역 서비스' 사업과 '언어영재 교실' 사업의 중앙관리기관으로서 다년간 우수한 실적을 거두어 왔고 이를 통해 정부 다문화 사업의 핵심 수행 기관으로 자리매김 하였다. 또한 다문화사회의 핵심 구성원인 여성결혼이민자들의 자립과 성장을 위한 지원 방안의 하나로 민간자격증 시험인 '결혼이민자 통번역 능력 인증 시험'을 실시하여 인증서를 발급하고 있으며 우수한 다문화 자녀들을 미래의 글로벌 리더로 양성하기 위한 'LG와 함께 하는 사랑의 다문화 학교 언어영재 교실'을 성공적으로 운영해오고 있다. 이 밖에도 포스코(POSCO)의 '결혼이주여성의 이중언어 강사교육', 외환은행 및 KDB 대우증권 후원의 '다문화 이중언어문화교재' 등 주요 기업들의 다문화 사업을 유치하여 국내 다문화 관련 핵심 기관으로 인정받고 있다.

다문화 교육원 주요 사업의 목적은 결혼이민자의 안정적 정착과 경제·사회 활동 지원, 다문화 자녀의 이중언어 능력 배양 그리고 이중언어-문화 교재 개발 및 다문화 인식 개선으로 크게 3가지로 분류할 수 있다.

먼저 결혼이민자의 안정적 정착과 경제·사회 활동 지원을 위해 다문화 교육원은 통번역 지원사를 양성하고 있다. 다문화가정 내의 원활한 의사소통 지원과 결혼이민자의 활발한 사회 참여를 유도하

<그림 4> 한국외국어대학교 다문화 교육원 방문 사진

기 위하여 통번역 지원사를 양성하고 있으며 한국외대의 통번역과
외국어교육의 경험과 전문성을 살려 12개의 언어(영어, 중국어, 베
트남어, 몽골어, 태국어, 인도네시아어, 러시아어, 일본어, 우즈베크
어, 타갈로그어, 캄보디아어 등)의 통번역 지원사 282명을 양성하
여 현장에 배치하고 있다. 또한 앞서 말한 '결혼이민자 통번역 능
력 인증 시험'은 결혼이민자들의 통번역 전문성 향상과 역량 개발
을 위해 민간자격증 시험을 자체 개발하였으며 지금까지 총 15회
이상 실시하였다. 이뿐만 아니라 이주여성과 자녀 간의 원활한 의
사소통과 정서적 유대감 강화를 위해 이중언어 강사 양성 및 교육
을 실시하고 있으며 법무부 사회통합 서비스 중앙운영관리기관을
선정 및 운영하며 이민자 조기적응 프로그램을 사회통합프로그램과
연계 가능한 콘텐츠, 사회통합프로그램을 위한 선행교육과정이 되
도록 콘텐츠를 개발하고 있다

다음으로 다문화 자녀의 이중언어 능력 배양을 위해서는 6개 언어권(중국어, 베트남어, 일본어, 몽골어, 인도네시아어, 한국어) 다문화 자녀 대상으로 부모 나라 언어 및 문화 교육을 실시하고 있다. 또한 2015년부터는 교육부, 미래에셋대우와 MOU 체결 이후, 이중언어능력 경진 대회를 매년 전국적으로 진행하고 있다. 그리고 LG 다문화 학교 이중언어 능력인증시험을 1년에 한 번씩 실시하고 있으며 중도입국·외국인 학생 모국어 멘토링 사업을 진행하고 있다.

마지막으로 이중언어-문화 교재 개발 및 다문화 인식 개선을 위해 다문화 교육원은 4개 국어(한국어, 중국어, 베트남어, 몽골어)로 이루어진 문화 교재를 개발하여 보급하고 있으며 10개 국어(한국어, 중국어, 베트남어, 몽골어, 일본어, 러시아어, 태국어, 캄보디아어, 필리핀어)로 이루어진 이중언어-문화 교재를 개발하고 있다. 다문화 교육원에서 중도입국·외국인학생을 위한 멘토링 교재 및 운영기관 매뉴얼 개발을 진행하고 있다.

2) LG 다문화학교의 박종대 연구원과의 대화

우리는 LG 사랑의 다문화학교 총괄 전담인 박종대 연구원과 인터뷰를 진행하였다. 박종대 연구원은 이중언어과정 온라인 교육 기획과 언어인재과정 리더십 캠프 관리 업무를 맡고 있으며 'LG 다문화 학교'라는 사업을 주로 담당하고 있다. 이전에는 여성가족부와 법무부, 현재는 교육부와 협업하여 여러 사업을 진행하고 있다. 인터뷰는 박종대 연구원이 담당하고 있는 'LG 다문화 학교' 프로그램 중심으로 이루어졌으며 프로그램의 참가자와 참가자의 특성, 새로 추진 중인 사업과 타 콘텐츠와의 연계 가능성 등을 중심으로 구성되었다.

'LG 다문화 학교'는 2010년에 계획하여 2011년부터 시작된 LG 의 사회 공헌 사업 중 하나로, 언어과정과 과학과정으로 나뉘는데 과학과정은 카이스트, 언어과정은 한국외국어대학교 다문화 교육원 에서 담당하고 있다. 다문화 학교의 프로그램들은 초등학교 1학년 부터 중학교 2학년까지의 학생들을 대상으로 하며, 외국 국적 또는 출신인 부모의 모국어 교육을 진행함으로써 한국어와 부모의 모국 어, 두 가지 언어에 능통한 언어 인재를 키우는 것을 목적으로 한 다. 박종대 연구원은 다문화 업무를 10년간 맡아오면서 개인적으로 다문화에 대한 많은 인식의 변화가 있었다고 한다.

> **"제가 이 친구들이 인재가 되고 자긍심을 갖게 도와준 건 전혀 없다 고 생각하고, 제가 이 친구들을 통해서 많은 정체성 변화를 경험할 수 있었다고 생각합니다."**
>
> ‐ 박종대(LG 다문화학교 연구원)

박종대 연구원은 본인이 중심이고 다문화 아이들을 주변으로 보 는 인식, 자신이 아이들을 도와주는 것이라는 시혜적인 인식을 완 전히 버리게 되었다고 고백했다. 또한 프로그램을 통해서 아이들과 직접 소통하며 교육의 방향성이나 프로그램의 개선점에 대한 진심 어린 고민을 할 수 있었다고 한다.

그는 일본의 킨키 대학교에서 소규모로 진행했었던 프로그램이 특히 인상 깊었다고 한다. 이 프로그램은 일본 대학의 국어국문학 과 재학생과 다문화 학생들이 6개월 동안 교류한 후 8박 9일간의 해외연수를 간다고 한다. 해외에서는 언어 수업과 문화 교류가 이루어진다. 이 프로그램을 통해서 한국어에 관심 없던 일본인이 한국외대 어학당으로 유학 온 경우도 있으며 교사의 길을 고민하던 사범대생이 자신의 진로를 확정 지은 경우도 있다고 한다. 프로그램 이후 다문화가정 아이들이 기록한 일기를 보아도 정말 의미 있는 활동이라는 생각이 들었다고 한다.

"교육의 목표는 이중언어 인재 양성"
"여기 LG 다문화학교에 와서 처음으로 언어를 배우기 시작하는 경우가 대부분입니다."

<그림 5> 박종대 연구원과의 인터뷰 사진

LG 다문화 학교의 큰 특징 중 하나는 실시간 온라인교육이다. 전국의 많은 다문화가정 자녀들이 모두 오프라인으로 교육을 받는 것은 현실적으로 어려움이 존재한다. 되도록이면 많은 학생들에게 교육의 기회를 주었으면 하는 바람에서 다문화교육원은 오프라인 교육뿐만 아니라 실시간 온라인 교육을 함께 진행하고 있는 것이다. 온라인 교육은 300명의 학생들을 대상으로 해당 언어를 전공한 한국외대 대학생이 멘토가 되어 정해진 교재를 가지고 실시간으로 일대일 화상 수업을 진행하는 방식으로 이루어져 있다. 일대일 온라

인 교육을 진행하는 멘토들은 한국외대 학부생 또는 대학원생들로, 이들은 한 학기에 한두 번 정도의 멘토 교육을 받고 있다. 이때 교육은 언어 교육뿐만이 아니라 다문화 이해 교육도 함께 이루어진다.

오프라인 교육은 300명의 학생들 중 우수한 학생들 30명 정도를 선발하여 이루어진다. 한 달에 한 번씩 캠프형식으로 교육이 진행되며, 1년에 한 번씩 해당 국가 중에 한국외대와 자매결연이 맺어져 있는 대학교에 가서 언어교육, 즉 대학교육을 받을 수 있는 해외 연수 프로그램도 있다. 이 프로그램의 선발 기준에는 다문화 교육원에서 자체적으로 개발한 이중언어능력 인증시험도 포함되지만 언어실력만으로 학생들을 선발하지는 않는다. 자기소개서에 나타난 학생의 가능성을 보고 선발하는 경우도 있다.

마지막으로 2년에 한 번씩 열리는 홈커밍 캠프를 통해 'LG 다문화 학교'에 참가한 학생들 사이의 네트워킹도 활발하게 이루어지고 있다. 다문화 학교의 첫 기수는 취업을 하거나 대학을 다니고 있는 나이이고, 이들 중에는 언어 과정에 있어 특화를 마음먹고 국내외 대학에서 관련 전공을 공부하고 있는 학생들도 있다. 얼마 전 폭넓은 네트워킹을 위해 페이스북 페이지와 유튜브 채널을 신설하여 더욱더 활발한 소통이 이루어질 것을 기대하고 있다.

또한 현재 교육 프로그램의 중심이 되고 있는 언어와 문화 이외에도 다문화학교에서는 지역 전문가 교육과 글로벌 리더십 교육을 진행하고 있다. MBTI와 같은 심리검사를 통해 학생들이 자기성찰을 하고 자신이 가진 장점을 찾을 수 있는 교육을 하고 있고 기존에 리더라고 생각되는 인물들을 같이 배우고 자신과 성향이 비슷한 리더를 찾음으로써 자신이 미래에 되고 싶은 인간상을 탐색하는 프로그램을 진행하고 있다. 이러한 프로그램들은 아직 나이가 어린 학생들에게 언어 교육만을 진행하는 것은 효율성이 떨어지는 경우가 있었기 때문에 다문화가정 아이들과 잘 맞을 것 같은 교육들을 찾아서 연구원들끼리 개발해낸 것이다.

현재 프로그램을 참가하고 있는 학생들의 언어 구사 수준은 언어권에 따라 매우 상이하다. 중국어와 일본어처럼 한국사회 내에서도 수요가 활발한 언어들은 가정 내에서 먼저 교육을 진행한 경우가 많다. 또한 가정 형편에 따라 부모의 나라에 자주 다녀오는 학생들은 언어뿐만 아니라 문화에도 익숙한 경우도 있다. 반대로 몽골어, 인도네시아어, 태국어와 같이 수요가 적은 언어들은 다문화 학교에 와서 언어를 처음 배우는 경우가 대부분이라고 한다.

한편, 다문화 학교는 2018년에 많은 개편을 준비하고 있다. 교육을 진행하고 있는 언어를 더 늘릴 예정이며 현재는 교육이 오프라인 교육으로 집중되어 있어 이를 좀 더 보편화시키기 위해 온라인 교육에도 세계시민교육 수업, LG 임직원들이 해주는 특강과 같은 양질의 콘텐츠를 개발하여 학생들에게 더 다양한 교육을 제공하고자 한다.

"다문화에 대한 인식 얼마나 바뀌었을까?"
"초창기에는 다문화 감수성이 굉장히 떨어져서 타문화에 대한 거부감이 높았다고 볼 수 있는데 지금은 많이 괜찮아진 것 같아요."
— 박종대(LG 다문화학교 연구원)

10년간 다문화학교에서 일하면서, 박종대 연구원은 다문화가정 자녀의 특성도 변화했다고 한다. 다시 말해, 예전의 다문화가정 자녀들과 현재의 다문화가정 자녀들 사이에 분명한 차이가 있다고 말했다. 그는 다문화 학교 초창기에는 우리가 흔히 생각할 수 있는 차별, 배제를 많이 경험했던 다문화가정 자녀들 중 어두운 친구들도 많이 있었는데 이들의 수가 점점 줄어들고 있다고 한다. 박종대 연구원은 지금의 아이들이 다문화 감수성이 높아 많이 깨어 있고 '다문화'에 대해 개의치 않아 하는 것 같다고 말했다. 이때 다문화 감수성이란 다문화가정 구성원뿐만 아니라 일반인 모두에게 적용할 수 있는 개념으로, 우리가 다른 문화를 접했을 때의 감수성을 의미한다. 다문화에 대한 인식이 현재의 상태까지 개선될 수 있었던 것은 정부에서 다문화정책을 꾸준히 시행하고 다문화 이해교육, 다양한 다문화 이해 프로그램 등이 진행되었기 때문이라고 연구원은 말한다. 하지만 소수언어에 대한 지원이 부족한 한계가 있다. 또한 기본적으로 다문화가정 자녀들이 느끼는 어려움은 지금도 없지 않다고 분명히 밝혔다.

선주민들의 인식에 대해서 박종대 연구원은 과거에 비해 많이 좋아진 것 같기는 하지만 아직은 다문화 이해교육이 꾸준히 필요할 것이라고 말했다. 아직도 가끔 지하철이나 공공장소에서 다문화가족을 봤을 때 나도 모르게 계속 쳐다보게 된다든지, 이러한 상황에서 어떻게 대처해야 할지 잘 모르는 사람들을 위해 다문화 이해교육의 필요성을 느끼고 있으며 과거의 다문화 프로그램에서 다문화가족을 시혜의 대상, 도와주어야 한다와 같은 내용과 저소득가정과 다문화가정을 한가지로 묶어보는 내용이 다수 있어 아직까지 그 고정관념이 남아 있는 선주민들이 존재한다. 그래서 선주민들의 인식 개선을 위해 많은 다문화 이해교육이 이루어져야 한다는 의견을 표출했다.

"한국 다문화사회를 위해서 어떻게?"

다문화가정들의 자녀뿐만 아니라, 모든 다문화가정이 보다 편견 없는 사회에 살려면 어떻게 해야 할까? 박종대 연구원은 앞서 말했듯이 가장 먼저 다문화와 전혀 관련이 없는 한국인들을 대상으로 다문화 이해교육이 필요하다고 강조했다. 다문화와 관련된 프로그램이나 정책이 시작됐던 초기에는 다문화가정 아이들을 시혜의 대상, 도와주어야만 하는 존재로 인식하는 경향이 컸고, 그러한 인식은 여전히 남아 있다. 이러한 인식을 고치기 위해 다문화 이해교육의 필요성이 분명해진다.

"지역에 살고 있는 다문화가정들의 특성에 따라 세분화하여 지원이 아니라 자립할 수 있는 교육으로 방향을 잡아야 할 것 같습니다."

한편, 박종대 연구원은 정부의 다문화정책이 획일화되어 있다는 점을 현재의 한계로 꼽았다. 현재 다문화와 관련된 지원은 정부가 정책에 따라 지시하는 대로 지역들이 모두 비슷한 프로그램을 진행하고 있다는 것이다. 그러나 지역마다 다문화가족 구성원들의 국적, 연령, 소득 모두가 다르다. 그러므로 정부에서는 큰 틀만 정해주고 지방정부에서 지역 실정에 맞게끔 다문화 프로그램이 진행되도록 정책이 변화해야 한다고 전했다.

"교육과 교육을 실질적으로 적용할 수 있는 단계가 잘 어우러지면 좋을 것 같습니다. 충분히 도움이 될 수 있을 것 같습니다."

'언어' 위주의 교육을 진행하고 있는 다문화교육원이지만, 정치교육과 같은 타 콘텐츠 혹은 타 기관과의 연계에 대한 다문화교육원의 반응은 긍정적이었다. 이론적인 정치 교육이 아니라 생활에서 유용하게 사용할 수 있는 정치 교육이라면 한국외국어대학교 정치외교학과와도 얼마든지 협력할 의사가 있다는 것이다. 이전에 한국어문화교육원과 협업하여 프로그램을 기획했던 경우도 있기에, 우리 정외과와도 충분히 긍정적인 방향으로 나아갈 수 있음을 언급했다.

하지만 동내문구 내 타 기관과의 협력에 관해서는 쉽지 않다는 입장을 내비쳤다. 일단 협력 그 자체는 긍정적으로 생각하지만 동대문구의 경우, 동대문구다문화지원센터가 존재하고 그들이 주로 지역사회와의 협력을 담당하고 있다. 특히 타 기관과 협력할 때의 문제는 지원금이다. 좋은 프로그램 제의가 들어오더라도 지원금 문제로 무산되는 경우도 있고 프로그램 특성상 단발성이 짙고 직원들에게는 불안정성을 가져오기 때문에 경계하는 측면도 있다고 한다. 연구원이 담당하고 있는 프로그램의 경우에는 LG가 지속적인 관심과 지원을 보장해주기에 유지가 될 수 있었다고 한다.

2. 두 번째 이야기, 다문화 협동조합 '모두'

1) 소개 - '모두'를 위한 다문화 교육을 위해

다문화 협동조합 '모두'는 2009년 3월에 다문화도서관에서 책 읽는 이주여성 엄마모임으로 시작했다. 처음에는 서울시 동대문구 이문동에 있는 다문화 어린이도서관 '모두'의 도움을 받아 인형극 공연과 그림책 읽어주기 사업을 진행하였다. 그 후 2013년 11월 자율적 주체로 독립하기 위해 모두협동조합을 설립하였고, 같은 해 서울시 마을기업 지원 대상으로 선정되었다.

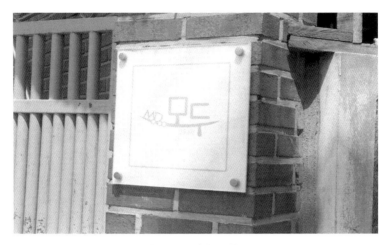

<그림 6> 다문화협동조합 '모두'

다문화 협동조합 '모두'는 동대문구에 거주하고 있는 이주여성들의 인권증진과 일자리 창출을 위해 자발적으로 만든 공동체이다. 몽골, 이란, 일본 등 다양한 나라에서 이주한 여성들이 자신의 나라 문화를 알리는 '문화 다양성 활동'을 하고 있다.

인터뷰는 다문화 협동조합 모두의 대표인 토야(몽골) 씨와 이혜란(이란), 김선미(몽골), 미유키(일본) 조합원과 진행되었다. 인터뷰는 협동조합 모두의 활동, 이주여성으로서 한국사회에서 겪는 어려움(한국 다문화사회의 문제점)과 개선방향을 중심으로 이루어졌다.

다문화 협동조합 '모두'는 다문화가정 아이들에 대한 교육 부족 때문이 아니라 다문화 교육의 대상이 다문화가정 아이들에 한정된다는 편견 때문에 설립되었다. 즉, 다문화 교육이라는 것은 다문화가정의 아이들에게 한국어를 가르치는 언어 교육을 말하는 것이 아니라, 한국사회의 모든 구성원들에게 '한국에 다양한 사람들이 살

<그림 7> 다문화 협동조합 활동 사진

고 있다'는 것을 알려주는 교육이라는 것이 이들의 생각이다. 그래
서 조합원들은 다문화가정 아이들만을 대상으로 교육을 진행하지
않고 모든 아이들이 함께 어우러져 있는 상태에서 다문화교육을 진
행하는 것을 중시한다. 따라서 다문화가정 아이들만 모아놓고 교육
을 진행하자는 제안은 모두 거절해왔다.

　'모두'를 통해 이주 여성들이 진행하는 수업은 공통적으로 다양
한 나라의 언어와 문화를 경험하게 해주는 것에 초점을 둔다. 유치
원생이나 초등학교 저학년을 대상으로 이중언어로 모국의 동화책을
읽어주는 독서 수업과 각국의 동화를 구현하는 인형극 수업을 진행
하고, 더 어린 아이들에게는 요리 위주의 수업을 진행하기도 한다.
수업은 동대문구만이 아니라 지하철을 타고 갈 수 있는 곳이라면
어디에서나 직접 가서 진행하고 있다. 그리고 수업 제의가 들어올
시 일회성 행사에 그치는 것이 아니라 여러 차시로 나누어서 최대

한 다양한 나라의 언어와 문화를 경험할 수 있도록 해준다. 한편, 방문 수업을 할 때마다 서로 다른 나라에서 온 선생님이 다양한 나라의 언어와 문화에 관한 수업을 진행하고 있다.

수업에 대한 아이들의 반응은 대개 긍정적이라고 한다. 즉, 다문화 수업에 대해서 부정적인 반응을 보이거나 꺼리는 아이들은 거의 없다고 한다. 다만 동화책 읽기 수업을 진행할 때 '짧게 읽어달라', '못 알아듣는다', '웃긴다'와 같은 반응을 보이는 아이들이 종종 있음에 따라, '다르다는 것'과 '이상하다는 것'은 많은 차이가 있다고 직접적으로 말을 해줌으로써 인식을 고치려고 노력하고 있다고 한다.

> **"너희들이 미국에 가서 한국어를 할 때 미국 사람들이 이상하다고 놀리면 기분이 어떨 것 같아요? 그럼 여기 있는 외국인들도 그런 말은 싫으니 다르다는 표현을 해주었으면 좋겠다고 말을 하죠."**
>
> — 토야(다문화 협동조합 대표)

2) 모두협동조합 이주여성이 겪는 어려움

인터뷰를 진행하면서 협동조합의 교육 프로그램에 대해서도 이야기를 나누는 한편, 한국사회에서 이주여성으로서 살아간다는 것에 대해 많은 이야기들을 주고받았다. 특히 이주여성으로서 느낄 수 있는 다문화사회에 대한 한국사회의 잘못된 인식과 다문화 교육을 진행하며 느끼는 문제점이 상당수 있었다.

<그림 8> 인터뷰 진행 사진

"누구는 멋진 글로벌가족, 누구는 불쌍한 다문화가족"
"다문화라는 단어를 사용할 것이면 전부를 통틀어서 칭해야 한다고
봅니다. 자세히 보면 다문화라는 것이 '타'문화인데 왜 그 개념을 따
로 보는지, 왜 특정한 외국에서 온 아이들만 다문화라고 부르는지···
이것은 의식부터 잘못된 것이라고 할 수 있어요."

        - 토야(다문화 협동조합 대표)

  우선 '다문화'라는 용어 자체가 내포하고 있는 부정적 이미지에
대한 문제제기가 있었다. '다문화'란 말 그대로 다양한 문화를 의미
한다. 그러나 한국사회에서는 외국에서 온 사람들, 특히나 중동이
나 동남아와 같은 우리나라보다 경제적으로 열악한 환경에서 온 이
주민과 그들의 가족만을 '다문화'로 지칭한다. 일례로 유명 연예인
인 샘 해밍턴과 같은 서양인과 한국인이 결합된 가족에게는 다문화
라 하지 않고 '글로벌가족'이라는 명칭을 붙이는 경향이 있다. 이에

따라 조합원들은 '다문화'라는 용어 자체가 사라져야 한다고 생각하지만, 이미 편견이 고착된 성인들의 인식을 바꾸는 것은 굉장히 어렵기 때문에 쉽게 사라지지 않을 것이라고 입을 모았다.

"다문화 프로그램, 무엇이 문제인가?"

그리고 형식적 다문화 프로그램들에 대한 비판이 있었다. 다 같이 어울려서 즐기는 다문화 축제나 다문화 행사들은 그 자체로는 조합원들도 긍정적으로 생각하는 프로그램들이다. 하지만 다문화 축제의 경우, 나중에 알고 보면 무언가를 홍보하기 위한 목적이나 금전적인 이유 등 본질을 왜곡하는 아쉬운 측면이 있다고 한다. 또한 행사를 진행할 때마다 프로그램의 형식을 다르게 해달라는 요청이 들어오곤 하는데, 진행하는 입장에서는 변하지 않는 각국의 전통문화를 어떻게 다른 방식으로 소개해야 할지 고민이 많다고 한다. 그뿐만 아니라 행사 진행 과정에 있어서도 문화에 대해 자세히 설명해주기보다는 겉핥기로 사람들이 구경하는 방식이라 아쉽다는 말도 남겼다.

게다가 축제와 같은 행사와 더불어 아이들의 수업에 있어서도 조합원들이 난감해하는 부분은 바로 전통의상을 입어달라는 부탁이다. 이는 자칫하면 사람들에게 잘못된 인식을 심어줄 위험성을 내포하고 있다. 즉, 전통의상을 입고 수업이나 행사를 진행하면 사람들이 '이 나라의 사람들은 이런 옷만 입고 산다'와 같은 오해를 할 수 있기 때문이다. 따라서 가끔 행사나 수업을 진행할 때 나라의 전통의상을 입고 와달라는 요청은 대부분 거절한다고 한다. 그리고 전통의상을 입고 진행하는 경우에는 "한국의 전통의상이 뭐죠?",

"한복은 언제 입죠?"와 같이 질문하면서 아이들에게 다른 나라 사람들도 특별한 때에만 전통의상을 입는다는 것을 이해시키려고 노력한다. 여기에 다른 나라들의 도시 모습을 보여주면서 나라의 예전 모습을 지금 현재의 모습이라고 오해하고 있는 아이들에게 현재와 과거가 다르다는 것을 인식하도록 유도한다.

> "아이들이 몽골 사람들이라고 하면 말 타고 시골에서 살고 양고기 뜯어 먹는다고 얘기해요. 그러면 제가 '한국은 예전에 어떻게 살았지?'라고 질문을 하면서 몽골도 예전에는 가축을 키우면서 살았지만 몽골 사람들도 한국과 마찬가지로 시간이 흐르며 변화했다고 설명합니다. 그렇지 않으면 아이들이 편견을 가지게 되어 다른 몽골 아이들을 놀리게 되는 겁니다."
>
> - 김선미(다문화 협동조합원)

그러나 다문화 축제와 같은 행사는 앞서 말했듯 이렇게 자세히 설명해줄 수 있는 소통의 기회가 없어 한계가 크다는 것이다. 결국 조합원들은 현재 진행하고 있는 다문화 관련 축제, 행사, 수업 등의 프로그램들이 조금 더 세밀하게, 타국에 대한 왜곡되지 않은 이해를 돕도록 구성되어야 한다는 것을 강조한다고 볼 수 있다.

"새로운 활동 영역 모색의 어려움"

협동조합 '모두'는 설립된 이래로 거의 똑같은 활동을 4~5년째 반복하고 있다고 한다. 조합원들도 새로운 활동영역을 모색할 필요성을 느끼고 있지만 크게 두 가지 문제점이 있다. 첫 번째는 금전적인 이유인데, 주로 학교와 같은 교육기관과 연계되는 수업의 특성상 수업이 특정 시기에 몰려 있다. 이로 인해 여름방학이나 겨울 방학에는 수업이 전무하기 때문에 조합원들의 경제적 안정을 보장해주지 못한다. 따라서 평소 진행하는 수업도 몇 명의 조합원이 돌아가며 진행하고 페이도 많지 않기 때문에 거의 무급 봉사로 일하고 있는 실정이다. 이런 상황에서 자체적으로 새로운 프로그램을 개발하기 쉽지 않다는 것이다.

금전적인 지원을 위해서는 기획서나 제안서 등의 공식적인 서류를 제출하여 학교나 기관과 새로운 프로젝트를 유치해야 한다. 그러나 복잡한 행정 처리 절차와 언어의 장벽이 이들을 가로막는다. 행정 처리 절차 과정을 보면 어려운 한자어가 많이 쓰이기 때문에 이주여성으로 한국에 오래 살았다고 한들 그 의미를 모두 파악하기 어렵다. 작성하는 문체 또한 일반적인 구어체가 아닌 문어체이고, 표현 또한 직설적인 것이 아니라 화려한 수식이 붙는 표현이 쓰이기 때문에 큰 어려움을 겪는다고 한다. '모두'의 경우 과거에는 일을 도와주는 한국인 조합원이 있었지만 지금은 활동을 중단하여 특히나 쉽지 않다고 한다. 기관 담당자도 친질하게 서류를 세세하게 검토해주는 것도 아니기 때문이다. 두 문제점과 더불어 새로운 프로그램을 구상함에 있어서도 교육과 관련된 전문지식이 부족하다는 의견도 있었다.

"미비한 커뮤니티 형성과 실효성 문제"

이주여성이자 다문화 활동가로서 겪고 있는 문제에 관해 직접적으로 목소리를 낼 수 있는 시민 참여나 정치 참여의 수단에 관한 이야기도 오갔다. 주된 논점은 한국사회에서 정치적 시민으로 살아가기에는 아직 소통의 장벽이 높다고 한다. 언어의 문제도 있지만, 정치적 목소리를 낼 수 있는 단체에서도 소통이 어렵다는 것이 조합원들의 생각이다.

사실 한국에 온 지 5년이 넘은 사람들은 시민으로서 행사할 수 있는 권리를 조금씩은 알고 있지만 이를 행사하는 것은 현실적으로 쉽지 않다. 이러한 활동을 하기 위해서는 한국 사람들과 같이 활동을 많이 해야 하는데 서로 소통하는 부분에서 배려가 잘 이루어지지 않아서 항상 외국인들이 한발 뒤로 물러서 있다고 한다. 언어적으로 한국 사람들보다 느린 것을 한국 사람들은 잘 이해해주지 않으며, 현재 한국 사람들과 같이 어울릴 수 있는 자리도 많이 부족한 실정이다. 한국 사람과 회의를 진행해도 한자어나 뉴스에 나오는 형식적인 말이나 영어를 사용하게 되면 전혀 내용을 이해하지 못하게 된다는 것이다.

물론, 이주여성끼리 만든 회의체나 단체도 있지만, 이들의 실효성은 떨어진다. 이주여성 협회도 있고, 그 안에 나라별 협회도 존재하기는 하지만 전체 이주여성의 입장을 대변한다기보다는 소수 몇 명만 활동을 하고 일방적으로 정보를 올리는 방식이며, 공개적으로 회의를 홍보하는 것이 아니라, 폐쇄적으로 소수의 사람만 신청해서 참여할 수 있고 애초에 이미 끝난 행사의 사진만 찍어 올리는 경우가 많다고 한다. 즉, 입장을 대변할 조직은 있지만 실질적인 효과성은 높지 않다는 것이다.

"어느 날 보면 이주민을 대표하여 정치인들에게 의견을 전달했다는 데, 실제적으로 이 의견은 위에 앉아 있는 소수 사람들의 의견으로 왜곡된 것이 아닌지 의심이 듭니다. 여태까지 우리들은 이렇게 해왔

는데, 협회나 그런 사람들이 뭘 하는지 모르겠어요. 우리는 그런 시
스템에 낄 자리가 없습니다."

- 이혜란(다문화 협동조합원)

결국 그들이 이주여성으로서 겪는 가장 근본적인 문제이자 큰 장
벽은 단연 언어이다. 아무리 좋은 수업을 구상해도 화려한 표현으
로 포장된 기획서를 쓰지 못하면 물거품이 되고, 아무리 정치 참여
를 통해 사회에 기여하고 싶어도 선거 공약집의 언어는 친절하지
않다. 또한 다문화가정의 서로 다른 형태에 따라 사회 참여나 권리
표출을 막는 제도적 장벽도 있지만, 자신들의 권리를 알고 참여를
하려고 해도 이를 완벽하게 이해하기는 어려운 실정이다.

3) 한국의 다문화사회, 어떻게 개선되어야 하나?

지금까지 다문화 협동조합 '모두'에서 활동하는 이주여성들이 겪
고 있는 다양한 문제들에 대해 살펴보았다. 이 중에는 이주여성으
로서 겪는 것도, 교육 활동을 하며 느끼는 것도 있는데, 이에 대한
해결 방안으로 그들이 제시한 것은 크게 다음과 같다.

"첫째, 이주 여성 대상 직업 교육을 강화해야 한다."

조합원들은 자신들과 같이 한국으로 이민 오는 사람들을 위해 한
국사회가 주목해주었으면 하는 부분은 직업교육이다. 그들은 현재
진행되고 있는 직업교육이 개선되어야 한다고 입을 모았다. 현재
대부분의 직업 교육은 기관의 한 프로그램이지 취업과 연계되지 못
한다는 문제를 갖고 있다. 즉, 교육을 이수했다고 해서, 이를 받아

들이는 회사가 거의 없다는 것이다. 통역과 관련한 업무는 수요가 많은 언어에 제한적이며 통역을 잘하는 일부 사람에게 몰린다. 영등포 다문화 지원센터에서 일자리 연계를 하고 있긴 하나 공장이나 전수업체가 대부분이다. 하지만 공장 같은 경우에는 아이들이 있다 보니 집 근처에 있지 않으면 일을 하기 힘들다고 토로했다. 그래서 한국어 교육 다음으로는 구직에 관한 교육, 전문적인 직업 교육을 잘 해줬으면 하는 생각이 있다고 한다.

"둘째, 차근차근 언어 교육부터"

하지만 이주민이 직업교육을 받거나 본격적으로 직업현장에 뛰어들기 이전에, 한국어교육이 선행되어야 한다는 것이 이들의 생각이다. 즉, 한국에 오자마자 일을 하기보다는 한국어부터 먼저 배워야 한다는 인식을 심어줘야 한다고 한다. 대부분 어린 연령대의 사람들이 이주를 오니, 일을 바로 시작하는 경우가 많은데 이때 일상생활에 필요한 한국어를 제외하고는 거의 한국어를 하지 못하는 경우가 많다고 한다. 이들에게 한국어를 잘 배워놓으면 더 좋은 일을 할 수 있다는 얘기를 해주는 것이 중요하다. 따라서 현재에는 정부 차원의 지원뿐만 아니라 지역마다 언어를 배울 수 있는 센터나 시민단체가 있으니 적극적 이용을 북돋아야 한다고 전했다.

"셋째, 궁극적으로 인식이 바뀌어야 한다."

조합원들은 마지막으로 문화(인식개선)가 바뀌어야 한다고 말한다. 한국 사람들은 특히 언어와 관련해서 잘못된 생각을 갖고 이주여성을 무시하거나 규제하는 경우가 종종 있다. 예를 들어 '사과'라는 한국어 표현을 모른다고 해서 사과가 무엇인지, 어디에 쓰는 것인지 모르는 것이 아닌데 그 대상 자체를 모른다는 듯이 여기는 사람이 많다고 한다. 지금은 덜해졌지만, 과거에는 자녀를 이중언어로 양육하는 것도 가족에 의해 제한을 받는 등 이 언어도 저 언어도 제대로 할 수 없는 상황에 몰리곤 한 것이다. 이는 지금 세대의 이주여성이 겪는 문제들이지만, 나중에 자녀들이 성장했을 때 어떤 새로운 문제가 그들에게 닥칠지 걱정이라고 한다. 그들이 문제를 겪지 않기 위해서는 문화가 바뀌어야 하고, 다문화가족을 바라보는 사람들의 시선이 바뀌어야 한다. 문화가 바뀌지 않으면 아무리 좋은 제도가 있어도 힘들다는 것이 그들의 입장이다.

다문화 협동조합 '모두'와의 인터뷰를 통해서, 이주민여성들이 직접 생각하는 다문화 교육의 의미와 현 다문화 교육의 문제점 및 개선방향을 알 수 있었을 뿐만 아니라, 그들이 이주여성으로서 한국사회에 살면서 느끼는 어려움 또한 조금이나마 이해할 수 있게 되었다.

3. 세 번째 이야기, 다양한 문화가 모이는 도서관 모두

1) 소개

우리나라 최초의 다문화 도서관인 '다양한 문화가 모이는 도서관 모두(이하 모두도서관)'는 1994년부터 지역풀뿌리시민단체로 활동한 '푸른사람들(구 푸른시민연대)'이 이끄는 도서관이다. 푸른사람들은 2003년부터 다문화가정을 지원하는 사업을 진행하면서 다문화가정의 엄마들과 아이들이 만나서 소통할 수 있는 공간이 절대적으로 부족하다는 현실을 깨닫고, 이런 기능을 감당할 수 있는 도서관 건립을 꿈꾸기 시작했다. 그러던 중 기업 STX와 사회복지공동모금회의 후원으로 모두도서관은 2008년 9월에 개관하였고, 현재는 창원, 부산, 안산 등 전국 7개 도시에 '모두'도서관이 설립되었다. 하지만 기업과 후원회의 도움만으로 지금의 '모두'가 있는 것은 아니다. 대학교수, 동화작가, 만화작가, 시립도서관장, 자원봉사자들, 모두지기까지 수많은 손길이 모여 지금까지도 새롭게 만들어져 가는 곳이 바로 다문화 어린이도서관 '모두'이다.

영유아부터 청소년, 어른에 이르기까지 모든 사람들이 이용할 수 있는 '모두'는 네팔, 몽골, 러시아, 방글라데시, 베트남, 이란, 인도네시아 등 12개 나라의 도서를 소장하고 있다. 또한 다문화가정의 엄마와 아이들이 직접 쓴 글씨와 전시물 등이 있어 다문화가정의 아이들은 엄마·아빠 나라의 언어와 책을 볼 수 있고, 한문화가정의 아이들은 다양한 나라의 문자와 책을 만나는 색다른 경험을 할 수 있다. 하지만 도서관 '모두'에 다른 나라 책만 있다는 섣부른 오해는 금물이다. 만 3천여 권이 넘는 우리나라 서적도 함께 구비되어 있으며 책을 소리내어 읽어줄 수 있는 공간이나 옹기종기 모여 수다를 떨 수 있는 공간까지 제공된다.

2) 도서관 관장 문종석 대표와의 대화

우리와 인터뷰를 진행한 문종석 대표는 푸른사람들의 대표이사이자 다양한 문화가 모이는 도서관 모두의 대외적 관장이다. 또한 경희대에서 시민교육 강의를 한다. 문종석 대표와의 인터뷰는 도서

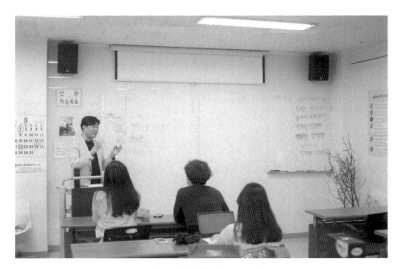

<그림 9> 문종석 대표의 이야기

관의 취지와 목적, 프로그램, 한국의 다문화교육, 다문화사회, 다문화정책의 문제점 및 개선방향, 다문화 도서관의 성과와 역할 등을 중심으로 이루어졌다.

"우리가 다문화 사업 1세대에요."

도서관을 설립한 시민단체 푸른사람들은 이주여성 인권센터와 함께 2003년부터 다문화가정을 돕기 시작한 최초의 단체였는데, 다문화가정의 어른들은 시간이 지남에 따라 한국사회에 적응해가지만 아이들은 무방비하게 크고 있다는 문제점을 인식하고 있었다. 문제를 해결할 방법을 고민하는 와중에 도서관이라는 것이 떠올랐다고 한다.

<그림 10> 다문화 도서관을 이용 중인 학생

"도서관에 책이 있고 책에는 언어가 있고 언어를 하려면 사람이 따라와야 되고 그 속에 문화가 있거든요. 그래서 언어와 사람과 문화, 이 세 가지가 같이 어우러지게 되면 그러한 경계가 허물어지게 될 것이라고 본 거예요"

다시 말해, 푸른사람들은 언어, 사람, 문화가 어우러지는 도서관을 통해 다문화가정의 아이들과 그 가족구성원들, 그리고 선주민들 사이의 경계를 허물 수 있을 것이라고 생각한 것이다. 이렇게 도서관이 있었으면 좋겠다고 생각하고 있는 상황에서 사회복지공동모금의 배분 팀에서 다문화 사업을 지원하고자 하는 기업에 대한 자문 의뢰를 해왔다. 그 기업(STX)과 협력하여 2008년, 대한민국에서 최초로 다문화 도서관을 개관하게 되었다.

다문화도서관, 다문화어린이도서관, 모두도서관 등 도서관의 이름이 길다 보니 우리 팀 내에서도 다양하게 섞어서 불렀었다. 즉, 이름이 길면, 풀 네임을 기억하기보다는 축약해서 부르게 된다. 그럼에도 꽤나 긴 이름을 쓰게 된 이유를 문 대표는 다음과 같이 설명했다.

> "풀 네임은 '다양한 문화가 모이는 도서관 모두'예요. 왜 그렇게 풀 네임이 만들어졌냐면, 다문화라고 쓰고 타문화라고 읽기 때문이에요. 다문화라고 쓰고 다양성이라고 읽어야 하는데 그렇게 잘못 읽고 있는 거죠. 흑인을 깜둥이, 티키라고 부르는 것하고 똑같은 거예요. 그래서 다양한 문화가 모이는 공간이라서 그렇게 부르게 된 거예요."

'다문화'라는 용어 자체가 한국사회에서 '타문화'로 왜곡되어 사용되기 때문에, 올바른 의미를 살리고자 '다양한 문화'라고 풀어서 이름을 지었다는 것이다. '모두'라는 단어에도 상당한 의미가 있다.

> "우리는 우리라는 표현을 즐겨 쓰죠. 대한민국 사람들처럼 우리라는 표현을 많이 쓰는 사람도 없을 거예요. … 우리라는 것이 강해질수록 어떤 일이 벌어지냐면 우리 바깥과의 경계가 심해지는 거예요. … 우리라는 표현이 상당히 강해요. 그래서 거기서 나오는 게 단일민족주의, 백의민족, 단일혈통 등 이런 왜곡된 문화의식이 만들어진 것이죠. 모두라는 표현은 말 그대로 모두를 위한 도서관이라는 거예요. 이주민을 위해서도 아니고 선주민들을 위해서도 아니고 우리가 함께 살고 있는 모두를 위한 도서관이라고 이름을 그렇게 지은 거예요."

한국은 외세의 잦은 침략, 분단 상황 등 많은 역사적인 경험으로 '우리'라는 인식이 강해진 특징이 있다. 여기서부터 단일민족주의, 백의민족, 단일 혈통 등의 왜곡된 문화 의식이 만들어졌다. 즉, '우리'라는 것을 상당히 강조하는 문화를 갖고 있는데, '우리'라는 것을 강조할수록 바깥과의 경계가 심해진다. 이러한 경계를 짓지 않기 위해 도서관은 '우리'가 아닌 '모두'라는 표현을 선택했다. '모두'라는 표현은 선주민들을 위해서도 아니고 이주민들만을 위한 것도 아닌 말 그대로 모두를 위한 도서관이라는 뜻을 내포하고 있는 것이다. 이는 모두도서관의 지향점이자, 다른 단체와의 가장 큰 차별성이다. 모두도서관이 이주민만을 주목해서 만든 곳이 아니라 커뮤니티를 기반으로 한 곳이라는 점이다. 그들은 이주민들을 독립적으로 보지 않고, 지역구성원 중 하나로, 이주해온 이웃으로 본다. 이러한 커뮤니티적 관점, 공동체라는 것을 놓치지 않으려고 하는 게 모두도서관의 특징이다.

> **"우리 프로그램의 중심은 다양성"**
> **"우리가 흔들림 없이 진행하고 있는 프로그램은 다양성과 관련된 프로그램이에요. 자주집단, 스스로 자기 문화는 자기가 표현할 수 있어야 한다는 것이 우리 생각이에요."**

이주민과 선주민을 분리시키지 않으려는 태도, 공동체적 관점 등을 기반으로 모두도서관은 다양한 프로그램들을 진행하고 있다. 내·외국인 엄마와 아이들이 모두 같이 참여하는 프로그램과 언어 교육처럼 다문화가정의 엄마와 아이들만 '따로' 참여하는 프로그램들로 구성되어 있다. 프로그램들은 크게 책 읽기, 다양성 존중, 부모 프로그램 등 세 카테고리하에서 이루어지고 있다. 이 중 책읽기와 다양성 존중 프로그램에 대해 살펴보고자 한다.

<표 4> 모두도서관 프로그램[49]

책 읽기 프로그램	
나만의 책친구	자원활동가와 아이들이 1:1로 짝을 이뤄 책을 읽는 시간
인문학모임	청소년들과 성인들이 책을 읽고 서로의 의견을 나누는 시간
책이랑 놀자	책에 대한 흥미를 높이는 놀이를 병행한 책 읽기 프로그램
꿈친구 책친구	어른과 다문화가정 아이가 1:1 짝을 이뤄 책 읽기, 공부, 문화 체험 등을 하는 프로그램
다양성 존중 프로그램	
다국스토리텔링	중국, 베트남, 일본, 필리핀, 몽골, 이란 등 다양한 나라의 동화를 듣는 시간
함께 떠나는 엄마나라 동화여행	베트남, 일본, 몽골, 이란 등 다양한 나라의 동화를 인형극으로 보는 시간
다문화 언어학교	엄마나라의 언어와 문화를 배우는 시간
다국의 날	다양한 나라 소개, 인형극 공연, 전통놀이 체험, 먹을거리 나누기 등을 도서관에서 진행하는 날(두 달에 한 번 진행)
세계동화구연대회	매년 열리는 축제로 다양한 나라의 동화를 통해 서로가 어우러지는 시간
부모 프로그램	
부모모임	아이의 연령별로 좋은 부모가 되기 위한 엄마들의 모임
모어보육	아이들을 엄마나라의 언어로 키우기 위해 모임과 교육을 진행하며 모어보육에 대한 중요성을 인식하고 실천하는 프로그램
마을인문학강연회	지역주민의 동반성장을 목적으로, '좋은엄마되기' '공교육의 현황인식' '책읽기의 힘' 등 지역어머니의 욕구를 반영한 강연회 개최

　먼저 '책 읽기 프로그램'은 한국어 책을 대신 읽어주는 활동으로, 다문화가정 아이의 언어 발달에 도움을 주고자 진행된다. 따라서 다문화가정 아이만을 대상으로 '따로' 진행되는 교육이다.

　다양성 존중 프로그램들은 통합 프로그램들로 선주민과 이주민 모두를 대상으로 한다. 예를 들어 '다국의 날'은 도서관에서 두 달에 한 번 정도 진행되는데, 이날은 특정 국가의 이주여성들이 전통

---

49) 다양한 문화가 모이는 도서관 모두 프로그램 소개.
　　http://www.modoobook.org/html/m0303.html검색일: 2018.5.26.

의상을 입고 도서관 안내를 하고, 해당 국가 언어로 동화책을 읽어주며 간식도 만들고 전통놀이를 진행한다. 직접 자기의 나라를 표현하면서 한국 사람들이 잘 알지 못하는 문화적 요소들을 이웃들에게 알려주는 프로젝트이다. 비슷한 의미로 1년에 한 번, 다문화 축제도 벌써 7년 넘게 개최했다. 특히 4월 말에 처음으로 시도해본 '2018 다문화 패션쇼' 프로그램50)도 동일한 취지이면서, 색다른 의미가 있었다고 한다. 엄마들이 다문화 패션쇼에서 전통의상을 입은 것이 아니라 아이들이 전통의상을 입어서 뽐낸 행사였다. 아이들에게 "엄마가 어느 나라에서 왔어요?"라고 물어보고 박수 치고 환호해주면서 아이들의 엄마 나라에 대해 즐겁게 얘기할 수 있는 자리였던 것이다. 엄마나라에 대한 인식을 바꿀 수 있는 프로젝트로, 앞으로 더 크게 진행하고자 하는 계획이 있다고 문종석 대표는 밝혔다.

한편, 아이들에게 모어교육의 중요성을 인식하게 하는 프로그램으로는 다국스토리텔링이 있다. 도서관의 책 읽기 프로그램 중 하나인 '다국스토리텔링'은 이주여성이 다문화가정 아이뿐만 아니라 선주민의 아이들에게도 본인의 모국어로 책을 읽어주는 프로그램이다.

> "모어 교육, 아이는 엄마의 언어로 키워야 한다. 상식 같은데, 잘 안 되는 일이거든요. 여러분들은 모어로 컸죠? 어머니와 의사소통이 안 되는 경우가 있나요? 없죠? 그런데 우리나라는 결혼이주여성이 자기 나라 언어로 아이를 키울 수 있을 것 같으세요? 아니에요. 이게 한국의 다문화사회를 형성하는 특수성이에요. 아시아 3국, 한국, 대만, 일본의 특수성이죠."

---

50) '다문화 패션쇼' 사진 출처: 모두도서관 홈페이지 http://www.modoobook.org/xe/bbs/18538. 검색일: 2018.5.26.

한국의 다문화가정에서는 아이를 엄마의 언어로 키워야 한다는 상식이 잘 지켜지지 않는다. '아이가 빨리 한국어를 배우려면 너도 한국어를 배워야 한다'와 같이 남편이 이주여성에게 한국어 사용을 강요하는 풍토가 남아 있으며 이주여성 본인들이 한국어만 쓰고자 하는 의지도 있다. 하지만 이주여성들은 한국어가 빨리 늘지도 않고, 아이가 본인이 알아듣지 못하는 언어로 말하는 것을 싫어하니 점차 아이와 소통이 줄어드는 상황이 발생한다. 또한 아이들이 성장하면서 차별을 당할 때, 그 차별의 원인을 자연스럽게 엄마에게 두거나 지나치게 한국인으로서의 인식이 강해져 엄마 나라를 무시하는 상황이 발생하게 된다. 이러한 다문화가정 내부의 문제 해결점은 엄마가 아이를 모어로 키우는 것이다. 이러한 문제의식하에 '다국스토리텔링'은 모어에 자연스럽게 다가갈 수 있도록 지원하는 프로그램이다.

마지막으로, 모두도서관은 도서관에 두려움을 느끼는 이주여성들을 직접 찾아가 도서관을 설명하고 책 읽어주는 프로그램도 진행하고 있다고 한다. 이는 도서관을 접해본 적이 없는 이주여성들이 많기 때문이다.

3) 한국의 다문화 어떻게 개선되어야 하나?

"첫째, 용어 사용부터 제대로"

"다문화인이라는 것은 없어요. 다문화 사람이라는 것도 없고요. 자기 속에 다양한 문화가 있는… 그렇다면 우리 모두가 다문화인이죠."

'다문화'라는 용어부터 제대로 이해하지 못하고 있는 것이 한국 사회의 문제점 중 하나라고 문종석 대표는 지적했다. 흔히 쓰이는 다문화인이라는 표현은 사실상 잘못된 표현이다. 다문화는 다양한 문화를 뜻하는 것이며, 이를 사람에게 직접적으로 수식하는 것은 문제가 있다는 것이다. 특히, 다문화 아이에 대해서는 더더욱 그렇다. 다문화가정의 2세는 숙명적으로 두 개의 문화를 이해해야 한다. 그런데 이 아이를 다문화아이, 다문화인이라고 칭하는 것은 인권적인 모독이며 다문화가정의 2세라고 칭하는 것이 적절하다는 것이다. 따라서 용어부터 적절하게 사용해야 한다는 것을 문종석 대표는 강조했다.

사실 다문화라는 용어 자체에 대해서도 문종석 대표는 상당히 회의적이었다. 도서관 풀 네임을 다양한 문화가 모이는 도서관 모두라고 지은 것도 '다문화'라는 용어를 쓰고 싶지 않았기 때문이기도 하다. 또한 다문화라는 용어는 빨리 폐기되어야 한다는 것에 다문화 관련 기관들이 대부분 동의하는 편이라고 한다.

한편, 한국의 다문화 교육에 대해서는 상당히 왜곡되어 있다고 평가하였다. 우리나라가 다문화 교육의 필요성에 대해서는 인지하고 있지만, 교육학을 전공한 선생님들부터 다문화 교육을 이주민들에게만 시키는 등 왜곡된 방식으로 접근한다는 것이다. 이렇게 볼 때, 다문화교육이 포괄적·포용적으로 하는 교육이라는 점을 감안하면 선주민들이 교육대상이 되어야 하지 소수인인 이주민들에게 해야 하는 것은 아니다. 그런데 이러한 점에서 한국의 다문화 교육은 상당히 왜곡된 측면이 많다고 지적한다.

"둘째, 지금은 다문화사회의 인프라를 구축할 시기"

한편, 한국의 다문화정책의 문제도 심각하다. 이 문제는 총체적인데, 가장 큰 문제는 정체되어 있다는 것이다. 노무현 정부 때 외국인 차별에 대한 시정을 위해 시작한 다문화정책은 여전히 그 시절에 머물러 있다. 이는 이명박 정부, 박근혜 정부로 이어지는 10년 동안 다문화정책과 지원은 끊겨 있었고, 그사이 다문화가정의 아이, 당사자인 결혼이주여성 내지는 본국인 나라, 우리나라의 환경 등 모든 것이 변화했다. 그럼에도 불구하고 현 다문화정책은 이와 같은 변화를 전혀 수용하지 못하고 있는 것이다. 보다 구체적으로 말하자면, 한국의 다문화정책은 10년 전에 만들어졌던 지원정책에 멈춰 있고, 민간이 하고 있던 다문화 사업들이 축소되었으며, 획일화되어 있다. 한 예로 모두도서관은 10년째 알아서 살아남고 있지만, 정부는 모두도서관을 지원할 어떠한 방법도 찾지 못했다고 한다. 또한 다문화지원센터 등 기관 자체는 많지만 기관만의 특수성, 다양성이 없다. 이와 더불어 이주여성들의 삶의 주기와 본국의 문화가 변화(경제성장)하였고, 그들의 문화(인식변화)도 가족 중심이었던 문화에서 이주여성 스스로가 즐기고 싶어 하는 문화로 바뀌었다. 그러나 현 정책은 이러한 복합적인 변화를 전혀 반영하지 못하고 있는 것이다.

또한 최근에는 서울시 등에서 다문화사업에 대한 예산을 받고 자기 커뮤니티도 확보하지 않은 채, 다른 기관과 관계 맺고 있는 커뮤니티들에게 돈을 주고 사업하는 것을 일상화시켜 놨는데, 이는 사람들에게 다문화사회에 대한 잘못된 인식을 심어주고 있다고 한다. 그리고 이러한 행태에 대한 일차 책임은 당연히 주체 측에 있다고 문종석 대표는 강조했다.

이러한 총체적인 문제점을 안고 있는 다문화정책을 개선하기 위해서 문종석 대표는 다음과 같은 대안을 제시하였다. 우선, 여성가족부의 역할 축소와 커뮤니티의 생성, 교류센터의 설립이다. 여성가족부가 차라리 다문화 사업에서 벗어나거나 지원하는 정도의 정책만 하도록 하고, 더 많은 다양성 사업과 커뮤니티가 만들어져야 한다는 것이다. 즉, 로컬커뮤니티, 커뮤니티프로그램, 커뮤니티센터들이 만들어지고 지원센터가 아닌 일본처럼 교류센터가 설립되어야 한다고 주장한다. 그리고 지원뿐만 아니라 지원과 공생, 교류가 동시에 이루어져야 다양성이 만들어진다고 보는 입장이다.

두 번째로, 다문화사회 초기인 지금이 인프라를 구축해야 되는 시기라고 말한다. 우리 사회는 당장 드러나는 욕구에만 대응하기 급급하고, 사고가 나야 대응하고 있는데, 한 명 두 명이 대상이여도 이들을 어떻게 지원할 것인가에 대해 연구하고 대비하고 준비할 수 있는 구조를 지금 만들어야 한다는 것이다.

여기에 다문화주의에 대한 담론, 토론할 자리가 필요하다. 선진적인 다문화정책을 폈다고 프랑스에서 인종폭동이 일어난 사례 등을 보면서 우리가 어떤 점을 배울 수 있는지 등에 대한 담론의 자리가 마련되어야 한다는 것이다.

마지막으로 이를 위한 컨트롤타워도 필요하고, 무엇보다 다문화정책이 아니라 이민정책 전반에 대한 근본적인 변화가 통합적으로 고민되어야 한다. 이는 다문화문제만 떼어놓고 보면 민족정책으로 왜곡될 가능성이 커지는 한계가 있기 때문이다.

"다양한 문화들을 직접 표현할 수 있는 장소, 모두도서관입니다."

그렇다면 모두도서관의 역할은 무엇일까? 문종석 대표는 '장소 제공'이라고 답했다.

> **"다인종이라고 해서 다양성의 질서가 높은 것은 아니에요. … 그래서 끊임없이 저희 도서관은 그런 다양성의 문화가 우리 스스로에게, 공동체를 구성할 수 있도록 만들어내는 것, 소통과 경계가 허물어지는 것을 노력하고 살았어요. … 다문화라고 해서 다문화를 이해하거나 받아들여 달라고 강요하거나 주입하기보다는 다양한 나라의 문화들을 직접 자기들이 표현할 수 있도록 해주는 것을 저희는 한 거예요."**

즉, 다인종이라고 해서 다양성의 질서가 높은 것은 아니라고 한다. 그래서 모두도서관은 끊임없이 다양성의 문화가 스스로 공동체를 구성할 수 있도록 환경을 조성하고 경계가 허물어지도록 하는 노력을 계속해왔다. 프로그램도 다문화라고 해서 다문화를 무조건 이해하거나 받아들여 달라고 강요하고 주입하기보다는 다양한 나라의 문화들을 직접 자기들이 표현할 수 있는 장소를 만들어준 것이다. 모두도서관의 시작은 경계 없는 커뮤니티를 만들고 싶다는 꿈으로부터다. 그리고 실제로 그 꿈은 많이 이루어졌다고 한다. 도서관은 다양한 나라의 엄마들이 아이를 키우는 정보 등을 자연스럽게 공유하는 장소가 되었으며, 도서관에 오는 아이들은 상대가 어느 나라 사람인지를 별로 인지하지 않는다고 한다. 그만큼 서로에 대한 경계가 많이 허물어졌다는 것이다. 결국 모두도서관은 다문화에 대한 거점적 역할을 했고 문화 다양성에 어떻게 접근을 해야 할까, 어떻게 바라봐야 할 건인가와 같은 문제들에 대해서 방향을 제시하는 등 선도적인 역할들을 그동안 해왔다고 자부한다.

하지만 예전에 비해 현재 도서관의 역할은 많이 초라해졌다. 그 이유는 이주여성들의 인식 변화 때문이다. 지원기관에 절대적으로 의지했던 시기가 있었지만 어느덧 이주여성들이 한국어에 익숙해지고 본인들의 커뮤니티를 발전시키고 도움을 받을 수 있는 창구가 많아지면서 모두도서관은 뒤로 밀려나게 된 것이다. 그리고 이주여성들이 정착을 하고 난 이후에 본인의 꿈을 위해 생활하기 시작한다는 것이다. 예를 들면, 화장품 영업사원, 면세점 직원, 보험회사 직원같이 벌이는 좋지 않지만 성공한 사람으로서의 모습을 갖고 싶어 하는 이주여성들의 욕구가 크다고 한다. 그래서 당장 해결해야 하는 문제는 많지만 이주민들은 본인의 성공을 위해서 문제들을 관망한다는 것이다.

한편, 도서관은 공식적으로 21개국의 다국 책들이 약 8,000권 정도, 한국 책은 약 13,000권 정도 보유하고 있다. 한국 책은 계속 헌책을 버리고 새 책이 들어오지만 다국 책은 8,000권에서 정체되어 있다고 한다. 그럼에도 불구하고 모두도서관이 국내 최다 외국 책, 다국 어린이 책을 보유하고 있는 곳이라고 한다. 50평도 안 되는 조그만 도서관인데도 다국 책을 최대로 보유하고 있다는 점에서 그만큼 사회가 다문화에 관심이 없다는 것을 알 수 있다. 또한 다국 책은 아이들이 읽을 수가 없으니 엄마가 아이들에게 읽어주라고 구입을 한 것인데 현재는 그 엄마들조차도 도서관에 잘 오지 않는다고 한다.

그래도 현재 도서관을 닫지 않고 계속 유지하고 있는 것은 언젠가 문제 해결을 위해 누군가가 필요하다고 인지되는 상황이 오게 된다면 도서관이 거점으로서 역할을 해주어야 하기 때문이라고 문종석 대표는 다음과 같이 말했다.

> **"…저희가 도서관을 닫지 못하고 유지하고 있는 부분은 그래도 필요하다고 인지되는 상황이 오게 되면 다시 어떤 비빌 언덕이 필요할 텐데 그 언덕으로써, 우리 도서관이 거점으로써 그 역할을 포기하지 않아야 하지 않을까 하는 생각으로 있어요."**

"셋째, 정치·시민교육보다는 이익집단화"

우리의 마지막 질문은 '이주민이 정치적 시민으로 성장하는 방법으로서 교육의 효과성과 모두도서관의 역할'에 관한 것이었다. 결론적으로 말하자면, 문 대표는 이주민이 정치적 시민으로 성장하기 위한 방법으로서 교육의 효과성은 낮으며, 모두도서관은 간접적인 역할을 수행하고 있다고 설명했다.

우선 시민의 개념부터 살펴보면, 물리적 시민과 정치적 시민으로 구분할 수 있다. 물리적 시민은 시민으로서의 생물학적 탄생을 의미한다. 정치적 시민은 참여의식, 주체적 시민의식을 갖고 시민으로서의 자질을 확보한 상태를 의미한다. 물리적 시민에서 정치적 시민이 되는 것에는 다양한 단계와 방법이 존재한다.

그러나 이주민들이 '교육'이라는 방법을 통해 정치적 시민으로 성장하기는 어렵다. 이는 그러한 교육을 받아야 한다는 욕구들이 그들에게 생기지 않기 때문이다. 특히, 1세대들은 언어적 문제가 크며, 이들에게 가장 중요한 가치는 생존이다. 즉, 생존용어로서 한국어를 터득하고 아이를 낳고 빨리 돈을 벌고 싶은 욕구가 가장 중요하다. 이러한 욕구들이 달성된 이후에나 자기 이익 보전 등을 위해 정치적인 참여나 행동이 필요해지는 것이다.

　이주민들의 정치적 의식이 향상되고 정치적 시민으로 성장하는 데 푸른사람들과 모두도서관은 본인들의 역할이 중요하다고 인식한다. 그러나 당사자들이 당사자들의 문제를 스스로 풀어가는 당사자주의가 중요하다고 판단하여 직접적인 역할을 수행하진 않았다.

> "우리가 직접 다이렉트로 욕구를 풀지 않고 자조집단을 만들어야 한다, 국가별 리더를 만들어야 한다, 스스로 목소리를 내야 한다, 그리고 지역사회에서 공동체 구성원으로서 자기 등장을 해야 한다는 것을 요구했습니다. 모두도서관이 지난 10년 동안 했던 매우 중요한 역할 중의 하나가 그런 일이었어요."

　푸른사람들과 모두도서관은 간접적인 역할을 해온 것이다. 국가별로 자조집단을 만들도록 유도하여, 스스로의 목소리를 낼 수 있도록 옆에서 도와준 것이다. 그로 인해 국가별 커뮤니티들이 굉장히 활성화되었다. 초창기에는 결혼이주여성들 전부가 지원기관들에 절대적으로 의존할 수밖에 없었던 반면 현재는 국가별 커뮤니티가 온라인, 오프라인으로 상당히 발달하여 정치적 행태나 의사를 표현하기도 하고 선거에 후보를 내기도 하는 등 상당히 활발히 활동하고 있다. 하지만 그 집단들의 시민의식과 시민행동, 시민참여 들이 우리가 생각하는 민주적인 민주시민으로서의 자기 역할을 하고 있는가에 대해서는 아직 판단하기 어렵다는 한계도 분명 존재한다.

　모두도서관의 간접적인 역할 중 또 하나는 외국인주민 대표자회의를 서울시에 제안한 것이다. 일본 가와사키시에서 배워 와서 서울시에 제안함으로써 외국인 대표자회의를 시작하게끔 만들었으나,

1,000만의 도시에 외국인대표자회의의 의견을 반영시키기는 상당히 어렵다. 사실 외국인대표자회의를 서울시에 제안한 것은 이러한 대표자회의들이 구 단위, 동 단위로 확장되기를 바랐던 것이다. 그로써 지역사회의 이웃들과 교감하고 도서관과 같은 공간을 통해서 선주민과 이주민의 문화를 공유해나가는 작업들을 꿈꾸고자 했다.

요약하자면 시민의식의 성장, 정치적 시민으로서의 성장 등은 우리 사회가 특정 대상층을 교육해서 해결될 문제가 아니라 생활 속에 흡수되어야 하는 문제인 것이다. 이주민들의 정치적 욕구는 각국가 커뮤니티들이 스스로 진화하면서 생기고 있다. 이주민들이 이익집단화되어야 자기 욕구나 정치적 욕구를 표현할 것이고, 그 과정에서 이들이 민주적인 방식을 이용하도록 하는 것이 모두도서관 같은 기관들의 역할이다. 물론, 자국 커뮤니티가 발전하는 것은 정말 긍정적인 것이지만, 그 흐름이 부정적으로 변하지 않을 수 있도록, 자국만을 위한 정치세력화가 되지 않도록 만드는 통합정책을 어떻게 적용시킬 것인가 등이 모두도서관의 고민들이며, 이와 관련하여 커뮤니티들과의 소통을 끊임없이 하고 있다.

4. 네 번째 이야기, 동안교회 다문화 사역부

동대문구 이문동의 한 골목에 위치한 동안교회는 "삶의 현장을 하나님의 나라로"라는 선교적 사명으로 국내 이주민 및 다문화가정의 선교를 목적으로 활동하고 있다. 그리고 선교의 목적과 더불어 다문화가정을 위한 다양한 프로그램을 운영함으로써 다문화 구성원들의 정착을 돕는 활동을 하고 있다. 대표적인 활동으로는 다문화 구성원들을 위한 예배를 중심으로 다문화가족 운동회, 아나바다 행사, 문화 체험 등의 특별 행사를 개설함으로써 다문화 구성원들과 선주민이 함께 이루어질 수 있는 기회의 장을 마련해주고 있으며, 그뿐만 아니라 한국어 교육, 생활 상담과 법률 상담 그리고 자녀 교육의 멘토링 사업을 활발히 진행하고 있다. 특히, 동안교회 다문화 사역부는 다문화가정의 청소년들의 참여가 활발히 이루어지고 있다는 점이 특징이라고 할 수 있다.

> "인터뷰를 뭐에 쓰는 거잖아요. 그래서 도움이 되면 좋을 것 같아서 나온 거예요."
>
> — 이초연(동안교회 청소년부)

우리는 경희여자중학교 2학년 이초연 학생과 중원중학교 2학년 이금주 학생, 다문화 사역부 총무 담당 이애경 집사님과 인터뷰를 진행했다. 초연 학생은 동대문구 토박이다. 6살 때부터 교회를 다니기 시작했고 현재 한창 진로에 대해 고민 중이다. 금주 학생은 동대문구에서 살다가 노원구로 이사를 갔으며 7살 때부터 동안교회를 다녔고 유아교육을 전공하고 싶은 꿈이 있다. 교회에서 초연 학생과 금주 학생은 청소년부와 다문화 사역부에서 활동하고 있다

> "이 아이들은 한국에서 태어났고, 한국 아이들이죠. 그러니까 한국에서 생활하는 데 아무런 문제도 없고 한국에서 적응하는 데 아무런 문제도 없으니까… 가시적으로는… 그러니까 얘네는 청소년부에서 활동하고, 금주는 청소년부 끝나고 다문화 사역부에 또 오고… 와서 엄마랑 같이 예배드리고… 초연이는 또 자기 예배드리고 집에 가고…"
>
> — 김애경(다문화사역부 총무)

다문화 사역부는 이주여성을 위한 한국어 교육, 다문화 사역부 캠프, 전통음식 나눔 행사 등 자체적으로 다양한 프로그램을 진행하고 있었다. 특히나 최근에는 '멘토멘티제' 사업에 주력하고 있는데, 아이들의 반응이 참 좋다고 한다. 멘토멘티제는 특별하게 다문화나 언어 교육과 관련된 것이 아니라, 아이들이 마음 놓고 이야기를 나눌 수 있는 시간을 만들어주기 위한 프로그램이라고 한다. 줄곧 아이들의 수요와 일치하는 멘토를 찾기 힘들어 어려움을 겪었는데, 최근에는 지원자가 많아 매칭이 잘 됐다고 한다. 또한 한국어를 잘 못하는 어린 아이들을 대상으로 한 멘토멘티제도 시작 단계라는 것 같다.

사역부 내부 프로그램 이외의 외부 다문화 프로그램에 참여해본 경험이 있냐고 물어보았더니, 구청이나 학교에서 제공하는 프로그램은 경험해보지 못했다고 한다. 김애경 총무에 따르면 구청에서 어머니의 나라로 여행을 보내주는 프로그램이 있다고는 하는데, 아이들은 잘 모르고 있었다. 학교에서도 적극적인 프로그램이 있기보다 이주여성 강사의 다문화 시민 교육 정도만 진행한 적이 있다고 한다. 민간단체 프로그램에 있어서는, 초연 학생의 경우 동대문구에서 상당히 활성화가 되어 있는 모두도서관의 행사에 참여하고 도서관을 이용한 경험이 많다고 말했다. 다문화 사역부 차원에서 모두도서관의 프로그램에 참여하는 아이들을 보며 협업해보면 좋겠다는 생각을 했다고 하지만 추진 과정에서 현실적인 어려움이 있었나 보다.

"모어가 필요한지는 잘 모르겠어요"

초연 학생과 금주 학생 모두 모어는 못하는 상태였다. 최근에 금주 학생은 동안교회의 멘토-멘티 프로그램을 통해 중국어를 배우기 시작했지만, 이는 중국어가 '모어'라는 점에서 관심이 생긴 것은 아니다. 아이들이 모어를 하지 못하는 이유에는 할머니, 할아버지, 아버지와 같은 가정 내 한국 사람들이 아이들의 모어 사용을 못마땅하게 생각하는 경우가 있었으며 또한 아이들도 어렸을 때부터 이중언어의 유익함을 깨닫지 못해 아이들 스스로도 모어 교육의 필요성을 많이 느끼지 못했다고 한다.

그렇다면 아이와 어머니의 언어적 어려움은 없었을까? 금주 학생은 어머니가 한국에서 지내온 시간이 꽤 오래되어 언어와 관련된 어려움은 없었다고 한다. 하지만 초연 학생은 학교에서 받아온 가정통신문이나 알림장의 내용에 대해 어머니가 이해하지 못하면 자신이 설명을 해주어야 하는데 자신도 이해하지 못하는 내용이 있었을 때는 어머니와 함께 어려움을 겪었다고 한다.

초연 학생과 금주 학생이 느끼는 한국의 다문화사회는 어떨까?

> "다른 애들이랑 별다를 거 없이 지내고, 그냥 애들이 처음 봤을 때 얼굴 되게 예쁘다 해가지고… 아, 그런 거구나… 싶고… 저는 예전에 이게(외모) 되게 콤플렉스였거든요…. 저는 별로 이런 눈을 가지고 싶지 않았고… 보통 동양인들은 무쌍이잖아요. 그래서 쌍꺼풀이 없었으면 좋겠다고 생각했는데, 중학교 와보니까 애들이 쌍꺼풀이 있는 게 더 예뻐 보이고 그렇다고 해가지고 아무 생각이 없어졌어요"
>
> — 이초연(동안교회 청소년부)

다문화가정 2세에 대한 보편적 이미지와 달리 이들은 다른 아이들과 별다른 것 없이 평범하게 지낸다. 또한 엄마가 외국분이라는 사실을 굳이 먼저 말하지도, 숨기지도 않는다고 한다. 그러나 '다문화'에 대한 고정관념이 아예 사라진 것은 아니다.

"어른들이 저 보면, 저는 한국에서 태어났는데도 엄마가 외국분이셔서 한국말을 잘 못하는 줄 아세요. 그런 인식들이 저는 기분이 나쁘죠."

- 이초연(동안교회 청소년부)

어른들 중 다문화가정 2세라고 하면 한국어를 잘 못할 것이라는 편견을 가진 사람들이 있는 것이다. 그런데 학생들이 느끼기에 다문화에 대한 고정관념은 어른들보다는 오히려 초등학생 아이들이 심하다고 한다.

"초등학교 때 많은 교육이 필요하다고 생각을 해요."

- 이초연(동안교회 청소년부)

한국 다문화사회의 개선 방향으로 '다문화'라는 용어를 없애기보다는 중립적인 단어로 바꾸자는 의견에도 초연 학생은 긍정적인 반응을 보였다. 그러나 근본적으로는 단어 자체보다는 사람들의 인식이 바뀌어야 한다고 말했다. 특히 초등학교에서 다문화 인식변화 교육이 더 많이 필요하다는 입장이다. 모두도서관에서 진행하는 축제 등도 흥미로웠고 사람들이 보다 많이 참여했으면 좋겠다고 한다.

동안교회로 이주여성과 아이들을 대상으로 인터뷰를 요청하는 경우는 종종 있었지만 학생들만을 대상으로 하는 인터뷰 요청은 거의 없었다고 한다. 이는 학생들을 대상으로 한 다문화 관련 연구를 할 때 '학교'를 중심으로 연구를 진행하기 때문일 것이다. 다문화가정의 아이들을 더 많이 만나고 수량화하기 편리하다는 점에서 학교를 중심으로 한 연구가 양적으로 더 합리적인 연구 방향이다. 그러나 '학교 외'의 시간도 중요하다. 다문화가정의 아이들과 청소년들이 학교 외의 시간에 다문화와 관련하여 어떤 활동을 하는지, 다문화라는 주제에 대해 어떤 생각을 가지는지 등을 알아보는 것이 이들을 더 입체적으로 바라볼 수 있는 방법이다. 따라서 본 인터뷰는 두 명만을 대상으로 진행되었지만, 다문화가정 2세들이 학교 외의 시간에 하는 다문화 관련 활동에 대해 알아보았기에 기존연구가 다루지 않은 측면에 주목했다는 점에서 의미가 있다고 생각한다.

3부 마지막 이야기

"1. 무엇이 같고, 무엇이 다른가?"

동대문구에서 네 번의 현장 활동을 통해 얻을 수 있는 결과들은 다음과 같다. 우선, 한국 다문화사회 문제 중 하나로 '용어'의 문제를 공통으로 지적하고 있다. '다문화', '다문화 교육'이라는 용어 자체에 대해 왜곡된 인식이 만연해 있으며, 미디어에서도 특정 국가 집단만 '다문화'라는 명칭이 붙는다는 것이다. 결국, 한국사회가 다문화사회에 대해 더욱 성숙한 인식을 하게 만드는 것이 가장 근본적인 개선 방향이라는 데 모든 관련자가 동의했다. 이러한 인식 변화를 위한 방법으로는 '모두'를 위한 '다문화 교육이 이루어져야 한다.'[51] 특히, 선주민을 대상으로 한 다문화(이해) 교육이 요구된다는 것이다. 한편, 현 다문화정책의 실효성이 낮다는 입장을 보였다. 즉, '다문화'의 담론이 논의되어 오고 그와 관련한 정책들이 지속적으로 만들어졌음에도 불구하고, 획일적인 정책들로 인해 수요자에게 알맞은 지원이 이루어지지 않고 있다는 것이다. 따라서 수요자에게 적합하고 알맞은 정책들이 이루어지는 것이 요구된다.

반면, 정책적 개선방향의 중점을 어디에 둘 것인가에 관한 문제에 대해서는 상이한 대답을 내놓았다. 다문화 교육원과 다양한 문화가 모이는 도서관 모두의 경우 정책의 다양성을 강조한 반면, 모두협동조합은 직업교육과 관련한 정책을 강조하였다. 이뿐만 아니라 타 콘텐츠와의 연계에 대해서도 달랐다. 다문화교육원은 타 콘텐츠와의 연계에 대해 긍정적인 입장을 보인 반면 모두 협동조합은 부정적인 입장을 취하였다. 한편, 도서관의 경우 자체적인 커뮤니티와 협업을 진행하고자 한다. 마지막으로 정치교육에 대한 관점과 그를 위한 자신의 역할에 대해서도 다문화교육원은 긍정적이지만 언어교육의 중요성을 강조하였고, 모두협동조합은 정치교육에 대해서 부족한 입장을, 도서관은 직접적인 교육보다는 국가별 커뮤니티의 이익집단화를 장려하는 것이 옳다고 밝혔다.

"2. 그래서 어떻게?"

관련 기관들과의 인터뷰를 통해 우리가 생각한 보다 어우러진 다문화사회와 올바른 다문화 교육을 위한 대안 및 개선 방향은 다음

---

51) 과연 교육을 통해 인식변화가 가능할 것인가에 대해 모두도서관은 회의적인 입장을 취했다.

과 같다.

정부는 다문화 관련 컨트롤타워를 세우고, 다문화정책 기조를 전면적으로 전환해야 한다. 우리나라 정부가 다문화에 적극적인 스탠스를 취하기 전까지, 사실상 우리나라의 다문화 관련 사업은 민간단체로부터 시작되었다고 볼 수 있다. 그러나 정부가 정부 주도로 다문화정책을 수립하고, '다문화가족지원센터'라는 이름의 공공기관을 전국적으로 설치하여 획일화된 지원 사업을 펼쳐나가자 민간단체의 프로젝트들은 점차 힘을 잃어갔다. 다문화 구성원에 관한 시혜적인 정책 기조를 전환하고 민간 차원의 협력 사업을 활성화하기 위해서는 중앙 컨트롤타워 역할을 할 수 있는 중앙 기관이 필요하다.

컨트롤타워가 해야 할 역할은 크게 세 가지이다. 첫 번째는 독일의 연방정치교육원이 제공하는 정치 교육 매뉴얼과 같은 다문화 교육 매뉴얼을 제작해야 한다. 지역에 따라, 조직의 성격에 따라 수요자들이 필요로 하는 다문화 사업이나 교육의 종류, 수준은 다르기 때문에 획일적인 정책을 펼치는 것은 지양해야 하지만 최소한의 기초적인 매뉴얼은 제공되어야 한다. 두 번째는 다문화 구성원들에 대한 시혜적인 사업을 진행하는 '다문화가족지원센터'를 일본과 같이 '다문화가족공생센터' 등의 명칭으로 바꾸어 단순한 진행이 아니라 선주민과 이주민이 교류할 수 있는 환경을 조성해야 한다. 세 번째는 민간단체와의 협력이다. 민간단체의 교육기부 활동과 관련해서 교육부와 한국과학창의재단이 운영하는 '교육기부 포털'과 같은 가교 역할을 해야 한다. 교육기부 포털의 경우 교육기부 민간단체와 학교와 같은 공공 기관을 연결해주고, 교육기부 박람회나 교육기부 인증마크 부여 등을 통해 교육기부 관련 민간 활동을 활성화하고 공식 인증을 해주는 역할을 한다. 다문화 사업과 관련해서도 무수한 민간단체들이 활동하고 있기 때문에 정부 주도로 모든 문제를 해결하기보다는 위와 같은 포맷으로 민간단체와 공공 기관의 연결 다리를 놓아주고 단체들의 활동을 북돋아주는 역할을 해야 할 것이다.

이러한 컨트롤타워의 기본적 매뉴얼하에, 지역별로 다문화 교육에 대한 행정서비스가 보다 세분되고 세밀해져야 한다. 행정서비스의 세분화는 현재 지나치게 획일적인 다문화정책을 지역 특성에 따라 다양화시켜야 한다는 것이다. 지역마다 다문화가족 구성원들의 국적, 연령, 소득 등은 모두 다르다. 따라서 정부에서는 정책적으로 큰 틀만 정해주고 지방정부와 같이 소규모로 지역 실정에 맞게끔 다문화 프로그램이 구성되어야 한다.

행정서비스의 세밀화는 다문화 교육에 종사하는 사람들이 정말 필요로 하는 서비스를 제공해야 한다는 것이다. 다문화교육을 실시하는 이주여성들의 경우, 다문화 관련 지원 프로그램에 지원하고자 해도 지원서를 쓸 때 어려움을 겪는다고 한다. 이와 같은 행정적인 어려움을 해결할 수 있도록 다문화가족지원센터 등에서 이주민들의 행정업무를 도와주는 활동이 필요하다. 또한, 다문화 활동가와 교육가의 양성도 보다 활발해져야 할 것이다. 즉, 다문화 교육 관련 행정서비스는 획일화된 방식에서 벗어나 다양하고 수요자 입장에 맞는 방식으로 변화해야 한다.

마지막으로 공교육 차원에서 다문화 교육은 확대 실시되어야 한다. 현장연구를 통해 다문화 관련 민간단체들이 공통으로 지적한 부분은 '다문화 교육'에 대한 왜곡된 인식, 즉 다문화 교육은 '다문화가정 아이들'에게만 한정된 교육이라는 것이다. 하지만 언어교육을 제외한 다문화 교육 중에서 다문화가정 2세만을 대상으로 하는 교육은 없다. 즉 '다문화교육'은 다문화가정 2세, 선주민가정 2세 모두에게 이루어져야 한다. 그리고 이는 교육의 장(場)인 학교라는 공교육 차원에서 이루어져야 한다.

정부 정책적 지원으로 '다문화정책학교'가 설치되어 운영되고 있지만 지속적으로 증가하는 다문화가정 2세들의 숫자에 비하면 턱없이 부족한 현실이다. 따라서 다문화교육을 교과과정에서 효과적으로 다루고, 다문화가정의 2세뿐만 아니라 선주민 학생들을 포함하여 교육할 '다문화 중점학교'의 비율을 늘릴 필요가 있다. 특히, 초등학교에서의 '다문화 중점학교'를 확대해 시행할 필요가 있다. 일반적으로 초등학교 학생은 성장 과정에서의 아동기로서 유년기와 청소년기의 다리 역할을 하는 시기다. 즉, 아동기는 청소년 시기를 위한 준비단계의 점임을 고려한다면 초등학교에서의 '다문화 교육'의 영향은 청소년 시기에 영향을 미칠 뿐만 아니라 나아가 장차 사회인이 되었을 때의 인식에도 영향을 미칠 수 있다. 그리고 다문화 중점학교가 다문화 학생과 선주민 학생의 동반 성장을 추구한다는 점에서 초등학교 때부터 '다문화'에 대한 올바른 인식을 심어주는 것은 중요하다.

한편, 교육 내용에서 가장 중요한 것은 '다문화' 용어 또는 개념을 확립하는 것이다. '다문화'의 본디 의미는 다양한 국가·문화를 의미하며, 나아가 '다문화가정' '다문화 구성원' 들은 다양한 국가·문화를 가진 사람들이라는 것을 의미한다. 그러나 이러한 '다문화'

는 특정한 국가군인 '동남아', '중앙아시아'와 같이 경제적 수준이 낮은 국가에서 온 이주민이라는 의미로 퇴색되어 인식되고 있다. 이러한 왜곡된 인식으로 인해 대부분의 사람들이 '다문화'라는 단어가 붙은 행사, 프로그램, 지원정책 등의 본질을 잘못 인식하고 있다. 따라서 '다문화'에 대한 기초적이고 기본적인 개념의 확립이 교육 내용에서 중점적으로 다루어질 필요가 있다. 이와 같은 내용을 중심으로 한 '다문화 교육'이 공교육 차원에서 교과과정, 비교과과정, 그리고 연계과정 등과 같이 포괄적으로 다룰 수 있는 교육 정책이 시급히 형성될 필요가 있다.

미디어의 다문화 구현
– 대안적 미디어의 설계와 운영을 중심으로
〈미담〉

(정겨운누리 · 강성욱 · 김다현 · 배시은)

들어가며

현재 대한민국은 200만여 명의 국내 체류 외국인과 90만 다문화 가구 인구와 함께하는 다문화사회가 되었다.[52] 1998년 14만 명 정도였던 국내 체류 외국인의 수는 지난 20년간 크게 증가해 2008년 115만, 2014년 180만을 거쳐 현재에 이르렀다.[53] 이러한 증가의 추세가 지속되면 2020년에는 외국인과 다문화가구 인구가 270만에 달해 총인구의 5.5% 수준이 될 것이라고 전망하는 연구도 있다.[54] 다문화의 양적 증가로 인한 사회적 변화가 이뤄지고 있고 따라서 다문화에 대한 논의가 활발해지고 있는 것이 현재의 대한민국이다. 정부는 이미 2006년에 '다인종, 다문화사회로의 전환'을 선포하였고, 2006년 결혼이민자 지원 종합대책, 2008년 「다문화가족지원법」

---

52) 통계청, 2016 인구총조사: 다문화가구 구성 및 동거 자녀수별 다문화가구.

53) 법무부 출입국 · 외국인정책 통계연보.

54) 설동훈 외(2009), "다문화 가족의 중장기 전망 및 대책연구: 다문화 가족의 장래인구추계 및 사회 경제적 효과분석을 중심으로", 보건복지가족부 보고서.

의 제정 등의 관련 정책을 진행하고 있다. 커지는 다문화 인구수만큼 정치적으로도 그들의 영향력이 커질 것이라는 점에서 어떻게 그들을 인식하고 수용할 것인가 하는 문제가 중요해졌다.

그렇다면 현재 우리는 다문화를 어떻게 현실에서 마주하고 있는가? 커지는 그들의 규모와는 달리 현실에서 우리가 다문화를 인식하고 수용하는 것은 그들과의 직접적인 상호작용이 아닌 미디어를 통한 간접적 접촉이 대부분이다. 이주의 역사가 짧은 한국의 특성과, 아직 미숙한 다문화 담론의 형성으로 인해 선주민들은 이주민과의 충분한 접촉이 아닌 국가와 언론에 의한 위로부터의 계몽으로 다문화에 대한 인식이 형성되고 있다(정의철, 2013).

또한 이주민들이 특정 지역에 밀집해 거주하며, 이주민의 대부분이 결혼이민자와 이주노동자인 것을 비춰보았을 때, 생활반경 내에서 선주민과 이주민이 분리되어 있음은 쉽게 예상할 수 있다. 결국 미디어의 영향력이 다문화 인식에 있어 절대적이며, 따라서 미디어가 어떠한 시각으로 다문화를 재현하는지에 따라 수용자인 일반 시민들의 다문화 인식이 좌우되는 것이다.

우리나라는 백인과 선진국 출신에 대해서는 특히 우호적이고, 흑인과 동남아 국가 출신 등에 대해서는 배타적이며 무시하는 '이중적 인종주의'의 성향이 강하다. 더욱이 '다문화'라는 관 주도의 어젠다에 대해 부정적 이미지를 결부시키는 성향이 있다. 아산정책연구원의 2013년 연례조사[55])에 따르면, '외국인에 거부감을 느끼지 않는다'라고 답한 한국인은 79.2%였으나, 다문화가정에 대해 긍정적으로 응답한 비율은 그보다 낮은 67.5%였다. 조사에서 눈길을

---

55) 전국 만 19세 이상 남녀 1,500명 대상, 95% 신뢰구간에서 ±2.5%p 표준오차.

끈 점은 다문화가정에 대한 세대별, 성별 인식의 차이였는데, 인터
넷 발달과 해외여행 등으로 다른 문화와의 접촉이 상대적으로 많은
젊은 세대가 오히려 다문화에 더욱 부정적 반응을 보였다는 것이다
(<표 1>). 또한 남성보다는 여성이 더욱 다문화에 부정적 시각을
가지고 있다.

<표 1> 다문화가정 증가가 한국사회에 미치는 영향(%)

	전체	성별		세대별				
		남성	여성	20대	30대	40대	50대	60 이상
경쟁력 강화	67.5	71.3	63.7	64.9	68.8	70.0	68.2	65.1
사회통합 저해	32.5	28.7	36.3	35.1	31.2	30.0	31.8	34.9

김지윤 등(2014)은 다문화가정에 대한 한국인의 인식이 최근 다
소 부정적으로 변한 것에 우려를 표하며 그 주된 원인을 20대와 30
대의 다문화가정에 대한 인식이 부정적으로 변한 것에서 찾았다.
20~30대는 조사가 이루어진 3개년 동안 다문화가정과 외국인노동
자에 대한 상당한 태도 변화를 보였다.[56]

젊은 세대의 보수화라는 이유를 차치하고서라도, 미디어 이용의
다양성이 가장 크고, 미디어에의 노출이 가장 큰 세대가 20~30대
라는 점에 비추어보았을 때, 우리는 이러한 인식의 변화가 미디어
의 다문화 재현 방식에 큰 영향을 받았을 것이라는 상관성을 유추
해보았다.[57]

---

56) 2011년 20대의 75.1%, 30대의 79.2%가 다문화가정의 증가가 한국사회에 경쟁력 강화로 이어
    질 것으로 본 것과 대조적으로, 2013년에는 각각 64.9%, 68.8%로 약 10%p 감소했다. 타 연
    령대에서는 20~30대에 비해 변화가 크지 않았다.
57) 김현아 · 노태영(2017), "군집분석을 통한 성별, 연령별 미디어 이용 행태 파악: 미디어 다이어

그렇다면 미디어가 다문화를 재현하는 방식은 어떠하며 미디어 수용자들은 다문화에 어떠한 가치를 부여하는가? 미디어는 다문화에 대해 어떠한 시각을 가지고 기능해야 하는가? 우리는 이러한 점에 의문을 가지고 연구를 시작한다. 본 연구는 먼저 미디어가 어떻게 여론의 형성과 의제의 설정에 영향을 미치는지 이론적으로 탐구한 후, 주류미디어가 다문화를 어떻게 소비시키는지에 대해 경험적으로 분석하며 평가한다. 다음으로 바람직한 다문화 재현의 미디어를 직접 설계하고 운영하는 현장연구를 진행한다.

미디어의 효과와 영향력

1) 커뮤니케이션과 미디어

다양한 문화가 공존하는 사회에서 의사소통, 즉 커뮤니케이션은 필수적이다. 정치학자 라스웰(Lasswell)은 일찍이 커뮤니케이션이 '누가, 무엇을, 어떤 경로로, 누구에게, 어떤 효과를 가지고 전달하는지'의 S(Source)-M(Message)-C(channel)-R(Receiver)-E(Effect)의 모델로 표현된다고 하였다.

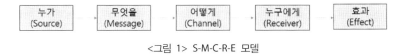

<그림 1> S-M-C-R-E 모델

리 자료를 중심으로", 정보통신정책연구원.

송신자는 메시지를 발산하는 존재로 방송사, 신문사, 영화제작사 등이 송신자라고 할 수 있다. 이때 송신자가 전달하는 기호화된 내용이 '무엇을'에 해당하는 메시지이며, 커뮤니케이션에서 메시지는 언어적 요소뿐만 아니라 표정과 몸짓 등의 비언어적 요소도 포함된다.

채널은 송신자와 수신자를 연결해주는 매개체이며 메시지를 주고받는 수단이다. 미디어는 커뮤니케이션의 매개자로, 의사소통을 매개하는 모든 수단과 절차들을 미디어라고 할 수 있다. 채널과 미디어의 개념 구분을 이야기하는 학자들이 있으나, 그 이론적 의의는 애매하며 분명한 구분이 어렵다. 미디어는 채널적 요소를 포함하며, 동시에 자체적인 메시지를 생산하는 커뮤니케이터, 즉 중개자뿐만 아니라 송신자의 역할을 동시에 수행하는 것이 일반적이다.

수신자는 매체를 소비하는 모든 사람을 말한다. 단순히 직접 서비스를 구매하는 소비자뿐 아니라 미디어에 노출될 수 있는 모든 소비자들을 일컬어 수용자라고 한다. 이때 송신자는 최종적으로 커뮤니케이션이 어떤 효과를 나타내는가에 집중하여 메시지를 송신한다. 기대되는 효과를 얻기 위해 송신자는 메시지와 채널을 최대한 활용하는 것이다.

라스웰의 커뮤니케이션 모델은 지나치게 단순한 일방적 커뮤니케이션 모델이라는 점과 모델 내의 모호한 개념들로 인해 많은 문제 제기의 대상이 되었고, 이후 여러 학자들에 의해 수정되었다는 점에서 이론적 취약점이 있다. 그럼에도 불구하고 그가 제시한 모델은 커뮤니케이션을 처음부터 특정한 의도와 목적을 가진 활동으로 간주했다는 점에서 주목할 만하다. 라스웰의 모델에서는 특정한 효과를 기대하며 커뮤니케이션이 이루어지며, '효과의 극대화'를 가장 중요한 목표로 설정한다. 따라서 커뮤니케이션 과정 내 구성 요소들의 변화로써 수신자 측면의 변화를 애초에 설정한 목적에 합치되도록 유도시킬 수 있다는 점을 보여준다(윤석민, 2007). 다시 말해 이 모델은 단순한 송신자로부터 수신자로의 메시지 이동이 아니라 메시지의 내용과 미디어의 성격까지 고려했다는 점에서 의미가 있다. 미디어의 종류에 따라 커뮤니케이션의 영역이 달라지고, 메시지의 내용에 따라 커뮤니케이션의 종류가 달라진다는 것이다.

2) 미디어의 효과

앞 절에서 커뮤니케이션은 특정한 효과를 기대하며 이루어지며, 효과의 극대화를 중요한 목표로 설정한다고 설명했다. 미디어는 송신자로서의 역할도 수행하면서 동시에 메시지를 전달하는 매개체의 기능을 행하는, 따라서 커뮤니케이션 모델 내의 가장 큰 변수로 작용한다. 따라서 커뮤니케이션의 효과는 미디어의 효과와 비슷한 맥락에서 이해될 수 있다. 미디어의 효과는 미디어의 커뮤니케이션 행위가 지니는 효과이며, 특정한 커뮤니케이션 행위를 통해 특정한 정보, 의도, 사상, 감성 등을 전달하는 실질적 커뮤니케이터의 효과를 가리키는 것이다.

그렇다면 미디어는 어떤 효과로써 어떻게 영향력을 행사하는가? 맥퀘일(D. McQuail, 2008)은 미디어의 효과를 기간(발생하는 시점, 단기-장기)과 의도성(의도-비의도)의 두 기준을 사용해 분류했다. 분류된 효과들 가운데 우리가 주목한 효과는 다음과 같다.

① 프레이밍(framing) 효과

사물을 인식하는 기본적인 틀인 프레임은 인식의 대상을 한정한다. 미디어의 단기적이며 의도된 효과로서의 프레이밍은 미디어가 이러한 틀을 만들면서 생겨나는 효과이다. 미디어 프레이밍은 미디어(특히 뉴스미디어)가 어떠한 사회적 이슈나 사건을 취재해 보도하는 과정에서 특정 프레임을 이용함으로써 시청자나 독자들이 정보를 분류, 해석, 평가하는 데 관여한다. 따라서 이로 인한 여론형성 과정에 큰 영향을 줄 수 있다. 어떻게 정보를 프레이밍 하느냐에 따라 사람들의 생각을 바꿀 수 있다는 것이다(정인숙, 2013).

특정 사건이나 이슈에 대해 미디어가 프레이밍에 사용하는 전략으로는 크게 '선택(selection)과 강조(salience) 그리고 무시(ignorance)'가 있다. 이들 전략을 활용해 미디어는 특정 사건 또는 이슈가 가지는 여러 특징 가운데 자신의 성향과 의도에 맞는 소수의 특징만을 선택해 강조해 전달하고, 그렇지 않은 특징들은 철저히 무시하며 전달하지 않는다. 더욱이 미디어들은 프레이밍을 통해 특정한 이슈에 대한 이미지를 생산해내기도 한다. 사건이나 이슈에 대한 특정 프레임을 생산하고, 그 프레임을 지속적으로 확대 재생산하는 과정으로 그 사건과 이슈에 대한 특정 이미지를 사회에 확산시키는 것이다. 이때 왜곡된 이미지가 생산되고, 수용자들은 그 왜곡된 이미지로 현상을 이해하게 되는 문제가 생길 수 있다. 결국 미디어의 정치적 성향에 따라 미디어의 수용자들이 사건이나 이슈의 본질과 진실을 정확히 이해하는 데 방해요소로 작용될 수 있다는 것이 프레이밍 효과의 주된 내용이다(최진봉, 2013).

② 의제설정(agenda-setting)

의제설정 효과는 미디어가 특정한 주제를 선택하고 강조함으로써 사회적 차원에서 공적으로 중요한 의제가 무엇인지를 결정하는 효과를 지닌다는 것이다. 앞서 살핀 프레이밍이 기술적인 측면이라면 의제설정은 능력적인 측면의 미디어 효과라고 할 수 있다. 즉, 특정 이슈에 대해 미디어가 주목하고 자주 부각한다면 실제 그렇지 않더라도 대중이 그 사안을 중요하게 평가하도록 한다는 것이다. 여기에 프레이밍 효과가 더해지면 의제설정은 '이슈'가 아니라 이슈의 여러 '속성' 가운데 특정 속성을 강조함으로써 그 특정 속성을 중요한 의제로 설정할 수 있다. 따라서 동일한 이슈에 대해서도 미디어가 단순히 인지적 속성만을 다루지 않고 정서적 속성을 강조하며 부정적으로 전달한다면 이는 수용자에게도 부정적 태도를 갖게 할 수 있다(정인숙, 2013).

③ 정치사회화

마지막으로, 미디어의 장기적이며 비의도적 효과로써 정치사회화가 있다. 미디어는 수용자들에게 인지적, 정서적 그리고 행동적 영향을 미치며 사람들의 사회화 과정에 복합적으로 개입한다. 이들 중 정치에 대한 지식, 인식, 이미지와 같은 인지적 측면에서의 영향이 가장 분명하게 작용한다. 뉴스와 공공 프로그램과 같은 미디어가 직접적으로 공중의 정치사회화에 큰 영향을 미치며, 오락 프로그램과 같은 미디어 역시 직간접적으로 정치사회화에 영향을 미친다. 이때 수용자들이 정보 습득과 같은 인지적 욕구보다는 오락과 휴식의 목적으로 미디어를 이용하는 경향이 있으므로, 오락 프로그램이 정치사회화에 미치는 영향력은 미디어의 비의도적 효과라고 볼 수 있다. 정치에 대해 무관심하거나 혐오감을 가진 사람들에게 는 오락 프로그램이 오히려 더 큰 영향력을 발휘할 수도 있다는 연 구도 있다(김창남, 2015).

거브너(G. Gerbner)는 특히 TV가 우리의 일상생활에서 중심적인 위치를 점하고 있기 때문에 TV가 우리의 상징적 환경을 지배하고 우리의 세계 인식 방법을 TV의 왜곡된 메시지로 대체한다고 말했 다. TV 시청자들은 TV에서 체계적인 방식으로 전달되는 고정관념 과 프레이밍을 인식하게 되고 왜곡된 사회세계 본질에 대한 믿음과 현실관을 받아들이게 된다는 것이다(윤석민, 2007).

3) 비정상적 작동의 커뮤니케이션

커뮤니케이션이 정상적으로 작동하지 못할 때 사회적으로 어떤 문제가 발생하는가? 박승관(1996)에 따르면, 커뮤니케이션의 가장 중요한 기능이란 고립된 사회적 현실들을 상호의존적이고 상호개방 적이며 공통분모적으로 만드는 데 있다고 보았다. 반대로 커뮤니케 이션이 제대로 작동하지 못한다면 사회 내에 존재하는 다양한 관점 들과 차이들 간의 대화의 가교가 단절되어 그것들이 원자화되고 적 대적으로 분절화되어 호환성을 상실한다고 말했다. 그 결과 나타나 는 병리적 현상으로 그는 세 가지를 말했다. 먼저 사회적 의견의 유동성이 낮아져 공적인 토론의 공간으로 사회적 이슈들이 진입하 는 것을 끊임없이 방해하는 것이 있다. 사람들은 의사 전달과 관철 을 위해 높은 사회적 비용을 지불해야 하며, 높은 강도와 반복적 전달이 필요하게 된다는 것이다. 둘째로 커뮤니케이션이 얽히고 팽

창해 내향적으로 복잡해짐을 말했다. 이때 팽창이 외향적으로 확장과 발전에 따라 진화하는 것이 아니라 내향적으로 복잡해져 마찬가지로 비효율적이며 비용을 증대시키는 문제를 낳는다. 마지막으로 커뮤니케이션의 비정상은 부문과 영역, 세대 간의 효율적인 집단적 공조를 어렵게 만들어 정보화 경험과 지혜의 집적이 어려워지고 사회는 '역사'를 상실하는 문제를 낳는다고 설명했다.

기성 주류미디어의 다문화 재현과 평가

그렇다면 기성의 주요 매체들은 다문화를 어떻게 구현하고 있는가? 우리 미담은 주요 미디어를 영화와 TV 프로그램으로만 한정해 각 미디어의 다문화 구현을 경험적으로 분석하는 활동을 수행했다. 영화에 있어서는 중국동포들을, TV 프로그램에서는 결혼이주여성을 각각 연결시켰다. 여기에서는 앞서 이야기한 미디어의 효과들이 각 미디어에서 어떻게 활용되고 있는지를 중점으로 두고 진행하였다.

<그림 2> 영화 <범죄도시>(좌) <청년경찰>(우) 스틸컷

1) 영화

영화의 다문화 구현을 분석하기 위해 우리는 2017년 개봉해 큰 인기를 얻었던 두 편의 영화 <청년경찰>과 <범죄도시>를 감상하고 분석했다. 두 영화 모두 조선족으로 흔히 일컬어지는 중국동포들을 영화의 중요 등장인물로 나타내고 있다는 점이 비슷하다.

일찍부터 우리나라 영화산업에서 중국동포들은 범죄와 빈곤의 온상으로 표시되기 일쑤였다. 우리가 기억하는 것만 해도 <황해>(2010)와 <신세계>(2012) 등의 영화에서 중국동포들은 어김없이 살인청부업자로 등장했다. 이상하리만큼 중국동포에 대해서는 영화 미디어가 배타적이며 악의적으로 왜곡시켰다. 이전의 이주민을 다룬 영화였던 <방가방가>(2010)나 <완득이>(2011) 등이 이주민 등장인물들을 동정과 연민의 대상으로 재현하기는 했으나 비교적 긍정적으로 묘사했던 것과는 매우 대조적이다.

<범죄도시>와 <청년경찰>에서 중국동포들은 무리지어 거주하며 한국 내에 있지만 한국인과 단절되어 그들만의 생활양식을 공유하는 것으로 보인다. 이미 물리적으로 사회 내에서 상당히 분리되어 있는 그들을 미디어가 다시 한번 부각시키면서 인지적으로나 정서적으로나 중국동포들을 사회에서 다시 분리시키고 있다. 여기에 더해 그들을 잠재적 범죄자로 낙인찍는 영화의 프레이밍이 더해져 효과는 극대화된다. <청년경찰>에서는 지하철역명이 직접적으로 등장하며 특정 지역(대림동)을 불법과 범죄의 소굴로 묘사하고 있다. 극중 택시기사의 대사 "여기는 조선족들만 사는데 여권 없는 중국인도 많아서 밤에 칼부림이 나요. 경찰도 잘 안 와요"는 중국동포라는 이슈에 대해 미디어가 부정적 속성을 강조하며 이 속성을 중

요한 의제로 설정했음을 알 수 있었다.

영화 제목처럼 <범죄도시>에서는 중국동포를 범죄 그 자체로 묘사했다. 잔인하고 우악스러운 범죄를 저지르며, 서로 배신하고 인간적인 면모라고는 전혀 찾아볼 수 없는 모습으로 그려냈다. 백주대낮에 칼부림을 하며 도끼로 사람을 공격하고, 시체를 토막 내 유기하는 모습들이 영화에서 보였다. 송원찬(2017)에 의하면, 한국에서 기괴하고 잔혹한 범죄가 중국동포에 의해 처음 일어나지 않았음에도 불구하고 미디어들이 묘하게도 범인이 중국동포로 밝혀지자 '잔혹범죄=중국동포'라는 이미지로 그러한 범죄의 범인이 중국동포라는 사실을 반복 강조한다고 한다. 우리는 이러한 프레이밍이 뉴스 속 중국동포들의 범죄를 거치며 부정적 이미지가 확대 재생산되고, 장기매매와 같은 엽기적인 소문과 맞물려 더욱 증폭되어 대중들로 하여금 무의식중에 중국동포에 대한 막연한 공포감을 불러일으킬 수 있을 것이라고 판단하였다.

실제로 2016년 경찰청 자료에 의하면 국내 중국인 범죄율(중국동포 포함)은 2.2%로 다른 외국인들에 비해 오히려 낮은 수준이며, 3.49%의 내국인 범죄율보다도 낮은 수치라고 한다. 또한 조선족이 중국에서 상대적으로 교육열이 높아 두터운 식자층을 형성하며, 영화에서 재현되는 희화화된 말투도 그들의 실제 말투와는 차이가 있다고 한다(송원찬, 2017). 그러나 이러한 사실들은 영화에서 제대로 조명되지 않으며 대중에 전달되지도 않고, 다만 잔인한 범죄의 이미지만 대중의 뇌리에 남는 것이다.

<그림 3> <다문화 고부열전>의 한 장면

2) TV 프로그램

미디어가 결혼이주여성을 재현하는 것을 분석하기 위해 우리는
EBS <다문화 고부열전>을 시청하고 분석했다. <다문화 고부열전>
은 외국인 며느리와 한국인 시어머니 사이의 이야기를 보여주는 다
큐멘터리 프로그램으로, 고부간의 우애 또는 갈등을 그려내고 있다.
우리는 두 편의 프로그램을 시청했는데, 「울보 며느리, 등 돌린 두
시어머니 화해시키기」와 「7개월째 말 안 하는 고부」가 그것이다.

기본적으로 <다문화 고부열전>은 결혼이주여성과 농어촌 지역의
낮은 결혼경쟁력을 가진 남성과의 결합을 보여주고 있다. 시골이라
는 지역적 특성과 이주민과 며느리라는 사회적 지위가 결합되어 한
국적 가부장주의 시각이 두 편의 프로그램에서 두드러지게 나타났
다. '고부'라는 단어가 단순히 시어머니와 며느리 관계를 의미하는
것뿐만 아니라, 부정적 의미의 갈등관계까지 포함한다는 점을 보았
을 때, 한국의 가부장주의에서 비롯한 갈등이 프로그램의 주요 서

사였다.

「7개월째 말 안하는 고부」편에서 베트남 출신 며느리는 한국어가 유창하지 않아 시어머니와 원활한 소통이 불가능하다. 이 때문에 자연스럽게 대화를 하지 않게 되면서 며느리와 시어머니는 대화가 단절되고, 며느리가 안절부절못하는 모습이 그려졌다. 가부장적 시각으로 그려지는 갈등도 있었다. 며느리가 베트남에 있는 조카를 입양하고 싶어 하지만 시댁식구들이 반대한다. 이유는 "입양하고 나면 신경 쓸 식구가 느는데, 시댁 어른들을 잘 부양할 수 있겠냐"는 것이다. 이는 베트남 출신 며느리가 이 가정에서 어떠한 역할을 수행하며 어떤 위치에 있는지 여실히 보여주는 대목이다.

「울보 며느리, 등 돌린 두 시어머니 화해시키기」편에서 집안일을 제대로 하지 못했다며 시어머니에게 혼이 나 울음을 터뜨리고 마는 필리핀 며느리의 모습이라든가, 「7개월째 말 안하는 고부」편에서 아들보다 며느리가 더 좋은 차를 탄다며 속상해하는 시어머니의 모습이 보이기도 했는데, 이는 프로그램 내에서 발화자인 시어머니 개인의 인식뿐만 아니라 기본적으로 결혼이주여성을 가정 내 동등한 구성원으로 받아들이지 않고 주류와 소수로 권력구도를 나누는 한국적 가부장주의의 단면을 보여준다고 결론지을 수 있었다.

또한 며느리 고유의 이문화를 받아들이지 못하는 갈등이 보이기도 했다. 「울보 며느리, 등 돌린 두 시어머니 화해시키기」편에서 며느리 집에서 며느리가 해준 음식을 먹고 마음에 들지 않아 하며 다시 해오라고 말하는 시어머니의 모습이나, 「7개월째 말 안 하는 고부」편에서 며느리가 좋아하는 베트남 전통음식을 요리하자 냄새가 난다며 마스크를 쓰는 시어머니의 모습이 그려졌다. 정선주와 최성보(2015)는 이를 '끊임없이 강요되는 동화주의'라고 말하며 며느리에게 완벽하게 한국적인 것을 기대하는 시어머니의 모습을 비판적으로 평가한다.

결정적으로 프로그램을 관통하는 이주여성의 모습은 그들이 주체가 아닌 객체로 묘사되며 '나'와 다른 '불쌍한 타자'로 표현된다는 것이다. 단순히 개인 간의 갈등에 그치는 것이 아니라, 안절부절 못하고 울음을 터뜨리며 풀이 죽어 있는 결혼이주여성의 모습이 반복적으로 지속되며 이주여성 일반에 대한 프레임이 형성될 수 있다는 것이 문제점이라고 볼 수 있다. 개인 간의 갈등의 원인이 아니라 구조적 차원의 갈등에서 오는 문제들을 개인의 문제로 축소해 방영하는 점에 주된 책임이 있으며, 그 거대한 갈등이 며느리의 출신국가를 시어머니와 함께 여행하고 나서 해소되는 납득하기 어려운 서사 역시 시청자들로 하여금 결혼이주여성에 대한 비뚤어진 다문화 감수성을 가지도록 만들 수 있다는 점에서 우리는 우려를 나타냈다.

실제로 <다문화 고부열전>의 시청자 게시판은 "방송을 위해 억지로 고부갈등을 연출하는 것이 아니냐"는 주장이나 "어린 외국 여성들을 이용해 결혼한 사례를 잘 포장했다"는 비판 등으로 가득 차 있다. 시댁을 대변하는 듯한 프로그램의 내레이션들("결혼했으면 시댁이 자기 집인데 마음이 친정에만 가 있으니까 곽 여사님이 걱정이죠")도 비판의 대상이 되고 있다.

바람직한 대안적 미디어의 설계

기성의 주요 미디어들이 이주민들을 객관적이고 긍정적으로 재현하지 않음을 확인한 우리는, 바람직한 다문화 재현에 있어서의 대안적 미디어를 직접 설계하고 운영하기로 했다. 말은 거창하지만 학부생 수준에서 할 수 있는 작은 단계의 미디어를 운영하기로 한 것이다.

먼저 소셜미디어 계정을 이용하는 것이 좋겠다는 판단하에 인스타그램 계정을 만들고 팀명을 '미담'으로 정했다. '미담'은 '사람을 감동시킬 만큼 아름다운 내용을 가진 이야기'라는 사전적 의미와 함께 '미디어에 다문화를 담다'라는 우리의 목적 어구를 축약

<그림 4> 미담의 로고

한 것이다. 소셜미디어 중에서도 인스타그램을 우리의 미디어로 정한 것은, 최근 독보적 1위였던 페이스북의 아성이 무너지고 그 자리를 빠르게 인스타그램이 대체하고 있다는 점과, 편리한 접근과 빠른 확산이라는 장점이 있기 때문이었다.

그렇다면 어떠한 내용을 어떻게 담을 것인가? 우리는 먼저 미디어의 기능과 역할에 대해 다시 검토할 필요가 있었다.

라스웰(Lasswell, 1948)은 매스미디어가 환경 감시, 환경에 대응하기 위한 사회구성 요소들 간의 상관조정 기능, 사회유산 전승의 기능과 역할을 포함한다고 설명한 바 있다. 매스미디어의 환경감시

기능은 주로 언론이 사회에서 발생하는 다양한 정보를 수집하여 대중에게 전달하는 것으로, 우리가 일상적으로 접하는 뉴스의 기능이다. 상관조정 기능은 환경감시 과정에서 대중에게 전달된 정보에 대해 그 의미를 해석하고 대응 방안을 논의함으로써 대중의 태도 형성에 영향을 미치는 것을 의미한다. 마지막으로 사회유산 전승의 기능은 매스미디어가 한 사회의 가치나 규범 등의 정보를 현 세대에서 다음 세대로 전달하거나 한 사회에 새로 편입된 비주류 구성원들에게 사회적 가치를 전달하는 기능을 말한다.

코테스(Cortes, 2001)는 다문화와 관련해 다문화사회 미디어는 다문화 교육자로서 기능하며 다음과 같은 다섯 가지 기능을 가진다고 말했다.

- 미디어는 다양성에 관한 정보를 제공한다.
- 미디어는 다문화 정보와 아이디어를 조직하는 데 도움을 준다.
- 미디어는 다양성과 관련된 가치를 퍼뜨린다.
- 미디어는 다문화 기대를 형성하는 데 이바지하고 있다.
- 미디어는 다양성과 관련된 역할 모델을 제시해준다.

우리는 이러한 미디어의 기능과 역할에 주안점을 두며 어떤 내용을 우리의 미디어에 담을지 고민했고, 정의철과 이창호(2008)가 다문화정책을 담당하는 공무원과 다문화 관련 프로그램 제작하는 PD들을 인터뷰한 후 다문화에 대한 시민교육을 활성화하기 위해 제시한 미디어의 기능들을 참고해, 다음과 같은 미디어의 운영 방향을 설정했다.

① 긍정적이고 밝은 이주민 이미지의 재현

현재까지 미디어가 이주민들의 폭력성을 부각시키고 한국사회에서 잘 적응하지 못하는 부분을 지나치게 강조하는 등 부정적인 내용이 많기 때문에 한국사회에서 행복하게 살고 있는 이주민들의 삶을 강조함으로써 이주민들에 대한 긍정적이고 밝은 이미지를 재현할 필요가 있다. 또한 수동적인 객체가 아닌 능동적인 주체로서의 이주민들을 보여 그들이 동등한 사회 구성원임을 나타내야 한다.

② 이주민의 대상화 지양

기존의 다문화 관련 미디어 프로그램들은 시혜적인 성격이 강하며 이주민들이 겪고 있는 제도적이고 구조적인 문제를 잘 다루지 않는다는 지적이 있다. 따라서 이주민들을 대상화하지 말고 이주민들의 시각에서 이들의 문제를 조명하는 자세가 필요하다.

③ 다문화 구성원에 대한 차별적 표현과 부정적 재현에 대한 모니터링

기존의 미디어가 행해왔던 부정적 다문화 재현에 대해 감독과 비판을 수행한다. 또한 일상에서 이주민에 대해 무심코 행해왔던 차별적 표현에 대해 이주민의 시각으로 선주민에게 전달할 수 있어야 한다.

④ 이주민 관련 정책 정보의 제공

이주민에게 실질적 도움이 될 수 있는 정보와 정책 등을 적극적

으로 홍보하고 알려야 한다.

⑤ 정치적 참여의 독려

지방선거를 맞아 이주민들의 적극적인 정치 참여와 투표를 독려해야 한다. 외국인도 선거에 참여할 수 있다는 사실을 널리 홍보하고 이주민 대상 정치교육의 기능을 수행해야 한다.

미담의 운영 내용

1) 인터뷰

앞서 우리는 기존 미디어의 문제점으로 이주민을 바라보는 왜곡된 관점을 지적했다. 미디어는 이주민들의 목소리가 아니라 이주민에 대한 미디어 자체의 평가로 그들의 이미지를 고정하는 경향이 있었다. 특히 다문화 이주여성, 다문화 아동 등은 동정과 시혜의 대상으로 주로 묘사되고는 했으며, 가난하고 무력한 존재로 비쳤다. 우리는 그것을 지적하며, 우리의 인터뷰를 통해 그 프레임을 벗겨내고자 했다. 우리는 이주민의 평범함, 즉 이주민들이 우리와 크게 다르지 않은 사회의 구성원이며, 우리와 비슷한 그들 각자의 삶을 살아가는 모습을 보이고자 했다.

자고로 소통이 중요한 시대다. 서로 이야기하지 않으면 알지 못하고, 알지 못하면 오해와 편견이 생기게 된다. 우리의 미디어는 이주민들을 인터뷰함으로써 선주민과 이주민 사이의 무지에서 오는 편견을 해소시키고, 물리적, 정서적 분리의 벽을 허물고자 했다. 이주민들도 우리와 비슷한 삶을 살고, 비슷한 생각을 하고 사는 이웃이라는 이미지를 나타내는 것이 목표였다.

이러한 목적에 맞게 운영하기 위해서, 우리는 인터뷰의 방식으로 최근 유행하는 인터뷰 플랫폼인 'Humans of New York', 'Humans of Seoul' 등을 참고했다. 이들의 인터뷰는 인물에 초점을 맞춘 몇 장의 사진과 간단한 인터뷰로 일상 속 사람들의 모습을 자연스레 드러내는데, 진지하고 무거운 이야기보다는 단순하고 일상적인 이야기들이 주로 등장한다. 소셜미디어라는 우리 미디어의 특성상 길고 무거운 인터뷰는 집중도가 떨어질 것이라는 생각과, 일상에서의 자연스러운 이주민들의 모습을 보이고자 하는 우리의 목적에 이들 인터뷰 형식이 적합하다고 판단했다. 우리는 가벼운 질문들을 다문화 구성원들에게 던지고, 그들의 대답 가운데 일부를 짧게 우리의 미디어에 업로드하는 식으로 운영하였다.

다문화가정의 평범한 일상을 드러낸다는 취지를 반영하기 위해 평범한 이주민들을 섭외하고자 했다. 우리는 총 여섯 명의 다문화 구성원을 인터뷰했다. 이들은 가정주부, 대학교수, 이주노동자 등이었고, 국적 역시 네팔, 인도, 일본, 필리핀 등으로 다양했다. 인터뷰 대상의 섭외는 직접 찾아가기도, 거리에서 마주친 이주민에게 우리의 연구를 설명한 후 즉흥적으로 묻기도, 타 팀의 활동을 취재하다 만난 이주민들을 대상으로도 이뤄지고는 했다.

<그림 5> 일본 이주여성 고바야사 씨(좌)와 인도 출신 Akbar 씨(우)의 인터뷰

"최근에 즐거웠던 일이 있었나요?"

"지난 주말에 딸이랑 같이 벚꽃 보러 다녀왔어요. 여의도로요.
사람이 정말 많았어요.(웃음)"

- 고바야사(강서구)

"오늘은 날이 정말 좋았지만 집에만 있다가 빵을 사러 나갔다 오는
길이에요.
(중략)
학교가 계속 제게 교수 자리를 제공한다면 한국에 오래 살겠죠?"

- Akbar(중구)

이 외에도 빵 만들기를 좋아하고 대학에서 컴퓨터 프로그래밍을 전공했다는 필리핀 출신 안나 씨의 인터뷰가 있었다. 안나 씨는 아이들의 사진을 꺼내어 촬영할 수 있도록 해주며 화목한 가정을 자랑했다. 자신이 해준 와플을 아들이 제일 좋아한다며 웃음을 보였던 내용도 우리의 미디어에 담았다. 필리핀에서 대학교육을 마쳤고 태권도 등의 체육활동도 즐겼다는 안나 씨의 이야기와, 앞으로 한국에서 컴퓨터 프로그램을 이용한 실내 인테리어를 하고 싶다는 꿈까지도 고스란히 우리의 미디어에 담을 수 있었다. 이주여성에 대한 선입견을 안나 씨의 인터뷰로써 벗길 수 있는 좋은 사례가 되었다고 생각한다.

한편 우리는 이주여성 팀 '예그리나'의 활동인 '이주여성 비정상회담'을 취재하던 중, 어느 이주여성 패널이 프로그램 중에 이야기한 내용이 우리의 문제의식과 정확히 맞아떨어진다고 느껴, 프로그램이 끝난 후 따로 인터뷰를 요청해 그를 인터뷰하는 기회를 가질 수 있었다. 미디어의 다문화 재현과 관련된 내용으로, 인터뷰는 다음과 같다.

<그림 6> 미디어의 다문화 재현을 비판한 몽골 출신 마잉바야르

"TV에서 맨날 다문화를 불쌍하게 보여주는 게 속상해요. 저처럼 행복한 가정에서 잘 살고 있는 이주민 가정이 많은데 왜 매번 가난하고, 직업이 없고, 가족에 불화가 있고 그런 것만 보여주는지 모르겠어요."

"우리는 사실 장점이 많아요. 우리는 두 개의 문화를 가지고 있고, 아이들은 두 나라 언어에 유창해요. 하지만 그런 점들은 어디서도 보이지 않아요."

"'다문화'라는 말을 싫어해요. '다문화' 하면 부정적인 이미지만 떠오르게 만들어버렸으니까요."

- 마잉바야르(몽골)

인터뷰에 대한 평가를 하자면, 우선 장문의 글이 구독자들로 하여금 흥미와 관심을 덜 갖게 한다는 점을 미리 알고서 짧고 재밌는 대화들로 인터뷰를 구성한 것이 효과가 좋았다고 생각한다. 인터뷰를 읽은 구독자들이 인터뷰가 재밌고 훈훈한 내용이었다고 피드백을 주는 것이 여러 차례 있었다. 또한 인터뷰가 이주민들이 한국생활에서 겪는 어려운 점이라든가 불만만을 이야기했다면, 그 나름대로의 의미가 있을지 모르지만, 우리가 지향했던 밝은 이주민의 모습 재현과 분리의 장벽 해체라는 목적에는 부합하지 않았을 것이라고 생각한다.

다만 더 많은 대상을 인터뷰하지 못한 것이 아쉬운 점으로 남는다. 선주민들이 이주민들을 일상에서 마주할 일이 적기 때문에 우리가 그들을 매개하는 기능을 수행하고자 했는데, 막상 우리조차도 이주민들을 만나고 이야기할 기회가 적었다는 점이 인터뷰 콘텐츠 제작에 있어서의 한계로 나타났다. 더 많은 이주민들과 이야기하고, 그들의 밝은 모습을 비추었더라면 선주민들의 인식이 더 크게 달라지지 않았을까 하는 아쉬움은 어쩔 수가 없다.

2) 이주민을 위한 정보의 제공

우리의 미디어가 이주민들을 위한 정보의 제공이라는 기능을 수행하는 것에는 크게 두 가지 차원의 활동이 있었다. 하나는 이주민으로부터 그들이 한국에서 살아가면서 겪는 불편함을 직접 듣고 그것을 우리의 미디어에 알려 다른 이주민들에게 공감을 이끌어내고, 선주민들에게도 이주민들의 어려움에 공감하도록 만드는 것이었다. 다른 하나는 그러한 불편함을 어떻게 개선시킬 수 있는지, 또한 어떻게 바뀌었는지 등을 알리는 것이었다. 이주민 관련 정책에 변경이 있거나 새로 생겼을 때 각 자치구의 다문화 관련 기관이 그러한 정보를 전달하는 역할을 하지만, 우리가 취재한 바에 따르면 그러한 전달의 경로가 아직 미흡해 이주민들의 새로운 정보에 대한 접근성이 떨어지고 있다. 이것이 우리의 문제의식이 되어 우리의 미디어에 반영할 수 있을 것이라 생각했다. 특히 이주민들은 자신들이 겪는 문제에 대해 그것을 개선시킬 수 있는 방법에 대한 정보와 지식이 부족했고, 우리가 그 개선의 경로를 보이는 것이 무엇보다 중요하다고 판단했기에 우리는 다음과 같은 활동을 진행하였다

(1) 인기 유튜버 '2hearts1seoul'과 함께 진행한 국민제안

우리가 이주민들의 고충에 대해 알아보던 중, 팀원 한 명이 즐겨 구독하는 유튜버(YouTuber) '2hearts1seoul'의 채널에 한 영상이

새로 업로드되어 시청하게 되었다. 이들은 서울에 거주하는 국제커플로, 한국인 남편과 캐나디안 아내가 국제커플로 서울에서 살아가는 내용을 담은 영상들을 유튜브에 올리고 있다. 구독자 수가 13만 명이 넘을 만큼 이들의 영상을 좋아하는 팬들이 많은 유튜버라고 할 수 있다.

이들은 지난 3월 'Visa Stress'라는 이름의 영상을 올렸다. 주된 내용은 아내 새라의 F-6 비자 연장에 있어 출입국관리소의 행정서비스가 불만족스럽다는 것이었다. F-6 비자란 대한민국 국민과 결혼한 외국인 배우자에게 주어지는 비자인데, 우리의 예상과는 달리 결혼을 한다고 해서 바로 영주권이나 국적을 취득할 수 있는 것이 아니고 국가에 따라, 그리고 자녀의 유무에 따라 1년에서 3년마다 비자를 갱신하고 연장해야 한다고 한다.

<그림 7> 2hearts1seoul의 유튜브 영상 "Visa stress"편 캡처

우리는 영상을 보고 더 자세한 내용을 듣고 싶어 이들과 연락을 취했다. 직접 만나 인터뷰를 하고 싶었지만, 거리와 시간의 문제로 인해 서로 이메일을 주고받는 것으로 만족해야 했다. 여러 통의 메일을 주고받아 정리한 이들의 불만은 다음과 같았다.

먼저 비자를 갱신할 때 필요한 서류인 가족사항과 주소사항을 증명하기 위해 주민등록등본이 필요한데, 주민등록등본에는 외국인 배우자의 이름이 표기되지 않는다는 것이 있다. 외국인 배우자가 표기된 주민등록등본을 발급받기 위해서는 반드시 대한민국 국적 배우자와 동행하여 주민센터를 방문해 복잡한 신청 절차를 밟아야 한다는 것과, 인터넷으로 발급받을 수 없다는 것이 이들의 불편사항이었다.

두 번째로는 비자 연장을 위한 출입국사무소에서의 인터뷰 예약 등을 하려 방문하는 정부 인터넷 사이트가 오로지 윈도우 기반의 인터넷 익스플로러를 이용해서만 접속이 가능하고, 다른 운영체제와 인터넷 프로그램으로는 접속이 불가하다는 점이 있었다. PC가 아닌 다른 기기로도 접속이 불가하다는 점 역시 불편으로 꼽았다. 이들 유튜버가 한국인과 한국에 온 지 꽤 오래된 외국인이어서 그들이 마주한 문제에 대해 대처를 할 수 있었기 망정이지, 그렇지 않은 외국인들에게 있어서는 Active X니 운영체제의 호환이니 하는 문제를 마주했을 때 느낄 당황함이 쉽게 예상되었다.

겨우 접속을 했다 하더라도 세 번째 문제를 마주하게 된다. 비자 만료에 따른 체류종료 예고 통지 우편이 만료일에 넉넉히 앞서 도착하지 않아, 통지를 받자마자 곧바로 인터뷰 예약을 시도함에도 불구하고 인터뷰 예약이 밀려 있어 만료 1~2주 전에나 인터뷰가 가능하다는 점이다. 가장 빠르게 잡을 수 있는 인터뷰 날짜가 비자 만료일에 가까워 당황하게 되고, 병원 진단서 등의 추가로 필요한 서류들을 준비하는 데에도 촉박해 굉장한 스트레스를 받는다는 것이다. 게다가 필요한 서류 목록이 통지우편에 명확하게 안내되어 있지 않아 개인이 직접 검색이나 대사관 웹페이지 방문을 통해 준비해야 하는 것도 불편사항으로 꼽았다.

여기에 더해 2hearts1seoul은 출입국관리소 내의 민원 담당 공무원들의 외국어 구사 능력과 친절함의 부족을 그들의 불편사항으로 말하기도 했다.

우리는 이들의 불편을 우리의 미디어에 게시하고 알리는 한편, 이러한 문제를 이주민이 주체적으로 개선하는 모습을 취재하고자 했다. 우리는 민원의 해결을 위한 통로로 '국민제안'이 있다는 사실을 알게 되었고, 이를 2hearts1seoul과 함께 진행하였다.

국민제안이란 국민이 정부시책이나 행정제도 또는 행정운영의 개선을 목적으로 중앙행정기관의 장, 지방자치단체의 장 또는 교육감에게 제출하는 창의적인 의견이다. 이때 국민제안을 제출하려는 국민은 현행 제도 및 운영의 실태와 문제점, 개선방안 및 기대 효과 등에 관한 사항을 작성하여 방문·우편·팩스 또는 인터넷을 통하여 행정기관의 장에게 제출해야 한다. 또한 행정기관은 제안을 접수하고 1주일 이내에 제안자에게 보완을 요청하거나 의견의 표시를 해야 하며, 한 달 이내에 답변을 표시해야 한다.

우리는 2hearts1seoul에게 이를 자세히 알린 다음 이메일을 통해 의견을 주고받은 후, 국민제안서를 완성하고 이를 제출했다.

국민신문고에서 신청하신 모든 제안에 대한 진행상황 및 처리결과를 확인하실 수 있습니다.

비공개 제안을 조회하기 위해 회원로그인 또는 본인인증수단(공공 i-pin, 휴대전화, 공인인증서 등)를 통한 인증이 필요합니다.

2017-12-29 ~ 2018-06-29   1주일 1개월 3개월 6개월 1년

신청번호 ▼   검색 Q

상세검색 ∨

S 내용보완을 요청합니다   **P** 2개 이상의 기관에서 처리합니다   **N** 처리기관에서 우수제안으로 제시하였습니다

등록건수 1 건   🔓공개 🔒비공개 10개씩 보기 ▼ 확인
A 자체포상   **중** 중앙포상   **공** 공동제안   **단** 단체제안   **공** 공모제안

번호	제목	처리기관명	신청일	추진상황	추천	만족도응모
1	🔓 국내 거주 외국인 불편 사항	법무부	18-05-22	답변완료	0	완료

<그림 8> 작성한 국민제안서의 제출과 법무부의 답변완료

제안이 법무부 출입국관리국으로 접수되고 몇 주가 지나 답변이 왔다. 우리는 정부의 피드백 역시 우리의 미디어에 정리하여 업로 드했는데, 내용을 요약하면 다음과 같다.

먼저 PC와 인터넷 익스플로러를 제외한 환경에서 출입국 웹사이 트에 접속이 불가한 점에 대해서는, 현재 민원환경이 다양화되고 전자민원 수요가 늘어나고 있음에도 불구하고 예산 등의 문제로 어 플리케이션의 개발이나 시스템의 고도화를 수행하고 있지 못하는 실정이라고 말하며, 향후 예산이 확보되면 우리의 제안 내용을 충 실하게 반영하겠다고 답하였다.

다음으로 비자 만료에 따른 체류종료 예고 통지가 비자 만료일에

임박해서 발송된다는 지적에 대해서는, 비슷한 민원의 접수로 인해 이주민의 비자 인터뷰 방문일자 선택의 폭을 넓히기 위해 2018년 5월 15일부터는 종전의 1~2개월 전에 발송되던 것을 3~4개월 전에 발송하도록 시정했다는 답변을 받았다(우리의 제안은 5월 22일에 접수되었다).

　마지막으로 출입국 사무소의 민원 담당 공무원들의 외국어 구사 능력과 불친절함에 대한 불만에 있어서는, 출입국 당국은 어학능력 우수자들을 적극 채용해 민원 현장에 배치하고 있으며 승진 시 외국어 능력을 반영하는 등의 노력을 기울이고 있다는 점과, 직원들을 대상으로 지속적인 친절 교육을 실시해 개선할 것이라는 답변을 받을 수 있었다.

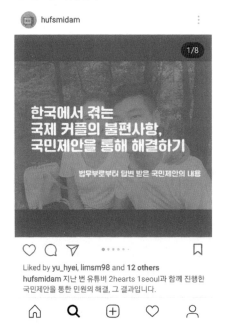

<그림 9> 국민제안의 피드백을 정리한 콘텐츠

　한편, 앞서 2hearts1seoul이 제기했던 외국인 배우자의 주민등록등본 표기 문제에 대해 취재한 결과, 관련법이 개정되어 올해 3월 20일부터는 외국인 배우자 본인이 직접 지역 주민센터에 찾아가 신청해도 주민등록등본에 본인의 신상을 표기할 수 있으며 이는 온라인으로도 발급받을 수 있다는 사실을 알게 되었다. 2hearts1seoul이 영상을 올렸던 날짜가 3

월 25일이었던 점을 감안하면 이들 역시 새롭게 바뀐 정책에 대해 알지 못했던 것으로 짐작할 수 있었고, 이러한 정보를 많은 사람들, 특히 다문화 구성원들에게 알리면 좋겠다는 생각이 들었다. 우리는 바뀐 정책에 대한 내용을 카드뉴스로 만들어 우리의 미디어에 업로드하였고, 한국어뿐 아니라 영어로도 그 내용을 번역해 업로드하였다.

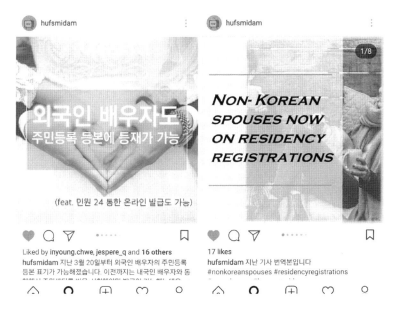

<그림 10> 외국인 배우자의 주민등록등본상의 표기가
가능함을 알리는 콘텐츠들, 영어로도 번역되었다.

(2) 서울시 외국인주민대표자회의 취재

우리는 국민제안 외에 이주민들이 주체적으로 자신들의 문제를

해결하는 방법이 무엇이 있을까 알아보던 중, '서울시 외국인주민
대표자회의(이하 대표자회의)'라는 기구의 존재를 알게 되었다. 대
표자회의는 서울시 천만 인구 가운데 46만여 명 이상의 큰 비중을
차지하며 점차 늘어가고 있는 외국인과 이주민 인구에 대해, 서울
시 차원에서 그들에게 주민참여의 기회를 주고자 만들어진 것이다.
이렇게 서울의 큰 부분을 차지하는 외국인들이 서울시의 정책 제안
과 실행 과정에 직접적으로 참여할 수 있는 방법이 없었다는 박원
순 서울시장의 문제의식 아래 2015년 대표자회의가 출범했고,
2018년 올해 만 3년째를 맞게 된다.

　대표자회의는 각계각층의 외국인들로 구성된 대표자들에게 외국
인 주민들의 건의사항이 전달되면, 이것이 대표자회의의 각 분과위

<그림 11> 서울시 외국인주민대표자회를
알리는 콘텐츠

원회에서 논의되고 수정되어 상
반기와 하반기에 열리는 전체회
의에서 이를 서울시에 전달하는
역할을 수행한다. 현재까지 많은
제안들이 대표자회의를 통해 전
달되었으며, 그중 일부가 서울시
의 정책에 직접 반영되거나 반영
이 예정되어 있다.

　우리는 우리의 미디어에 대표
자회의의 존재와 기능을 알리는
콘텐츠를 제작하여 게시함과 동
시에, 직접 대표자회의를 취재하
고자 서울시와 연락을 취했다.

<그림 12> 서울시 외국인주민대표자회의 방문

서울시 외국인다문화담당 주무관과 연락을 주고받은 끝에 우리는 대표자회의의 위원장과 두 분의 부위원장을 인터뷰할 기회를 얻을 수 있었다. 마침 인터뷰하는 날이 대표자회의 운영위원회 정기회의가 열리는 날이었기에 다른 대표자들도 만날 수 있었다. 우리는 미리 준비한 질문지를 기반으로 대표자회의의 간부 세 분과 인터뷰를 진행하였고, 다음과 같은 인터뷰의 내용을 다시 우리의 미디어에 게시하였다.

Q1: 처음에 이 회의를 누가 제안했나? 외국인과 이주민이 자발적으로 제안한 것인가, 서울시에서 주도한 것인가?
A1: 대표자회의는 문화 다양성 진흥을 목적으로 서울시의 주도로 시작했다. 이를 위해 다문화 관련 각계 전문가의 자문과 의견을 수렴하는 준비위원회가 이전에 있었고, 이후 수차례 회의를 통해 대표자회의를 구성하게 되었다. 회의 조직에 있어서 서울시의 영향이 컸지만, 기본적으로 회의의 진행과 정책 제안의 주도권은 위원회 구성원들에게 있고 서울시의 영향은 극히 작다고 할 수 있다.

Q2: 대표자들은 어떤 기준과 경로로 선출되나? 임기는 어떻게 되나?

A2: 대표자들의 선발은 한국에 입국한 지 1년 이상 된, 그중 서울시에 90일 이상 거주하며 만 18세 이상인 외국인, 여기에 10인 이상의 추천을 받은 사람에 한해 공개모집한다. 보통 다문화 관련 기관을 통해 모집하게 된다. 대표자의 임기는 3년이며, 2015년 12월에 출범했기에 이제 1기 대표자들의 활동이 마무리되고 있다. 위원장과 부위원장은 대표자들의 투표로 선출되며, 임기는 1년이다.

Q3: 대표자회의의 운영은 어떻게 이루어지나? 정기회의 외에 어떤 조직과 기구가 활동하고 있나?

A3: 서울시의 예산으로 운영을 지원하고 있다. 대표자들은 보수를 따로 받지 않지만, 회의에 참여하는 시간에 따라 시급의 형태로 활동비 지원을 받는다. 회의 장소를 시청에서 제공하며, 회의에 필요한 다과와 용품을 제공하는 정도가 서울시의 지원이다.

정기회의 외에 세 개의 분과외원회가 존재하며 인권, 생활환경, 역량강화 분과로 나뉘어 있다. 분과별로 1년에 기획회의가 4번, 전체회의가 2번, 총 18번의 회의가 이루어진다. 여기에 하반기와 상반기에 총 대표자회의가 한 번씩 구성되는 식인데, 여기에는 시장을 비롯한 시정 간부들이 참석한다.

Q4: 현재까지 제출한 제안의 예시와 성과에는 어떤 것들이 있나?

A4: 지금까지 55개의 제안서를 냈고, 모두 반영된 것은 아니고 그중 38개가 반영되었다. 미반영이지만 검토 중인 제안도 있다. 중도입국 자녀에 대한 실태조사, 외국인의 한국 면허증을 10년으로 연장하는 것 등이 있고, 이 외에도 자녀가 5세 미만일 때 친정부모를 초청할 수 있던 것을 7세로 연장시킨 것도 있다. 제안서 내용 자체는 서울시의 힘만으로는 불가능한 일이 많아, 중앙부처와 협력해야 한다. 우리의 제안을 중앙부처에 전달하는 것을 서울시청에서 담당한다. 전달된 제안의 답변을 다시 대표자회의에 전달하게 된다.

Q5: 지방선거를 맞아 외국인대표자회의 차원에서 선거 참여 홍보, 정당에의 정책 제안 등 관련된 활동이나 논의가 있었나?

A5: (위원장) 지방선거에서 이주민이 투표할 수 있다는 사실을 몰랐다. (부위원장) 외국인도 투표할 수 있다는 사실을 알고 있지만, 대표자회의 차원에서 선거 참여 독려 캠페인을 한다거나 하지 않았다. 선관위가 다문화 관련 기관에 방문해 교육하거나, 다문화 단체들 차원에서 선거 참여 독려 등의 활동을 자체적으로 수행하는 것으로 알고 있다.

Q6: 대표자회의 임원으로서 외국인주민대표자회의에 바라는 점이 있다면?

A6: (위원장) 선발기준이 한국에 온 지 1년 이상 된 이들이 기준이었다. 개인적으로 1년은 너무 짧다고 생각한다. 언어나 적응 문제로 토론하기 위해서는 조금 더 시간이 필요하지 않을까 싶다.

(부위원장) 조금 더 홍보됐으면 한다. 이주민들이 어떤 고충이 있는지 알기 위해서는 이들이 직접 대표자들에게 연락하고 건의하는 게 필요한데, 많은 외국인들이 대표자회의가 있는 줄도 모른다. 외국인들이 직접 찾아와서 어려움을 말할 수 있으면 좋겠다. 외부 기관들의 관심이 필요하다. 서울시만이 아닌, 25개 자치구들과 다문화 기관들의 협조가 절실하다.

Q7: 끝으로 하고 싶은 말이 있다면?

A7: 외국인이 서울에 와서 사는 데 어려움이 적어지고 살기 좋은 도시가 된다면, 그것이 곧 한국인도 살기 좋은 도시가 아닐까 싶다. 문화의 '화(化)'자가 화합의 '화(和)'자로 뜻이 바뀌었으면 좋겠다. 선주민과 이주민이 화합하여 잘 사는 서울이 되기를 바란다.

3) 지방선거 관련 정보 제공

미디어에서 철저히 소외된 다문화 구성원들은, 자연스레 일상과 정지에서도 배제된다. 이주민뿐만 아니라 누구에게도 사회적 권리 보장을 위해서는 정치참여가 필수적이다. 투표권을 통한 유권자의 목소리 반영은 큰 힘을 가지는데, 이를 통해 정치의 영역에서 유권자의 요구 사항을 제도적으로 반영할 수 있기 때문이다. 즉, 선거권의 행사를 통해 유권자는 일상정치의 영역에 영향력을 행사할 수 있고 시민으로서의 지위를 더 공고히 획득할 수 있다. 따라서 다문화 구성원에게도 선거에 대한 이해와 관심이 필요하다고 판단하였다. 그리고 외국인도 투표권 행사가 가능한 지방선거가 올해 실시되는 시의성을 고려하여 선거 관련 콘텐츠에 대한 비중을 높여서 진행했다.

우리나라는 2006년 제4회 지방선거에서 처음으로 외국인에게 투표권을 부여하였다. 아시아에서는 유일하게 외국인에게 지방선거 참여를 보장한 것으로, 이는 지방자치에 있어 외국인을 배제할 수 없다는 판단에 기초해 공공영역에 있어 외국인을 중요한 법적 의사결정자로 수용했던 것이다. 그러나 앞의 서울시 외국인대표자회의 취재에서도 알 수 있었듯이, 자신이 투표권을 가지고 있는지 알지 못하는 이주민들이 많다는 것이 우리가 느낀 문제의식이었다. 이주민을 대상으로 적극적인 홍보와 참여 독려가 필요함에도 불구하고 그것이 부족한 것을 느꼈다. 따라서 우리는 다음과 같은 선거 관련 콘텐츠를 제작하고 게시했다.

(1) 지방선거 홍보와 선거 참여의 필요성 강조

앞서 언급했듯이 우리는 '외국인도 지방선거에 참여 가능하다'는 내용의 콘텐츠를 만들고 이를 여러 언어로 번역하여 게시하였다. 한국어 외에도 영어, 베트남어, 태국어 등으로 번역하였고, 투표권을 행사할 수 있는 외국인의 자격 등을 알리고 투표 참여를 독려하였다.

<그림 13> 여러 언어로 게시한 '외국인의 투표권' 콘텐츠

아울러, 선거 참여의 중요성을 강조하고 돕는 콘텐츠를 제작했다. 선거에 참여 가능하다는 점과 함께 왜 선거에 참여해야 하는지를 알리면 좋을 것이라고 판단했다. 실제로 본국에서도 선거에 참여한 적 없는 이주민들이 꽤 많았고, 이들에게는 선거라는 개념 자체가 생소할 수 있을 것이라는 생각에 선거의 중요성을 알리고 싶었다. 우리는 수용자들의 쉬운 이해를 돕기 위해, 투표에 관한 영화의 스틸컷과 대사를 활

<그림 14> 영화 <스윙보트>의 스틸컷과 대사를 활용한 투표 독려 콘텐츠

용히여 선거의 중요성, 선거의 필요성 등에 대하여 풀어내는 방향으로 진행했다.

(2) 선거 관련 정보 제공

외국인도 지방선거에서 투표가 가능함을 알리고 왜 지방선거에 참여해야 하는지를 우리의 미디어를 통해 홍보한 우리는, 다음으로 선거 관련 정보를 제공하는 방향의 콘텐츠를 제작했다.

먼저, 단순 선거 관련 정보들을 전달하는 콘텐츠를 제작했다. 이주민과 외국인에게 어려울 수 있는 지방선거의 1인 7표제를 설명하고, 무효표로 처리되지 않는 방법 등을 소개하는 콘텐츠를 제작

하여 게시하고 다른 언어로도 번역해 게시하였다.

또한 '지방선거, 여기서 참여하세요'라는 콘텐츠를 만들어 동대문구에 설치된 투표소의 위치를 제공하는 등의 활동을 하였다.

<그림 15> 선거 관련 정보 콘텐츠. 다른 언어로도 번역하여 따로 게시하기도 했다.

한편 우리는 한국외국어대가 위치한 동대문구의 지방선거 후보자들, 특히 동대문구청장 후보들을 인터뷰해 그들의 다문화와 관련한 견해와 정책 구상 등을 듣고 이를 우리의 미디어에 게시하려고 시도했다. 이주민들이 투표권을 가진 만큼, 이주민을 위한 공약과 정책적 비전을 보일 것이라 예상했고 이것이 외국인 유권자들의 투표권 행사 시 중요한 기준으로 작용할 것이라는 생각에서였다. 우리는 동대문구청장 후보 캠프에 연락을 취하기도, 후보들의 소셜미디어를 통한 연락도, 일부는 방문도 시도해보았지만 모두 응답이 없거나 일정상의 이유로 거절당했다. 따라서 애초의 계획은 폐기되었다.

그럼에도 불구하고 우리는 우리가 할 수 있는 선에서 이들의 다문화 관련 공약을 비교하고자 했고, 대안을 생각하던 우리는 선거 공보물과 선관위에서 열람 가능한 정당별 지방선거 공약과 서울시장 후보들의 공약, 그리고 동대문구청장과 서울시 교육감 후보자들의 공약을 모두 열람해 비교분석했다. 그렇게 해서 '지방선거에서 다문화 찾기' 콘텐츠가 만들어져 우리의 미디어에 게시되었다.

먼저 정당별 지방선거 공약에서는 더불어민주당과 바른미래당 두 정당에서만 다문화 관련 공약이 존재했고, 나머지 정당들의 공약에서는 다문화 관련 내용을 찾아볼 수 없었다. 바른미래당의 경우에도 '다문화 여성 한글 교육'이라는 구체적이지 않고 짧은 내용만이 들어 있을 뿐이었다.

예상과 달리 서울시장 후보들 어느 누구도 다문화 관련 공약을 그들 공약집에 포함시키지 않았고, 동대문구청장 후보들 가운데서는 두 후보가 다문화 관련 공약을 포함하고 있었다

<그림 16> '지방선거에서 다문화 찾기' 콘텐츠

(문기진, 신재학 후보). 서울시 교육감 후보들 가운데서는 조희연

후보가 유일하게 다문화 학생과 다문화 교육에 대한 구체적 공약을 보였다.

우리는 이번 활동을 통해 다문화 구성원들이 선거권을 가지고 있음에도 불구하고 지방정치에서 중심으로 다뤄지는 의제에서 다문화 문제는 옆으로 비켜나 있음을 알 수 있었다. 제도권 정치에 있어 다문화에 대한 관심이 많이 부족함을 엿볼 수 있는 대목이었다.

4) 미디어의 다문화 재현 비판

우리는 미디어의 부정적 다문화 재현에 대해 독자들로 하여금 다시 생각해볼 수 있도록 콘텐츠를 만들었다. 우리가 검토했던 영화와 TV 프로그램에 대한 것이었으며, 앞의 본 연구 3장과 동일한

<그림 17> 미디어의 다문화 재현을 비판하는 콘텐츠

내용을 카드뉴스 식으로 만들어 게시하였다.

5) 타 팀 활동의 취재와 홍보

'찾아가는 시민학교'의 다른 팀의 연구 역시 이주노동자, 이주여성, 중도입국청소년, 중국동포, 북향민 등을 대상으로 그들이 한국 사회에서 주체적 시민임을 보이고자 한다는 점에서 우리 미담의 목적과 크게 다르지 않다. 우리가 미디어를 표방하는 만큼, 다른 팀의 활동에 촬영 등의 도움이 필요한 경우 언제든 자원해서 그들을 보조하였다. 우리는 그 과정에서 다문화 구성원의 밝고 긍정적인 이미지, 주체적인 모습 등 우리가 보이고자 했던 모습을 찾을 수 있었고, 이는 다시 우리의 미디어에 게시되어 다른 팀들의 활동을 홍보하는 한편 우리의 목적에 맞는 콘텐츠로 기능하였다. 우리가 취재할 수 있는 대상이 한정적이었기에 다른 팀의 활동을 보조하면서 그들이 섭외한 다문화 구성원들을 취재하는 식의 효율적인 운영이 가능했다는 점에서도 서로 윈윈(win-win)이있다고 생각한다.

(1) '어울리다(多)' 팀의 '찾아가는 시민학교'

'어울리다' 팀은 중도입국청소년들을 대상으로 시민교육과 정치교육을 실시하는 프로젝트를 수행했다. 중도입국청소년들이란, 모국에서 태어나 자라다가 부모가 한국인과 결혼하여 부모를 따라 한국에 들어와 정착한 청소년들을 의미한다. '어울리다' 팀은 이들 청소년들이 모국과 한국 사이에서 가치관과 정체성의 갈등을 느끼고 있다는 점을 문제의식으로 삼고, 이들이 당당한 대한민국의 시민으로 성장할 수 있도록 도움을 주고자 했다.

'어울리다' 팀은 5월 12일부터 4주 동안 매주 토요일 신촌 연세 대학교에서 '찾아가는 시민학교' 수업을 실시하였고, 열 명 내외의 중도입국청소년들이 참여했다. 수업은 정치가 우리 삶에 어떤 영향을 주는지, 어떻게 정치에 참여하는지 등의 내용을 포함했고, 청소년들에게 어렵고 생소할 수 있는 정치 개념들을 놀이와 활동 등을 통해 쉽게 설명하고자 노력했다.

우리 미담은 시민학교 수업에 매주 참여하여 '어울리다' 팀의 활동을 사진과 영상으로 촬영하는 작업을 맡았고, 부족한 인력을 보충하여 수업의 진행과 청소년들의 인솔을 도왔다. 우리는 시민학교에 참여하여 열심히 공부하는 중도입국청소년들의 모습을 취재하였고, '어울리다' 팀의 수업 내용을 강조하고 홍보하는 내용의 게시물을 기사 형식으로 작성해 우리의 미디어에 게시하였다. 시민학교 수업 사이 쉬는 시간에 있었던 즐거운 에피소드들(예를 들어, 청소년 중 한 명이 아이돌 음악에 맞춰 앞에서 춤을 춘 것)도 촬영해 게시하게도 했다. 청소년들이 시민학교에 즐겁게 참여하고 있다는 인상을 주기에 충분했다고 생각한다.

(2) '이음' 팀의 토크콘서트

북한이탈주민을 대상으로 연구를 진행한 '이음' 팀은 토크콘서트를 준비하고 개최했다. 토크콘서트는 다가올 통일시대에 앞서 남북의 학생들이 서로를 알아가며 소통하는 장이 있어야 한다는 일념 아래 주최되었다. 우리 미담은 역시 촬영의 보조와 홍보를 맡았다.

토크콘서트는 총 3부로 진행되었는데, 1부에서는 탈북민 사업가의 탈북과 정착, 창업의 과정을 이야기하는 강연이 있었으며, 2부에서는 한국외대에 재학 중인 탈북민 학생 세 명과 정치외교학과 학생 세 명이 각각 남북한 패널로 등장해 서로 질문과 답변을 하는 대화 형식으로 진행되었다. 마지막 3부에서는 탈북민들을 위한 정책, 특히 대학 차원에서의 지원책에 대한 이야기를 패널과 청중이 함께 이야기를 나누는 시간이 있었다.

우리는 토크콘서트 전반에 대한 내용을 기사 형식으로 작성해 게시함과 동시에, 2부의 '남북한 패널과의 대화' 시간에 남북한 학생들이 서로 주고받은 질문을 슬라이드 여럿으로 나누어 제작해 우리의 미디어에 게시하였다. 북한 학생들의 연애와 데이트, 북한 속의 한국 대중문화, 통일 이후 하고 싶은 꿈 등의 대화 내용은 남북한의 청춘들이 크게 다르지 않음을 보이며 친근함을 느끼게 하는 좋은 형식이라고 생각했다.

(3) '예그리나' 팀의 '이주여성 비정상회담'

이주여성을 대상으로 연구를 진행한 '예그리나' 팀은 이주여성을 한자리에 모아 한국생활에 대해 이야기를 나누는 자리를 만들었다. 이 토크쇼는 모 방송사의 예능을 본떠 '이주여성 비정상회담'이라고 이름하고 진행의 형식도 비슷했다. 우리 미담은 영상과 사진 촬영의 협조를 맡았다.

우리는 '이주여성 비정상회담'의 개최를 알리고 홍보하는 콘텐츠를 기사 형식으로 작성해 게시하는 한편, 촬영한 영상에 자막을 입혀 짧게 게시하기도 했다. 인스타그램에 게시할 수 있는 영상의 길이가 그리 길지 않아, 웃음을 유발하는 재밌는 부분 몇 초씩 끊어서 제작하고 게시했다.

<그림 18> 타 팀 활동의 취재 내용. 왼쪽부터 '찾아가는 시민학교', '토크콘서트 이음',
'이주여성 비정상회담', '이주노조 위원장 인터뷰'

한편 토크쇼 도중에 어느 패널이 발언한 내용은 우리의 문제의식
과 겹쳐 있다고 판단해, 토크쇼가 끝나고 따로 인터뷰를 가졌다. 미
디어의 다문화 재현을 비판한 몽골 출신의 마잉바야르 씨의 이야기
는 앞의 '인터뷰' 절에서 언급하였다.

활동을 마치며

우리 미담의 초기 계획은 다른 활동들을 생각하지 않고 오로지
짧은 인터뷰들만을 게시하는 것이었다. 이주민들의 일상을 보이며
소통의 창구를 만들고 싶었다. 앞서 언급한 'Humans of New York'
이나 'Humans of Seoul'과 같은 인터뷰 매체를 따라 하고자 했다.
그러나 꾸준히 인터뷰를 연재할 만큼 충분한 인터뷰 대상을 섭외하
는 것에 큰 어려움이 있어 그렇게 할 수가 없었다.
이후 방향을 바꾸어 진행한 '바람직한 다문화 미디어'의 설계와
운영은 인터뷰를 포함하면서도 여러 정보들의 수집과 전달, 특정

문제에 대한 취재 등 다른 많은 활동을 수반했다.

<그림 19> 미담의 인스타그램 계정. 34개의 게시물과
100명의 구독자를 두었다.

우리 미담은 약 두 달 반 동안 34개의 콘텐츠를 게시하였다. 우리의 미디어를 구독하는 사람(팔로어)의 수는 100명 내외로, 약간의 변동이 있었다. 더 많은 콘텐츠를 공급했더라면 좋았을 것이라고 생각하지만, 짧았던 기간을 고려하면 비교적 많은 양의 콘텐츠를 제작하고 게시했다고 생각한다. 다만 구독자의 수를 많이 늘리지 못했던 것이 한계로 남는다. 또한 정작 다문화 구성원들 구독자가 현저히 적었다는 것도 부족했던 점으로 꼽을 수 있다. 100명 내외의 구독자 가운데 우리 팀원들의 지인이 절반 이상을 차지했고, 나머지 인원들도 정말 우리가 던지는 다문화 관련 이슈에 관심이 있어서라기보다는 단순히 해시태그(Hashtag, #)를 통해 유입된 사람들이라고 볼 수 있었다. 따라서 인터뷰처럼 선주민과 이주민 사이를 연결한다는 목적에 있어서는 우리의 미디어가 어느 정도 효과가 있었을 것이라 기대할 수 있지만, 지방선거 참여의 독려라든지 이주민을 위한 정보 제공이라는 목적에 있어서는 그 효과가 거의 영(0)에 가깝지 않았나 하는 반성을 한다.

현대의 소셜미디어는 읽기 쉽고 가벼운 내용이 주로 소비되는데, 우리 미디어의 주제가 결코 가볍지 않다는 점에서 구독자의 수가 많이 늘지 않았다고 생각했다. 인스타그램에서 정보를 얻기보다는 서로의 일상을 확인하고 흥미 위주의 콘텐츠를 원하는 대다수의 사람들에게 접근하기 어려운 측면이 있었다. 우리는 최대한 가볍고 짧은 내용만을 담으려 편집하고 또 편집했지만, 다문화라는 이슈 자체에 대한 낯섦과 편견을 그 노력이 이기기가 쉽지 않았다.

우리는 '다문화', '선거', '소통', '시민', '교육' 등의 해시태그를 게시물마다 달고서 구독자들의 유입을 기대했는데, 사실 그러한 단어와 주제를 검색하는 사람의 수가 그렇게 많지 않다는 것을 이미 예상했다. 오히려 블로그의 경우에는 여러 이유로 다문화 관련 이슈가 각종 포털에서 검색되는 경우가 많으므로, 더 진지하고 구체적인 정보들을 제공하여 많은 독자들의 유입을 가능하게 할 수 있지 않았나 하는 늦은 고민도 해보았다. 그랬더라면 우리의 미디어 상에서 건전한 피드백과 토론이 있었을지도 모르겠다.

　우리 팀이 바람직한 미디어를 설계하고 운영하겠다고 거창하게 시작했지만, 사실 팀원 가운데 어느 누구도 커뮤니케이션을 전공하지 않았으며, 이전까지 다문화에 관련해 깊은 고민을 해보지 않았다. 그래서 처음부터 너무나 준비되지 않은 채로 시작했고, 여러 번의 시행착오가 있었다. 우리는 기사 작성의 형식도 몰랐고, 용어들의 정확한 개념 정의도 부족했다. 그렇지만 이는 우리가 어떠한 기사나 콘텐츠를 제작할 때, 그 뒤에 많은 고민과 토론이 있게 만들었다. 예를 들어, '지방선거에서 다문화 찾기' 콘텐츠에서 다문화 관련 공약을 제시한 후보들의 사진과 공약만을 보일 것인지, 그렇지 않은 후보들까지 언급해야 할지에 대해 우리는 객관성과 공정성을 이야기하며 토론했던 기억이 있다. 물론 충분한 지식이 없는 우리끼리의 토론이었기에 그 결과물이 수준 높지 못할 수도 있지만, 많은 고민과 공부가 있었다는 점을 알아주었으면 하는 바람이 있다.

　연구를 진행하면서 우리들 자신이 가진 다문화에 대한 편견과 선입견이 제거되었다는 것이 팀원들의 공통적인 생각이다. 우리조차도 기성의 미디어의 영향으로부터 자유롭지 않았기에 다문화 구성원들에 대한 부정적이거나 우월주의적 시각이 조금은 존재했다고 느낀다. 그러던 것이 여러 취재활동을 통해 완전히 사라졌다는 점에서 우리 자신들에게는 매우 바람직한 활동이 되었다. 팀원들 모두 다문화와 다문화 구성원에 대해 애정 어린 시각을 가지게 되었고, 다양한 가치가 공존하는 바람직한 사회를 지향하게 되었다. 우리 미디어의 구독자들도 우리와 인식을 같이 한다면 더할 나위 없이 좋겠지만.

미디어를 운영하면서 취재 대상과의 연락과 취재, 편집과 게시 등의 활동들은 평범한 학부생들이 경험하기 어려운 소중한 경험들이었다. 팀원들과 연구 수행에 있어 역할을 분담해 효율적으로 진행했던 것 역시 귀중한 경험이었다. 글로 모두 옮길 수 없는 어려움이 많았지만 함께 고생했던 팀원들이 있어 이겨낼 수 있지 않았나 생각한다.

비록 '미담'의 활동은 여기서 종료되지만, 앞으로 우리의 목적과 일치하는 새로운 다문화 미디어들이 등장하고 잘 운영되어, 건강하고 바람직한 다문화주의 사회로 나아갔으면 하는 바람을 적으며 우리의 연구를 마친다.

참고문헌

김순양(2013), 『한국 다문화사회의 이방인: 사회적 배제와 정책적 대응』, 서울: 집문당.

김지윤 외(2014), 「닫힌 대한민국: 한국인의 다문화 인식과 정책」, 『아산정책연구원 이슈브리프』, 2014년 4, 2014년 4월.

김창남(2015), 『정치와 커뮤니케이션』, 서울: 커뮤니케이션북스.

김현아・노태영(2017), 『군집분석을 통한 성별, 연령별 미디어 이용 행태 파악: 미디어 다이어리 자료를 중심으로』, 정보통신정책연구원.

설동훈 외(2009), 『다문화 가족의 중장기 전망 및 대책연구: 다문화 가족의 장래인구추계 및 사회 경제적 효과분석을 중심으로』, 보건복지가족부 보고서.

송원찬(2017), 「경계인: 한국 미디어 속 조선족 형상 연구」, 『문학과영상』, 18(3), pp.447-468.

윤석민(2007), 『커뮤니케이션의 이해』, 서울: 커뮤니케이션북스.

정선주・최성보(2015), 「TV 프로그램에 재현되는 한국적 다문화주의의 특성: EBS <다문화고부열전>을 중심으로」, 『다문화교육연구』, 8(2): 97-122.

정의철(2013), 『다문화 커뮤니케이션』, 서울: 커뮤니케이션북스.

정의철・이창호(2009), 『대중매체를 통한 다문화사회 시민교육 활성화 방안』, 서울: 한국여성정책연구원.

정인숙(2013), 『커뮤니케이션 핵심 이론』, 서울: 커뮤니케이션북스.

진창현(2015), 『다문화가정의 미디어 이용과 사회적 자본의 관계: 결혼이주자를 중심으로』, 서울: 집문당.

최진봉(2013), 『미디어 정치 경제학』, 서울: 커뮤니케이션북스.

McQuail 저, 양승찬・이강형 역(2008), 『매스 커뮤니케이션 이론』, 경기: 나남.

이재묵, 송샘, 차보경 외
한국외국어대학교 정치외교학과
다문화 시대, 찾아가는 시민학교 팀

· 이재묵
한국외국어대학교 정치외교학과 조교수, 한국외국어대학교 정치외교학과장,
한국정당학회 총무이사
연세대 정외과 졸업, 연세대 정치학 석사
미국 Univ. of Iowa 정치학 박사

주요 저서:
정치현장에서 진단하는 한국 정당과 민주주의(공저, 푸른길 2018)
미국정치와 동아시아 외교정책(공저, 경희대 출판부 2017)
도전과 변화의 한미정치(공저, 서울대 출판부 2014) 외 다수

* 2018년 1학기 정치학과 현장학습 책임 조교

· 송샘
한국외대 정치외교학과 박사과정

· 차보경
한국외대 정치외교학과 석사과정

* 2018년 1학기 정치학과 현장학습 수강생

강성욱	고기환	김건학	김건휘	김기현	김다현
김민지	김연준	김예진	김우진	김일혁	김지선
김철희	김효경	나유경	노경수	마 찬	박미주
박영빈	박정민	배시은	서병일	신민경	양명운
양정인	유안유	이가은	이수민	이승비	이시은
이은수	이지은	임한선	장예원	장희지	정겨운누리
조정묵	최중호				

다문화 시대,
찾아가는
시민학교

초판인쇄 2018년 10월 31일
초판발행 2018년 10월 31일

지은이 이재묵, 송샘, 차보경 외
        한국외국어대학교 정치외교학과
        다문화 시대, 찾아가는 시민학교 팀
펴낸이 채종준
펴낸곳 한국학술정보㈜
주소 경기도 파주시 회동길 230(문발동)
전화 031) 908-3181(대표)
팩스 031) 908-3189
홈페이지 http://ebook.kstudy.com
전자우편 출판사업부 publish@kstudy.com
등록 제일산-115호(2000. 6. 19)

ISBN 978-89-268-8581-9 03330